JN273611

マルクスの利子生み資本論 [全4巻]

MARX'S THEORY OF INTEREST-BEARING CAPITAL

大谷禎之介 著

1 利子生み資本

Vol. I:
Interest-Bearing Capital

桜井書店

MARX'S THEORY OF INTEREST-BEARING CAPITAL
By Teinosuke OTANI

Vol. I:
Interest-Bearing Capital

© 2016 Teinosuke OTANI
ISBN978-4-905261-29-2 Printed in Japan

はしがき

　貸し付けられた貨幣が利子という増殖分を生むとき，人びとは，この貨幣を資本と呼ぶ。このような仕方で増殖する資本をマルクスは，産業利潤を取得する産業資本および商業利潤を取得する商業資本から区別して「利子生み資本」と呼んだ[1]。彼はこの利子生み資本を，『資本論』第3部第1稿のほぼ30％を占める最も浩瀚な第5章で詳細に分析した。

　『資本論』第3部の現行版（MEW版）は，エンゲルスが，マルクスの遺した第3部のための草稿（全7章を含む圧倒的に大きい第1稿と，そのかなりあとに第1章冒頭部分のために書かれたごく短い第2・3稿）を利用して編集・刊行した1894年版を基礎にしている。マルクスの第3部第1稿はその記述のほとんどがまったくの下書き状態のものだったので，エンゲルスは，それに手を加えてまとまった体裁をもつ一書に仕上げようと懸命に努力した。しかし彼はこの作業を終えるのに，1885年2月末から出版社に原稿を送った1894年5月11日まで，9年以上の月日を費やさなければならなかった[2]。第3部の編集に彼がこれほど長い年月をかけることになったのは，なにをおいても，利子生み資本に

---

[1] 「利子生み資本〔Zinstragendes Kapital〕」は英語のinterest-bearing capitalをドイツ語にしたものであろう。19世紀のイギリスでは「利子生み証券（利付証券）〔interest-bearing bonds, notes〕」という語はよく使われており，マルクスも，たとえば『ノイエ・オーダー・ツァイトゥング』第233号（1855年5月22日）に寄稿した論説「金融事情〔Finanzielles〕」で「利子生み証券〔Zinstragendes Papier〕」という語を使っている（MEGA I/14, S. 341）。当時，「利子生み資本〔interest-bearing capital〕」という語も使われていた（たとえば，"The Colonial Magazine and East India Review", No. LXVII, July 1849, p. 70）。マルクスが「利子生み資本」という語をはじめて使ったのは，おそらく『経済学批判要綱』のノートVII（1858年2月末-1859年5月執筆）のなかでであろう。そこでは，「特殊的形態としては，利子生み資本〔das zinstragende Capital〕は，労働に対立しているのではなく，利潤生み資本〔das profittragende Capital〕に対立している」（MEGA II/1.2, S. 716），というように，「利子生み資本」という語はまさに「利潤生み資本」との対比において使われたのであった。

[2] これにたいして，エンゲルスは，さまざまの時期に書かれた多くの異稿からなるマルクスの第2部草稿を利用して第2部現行版のための印刷用原稿を仕上げるのに，1883年9月後半から1885年2月23日までのほぼ1年5か月しか要しなかった。

ついての第5篇を仕上げる作業にひどくてこずったためであった。

　エンゲルスは第3部の「序文」で，マルクスの草稿がどのような状態にあったか，そしてそれを使って自分がどのようにこの部を編集したかを，この部の七つの篇のそれぞれについてかなり丁寧に説明している。彼は，第5篇にまとめようとしていた草稿第5章の状態については，「ここにはできあがった草案がなく，これから中身をいれるはずだった筋書きさえもなくて，仕上げの書きかけがあるだけであり，その書きかけも一度ならず覚え書きと注意書きと抜き書きのかたちでのもろもろの材料との乱雑な堆積に終わっている」，と書いている。そして，このような草稿からどのようにして第5篇の最終原稿を仕上げたのかということについて，次のように書く。

　「私がまず試みたのは，……すきまを埋めることや暗示されているだけの断片を仕上げることによってこの篇を完全なものにし，この篇が著者の与えようと意図したすべてのものを少なくともおおよそは提供するようにすることだった。これを私は少なくとも三度はやってみたが，しかしそのつど失敗した。そして，そのためにむだにした時間こそは，遅延の主要な原因の一つなのである。結局，このやり方ではだめだということがわかった。……私に残された道は，どこかで仕事を切り上げ，現にあるものをできるだけ整理することに限り，ただどうしても必要な補足だけを加える，ということでしかなかった。」(MEGA II/15, S. 8-9; MEW 25, S. 12-13.)

　エンゲルスのこの記述を読むと，次のような疑念が浮かんでくる。エンゲルス自身が「どうしても必要な補足だけを加える」ことしかしなかったと言っているのだから，彼の版の個々の部分には草稿がそのまま利用されたのだろうが，そうだとしても，「現にあるものをできるだけ整理する」という作業のなかで彼は草稿にさまざまの手を加えざるをえなかったのではなかろうか。だからまた，彼の版には，彼の手入れの結果生じた草稿との相違があちこちにあるのではないだろうか。

　この疑念を晴らすためには，マルクスの草稿そのものに当たるほかはない。そしてそれは不可能ではなかった。第3部草稿はアムステルダムの社会史国際研究所に所蔵されており，かねてから，それのフォトコピーは閲覧室で閲覧することができたし，またそれを筆写することもできたのだから。

しかし，1980年代初頭までの時点では――マルクスの筆跡の解読は専門家以外には不可能という先入見があったためであろう――，社会史国際研究所で第3部草稿を徹底的に調べようとした研究者はきわめてわずかであった[3]。だから，第5篇については，ほとんどもっぱらエンゲルス版によってその構成や内容についての研究が行なわれ，さまざまの見解が発表され，議論が交わされていた。そのさい論者たちのほとんどが，エンゲルス版がマルクスが現に執筆していたものとほぼ同じものであろう，と思い込んでいたように見える。

　筆者は，1980年4月から1982年3月にかけて在外研究の機会を得たので，1980年11月から1981年3月，および，1981年12月から1982年3月の2回，社会史国際研究所で『資本論』第2部および第3部の諸草稿を調べた。前者の期間には，主として『資本論』第2部の第8稿を調査し，第2部の現行版第21章の「蓄積と拡大再生産」に当たる部分については，調査結果を在欧中に『経済志林』で発表した[4]。後者の期間には，かねてからの念願であった第3部第1稿の調査を行なった。この作業の直前，1981年10月30日から12月6日までの38日間モスクワに滞在し，マルクス＝レーニン主義研究所でこの第3部第1稿の解読文に接し，とくに第5章の部分を集中的に読むことができた。モスクワでのこの作業が，それにすぐ続いて行なった社会史国際研究所での第3部草稿の調査を大きく助けてくれた。

　1982年3月に帰国したのち，両研究所での調査結果にもとづいてあらためて草稿第5章をエンゲルス版第5篇とつきあわせて精読するなかで，エンゲルス版第5篇は，草稿第5章とは全体の編成も大きく異なっており，エンゲルスの誤読にもとづいてなされた章別編成によって論旨の展開の筋道がほとんど見え

---

[3] そのひとりが佐藤金三郎氏であった。氏は1970年の2月から3月にかけて社会史国際研究所で第3部第1稿の全体を調査された。貨幣信用論の研究者の集まりであった信用理論研究会は同年秋の大会に佐藤氏を招いて，調査結果についての報告を受けた。この報告は草稿第5章についてのこの学会でのその後の議論にはほとんど反映されなかったように思われるが，筆者はこの報告を聞いて，主要草稿を自ら調査したいという強い願望をもつようになったのである。その後，氏は1971年から1972年にかけて雑誌『思想』で論稿「『資本論』第3部草稿について」を3回に分けて発表された。この論稿は，氏の死後，1992年に刊行された著書『『資本論』研究序説』（岩波書店，1992年）に収められた。
[4] 「「蓄積と拡大再生産」（『資本論』第2部第21章）の草稿について（上）（下）」，『経済志林』第49巻第1号および第2号，1881年）。

なくなっており，さらに細部でもいたるところにエンゲルスの手入れ（書き換え，削除，書き加え）があって，草稿第5章そのものに拠らなければマルクスの利子生み資本論をそのあるがままにつかむことはできない，と確信するようになった。

この作業のなかで，熟考してはっきりと答えを出さなければならない，と筆者が考えるようになったのは，草稿第5章がなにを主題とし，どのような構成になっているか，総じてこの章でマルクスはいったいなにをやっていたのか，という点について，エンゲルス版第5篇に依拠した当時のわが国での「定説」が，じつは肝心なところでマルクスを読み誤っているのではないか，という疑問であった。

マルクスの文献を厳密に読まれることで高名なマルクス研究者であり筆者の恩師であった三宅義夫氏は，著書『マルクス信用論体系』（日本評論社，1970年）の第1章に「概説――信用理論の体系」（所収：信用理論研究会編『講座・信用理論体系』第1巻，日本評論社，1956年）を収められた。そしてそのさい，その冒頭に付された解題のなかで，1956年に発表されたこの論稿について，ここでは「第3部第5篇は大別して第21章～第24章では利子生み資本についての一般的説明が与えられ，第25章以下では信用制度が論じられているとしている」と回顧されたうえで，「この大別の点はその後〔すなわち『講座・信用理論体系』の刊行後〕ほぼ定説的となってきているように見受けられる」と書かれた（『マルクス信用論体系』，3-4ページ）。当時，第3部第5篇について「第21章～第24章で利子生み資本の一般的説明が与えられ，第25章以下では信用制度が論じられている」としている『資本論』解説がいくつも出ていたから，たしかにこの見解は，三宅氏が自認されていたように「定説的」だったと言うことができるであろう。

筆者は，草稿第5章を調査，研究するなかで，この「定説」はマルクスの草稿第5章でのマルクスの論述内容とは，根本的なところで異なっているのではないか，と考えるようになった。

*

「利子と企業利得（産業利潤または商業利潤）とへの利潤の分裂。利子生み資本」と題された草稿第5章は，マルクスによって1)-6)の六つの節に分けられ

ていて，それぞれの内容から見て，このうちの，エンゲルス版第21-24章にあたる１)-4)で利子生み資本そのものを論じていること，「信用。架空資本」という表題を与えられた５)では信用制度に触れていること，最後の「６) 先ブルジョア的なもの」では資本主義的生産に先行する諸社会における利子生み資本を取り扱っていること，――草稿第５章がこれらの三つの部分からなっていることに異論を唱えるひとはまずいないであろう。(三宅氏が上記の解説で三つ目の部分にあたる６)を無視されたのは，理論的な部分ではないから触れるまでもない，と考えられたものとして，ここでは問題にしないでおく。)

　三宅氏の「定説」は，じつは，第25章以降では「貸付資本」は論じられていても，範疇的な意味での「利子生み資本」はもはや論じられてはいない，という「利子生み資本」についての独自な――これは必ずしも「定説」ではなかった――理解5)と結びついていた。この理解にもとづいて，三宅氏は，第21章から第24章までで「利子生み資本」が究明され，その最後の第24章で「利子と利子生み資本の範疇的確立」を見たところで「利子生み資本論」が完了し，第25章からはもはや「利子生み資本」ではなくて「信用制度」が論じられているのだ，

---

5) 草稿第５章の「(4)」には「利子生み資本の形態での剰余価値および資本関係一般の外面化」という表題が書かれている。ここでは，「剰余価値および資本関係一般」という本質的なものが「利子生み資本の形態」において完全に「外面化」されることが述べられている。すなわち，「資本は最初に流通の表面で資本物神として，価値を生む価値として現われたが，資本はいまふたたび，資本の最も疎外された最も独特な形態としての利子生み資本という姿態で現われている」(MEGA II/4.2, S. 851)のである。この場合に注意が必要なのは，「3)」までで概念的に把握された利子生み資本という範疇と，この「4)」で述べられている資本のこの独自な姿態が生みだす転倒的な物神崇拝とを混同しないこと，両者を峻別することである。三宅氏は，「マルクスは利子生み資本論を，貸付資本の考察から論を進めていっさいの資本が利子生み資本として現われると言う考察にいたる，というように展開している」(『マルクス信用論体系』，285-286ページ)と言われ，「いっさいの資本が利子生み資本として現われる」(すなわち資本物神という転倒的な意識が完成する)ところで「利子および利子生み資本」が「範疇的に確立」される(同前，298-299ページ)と考えられる。だから，利子生み資本の分析はここで完了すると見なされて，このあとの第25章以降に登場する，貸し付けられて利子を生む資本は「貸付資本」ではあっても範疇的な意味での「利子生み資本」ではない，ということになる。第25章以降では「利子生み資本」は論じられていない，とする三宅氏の見解は，利子生み資本という独自な資本の概念と，この資本形態がもたらす完成した資本物神という転倒的意識との，このような混同ないし同一視と結びついているのである。

と考えられる。つまり，氏によれば，第5篇は利子生み資本を対象とする第21-24章と信用制度を対象とする第25-35章という，それぞれ分析の対象を異にする二つの部分から成るものなのである。

それにたいして筆者は，第1の1)-4)で利子生み資本が概念的に把握され，第2の部分である5)で，利子生み資本のこの概念的把握を前提にして，今度は利子生み資本の具体的な形態である「信用制度下の利子生み資本」が論じられ，そして第3の部分である6)では，資本主義的生産に先行する諸社会における利子生み資本が論じられており，こうしてこの第5章の全体が利子生み資本の分析を成している，と考える。

ただしマルクスは，「信用制度下の利子生み資本」を論じるためには，その前に，信用制度がどのようなものであり，資本主義的生産のもとでどのような役割を果たすものなのか，ということを明らかにしておく必要があると考えて，「信用制度下の利子生み資本」の本格的な分析にはいる前に，エンゲルス版第25章および第27章にあたる部分で，信用制度について概説した。だから，この部分だけを考えれば，マルクスが「5）信用。架空資本」とした第2の部分に信用制度の分析が含まれている，と言いうるし，総じて，草稿第5章は信用制度の分析も含んでいる，と言うこともできる[6]。しかしこの信用制度概説は，それに続く部分のための準備作業ないし序論であって，「5）信用。架空資本」という第2の部分の眼目，本論は，それに続いて行なわれる，利子生み資本がとっている具体的形態の研究であり，この資本の現実的な姿態である，信用制度のもとでの利子生み資本の分析である。つまり，第5章での利子生み資本の理論的分析は，まず信用制度を捨象して利子生み資本を概念的に把握し，次に

---

6) 三宅氏の見解を支える有力な典拠とされているのは，マルクスがエンゲルスに『資本論』第3部の内容を伝えた1868年4月30日付の手紙のなかで，第5章について，「そこで，この利潤の企業利得と利子とへの分裂。利子生み資本。信用制度」(MEW 32, S. 74)，と書いていることである。この最後に書かれた「信用制度」が意味していたのは，第25章および第27章部分に書かれた「信用制度概説」を指していた可能性も，またそれ以降の「信用制度下の利子生み資本」を論じた第28-35章が明らかに信用制度を前提にして論じられていたことを示唆したものであった可能性もあるであろう。ただ，この手紙での上記の記載から，第25章以下は信用制度を論じるべきところであって，もはや利子生み資本を論じるところではなかったのだ，という結論を引きだせないことだけは明らかである。

信用制度を前提して利子生み資本の現実的な姿態を分析する，という二段構えの仕方で行なわれていて，この全体が利子生み資本の分析となっている。マルクスは，この二段構えの分析によって，人びと（すなわちマルクスと読者）の目に見えている，信用制度（銀行制度）のもとで運動している，利子生み資本という独自の資本種類の現実の姿態——マルクスは草稿第5章でこれを圧倒的に「マニド・キャピタル（monied capital, moneyed capital）」と呼んだ[7]——を，（マルクスと読者との）脳裡に観念的に再生産しようとしたのである。

＊

　筆者が以上のような見解に到達したのは，エンゲルス版第5篇の構成や文面をマルクスの草稿第5章そのものと突き合わせてエンゲルス版の草稿との相違を巨細にわたって記録・検討し，その結果，これらの違いをもたらしたエンゲルスの作業の深刻な問題性を突きとめた結果であった。そして，そのなかでまた同時にはっきりしたのは，「定説」の論拠とされていた，エンゲルス版第5篇のなかのもろもろの文言のほとんどすべてが，草稿第5章の編成を正しく読みとれなかったエンゲルスによって，編成についての自分の誤った理解に合うように手入れが行なわれた箇所だった，ということである。

　そのような箇所の多くが，草稿第5章の「5）信用。架空資本」のうちの，エンゲルス版第25章および第27章に当たる部分，筆者が「信用制度概説」とみなしている部分に含まれている。つまりこの部分に，草稿の誤読にもとづくエンゲルスの手入れが集中的に見えているのである。そこで筆者は，エンゲルス版第25章および第27章にあたる部分について拙稿を書き，そのなかで，マルクスの草稿と違っている点を逐一示したうえで，それらの違いのうちで草稿での記述を内容的に変更しているものの多くが草稿の誤読にもとづいてなされたものであり，そしてまたそのような誤読が，エンゲルス版第5篇の編成を草稿の編成と大きく異なるものにしないではいなかった，ということを明らかにする

---

[7] この monied capital については，マルクスがこの語をどこからとったか，ということを含めて，本書第3巻の諸章および「補章6　マルクスは monied capital という語をどこからとったのか」で詳述するので，ここでは，マルクスが信用制度下の利子生み資本をこの語で呼んだ，ということを述べるにとどめる。

必要があると考えた。

そこで，1982年9月に第3部第1稿の全体についての「『資本論』第3部第1稿について」(『経済志林』第50巻第2号，1982年9月；本書本巻に補章2として所収）を発表したのち，1983年から1984年にかけて，「「信用と架空資本」(『資本論』第3部第25章）の草稿について」(上：『経済志林』第51巻第2号，中：同第3号，下：同第4号；本書第2巻に第5章として所収）を，また1985年に「「資本主義的生産における信用の役割」(『資本論』第3部第27章）の草稿について」(『経済志林』第52巻第3・4号；本書第2巻に第7章として所収）を発表した。とくに，「「信用と架空資本」の草稿について」では，エンゲルス版第25章に利用された草稿部分を筆者の調査にもとづいて掲げたうえで，それがエンゲルス版とどこでどのように違っているかを逐一付記して，草稿とエンゲルス版とを対比できるようにするとともに，草稿第5章についての筆者の見解についてもかなり立ち入って述べた[8]。

第27章部分の紹介のあと，筆者は，同様の仕方で草稿第5章の内容を紹介する仕事を続けることにし，1988年から1990年にかけて，エンゲルス版第21章，第22章，第23章，第24章，そして第26章（この部分は，エンゲルス版でのように第25章および第27章と並ぶ，第5章のテキストの一部と見るべきではなく，第25章に使われた部分に含まれている雑録のあとに書かれた「挿論」と見なすべきものである）のそれぞれにあたる草稿部分をそれぞれ一本ずつの論稿として発表した。

第3部第5章のこれに続く部分についても，筆者のノートに拠って紹介を続けていくことにしていたが，1993年（表紙の版年は1992年）に，『資本論』第3

---

[8] なお，これらの前に筆者は，商業資本を取り扱った草稿第4章のなかから，貨幣取扱資本を論じた部分（エンゲルス版第19章にあたる部分）を取り出して紹介した（「「貨幣取扱資本」(『資本論』第3部第19章）の草稿について」，『経済志林』第50巻第3・4号，1983年；本書第2巻に補章3として所収）。第25章部分での信用制度概説の冒頭部分では，貨幣取扱資本が信用制度の二つの側面——信用の取り扱いと利子生み資本の管理——のうちの「利子生み資本の管理」の「土台」をなすことが明示されており，したがって，信用制度についてのここでの記述を正確につかむためには，第21-24章部分における利子生み資本の概念的把握だけでなく，貨幣取扱資本という独自の資本の概念的把握が先行的になされていなければならない。そこで，第25章部分に先だって，まず，この比較的短い草稿部分を見ておくとともに，あわせて拙稿での草稿紹介の仕方についての試行を行なっておこうとしたものであった。

部第1稿を収めたMEGA第II部門第4巻第2分冊が刊行された。これによって，筆者の紹介を待つまでもなく，MEGA版で草稿そのものを活字で読むことができるようになったわけである。そこで，第5章を紹介する作業は中断しようかとも考えたのであったが，エンゲルス版との相違をいちいち調べていくのはそれ自体がかなりの力仕事であって，エンゲルス版との相違点を注記した筆者の紹介もそれなりの意味があるだろう，また筆者のノートによって，MEGA版では不明の事実についての記述を補うことができる場合もありうるのではないか，と思い直し，今度はMEGA版の訳文にMEGAの付属資料の訳文を添え，それにエンゲルス版との相違を注記するという仕方で，紹介の作業を継続することにし，1993年以降，エンゲルス版第28章にあたる草稿部分から第36章にあたる草稿部分までについて，6本の論稿を書いた。こうして，第3部第1稿の全体についての拙稿を発表してからちょうど20年目にあたる2002年に，草稿第5章の紹介を完了したのであった。

*

　第28章にあたる草稿部分以降についての拙稿を発表していくなかで，読んでくださる方がたにぜひとも読み取っていただきたいと願っていたのは，なによりも，第25章および第27章に利用された草稿部分での信用制度についての概説に続く，マルクスによって「I)」，「II)」，「III)」という見出し番号がつけられた三つの部分で，マルクスはいったいなにを分析しているのか，いったいなにを分析の対象としているのか，ということであった。

　読者のなかには，さきに筆者が峻別した，信用制度を分析することと信用制度下の利子生み資本を分析することとのあいだに，なにほどの違いがあろうか，という感じをおもちの方もおいでであろう。

　そこで，本書の第3巻（第8-10章）で立ち入って見ることの先取りになるが，マルクスが実際に，「I)」，「II)」，「III)」のところでなにを問題にしているのかを，マルクス自身の言うところによって，ごく簡単に見ておくことにしよう。

　マルクスは第27章部分の末尾で，次のように書いている。

　「これまでわれわれは主として信用制度の発展｛そしてそれに含まれている資本所有の<u>潜在的な</u>止揚｝を，主として生産的資本に関連して考察してきた。

いまわれわれは，利子生み資本そのもの{信用制度による利子生み資本への影響，ならびに利子生み資本がとる形態}の考察に移るが，そのさい総じて，なお若干のとくに経済学的な論評を行なわなければならない。」(MEGA II/4.2, S. 504-505；本書第2巻299-300ページ。)

最初に，「これまでわれわれは主として信用制度の発展{そしてそれに含まれている資本所有の潜在的な止揚}を，主として生産的資本に関連して考察してきた」，と言われているのは，第25章部分および第27章部分での論述である。すなわちマルクスは，第25章部分で，生産的資本(産業資本および商業資本)のもとでの商業信用および貨幣取扱業の発展を基礎にして成立・発展してくる信用制度すなわち銀行制度を概観したのち，第27章部分では，それが資本主義的生産の運動において果たす役割を論じ，信用制度の発展のなかに含まれている「資本所有の潜在的な止揚」をもつかみだしている。

そこで今度は，「利子生み資本そのもの{信用制度による利子生み資本への影響，ならびに利子生み資本がとる形態}の考察に移る」と言う。すでに第5章の「1)」から「4)」までのところで，利子生み資本という独自の資本が概念的に把握されていた。ここで「利子生み資本そのものの考察」と言われているのは，もちろん，利子生み資本のこの概念的把握とは区別される，この把握を前提にした，利子生み資本がとっている具体的な形態の考察である。マルクスはそれを，角括弧で括って「信用制度による利子生み資本への影響，ならびに利子生み資本がとる形態」と敷衍している。利子生み資本が信用制度によってどのような影響を受け，どのような独自の形態をとり，どのような変容した姿態を示すか，ということ，要するに，信用制度下の利子生み資本を考察しようと言うのである。

そしてこの「利子生み資本そのものの考察」が，このあとに続く「I)」，「II)」，「III)」という三つの見出しをもつ草稿部分で行なわれることになる。

上の記述の末尾でマルクスは，この三つの部分のうちの最初の部分すなわち「I)」で書こうとしていることを，「そのさい総じて，なお若干のとくに経済学的な論評を行なわなければならない」，という言い方で示唆している。マルクスは「I)」で，この「若干のとくに経済学的な論評」を行なった。具体的には，彼が「リカードウ以後のイギリス経済学の唯一の功績」を上げた(『経済学批判』

第1分冊』,MEGA II/2, S. 173)というきわめて高い評価を与えていた銀行学派のトゥクとフラートンとが,貨幣と資本とのさまざまの概念規定を明確につかんでいないためにそれらについて誤った区別を行なっていること,また,貨幣としての貨幣と資本とを同一視することを批判し,彼らの言う「資本」が結局のところ銀行業者の立場からのそれであることを衝いて,monied capital の分析にはなによりもまず経済学的諸範疇の明晰な把握が決定的に重要であることを明らかにした。これは,信用制度下の利子生み資本の本格的な分析にはいる準備であった。

これに続いて「II)」でマルクスが行なったのは,銀行に集積している利子生み資本がどのような形態をとっているのかを順次に確認しながら,そのなかで,「5)信用。架空資本」というタイトルに「架空資本」と書きつけたときにマルクスが念頭においていたこと,すなわち信用制度下の利子生み資本の具体的姿態である銀行のもとに集積されている貸付可能な貨幣資本は,どのような形態をとっていようと,すべて——なんらかの意味において——「架空な〔fiktiv〕」ものなのだ,ということを示すことであった。これによって,信用制度下の利子生み資本は,もはや,貨幣資本家の手から生産的資本家の手に或る期間委ねられていることによって増殖する貨幣という単純な形態にあるのではなく,媒介者としての銀行のもとに蓄積された貸付可能な貨幣資本という独自の形態にあるのであり,この独自な貨幣資本の蓄積とは,「生産にたいする請求権の蓄積」すなわち剰余価値にたいする請求権の蓄積にほかならない,ということが明らかになったのである。

こののちに,マルクスはいよいよ,信用制度下の利子生み資本の分析の最も困難な仕事に取り掛かる。ここでマルクスが解明すべきものとして立てた問題は,冒頭で述べられたのち,さらに二度にわたって繰り返し提示されていて,これがマルクスにとっての「III)」での主題であったことは,読み誤りようもなく明らかなのである。ここでは,この3回にわたる問題提起のうちから,簡潔にまとめられた最後のものだけを挙げよう。

　「さて,二つの問題に答えなければならない。第1に,monied capital の相対的な増大または減少は,要するにそれの一時的な,またはもっと継続的な蓄積は,生産的資本の蓄積とどのような関係にあるのか? そして第2に,

それはなんらかの形態で国内にある<u>貨幣量</u>とはどのような関係にあるのか？」(MEGA II/4.2, S. 588-589; 本書第3巻523ページ。)

見られるように，問われているのは，端的に，信用制度下の利子生み資本であるmonied capitalと生産的資本との関係，そして，monied capitalと国内の貨幣量との関係である。この関係を明らかにすることにもろもろの困難が伴うのは，monied capitalが架空資本であり，蓄積された「請求権」だからである。monied capitalは生産的資本の運動から自立化して「架空なもの」として膨れあがることができるが，しかしmonied capitalの膨張が或る限度を越えることによって過剰なものであることが明らかになると，それは，「信用システム」の「貨幣システム」への「転回」を引き起こし，生産的資本を道連れにして急速に縮小せざるをえないのである。

ここで問題の中心となっているのが，信用制度という，monied capitalが運動する舞台でではなくて，運動する**monied capital**そのもの，すなわち資本であることに注目していただきたい。monied capitalという資本とreal capital（実物資本＝産業資本および商業資本）という資本との関連こそ，解くべき問題の核心をなすものなのである。

この「III)」のなかでも「信用制度」という語は何度も出てくるが，それらはほとんどすべて，「信用制度の発展につれて」といった文脈のなかでであって，信用制度そのものの仕組みや発展についての分析と呼べるようなものはどこにもない。この点については本書第3巻の第10章で詳述する。また，マルクス自身が自分の立てた問題に，どのように答えているか，どこまで答ええていたか，ということについても，マルクスの記述そのものに即してそこで言及する。

*

ところで，以上の一連の拙稿には，草稿第5章の訳文のほか，草稿第5章とエンゲルス版との相違が逐一示されているので，それらを『資本論』第3部の研究のために利用してくださった方が——またご論稿にそのことを明示してくださった方も——かなりあったし，また，『資本論』第3部の新訳作成のさい，MEW版と異なる草稿での記述を示すのに，その時点で既発表となっていた拙稿での訳文を——そのことを明示することなく——ほとんどそのまま使ってく

ださった方もあった。そしてまた，それらの拙稿が草稿第5章を読むための一つの手段としてそれなりの役割を果たせるものと見てくださり，書物にまとめることを慫慂してくださる方も少なくなかった。

しかし，既発表の拙稿は，ときには筆者の解釈や研究の結果を立ち入って述べた場合もあったが，また，そっけなく草稿第5章の紹介だけにとどめた場合もあって，体裁はひどくまちまちだった。書物にするのであれば，草稿第5章の訳文にエンゲルス版との相違を注記したテキスト紹介の一書と，マルクスの利子生み資本論についての筆者の見解を論述した一書とに分け，それぞれを独自に仕上げなければならない，と思われた。そして，筆者がすでに抱えているほかの未完のプロジェクトと，筆者に残されている作業可能な年月とから見て，この仕事に着手するのはもう無理だろうと考えていた。

ところが2013年10月初旬に，たまたまおふたりの方から久しぶりに，それも別々に，草稿第5章に関する拙稿をぜひ書物にしてほしい，というご要望をいただいた。いつもどおり，「二つの作業を仕上げるのはもう無理なので諦めている」とお答えしたところ，それにたいしておひとりの方が，「全部をそのままいっしょにして本にしてしまえばいいではないか」と言われた。思いがけないこの一言があとまで頭に残った。

かつての拙稿をそのようなしかたで一つの書物にまとめることができるとしたら，それがどんなにぶざまだとしても，読者に草稿の翻訳部分を利用していただくことができるし，エンゲルス版との相違についての記述も役だつことがあるであろう。それにまた，利子生み資本論について筆者が書いてきた見解を，そのありのまま，これまでよりも広い読者に読んでいただけるようになる。そして，そのような仕方での刊行であれば，新たに多くのエネルギーを割く必要もなく，ほかのプロジェクトの作業に及ぼす影響も軽微なものにとどめることができるのではないか。

そこで試みに，関連する拙稿を草稿での関連箇所の順序に合わせて並べてみた。それらを，①利子生み資本の概念的把握に関する拙稿，②信用制度の概説に関する拙稿，③信用制度下の利子生み資本に関するもののうち，「貨幣資本と現実資本」に関する部分までの拙稿，④それ以降の部分に関する拙稿，の四つに分けると，たまたま，いずれもほとんど同じページ数になった。この偶然

事に勢いを得て，桜井書店の桜井香さんに，いまの困難な出版事情のもとで，これまでの拙稿を一緒にして全4巻から成る一書として刊行するようなことは無理でしょうね，と尋ねてみたところ，まったく思いがけなく，「引き受けます」というきっぱりとしたお返事をいただいた。こうして本書をまとめる作業が始まったのである。

*

　もちろん，「これまでの拙稿をそのまま収録する」とは言っても，全体について最低限の統一作業はしなければならない。とくに第5章草稿の訳文の部分については，使い勝手の点から言っても全体の統一が必要である。そこで，この部分については，一連の拙稿の最後のものであるエンゲルス版第36章についての拙稿での形式を基準にして，かなりばらばらになっているそれ以前の記述の仕方を統一することにした。

　まず，エンゲルス版第27章にあたる部分についての拙稿までのものは，草稿の訳文を筆者のノートによって作成していたのであるが，基本的にはこれらの拙稿での訳文をすべてMEGA版からの訳文に変えることにする。ただし，MEGA版での草稿の読み方が筆者のそれと異なる場合には，筆者の読み方やそれとMEGA版との違いを注記する。たとえば，マルクスが用紙を半分に折って，折り目の上半と下半とを区別して使用している場合には，上半でテキストを書いたうえで下半にそれへの注記や補足を書きつけるという意識をもって執筆しているのにたいして，この折り目を無視してページいっぱいに書きつけている場合には，テキストとしてではなく，抜粋として書かれているのであって，筆者は拙稿で，前者の使用方法がとられている場合には，おおむね，用紙の上半と下半とを区別して明示してきた。MEGA版ではまったく示されていないこの区別は重要なので，本書でも残す。また，訳文には，MEGA版の付属資料に記載されている異文，訂正，注解を，それぞれの先頭に〔異文〕，〔訂正〕，〔注解〕と記載した注として各パラグラフのあとにつける。

　筆者が拙稿にMEGA版を使うようになったのち，当初は，MEGA版付属資料からの注記を筆者によるエンゲルス版との相違についての注記といっしょにして各パラグラフのあとにおいていたのであったが，その後，MEGA版から

の注記と筆者による注記とは，前者に①，②，③等々の注番号を使い，後者に1），2），3）等々の注番号を使ったうえで，それぞれを別々にまとめる方式をとった。さらにその後，MEGA版からの注は各パラグラフのあとにつけ，筆者による注は脚注に収めることに変更した。本書では，注記の記載の仕方を最後の方式で，すなわちMEGA版からの注記には注番号①，②，③等々を使い，注を各パラグラフのあとに置き，筆者による注記には注番号1），2），3）等々を使い，注を脚注とする，という方式で統一する。

　草稿の第5章の訳文を含む拙稿のその他の部分，というのはその大部分が筆者の見解や解釈を含む解題的な記述の部分であるが，これらの部分は，原則としてほとんどそのまま残すことにした。ただし，記述が不適切であったところは削除し，舌足らずであったところでは必要な補足を行ない，また読み直して気になったところでは文体上の修正を加えた。また旧稿では，論じるべきと考えながら，そのときどきの理由から論じえなかった論点のうち，とくに重要と考えられる論点については，新たに大きく書き加えた。

＊

　本書『マルクスの利子生み資本論』を次の4篇に分ける。
　　第1篇　利子生み資本
　　第2篇　信用制度概説
　　第3篇　信用制度下の利子生み資本
　　第4篇　資本主義以前の利子生み資本

　第1篇の内容は，正確には「利子生み資本の概念と利子生み資本形態での資本関係の外面化」と言うべきところであるが，篇の表題は，簡単化して「利子生み資本」とする。第2篇は，マルクスが，信用制度下の利子生み資本を論じるための準備として，信用制度とはどのようなものであるのか，それは資本主義的生産のなかでどのような役割を果たすのか，ということを論じている草稿部分を収める。第3篇は，利子生み資本の具体的な姿態である「信用制度下の利子生み資本」を論じている部分を収める。第4篇は，生成しつつある資本主義的生産が，資本主義的生産様式に先行する諸社会のなかにすでに存在していた利子生み資本を，自己の形態に転化させることによって自己に従属させた歴

史的過程を明らかにする。

　以上の全体を四つの巻に分ける。第1篇を第1巻に，第2篇を第2巻に，浩瀚な第3篇を第3巻および第4巻に，そして第4篇は第4巻のなかに収める。第1巻と第2巻のタイトルはそれぞれに収める篇の表題と同じ「利子生み資本」および「信用制度概説」とするが，第3巻と第4巻のタイトルは，便宜上，それぞれ「信用制度下の利子生み資本（上）」および「信用制度下の利子生み資本（下）」とする。

　本書第1巻の冒頭には二つの拙稿を序章Aおよび序章Bとして先行させ，マルクスの利子生み資本論の全体についての拙見を概説的にお伝える。序章Aでは，本書にまとめた研究のなかで，第3部第5章でのマルクスの利子生み資本論について筆者が得たものを概括的に示し，序章Bでは，第3部第5章での利子生み資本論に結実するまでのマルクスの利子・信用論の形成過程を概括的に見ておく。序章Aはマルクス利子生み資本論のいわば共時的な概観であり，序章Bはいわば通時的な概観である。

　さらに，草稿第5章を紹介する一連の拙稿のほかに，マルクスの利子生み資本論に関連する拙稿とMEGAの考証問題に関する拙稿から，読者の参考になると考えるものを補章として第1-3巻に収める。第1巻には「補章1」として，「資本の一般的分析」という『資本論』の基本的性格を経済学の方法との関連で論じた拙稿を，また「補章2」として，筆者による『資本論』第3部第1稿の調査報告を収録する。第2巻には「補章3」として，第3部草稿の第4章中の「貨幣取扱資本」に関する部分（エンゲルス版第19章に利用された部分），「補章4」として『資本論』第2部および第3部の執筆時期の関連についての拙稿を収めるほか，「補章5」として，『資本論』第3部第1稿を収録したMEGA第II部門第4巻第2分冊についての拙稿をつける。第3巻には「補章6」として，マルクスが第5章で頻用しているmonied capitalという語をマルクスがどこからとったのか，を探索した拙稿をつける。

　なお本書は，さまざまの時期に発表してきた拙稿をまとめたものであるが，草稿第5章を訳出している一連の拙稿をエンゲルス版第5篇の章別編成の順序に並び替えたうえで，それに，関連する諸拙稿を内容に即して組み込んだものである。したがって，拙見を記した部分では，初めに論証抜きの結論が述べら

れていて，それについての詳細な説明がようやくかなりあとになってでてくる，といった不都合を避けることができない。また，いたるところで，拙見をしつこく繰り返して述べてもいる。しかし，このような不都合をすべて除去しようとすれば，全体を新たに書き下ろさなければならないであろう。そこで，この種の不細工には目をつぶることにした。その結果，本書は，既発表の拙稿を内容に即して並べた論文集という性格をも合わせもつことになっている。

*

　草稿第5章では，マルクス自身はごくわずかの見出し番号と表題しか書いていない。そしてそれらだけでは，この章の内容的な構成を見通すことがまったくできない。だからエンゲルスは彼の版で，全体を18の章に分かち，二つの章（第31章および第35章）ではさらに下位の区分を置いた。しかし彼によるこれらの章別編成は，さきにも触れたように，むしろ草稿の本来の構成を見失わせるものとなっている。他方，MEGA版は，独自の判断で，ところどころに表題を補っているものの，これらの表題は，それらによってはテキストとして書かれた部分とそうでない部分との区別ができないなど，第5章の全体の構成を示すものとはなっていない。

　そこで，本書に草稿第5章の訳文を収めるにあたって，マルクスが書いている見出し番号と表題に，さらに筆者の判断にもとづく見出し番号と表題とを補うことにした。これらを補足した第5章の全体構成を示せば，次ページのとおりである（〔　〕が筆者が補足した見出し番号と表題である）。見られるように，材料集録である「混乱」とそれに続く「〔C　地金と為替相場。貨幣システムによる信用システムの被制約性〕」では，その内部にさらに筆者による見出し番号と表題とを挿入している。

　この全体構成についての筆者の判断には，長い時間をかけて進めてきた作業のなかで細部でのいろいろな変遷があったのであり，本書のあちこちにそのことが反映している記述が残っているが，これらを無理に統一することをしなかった。この構成については，第1巻序章Aで大ざっぱに述べており，また第4篇の第12章でやや立ち入って言及しているので参照されたい。

第5章の構成と本書への収録

	本書での篇／章
第5章　利子と企業利得（産業利潤または商業利潤）との利潤の分裂。利子生み資本	
1）〔利子生み資本〕	第1篇第1章
2）利潤の分割。利子率。利子の自然的な率	第1篇第2章
3）〔利子と企業利得。監督賃金〕	第1篇第3章
4）利子生み資本の形態での剰余価値および資本関係一般の外面化	第1篇第4章
5）信用。架空資本	
〔A　信用制度〕	
〔I　信用制度の概要〕	第2篇第5章
〔信用制度についての雑録〕	
〔挿論　ノーマンおよびオウヴァストンの無概念的混乱の批判〕	第2篇第6章
〔II　信用制度の役割〕	第2篇第7章
〔B　信用制度下の利子生み資本（monied capital）〕	
I　〔トゥクおよびフラートンによる諸概念の混同と誤った区別との批判〕	第3篇第8章
II　〔monied capitalの諸形態とそれらの架空性〕	第3篇第9章
III　〔monied capitalとreal capital〕	第3篇第10章
混乱	第3篇第11章
〔a　『銀行法委員会報告』1857年からの抜粋I〕	
〔b　『商業的窮境委員会報告』1848年からの抜粋I〕	
〔c　『銀行法委員会報告』1857年からの抜粋II〕	
〔d　地金の輸出入に関する統計〕	
〔e　『商業的窮境委員会報告』1848年からの抜粋II〕	
〔f　ハードカースル『銀行と銀行業者』からの抜粋〕	
〔C　地金と為替相場。貨幣システムによる信用システムの被制約性〕	第3篇第12章
〔a　地金の流出入。信用システムの軸点としての地金準備〕	
〔b　地金の流出入および為替相場に関する、『銀行法委員会報告』1857年からの抜粋〕	
〔c　『銀行法委員会報告』1857年からの抜粋への補遺〕	
〔d　『エコノミスト』からの抜粋〕	
〔e　諸文献からの抜粋〕	
6）前ブルジョア的諸関係	第4篇第13章

＊

　1867/1868年の『資本論』第2部および第3部のための諸草稿を収録したMEGA第II部門第4巻第3分冊が2012年に刊行された。マルクスが1871-1882年の時期に『資本論』第3部のために書いた諸草稿を収録したMEGA第II部門第14巻は2003年に刊行されていたので，マルクスが『資本論』第3部第1稿を執筆したのちにこの部のために書いた文書のすべてが公刊されたことになる。残念ながら，これらの文書にはマルクスによって第3部第5章のために書かれた記述はまったくなく，この章の内容についての新しい情報は皆無である。

　しかし，2003年に刊行された第II部門第14巻には，エンゲルスが1882-1895年の時期に『資本論』第3部の編集の過程で作成した文書類のうちの伝存するすべての文書が収録されており，第3部第5篇のためのエンゲルスの編集作業についても，多くの貴重な情報を提供している。さらに，この巻の付属資料（Apparat）に収められた，編集者執筆の「解題〔Einführung〕」とそれに続く二つの解説は，エンゲルスの編集作業についてきわめて豊富に新たな知見を提供してくれている。

　したがって，エンゲルスによるマルクスの草稿への手入れについて各所で触れている本書では，ほんらい，この巻に収録されているエンゲルスのもろもろのテキストと編集者が提供している新情報とにもとづいて，エンゲルスの第3部第5篇の編集過程について，あらためて立ち入って考察すべきところであるが，これまでのところ，筆者の手はそこまで及んでいない。本書をまとめる過程で，MEGA第II部門第14巻の付属資料（Apparat）から，マルクスの第1稿以後の第3部のための作業とエンゲルスによる第3部編集の作業についてMEGA編集者が執筆した「解題」とそれに続く二つの解説とを翻訳して「補章」とすることも考えてみたが，MEGAのページで100ページを超える分量となるので，本書への収録は断念した。エンゲルスの編集作業に関心をもたれる読者には，これらの解説につかれることをお勧めしたい。

＊

　『資本論』での利子生み資本論を，エンゲルス版ですでにもたれているかも

しれない既成概念からいったん離れて，マルクス自身の草稿によって正確に読み取り，それの構成や課題や理論的展開を誤りなく捉えることに，本書が多少なりとも寄与しうることを心から願っている。

凡　例

I　本書の全体のための凡例

1　マルクス（およびエンゲルス）の著作への指示について

　本書では，マルクス（および一部はエンゲルス）の諸著作から多数の引用を行ない，またそれらへの参照を指示している。そのさい，指示する著作がすでにMEGA (Karl Marx, Friedrich Engels: Gesamtausgabe. Berlin 1975 ff. 歴史的・批判的全集として刊行されつつある原語版『マルクス＝エンゲルス全集』) に収録・刊行されている場合には，MEGAの部門，巻，ページと，MEW (Karl Marx, Friedrich Engels: Werke. Bd. 1-43. Ergänzungsbd. Tl. 1-2. Berlin 1956-1990. ベルリンのマルクス＝レーニン主義研究所が刊行した『マルクス＝エンゲルス著作集』で，大月書店版の『マルクス＝エンゲルス全集』の底本）の巻，ページとを挙げ，MEGAではまだ刊行されていない場合には，MEWの巻，ページだけを挙げた。

　原典ページへの指示は，次例のように略記する。

　　　MEGA[1] II/11, S. 22　　MEGAの第II部門第11巻，22ページ
　　　MEGA II/3.2, S. 33　　MEGAの第II部門第3巻第2分冊，33ページ
　　（なお，MEGAのページ指示での「S. 11.2-3」は，11ページ2-3行を意味する。）
　　　MEW 23, S. 44　　　MEWの第23巻，44ページ
　　（MEGAでは，各ページの5行ごとに行番号がつけられているので，多い行数でも該当する行を見いだすのは容易であるが，MEWでは行番号がないので，下方にある行を上から数えていくのは面倒である。そこで，MEWの行数表示では，下半部については下から数えることにする。

---

[1] 現在刊行中のMEGAは，刊行が中断された戦前のMEGAと区別される第2次MEGAであることを明示するために，「MEGA②」と表わすことが行なわれているが，本書で言及するのは第2次MEGAだけなので，すべてたんに「MEGA」と表示する。

「S. 11.3-2 v.u.」は，〈11ページの下から数えて3行目から同じく下から数えて2行目まで〉を意味する。）

MEGA諸巻のうち第II部門の第1巻（『経済学批判要綱』その他を収録，当初2分冊で刊行されたが，その後第2刷で1冊にまとめられた），第2巻（『経済学批判。原初稿』，著書『経済学批判。第1分冊』その他を収録），第3巻（『1861-1863年草稿』を収録，全6分冊）までは，その邦訳が『資本論草稿集』①-⑨（MEGA II/1が①-②，II/2が③，II/3が④-⑨）として大月書店から刊行されており，これにはMEGAのページが付されているので，上の指示ページからこの『草稿集』での該当箇所を見つけることができる。

MEWのページは，その邦訳の大月書店版『マルクス＝エンゲルス全集』に付されているので，上の指示ページによってこの『全集』での該当箇所を見つけることができる。そのうち，MEW 23, MEW 24, MEW 25は，それぞれ『資本論』第1部，第2部，第3部を収録しているので，これらの巻に付されたページから，大月書店版の『資本論』および新日本出版社版の『資本論』での該当箇所を参照できる。なお，『経済学批判要綱』はのちにMEW 42に収録されたが，これはMEGA版にもとづいて編集された学習版であり，またMEGA版がすでに『資本論草稿集』①-②として邦訳されているので，MEW 42のページは挙げていない。

マルクス（およびエンゲルス）からの引用については，どこからとったものかをその場で知ることができるように，「前掲書」や「同前」といった表記は行なわず，すべて引用の直後に出典を記した。

なお，諸文献からの引用の訳文は，既訳を参照できる場合にはそれを利用させていただいたが，原文と照合して遠慮なく手を加えているので，訳文のすべてについて筆者が責任を負う。

2　強調について

引用中の下線はすべて引用した原典での強調（草稿では下線，印刷物では多くの場合イタリック）である。上付きの傍点による強調は，引用のなかのものを含めて，とくに断らないかぎり筆者によるものである。

3 括弧類について

　草稿のテキストのなかの［　］（ブラケット）による挿入はMEGAの編集者によるもの，引用文およびマルクスのテキストのなかでの〔　〕（きっこう）による挿入は，原語の表示を含めて，すべて筆者によるものである。

　マルクスは，なんらかの意味で前後の記述から区切っておきたいと感じた箇所の前後に大きめの角括弧（ブラケット）を付ける習慣をもっていたので，MEGA諸巻のテキストではそれを特製の角括弧〚　〛で示しているが，本書では，MEGA編集者による［　］（ブラケット）および筆者による〔　〕〔きっこう〕とはっきりと見分けられるようにするために——原文の引用のなかでも——マルクスによるこの大きめの角括弧は｛　｝（ブレース）で示した。

　普通に多用される（　）（パーレン）や，要旨や要約を示すための〈　〉（ギュメ）のほか，本巻の補章2では，旧稿を本書に収めるさいの新たな加筆を示すのに，【　】（すみつきパーレン）を使った。【　】は，くくりをめだたせるためにほかのところで使うこともある。

　なお，引用中の斜線／は，とくに断らないかぎり，原文での改行を示す。

4 本書でのドイツ語の綴りについて

　マルクスの原文をドイツ語の原語で示すさいには，一貫して，マルクス自身の綴り（印刷されたものについては当初の印刷物そのものにおける綴り）に従った。エンゲルスが編集・刊行した『資本論』第3部の1894年版，および，エンゲルス版を基礎とする現行版（MEW版）での記載を示す場合にも，一貫して，それぞれの版での綴りに従った。これらの綴りの書記法ないし正書法（Orthographie）は，それぞれかなりまちまちである。その理由は次のとおりである。

　ドイツ語の正書法は，ようやく1871年（すなわち『資本論』第1部が刊行された4年後）に統一の試みが行なわれたが，この正書法が一般化するのに数十年の歳月を要した。それが一般化するまでは，書記法は，〈人によって異なる〉と言えるほどまちまちであった。マルクスやエンゲルスの書記法も，1871年以前でも以後でも，同じ時期のものでもけっして一貫したものではなかった。とりわけ，いまはkまたはzと綴られる字母が，当時は多くcと綴られた。い

ま Kapital と書かれる語は，マルクスでは圧倒的に（全部ではない）Capital と綴られたし，Zentralisation は Centralisation, Konzentration は Concentration と書かれた。いま Wert, Teil と綴られる語は，マルクスにあっては最後まで Werth, Theil であり，いま -ieren, -iert と綴られている部分は，マルクスにあっては最後まで -iren, -irt と書かれている。エンゲルス編集の第3部1894年版では，一方で，たとえば，かつての Capital はすでに Kapital と綴られているのにたいして，他方では，現行版（MEW版）では reduzieren と綴られている語が依然として reduciren と綴られている，等々である。

1901年に新正書法が施行されたが，この正書法にもきわめて多くの矛盾や難点が含まれていたので，正書法の改訂が社会的に長年の課題となっていた。ようやく1998年に西ドイツで新正書法が制定され，それから数年を経て，この正書法が各州で正式に採用されるようになった。

いま，日本でのドイツ語を知る多くの研究者になじみのある正書法は1901-1998年のそれ（MEW版のそれ）である。MEGAに収録されている，マルクスおよびエンゲルスの刊行物や草稿での書記法は，この正書法とは多くの点で異なっている。だから，本書で示しているドイツ語の原語もこの正書法には従っていない。

本書での原語の綴りに現在の綴りとは異なる異様な綴りが見られると感じられたり，誤植ではないかと思われたりする読者がありうるので，以上，付記しておく。

II　草稿第5章の訳文への凡例

　本書では，序章および補章以外のすべての章が，MEGA第II部門第4巻第2分冊に収録されているマルクスの『資本論』第3部第1稿の第5章（および第2巻の補章3とした第1稿第4章中の「貨幣取扱資本」に関する部分）のうちのそれぞれの該当部分の訳文を含んでいる。以下はこの訳文での記載についての凡例である。

【訳文の作成】　草稿第5章の訳文部分では，MEGA版によって草稿からの訳文をかかげ，それに諸種の注記を行なう。訳文は，エンゲルス版に利用され

ている部分については，大月書店版『資本論』第3部第5章での岡崎次郎氏の訳を土台として使わせていただき，それに自由に手を入れる，という仕方で作成した。

　【マルクスの原注】　本書での注記の第1は，マルクス自身の注（補足ないし付記の類いを含む）である。MEGA版では活字を小さくした脚注として収められているが，本書では，注番号ないし注記号が付されているテキストのパラグラフのあとに，本文と同じ大きさの活字で収める。マルクスによるこれらの注記は，重要性において，本文との差があるわけではないからである。マルクスが書きつけている注番号ないし注記号をゴシック体にし，またそのまえに「〔原注〕」と記し，さらに末尾を「〔原注……終わり〕」で示す。状態について説明が必要と考えられる場合，あるいはMEGAでの記載と異なる仕方で収録した場合などでは，筆者の脚注を付して，説明する。

　【MEGA付属資料による注記】　注記の第2は，MEGA版（MEGA II/4.2）の「付属資料〔Apparat〕」に収められた「異文目録」，「訂正目録」，「注解」からのものである。テキストのパラグラフごとに，該当箇所の直前に丸付き数字の注番号①，②，③等々を付し，各パラグラフのあとに，この注番号を付した注を置く。注番号のあとに，「異文目録〔Variantenverzeichnis〕」からのものには「〔異文〕」，「訂正目録〔Korrekturenverzeichnis〕」からのものには「〔訂正〕」，「注解〔Erläuterungen〕」からのものには「〔注解〕」と記載する。このうちの異文注では，MEGAでの記載にならって，最初にテキストのなかにある記述を掲げ，そのあとにそれの異文を示す，という仕方で記載することを原則とする。たとえば，「A←B←C」という記載は，テキストのなかでAとなっている部分は，マルクスが，最初Cと書いたものをBに変更し，さらにそれをAに変更したことを示している。

　MEGAはその注解で，引用文中の強調が原典での強調と異なる場合，その部分を「マルクスによる強調」としていちいち指示しているが，本書に収録した草稿部分では，抜粋されている文章への強調（下線）は基本的にマルクス自身によるものであって，草稿での強調が原文における強調と一致している箇所はわずかであり，それもたまたま一致したものと考えられるので，本書では強調に関するこれらの注解はすべて省くことにする。

また，MEGAの注解では，しばしば，マルクスがドイツ語に訳して引用している文献の原語原文を掲げているが，日本語の訳文ではマルクスの引用と原文とのあいだにほとんど違いのない場合にはこの種の注解は省く。

【筆者による注記】 注記の第3は，筆者による諸種の注記である。テキストの該当箇所にアラビア数字の注番号 1)2)3) 等々を付し，脚注にこの注番号を付した注を置く。そのうちの圧倒的な部分は，草稿のテキストがエンゲルス版でどのように変えられているか，ということを記載するものであるが，そのほかにも，適宜，マルクスの草稿について，ないしは，エンゲルス版について，説明が必要と考えられる注解的事項を述べる。筆者による注記でも，注番号をテキストの該当箇所の直前に置き，最初にテキストの該当する記述を掲げ，そのあとにそれについて説明する，という仕方をとる。

【草稿とエンゲルス版との相違】 筆者による脚注の最大の部分は，マルクスの草稿とエンゲルス版との相違に触れた注記である。なんらかの意味でエンゲルス版に触れた脚注には，先頭に「〔E〕」と記して，わかるようにした。草稿とエンゲルス版との相違については，エンゲルス版が草稿と内容的に異なっているときに，草稿がどのように変更されたか，なにが削除されたか，なにが書き加えられたか，を記載することを原則とする。エンゲルスの手入れは，文章構造の変更，括弧類の変更，などの形式的なものも注記する。しかし，次のようなものは煩瑣になるだけだと思われるので，原則としてとらない。──正書法上の変更，語順の局部的な変更，人称変化・格変化の訂正，定冠詞の削除・挿入，同じ動作名詞の -ung 形と -en 形との交換，意味にほとんど変更をもたらさないような句読点の変更，語句の局部的変更，等々。また，英語で書かれている部分をドイツ語に変えただけの箇所や，意味を変えない局部的なドイツ語表現の変更などで，日本語の訳文ではまったく変える必要がないような場合もとらなかった。

草稿とエンゲルス版との相違は，草稿の訳文から該当箇所をまず掲げ，次にそれがエンゲルス版でどのようになっているかを記す，という仕方で示す。すなわち，「A→B」は，草稿でAとなっている部分がエンゲルス版ではBに変えられたことを示し，「A──削除」は，草稿中のAがエンゲルス版では削除されたことを，「挿入──A」は，エンゲルス版ではここにAが挿入されたこと

を示す．頻出し，かつほとんど例外なく同じ原則で行なわれている変更の場合には，最初にその旨を注記し，その後のいちいちの記載を省いた（たとえば，Zinstragendes Capital→zinstragendes Kapital）．また，訳文は変わらないが，原語の変更を注記したほうがよいと判断した場合は，注のなかに訳語を掲げ，そのあとに原語で「A→B」とする仕方で示した．これらの変更の記載は，適宜，取捨選択する．

なお，草稿中のmonied Capitalないしmoneyed Capitalは，訳文のなかでもすべてこの原語をそのまま記載し，monied Capitalistないしmoneyed Capitalistは，「貨幣資本家〔monied Capitalist〕」ないし「貨幣資本家〔moneyed Capitalist〕」のように記載する．マルクスによるこれらの語の使い方ないし使い分けについては，第3巻の補論6で詳説する．

【強調について】　一本の下線による強調は，とくに注記しないかぎり，すべてマルクスの草稿における一本の下線による強調であり，MEGAではイタリック体によって示されているものである．ごく稀に見られる二本の下線による強調は，マルクスの草稿における二本の下線による強調であり，MEGAでは隔字体によって示されているものである．エンゲルス版では，マルクスによる強調は無視され，エンゲルスが必要だと判断した（マルクスの強調よりもはるかにわずかの）箇所が強調されており，それにはマルクスの強調と一致している場合とそうでない場合とがある．エンゲルスによる強調についてはすべて注記する．筆者の強調は上付きの傍点で示す．MEGAの注解に収められている各種の引用のなかの強調も上付きの傍点で示す．

【草稿ページの記載】　草稿ページは下記の記号で示す．
　　|372|……　　ここから372ページが始まる．
　　……|　　　　ここまでのページが終わる．
　　　　（したがって，文章の途中でページが終わり，次のページにその続きが書かれているときには，……||372|…… のようになる．）
　　/374/……　　ここから374ページの中途にある部分が始まる．
　　……/　　　　ここまでのページのこのあとにまだなんらかの記述があることを示す．

ページの変わり目が文の中途である場合には，あとのページの，草稿の原語

での最初の語の直前をその変わり目とみなす。

　なお，マルクスは，それぞれのページを縦半分に折って，折り目で上下の二つの部分がわかるようにし，第3部の原稿を書いているつもりで執筆した箇所では，その上半部にはテキストを書き，下半部には，それへの脚注を書くほか，はじめ空白にしておいて，あとから補足や追加などを行なう，という使い方をしている。それにたいして，原稿の執筆に利用する材料（抜粋など）を書きつけているときには，折り目を無視して，ページを上から下までいっぱいに使っている。したがって，マルクスが上下二つの部分を区別して使っている箇所と区別せずに使っている箇所とを見分けることによって，その箇所が原稿として書かれていたのか，それともそこでは抜粋の作成が行なわれていたのか，という違いを読み取ることができるのであり，この識別は，第5章の構成を見るさいの重要な手がかりとなるものである。MEGA版の編集者はページの使い方のこうした違いをページごとに明記することの重要性に思い至らなかったようで，MEGA版には草稿ページの始まりと終わりの表示があるだけである。そこで本書では，必要に応じて，各ページの上半と下半との区別を|372 上|（ここから372ページの上半部が始まる），|372 下|（ここから372ページの下半部が始まる），/373 上/（ここから373ページ上半部の中途にある部分が始まる），/373 下/（ここから373ページ下半部の中途にある部分が始まる）のように記載し，この点についての草稿の状態がわかるようにする。ただし，ページの上半にテキスト，下半にその他のもの，という仕方で書かれていない場合には，ページの上半と下半との区別の表示は省き，上記の仕方で各ページの初めと終わりだけを示す。

　【MEGA版のページの記載】　MEGA版との対照を容易にするために，MEGA版の各ページが始まるところに|411|のようにページ番号を記載する。ただし，第2巻の「第1章　「信用と架空資本」（エンゲルス版第25章）と「貨幣資本の蓄積。それが利子率に及ぼす影響」（エンゲルス版第26章）冒頭部分とに使われたマルクス草稿について」では，筆者のノートによって草稿の状態を再現するので，MEGAのページも，各ページの始まるところだけでなく，本文および原注のブロックごとにいちいち示すことにする。

　MEGA版のページについても，ページの変わり目が文の中途である場合に

は，あとのページの，草稿の原語での最初の語の直前をその変わり目とみなす．

　マルクスの原注ないしそれに類する付記などは，MEGAでは，本文中の注番号ないし注記号があるページの下部に脚注として収められているが，原注が非常に長かったり，いくつもの原注があったりして，途中から，次ページ（まれに次次ページ）の下部にまたがっている場合がある．本書では，原注などの訳文は，それぞれの注番号ないし注記号を含むパラグラフのあとに置き，原則として，それぞれの脚注があるMEGAページをいちいち記載することをしないが，MEGAの脚注が次ページなどにまたがっていて，本文中のMEGAページの指示との関係に読者がとまどうおそれがある場合には，原注にもMEGAページを記載しておく．

第1巻目次

はしがき 3

凡　例 23

マルクスの利子生み資本論

序章A　マルクスの利子生み資本論 …………………………………… 41

　はじめに …………………………………………………………………… 41

　1　エンゲルスによる編集作業の問題点 ………………………………… 42

　　(1)　エンゲルスの編集作業とそれを困難にしたもの　42

　　(2)　マルクスの篇別構成とエンゲルス版の篇別構成との違い　45

　　(3)　エンゲルス版の篇別構成にかかわる重要な問題点　46

　　(4)　キーとなるマルクスの文章へのエンゲルスの手入れ　50

　2　利子生み資本論の課題と方法 ………………………………………… 53

　　(1)　利子生み資本論にいたるまでの理論的展開　53

　　(2)　利子生み資本論の課題と方法　57

　3　マルクス利子生み資本論の構成と内容 ……………………………… 60

　　A　利子生み資本の理論的展開　60

　　　I　利子生み資本の概念的把握　60

　　　II　信用制度下の利子生み資本の考察　62

　　B　利子生み資本についての歴史的考察　69

　おわりに …………………………………………………………………… 70

序章B　『資本論』の著述プランと利子・信用論 …………………… 73

　はじめに …………………………………………………………………… 73

　A　「経済学批判」体系プランにおける利子と信用 ………………… 82

　　(1)　「経済学批判」体系プランの成立　82

　　　　(2)「経済学批判」体系プランにおける利子　86
　　　　(3)「経済学批判」体系プランにおける信用　89
　　B 『1861-1863年草稿』における利子と信用 ……………………………… 93
　　　　(1)「資本一般」への「多数資本」の導入　93
　　　　(2)『1861-1863年草稿』における利子生み資本　95
　　　　(3)『1861-1863年草稿』における貨幣取扱業　98
　　C 『資本論』における利子と信用 ……………………………………… 100
　　　　(1)「資本一般」から「資本の一般的分析」へ　100
　　　　(2) 貨幣取扱資本と利子生み資本　102
　　　　(3) 信用制度考察の必要とその可能性　105
　　　　(4)『資本論』における信用制度の考察　107

第1篇　利子生み資本

第1章　「利子生み資本」（エンゲルス版第21章）に使われたマルクス草稿について ……………… 147

　　はじめに ……………………………………………………………………… 147
　　1　第3部第5章の主題と構成 …………………………………………… 148
　　2　「貨幣資本論」と「貨幣市場としての資本」………………………… 152
　　3　「5）信用。架空資本」における「利子生み資本」…………………… 156
　　4　「1）」における「利子生み資本」の考察の要点 …………………… 162

第21章の草稿，それとエンゲルス版との相違 ……………………… 167

> 第3部（第1稿）第5章　利子と企業利得（産業利潤または商業利潤）
> 　とへの利潤の分裂。利子生み資本
> 　1）〔利子生み資本〕…………………………………………………… 167

第2章　「利潤の分割。利子率。利子率の「自然的な」率」（エンゲルス版第22章）に使われたマルクス草稿について ……… 215

　　はじめに ……………………………………………………………………… 215
　　「2）」における「利潤の分割および利子率」の考察の要点 …………… 216

第22章の草稿，それとエンゲルス版との相違 …………………… 219

> 第3部（第1稿）第5章　利子と企業利得（産業利潤または商業利潤）
> とへの利潤の分裂。利子生み資本
> 　2）　利潤の分割。利子率。利子の自然的な率 ………………… 219

第3章　「利子と企業者利得」（エンゲルス版第23章）
　　　　に使われたマルクス草稿について …………………………… 253

はじめに ………………………………………………………………… 253
1　「マネジャー」と「監督指揮労働」と「労働監督賃金」 ………… 254
2　Kommandoという語について ……………………………………… 259
3　労働監督賃金についてのA. スミスの見解 ………………………… 260
4　草稿の当該部分の項目番号について ……………………………… 263
5　「3）」における「利子および企業利得」の考察の要点 ………… 264

第23章の草稿，それとエンゲルス版との相違 …………………… 267

> 第3部（第1稿）第5章　利子と企業利得（産業利潤または商業利潤）
> とへの利潤の分裂。利子生み資本
> 　3）〔利子と企業利得。監督賃金〕 ……………………………… 267

第4章　「利子生み資本の形態での資本関係の外面化」
　　　　（エンゲルス版第24章）
　　　　に使われたマルクス草稿について …………………………… 325

はじめに ………………………………………………………………… 325
「4）」における，「利子生み資本の形態での剰余価値および
資本関係一般の外面化」の考察の要点 ……………………………… 326

第24章の草稿，それとエンゲルス版との相違 …………………… 329

> 第3部（第1稿）第5章　利子と企業利得（産業利潤または商業利潤）
> とへの利潤の分裂。利子生み資本
> 　4）　利子生み資本の形態での剰余価値および資本関係一般の外面化 … 329

*

補章1　「資本の一般的分析」としての『資本論』の成立 …………363

はじめに ……………………………………………………………………363
1　『要綱』での「資本一般」と1862/63年の「資本一般」……………366
2　「資本一般」と「資本の一般的分析」………………………………372
3　「学的に正しい方法」または「理論的な方法」……………………377
4　『資本論』第1部での資本の「概念的把握」………………………379
5　「資本の一般的分析」を完結させる「弁証法的な展開方法」………382
6　「資本一般」では論じられえなかったが，「資本の一般的分析」に含まれることになった諸論点……………………………………385
むすび ………………………………………………………………………391

補章2　『資本論』第3部第1稿について ……………………………393

はじめに ……………………………………………………………………393
1　第3部第1稿の外装について …………………………………………399
2　第1束と第2束とについて ……………………………………………406
3　第3束について …………………………………………………………411
4　第4束について …………………………………………………………419
5　第5束について …………………………………………………………439
6　草稿全体のページ数について …………………………………………446
［付論］第2部第4稿とその断稿とについて……………………………447

総目次（第1-4巻）

第1巻　利子生み資本

序章A　マルクスの利子生み資本論
序章B　『資本論』の著述プランと利子・信用論

第1篇　利子生み資本

第1章　「利子生み資本」（エンゲルス版第21章）に使われたマルクス草稿について
第2章　「利潤の分割。利子率。利子の「自然的な」率」（エンゲルス版第22章）に使われたマルクス草稿について
第3章　「利子と企業者利得」（エンゲルス版第23章）に使われたマルクス草稿について
第4章　「利子生み資本の形態での資本関係の外面化」（エンゲルス版第24章）に使われたマルクス草稿について

*

補章1　「資本の一般的分析」としての『資本論』の成立
補章2　『資本論』第3部第1稿について

第2巻　信用制度概説

第2篇　信用制度概説

第5章　「信用と架空資本」（エンゲルス版第25章）と「貨幣資本の蓄積。それが利子率に及ぼす影響」（エンゲルス版第26章）の冒頭部分とに使われたマルクス草稿について
第6章　「貨幣資本の蓄積。それが利子率に及ぼす影響」（エンゲルス版第26章）に使われたマルクス草稿について
第7章　「資本主義的生産における信用の役割」（エンゲルス版第27章）に使われたマルクス草稿について

*

補章3　「貨幣取扱資本」（エンゲルス版第19章）に使われたマルクス草稿について
補章4　『資本論』第2部および第3部の執筆時期の関連について
補章5　『資本論』第3部第1稿のMEGA版について

第3巻　信用制度下の利子生み資本（上）

第3篇　信用制度下の利子生み資本

第8章　「流通手段と資本。トゥクとフラートンとの見解」（エンゲルス版第28章）に使われたマルクス草稿について

第9章　「銀行資本の構成部分」（エンゲルス版第29章）に使われたマルクス草稿について

第10章　「貨幣資本と現実資本」（エンゲルス版第30-32章）に使われたマルクス草稿について

*

補章6　マルクスはmonied capitalという語をどこからとったのか
────『資本論』第3部第5章のキーワードの出どころを探る────

第4巻　信用制度下の利子生み資本（下）

第3篇　信用制度下の利子生み資本（続き）

第11章　「信用制度下の流通手段」および「通貨原理と銀行立法」（エンゲルス版第33章および第34章）に使われたマルクス草稿について

第12章　「貴金属と為替相場」（エンゲルス版第35章）に使われたマルクス草稿について

第4篇　資本主義以前の利子生み資本

第13章　「資本主義以前」（エンゲルス版第36章）に使われたマルクス草稿について

*

索引（『資本論』第3部草稿の訳文のための索引）

　文献索引

　人名索引

　事項索引

マルクスの利子生み資本論

序章A
マルクスの利子生み資本論

　本章の内容は，2004年12月10日に法政大学経済学部で行なった筆者の最終講義の記録（『経済志林』第72巻第4号，2005年3月，所収）である。講義のテーマに選んだのは，マルクスが『資本論』第3部で書いている利子生み資本論とはどういうものだったか，ということだった。マルクスになじみのない方も聞いてくださっていたので，ややこしい話をいくらかでも砕いて話そうと努めた。そういうこともあってマルクスの利子生み資本論の全体についての筆者の考えを大ざっぱに知っていただくのに役だつのではないかと思われるので，本書の巻頭に置くことにした。

はじめに

　今年度の私の担当科目は「社会経済学応用」という看板を掲げておりますが，この科目の本籍はマルクス経済学の経済原論の後半（2年目）です。しかし「最終講義」と呼ばれるものは，もともと，教員が大学でやってきたことを最後に締めくくる「まとめ」のようなものでありましょう。これからの話を，そのような意味のものとしてお聞きください。
　そこで，この学部に属しているあいだにやってきたことに締めくくりをつけるということになりますと，私が一応はなんとかやりとげた，と言うことができるような研究上の仕事についてお話しすべきだと考えました。そのうち，最も長い時間をかけて，先年，なんとか終わらせましたのは，マルクスの『資本論』第3部の草稿のなかにある，利子生み資本を取り扱った第5章の内容を分析し，紹介する，という仕事でした。
　私はこれまで，学部の紀要である『経済志林』に35本の書き物を発表してきましたが，このうちのほぼ6割がこの仕事にかかわるものでした。その基礎となりましたのは，1980年から1982年にかけて，アムステルダムとモスクワで行ないました，『資本論』草稿の調査・研究の結果でありまして，しっかりと

しっかりと抱きかかえて持ち帰った6冊のノート

　抱きかかえて持ち帰りました6冊のノートです。これにかかわる最初の論稿を発表したのが1982年，最後のものが2002年ですから，この仕事には，なんと20年もの年数をかけたわけです。
　今日は，この仕事を通じて知ることができました，『資本論』第3部草稿の第5章の方法，構成，内容について，私の考えておりますところを要約的にお話しすることで，最終講義といたします。

1　エンゲルスによる編集作業の問題点

(1)　エンゲルスの編集作業とそれを困難にしたもの

　マルクスは，1883年3月14日に亡くなりました。そのあとエンゲルスは，マルクスの残したもののなかに膨大な原稿の束を見つけました。それは，マルクスが「経済学批判」という大きな仕事に着手した1857年以降，『資本論』第1部を収める第1巻を1867年に刊行するまで，ほぼ3度にわたって書き直しを試

み，さらにその後も，死の2年前の1881年まで何度も書き始めては中断した経済学の草稿でした。エンゲルスは，『資本論』の第2部と第3部とを出版するのは自分の最大の義務だと考えまして，すぐに，マルクスの草稿から第2部をつくりあげる仕事に着手し，1883年の秋から1885年の春までのあいだに第2部を仕上げて刊行しました。それからただちに第3部の編集にかかったのですが，こちらの方には，なんと9年もの年月をかけて，ようやく1894年に出版にこぎつけたのでした。9年もの年月がかかった最大の原因は，マルクスの草稿のなかの，利子生み資本を取り扱っている第5章を編集する作業が困難をきわめたことでした。

エンゲルスは第3部への序文のなかでこんなふうに書いています。〈はじめは，すきまを埋めたり，ヒントが書かれているところを仕上げたりして，マルクスがこの篇でやろうとしたことのほぼすべてを提供しようとしてみたが，とうてい無理だということがわかった。そこで，それはあきらめて，現にあるものを整理し，どうしても必要な補足をするだけで我慢した〉。この同じ序文のなかでエンゲルスは，〈手を入れた箇所が，たんに形式的な性質のものでないかぎりは，私によるものであることを明記した〉，と書いています。

エンゲルス版にはじっさい，括弧でくくって，末尾に彼のイニシアルをつけた彼による挿入箇所があちこちにあります。そこで，ほかの方々と同じように，私も長い間，エンゲルスが自分によるものだと明記した挿入部分を除けば，エンゲルス版はほぼマルクスの草稿のとおりなのだろう，と考えておりました。

しかしエンゲルス版には，それではどうも納得がいかない，というところがあちこちにありまして，マルクスの草稿を自分の目で調べてみたいという願望はしだいに強くなっておりました。

そんなおり，さいわい1980年4月に在外研究に出ることが許されまして，1982年3月まで，アムステルダムで『資本論』第2部と第3部の草稿に接することができ，とくに最後の時期には，第3部草稿を集中的に調べることができました。そのなかではっきりとわかってまいりましたのは，エンゲルス版には，エンゲルスが，自分によるものであることを明記しないで行なった実質的な手入れがいたるところにあり，しかも，それらがしばしば，きわめて重要な，内容上の変更をもたらしている，ということでありました。

エンゲルスによる第3部の編集作業のこうした問題点は，彼が最後まで手こずった，利子生み資本を取り扱っている草稿の第5章，彼の版では第5篇のところに，そしてとりわけ，彼の版の第25章から第35章にかけての部分に最も集中的に現われております。

エンゲルスが第5篇を編集するさいに，このように，マルクスの論述に内容上の変更をもたらすような手入れを行なうことになった背景として，私はなによりも二つの事情に注目しなければならないと思っています。

一つは，エンゲルスは，第2部の編集のときと同じく，第3部を編集するさいにも，まず，アイゼンガルテンという若者にマルクスの草稿を読んで書き取らせて，いったん読みやすい筆写稿をつくり，この筆写稿を使って本格的な編集作業を行なった，という事情です。私は，彼が編集作業に筆写稿を使ったことが，彼に草稿の内容をきちんと読み取れなくさせた一つの原因だったのではないか，と推測しております。

いま一つは，エンゲルスはマルクスから，いくつかの手紙によってしか，第3部の内容を知らされていなかったようなのですが，エンゲルスは，そうした手紙のなかでマルクスが書いていたわずかの語句から，第5章について一種の先入見をもつことになり，それが彼の編集に大きな影響を与えたのではないか，ということです。

マルクスは，第5章を書いたあとでしたが，エンゲルスへの二つの手紙〔1867年5月7日付および1868年11月14日付〕のなかでこの章を「信用に関する章」と呼びました。また，第3部の内容を説明した1868年4月30日付の手紙では，この第5章を「企業利得と利子とへの利潤の分裂。利子生み資本。信用制度」と書いていました。ここでは，最後のところに「信用制度」と記されていたわけです。

エンゲルスは，第3部の編集を始めてからあちこちに書き送った手紙のなかで，第5篇を「信用に関する篇」〔1885年11月13日付および1893年3月20日付〕，「信用制度」〔1892年11月22日付〕，「銀行と信用の篇」〔1889年7月4日付，1892年11月4日付，1893年2月24日付，1893年3月14日付〕，「銀行資本と信用に関する篇」〔1885年5月19日付〕などと呼びました。また，原稿を出版社に送ったのちの1894年1月8-9日には，この篇を「利子と企業者利得とへの利潤の分裂，……信用システムとその主要な担い手である銀行」と呼んでいます。これらは，マルクスから

序章A　マルクスの利子生み資本論　45

の手紙での表現にならったものだったと言ってよろしいでありましょう。エンゲルスは，この篇は「銀行と信用の篇」なのだと思い込んでいて，そのようなものに仕上げなければならないと考え，それに合うように草稿にいろいろな手入れを行なったのではないかと考えられるのです。

(2) マルクスの篇別構成とエンゲルス版の篇別構成との違い

そこで，マルクス草稿の第5章のなかに見られる見出しないし項目番号と，エンゲルス版第5篇の章別編成とを対比してみましょう。次の一覧をご覧ください。

草稿第5章とエンゲルス版第5篇との対応一覧

草稿　第5章	エンゲルス版　第5篇
第5章　利子と企業利得（産業利潤または商業利潤）との利潤の分裂。利子生み資本	第5篇　利子と企業者利得とへの利潤の分裂。利子生み資本
1）〔表題なし〕	第21章　利子生み資本
2）　利潤の分割。利子率。利子の自然率	第22章　利潤の分割。利子率。利子率の「自然」率
4）〔表題なし〕〔(4)は3)の誤記でしょう〕	第23章　利子と企業者利得
5）　利子生み資本の形態での剰余価値および資本関係一般の外面化〔5)は4)の誤記でしょう〕	第24章　利子生み資本の形態での資本関係の外面化
5）　信用。架空資本	第25章　信用と架空資本
	第26章　貨幣資本の蓄積。それが利子率に及ぼす影響
	第27章　資本主義的生産における信用の役割
I）〔表題なし〕	第28章　流通手段と資本。トゥックとフラートンとの見解
II）〔表題なし〕	第29章　銀行資本の構成部分

III）〔表題なし〕	第30章	貨幣資本と現実資本 I
	第31章	貨幣資本と現実資本 II
	第32章	貨幣資本と現実資本III
	第33章	信用制度下の流通手段
	第34章	通貨原理と1844年のイギリスの銀行立法
	第35章	貴金属と為替相場
6）先ブルジョア的なもの	第36章	先資本主義的なもの

　草稿の第5章は「利子と企業利得（産業利潤または商業利潤）への利潤の分裂。利子生み資本」というタイトルをもっておりますが，このなかには1）から6）までの六つの見出しがあって，それらが六つの節をつくっています。このなかでいちばん大きい「5）信用。架空資本」という節の途中には，I），II），III）という三つの項目番号があります。草稿のこうした節および項目は，右側のエンゲルス版第5篇の章別編成と，表のように対応しています。

　このうち，エンゲルス版の第21章から第24章までは，草稿の1）から4）までの内容とそれぞれほぼ一致しています。また草稿の6）も，エンゲルス版第36章とほぼ一致しています。ですから，エンゲルス版第5篇を草稿と比べたときに最も目を引くのは，草稿の「5）信用。架空資本」が，エンゲルス版では第25章から第35章までの11の章に分けられているということです。

(3) エンゲルス版の篇別構成にかかわる重要な問題点

　この部分での，篇別構成にかかわる最も重要な問題点を二つだけ挙げます。
　第1。草稿の第5節の「信用。架空資本」というタイトルは，第6節「先ブルジョア的なもの」が始まる前のところまでの部分につけられたもの，つまりエンゲルス版では第25章から第35章の11の章に分けられている部分の全体についてのものだと考えられます。エンゲルスは，このタイトルを，この第5節のうちの最初のごくわずかの部分につけられたタイトルだと勘違いをしたようでして，この部分を第25章としたうえで，それに「信用と架空資本」というタイトルを与えました。しかし，草稿のこの部分を見ますと，そこには「架空資本」に触れたところがほとんどないのです。そこでエンゲルスは，彼の第25章

をこのタイトルに見あうものにしようとして，草稿のあとの方から，架空取引に関する抜粋をここにもってきたり，自分が書いたことを明記した，架空取引にかかわる二つの書き込みを挿入したりしました。読者は当然に，エンゲルスが手を加えた箇所を見て，〈タイトルに「架空資本」とあるのはこのあたりのことなのだろう〉，と考えてなんの疑問ももたない，ということにならざるをえませんでした。

　第2。草稿では，エンゲルス版で第25章の最初の約4分の1ほどに利用された，もともと本文用のテキストとして書かれた部分のあとに，本文とは別に材料集めを行なったノート的な部分があり，そのあとで，ふたたび本文用のテキストに立ち戻っています。こういうことがわかりますのは，草稿を書くとき，マルクスは独特な，用紙の使い方をしているからなのです。

　A3判よりも少し大きい紙を想像してください。それを二つ折りにしますと，A4判よりもやや大きいページが4ページできます。マルクスはこの各ページに，ものすごく小さい字で原稿を書いていくのです。

　そのさいに，注目しなければならないことが一つあるのです。マルクスは，書き始める前に，このA4判大の4ページを，いったんさらに二つに折って，折り目をつけます。これで，各ページに，この折り目を境にして，上の半分と下の半分ができますね。マルクスは，草稿の本文を書いているときには，この上の半分だけを使って，下の半分は，脚注を付けたり，あとから書き加えをしたりするために，なにも書かないで空けておくのです。MEGAに掲載されている草稿の317ページのフォトコピー（次ページ）を見てください。ここでは，下半部に書かれているのは，上半部のテキストへの注や追記です。

　それにたいして，本文とは別の，材料集めのノートを書きつけるときには，二つ折りの折り目を無視して，ページ全体を埋め尽くして書いていきます。これもMEGAに掲載されているものですが，草稿の532aページのフォトコピー（次々ページ）を見てください。ここでは，ページ中央の折り目を無視して，上半部から下半部に続けてびっしり材料としてのノートが書かれています。

　マルクスの草稿のオリジナルを見れば，この折り目がはっきりと目にはいりますので，こうした紙の使い方の違いから，本文として書かれた部分と材料集めの部分とをはっきりと区別できるのです。

草稿，317 ページ (MEGA II/4.2, S. 1061.)

草稿，532a ページ（MEGA II/4.2, S. 559.）

＝材料集めのノート

ところが，エンゲルスの編集を見ますと，彼は，マルクスが本文用のテキストを一時中断して行なった材料集めの部分を，本文として書かれた前後の部分から区別できなかったとしか思えない。彼は，いま申しました材料集めのノートのうちから，初めの方の一部を第25章のなかに組み込み，そのあとの部分から「第26章　貨幣資本の蓄積。それが利子率に及ぼす影響」という独立の章をつくりました。エンゲルスがこのような誤認をしましたのは，この部分を編集するとき彼は，草稿のオリジナルは見ないで，口述筆記によってつくったときからずいぶん年月を経ていた筆写稿を使ったためだったのだろうと思います。エンゲルスのこの処理によって，マルクスの草稿では，本文として書かれた，第25章の初めのほぼ4分の1に続く本文となっておりますのは，エンゲルス版の第27章に使われた部分でありますのに，この二つのもののあいだに，材料集めのノートからつくった第26章がはいってしまった結果，25章，26章，27章という，三つの章が内容的にどのようにつながるのか，叙述の展開をどのように読んだらよいのか，まったくわからなくなってしまいました。

　以上，典型的な事例を二つだけ挙げましたが，エンゲルスの，適切とはとても言えない，このような手入れの結果，エンゲルス版からは，草稿の「5）信用。架空資本」の本文として書かれた部分のつながりを読み取ることができなくなっています。このことは，第25章から第35章までの篇別構成をどう理解すべきか，ということについて，かつてこの分野の専門家たちがなさっていた，あれやこれやの苦し紛れの解釈を見れば，一目瞭然なのです。

(4) キーとなるマルクスの文章へのエンゲルスの手入れ

　さて，マルクス自身の文章のなかに，テキストの筋道を読むことにヒントを与え，あるいは手がかりとなる箇所がいくつかありますので，論者たちがこうした文章を解釈して，自説の論拠にしてきたのは当然のことでありました。ところが，じつは，そのようなものとしてよく引用されてきていた文章そのもののなかに，文意をすっかり変えてしまうようなエンゲルスの手が加えられていたのです。ここでは，二つだけ，挙げてみましょう。

　第1。草稿の第5節「信用。架空資本」の冒頭で，マルクスはこう言っています。――「信用制度とそれが自分のためにつくりだす，信用貨幣などのような

諸用具との分析は，われわれのプランの範囲外にある。」

　エンゲルスはこの文のうちの「分析」を「詳しい分析」に変えました。ここで「われわれのプラン」と言っているのは『資本論』の全体構想のことと考えてよいのですが，マルクスが，「信用制度の分析」は『資本論』の範囲外だ，と言っていたのに，エンゲルスは，「分析」に「詳しい」という形容詞を付け加えることで，マルクスの文章を，「詳細」にわたらないかぎりでの「信用制度の分析」は『資本論』の第5篇の範囲に含まれているのだ，という文章に変えてしまったのです。そして実際に多くの論者がこの文章を，マルクス自身が，第5篇では信用制度を取り扱うのだ，と言明している箇所として，繰り返して引用してきていたのです。

　第2。草稿の第5節「信用。架空資本」のうち，エンゲルス版で第27章の末尾近くのところで，マルクスは，これからなにを考察するのか，ということについて，次のように書いています。――「いまわれわれは，利子生み資本そのものの考察に移る。」

　そして，「利子生み資本そのもの」というところに，角括弧でくくって，「信用制度による利子生み資本への影響，ならびに利子生み資本がとる形態」と書いています。

　ここで，マルクスが，「利子生み資本そのものの考察に移る」という部分を，エンゲルスは，「以下の諸章でわれわれは，信用を利子生み資本そのものとの関連のなかで考察する」と書き換えました。なにを考察するのか。マルクスにあっては「利子生み資本そのもの」ですが，エンゲルスの文章では「信用」です。また，マルクスの文章では括弧にはいっている，「利子生み資本が信用制度によって受ける影響，ならびに利子生み資本がとる形態」という箇所を，エンゲルスは，「信用が利子生み資本に及ぼす影響，ならびにそのさい信用がとる形態」，と変更しました。つまり，マルクスが考察の対象を「利子生み資本」としていたのに，エンゲルスはそれを「信用」に変えたのです。エンゲルスの手入れによって，これ以降では，「利子生み資本そのもの」を信用制度との関連のなかで考察する，と言っていたマルクスの言明が，「信用」つまり信用制度を利子生み資本そのものとの関連のなかで考察する，というように，信用制度と利子生み資本との位置が完全に逆転させられてしまいました。そしてこの文章

も，多くの論者によって，マルクス自身がこれ以降のところで信用制度を考察するのだと明言している箇所として，繰り返して引用されてきたのです。

　エンゲルスは，なぜ，このような文意を変えるような乱暴な手入れを行なったのでしょうか。それは，この二つのどちらの場合も，彼が，第25章以下は信用ないし信用制度を対象としているのだ，と思い込んでいて，これに合うように手を加えたのだ，ということからしか説明できないと思います。

　以上，エンゲルスによる編集上の問題点から二つだけを挙げましたが，この二つを見ただけでも，エンゲルス版では，第5節「信用。架空資本」での，マルクスによる展開の筋道を読み取ることがきわめて難しくなっていた，ということをご推察いただけるものと思います。

＊

　さて，私は1982年の3月に帰国して，この年から，『資本論』第3部草稿，とりわけその第5章についての論稿を発表しはじめました。当時はまだ，マルクスの草稿を読むには，アムステルダムの社会史国際研究所を訪れて，そこでフォトコピーを閲覧し，自分で解読するほかはありませんでしたから，そうすることのできない研究者たちにとっては，私の論稿は，第3部草稿の内容に接するほとんど唯一の手がかりになるもの，という意味をもっていました。

　ところが，それから12年後の1993年に，この草稿を収めたMEGA，つまり完全版の『マルクス＝エンゲルス全集』の第II部門第4巻第2分冊が刊行されて，日本にもはいってきました。このMEGA版が出てからは，第3部草稿を活字で読むことができるようになり，したがって，エンゲルス版と対比することもできるようになったわけです。

　私はそこで，この仕事を打ち切ることも考えました。しかし，草稿とエンゲルス版とを対比することだけでも，だれにでも簡単にできるというものではありませんし，MEGA版にも，いろいろと不十分なところや訂正されるべきところがあります。そこで思い直しまして，そのあとも引き続き，ただし今度はMEGA版を使って，第5章の全文を翻訳，紹介し，それにエンゲルス版とのすべての相違を注記したり，私の考証やコメントをつけくわえたりする，という仕事を続けてきまして，それが2002年に完了したという次第です。

そこでこれから、私のこの仕事のなかで浮かび上がってきた、エンゲルス版では見えていなかった、草稿そのものの構成と内容とはどのようなものか、ということを、お話ししたいと思います。しかし、『資本論』の、とくにその第3部の内容をご存知ない方のほうが多いと思いますので、それにはいる前に、この第5章での利子生み資本の考察というのは、『資本論』全体のなかでどのような位置にあるのか、マルクスはこの章でなにをしようとしたのか、また、どのような方法によって叙述を進めようとしていたのか、ということをお話ししておいたほうがよいと思います。

2 利子生み資本論の課題と方法

(1) 利子生み資本論にいたるまでの理論的展開
① 第1部および第2部

まず、『資本論』全体のなかで、第3部第5章での利子生み資本論はどういう位置にあるのか、ということを簡単にお話しします。

『資本論』は三つの部からなっています。第1部は「資本の生産過程」、第2部は「資本の流通過程」です。第3部は、マルクスの草稿では「総過程の諸形象化」というタイトルがつけられています（エンゲルスはマルクスのこのタイトルを「資本主義的生産の総過程」に変更しました）。この形象化Gestaltungというのは、内容をなすものが人びとの目に見える具体的な姿をとることだ、とお考えください。これが「諸形象化」と複数になっておりますのは、とっていく姿が次々にいっそう具体的になっていく、そのような過程が進んでいくことをイメージしていただければよいと思います。

三つの部からなるこの『資本論』の基本的な性格は、マルクスの言葉を使って言いますと、もろもろの「特殊的研究」の土台となるべき、「資本の一般的分析」あるいは「資本主義的生産の一般的研究」です。

第1部の「資本の生産過程」では、資本の前提をなしている商品と貨幣とを分析、展開し、そのうえで資本の生産過程、つまり資本の価値増殖の過程および資本の蓄積の過程を解明しました。この第1部の展開は、さらに第2部での「資本の流通過程」の分析によって補足されます。こうしてこの二つの部で、

資本が経ていく過程全体の深部に潜んでいる資本の本質，ないしそれを貫く基本的な諸法則，内的な関連が明らかにされました。

② 第3部

このように資本の本質を把握したうえで，今度は第3部で，そのような資本とそれが生み出す剰余価値とが，過程全体のなかでとっているもろもろの現象形態，つまり現われてくる姿ですね，それを，抽象的なものからより具体的なものへと次々と展開していって，最後に，そのような基本的な形態の全部を頭のなかに描くことができるようになったところで，「資本の一般的分析」が完結することになります。

「第3部　総過程の諸形象化」の課題：
資本と剰余価値とが総過程のなかでとるもろもろの姿態を展開して，すべての基本的な現象形態を脳中に再生産すること

脳中での対象のトータルな再生産

表面　　　現象（見かけ）　　　現象（本質の現象形態）

分析　　　　展開＝**第3部の課題**

深部　　　　　　　　　　**本質＝第1部および第2部で把握済み**

　第3部での展開は次のように進められています。なおここでは，エンゲルス版に従って，草稿での章を篇と呼んでおきます。

　まず第1篇では，資本と剰余価値が，自分の子を生む元本としての資本とそれが生む子である利潤という姿をとることが明らかにされます。

　第2篇では，資本が利潤を生む率つまり利潤率は，商品が価値通りに販売されるならば生産部門によってさまざまであるのに，資本が利潤率のより高い部門をめざして移動する運動によって，どの部門の商品の市場価格も，資本に平

均的な利潤をもたらすような水準の価格を中心に変動するようになることが明らかにされます。利潤率の平均利潤率への均等化と生産価格の成立ですね。

第3篇では，資本の蓄積とともに進んでいく生産力の発展は，同じ労働量が取り扱う物的生産要素の量を，またそれらの価値量を増大させていくので，平均利潤率は傾向的に低下していく，ということが解明されます。

以上のところまでは，まだ，産業資本とその利潤だけが問題でしたが，次の第4篇では，この産業資本が自分のなかから商業資本を分離し，自立化させることによって，剰余価値の一部が商業利潤という形態をとるようになることを明らかにします。

商業資本は自分では剰余価値を生産しませんが，産業資本がしなければならない売買の仕事を引き受けることで産業資本から剰余価値を分けてもらうのですから，資本の再生産過程のなかで機能し，増殖する資本だという点から見ると，産業資本と同じです。そこでマルクスは，産業資本と商業資本を合わせて，機能資本，あるいは生産的資本，あるいはまた，再生産的資本と呼んでいます。

そこでいよいよ問題の第5篇，草稿の第5章ですが，ここでは，生産的資本から，利子生み資本が派生し，自立化することによって，剰余価値の一部分が利子の形態をとること，この利子生み資本と利子とが論じられます。この章の内容は，あとで立ち入ることにいたします。

その次の第6篇では，資本によって現代的な形態を与えられたとはいえ土地所有が依然として存在するかぎり剰余価値の一部分がとらざるをえない，地代という形態が解明されます。

そして最後に第7篇で，利潤，利子，および，地代という剰余価値のこれらの形態は，第1部ですでに解明された労賃とともに，それぞれ独立した収入として現われ，それに対応して，資本，土地，労働がそれぞれの収入の源泉として現われる，ということが明らかにされます。

こうして，資本主義社会の表面でだれの目にも見えている，資本および剰余価値の基本的な現象形態が，その深部にある本質，諸法則からすべて展開され，説明され終えました。「資本の一般的分析」というのは，まず，資本の現象を分析して現象の奥に潜んでいる本質をつかみだし，次に，その本質から当初の現象をdevelopする，つまり展開・説明する，という仕事なので，マルク

スはこの仕事を，三つの部からなる『資本論』でやり遂げようとしていたわけです。

③ monied capital について

ここでちょっと，マルクスが第3部第5章できわめて頻繁に使った一つの言葉，私もこのさきで繰り返して使う一つの言葉について説明をしておきます。

第3部の第4章までのどの章でも分析の対象がつねに資本であったように，この第5章でも分析の対象は資本ですが，ここではそれが利子生み資本という形態をとっている資本でして，これを研究しなければなりません。しかし，発展した資本主義的生産様式のもとでは，この利子生み資本という資本が社会の表面でとっている姿，人びとの目に見えている典型的な形態は，さまざまの源泉から銀行に集まってきて，そこで運用を待っている，貨幣の形態にある資本です。19世紀のイギリスでは，経済界の当事者たちはこの資本を monied capital（または moneyed capital）と呼んでいました。monied (moneyed) という語は，貨幣を意味する money が動詞として使われ，それの過去分詞が形容詞となったものです。そこでこれを「貨幣資本」と訳したくなりますし，そう訳すのはまったくの誤りだとは言えませんが，しかしこれをもっぱら「貨幣資本」と訳して済ましてしまうと，いろいろな誤解が生まれます。と言いますのも，産業資本や商業資本が運動のなかで貨幣の形態をとっているとき，この形態にある資本のことを「貨幣資本」と言いますので，これといっしょになってしまい，これと混同されてしまうからです。マルクスは，資本が循環のなかでとる形態としての「貨幣資本」とはっきり区別して，銀行制度のなかで運動している利子生み資本が人びとの表象のなかに現われる形態を，分析すべき対象としてつかまえるときに，人びとが使っていたこの monied capital という呼び方は，まさに言い得て妙だ，と考えたのではないかと思います。彼は第3部第5章で，信用制度のもとでの利子生み資本を，圧倒的に，monied capital (moneyed capital) という英語で書いているのです。

マルクスはこの monied capital にあたるよいドイツ語を見つけることができなかったようですが，私もぴったりの日本語を見つけることができておりませんので，今日はこのあとも，ときどき，monied capital という英語を使わせていただきます。

なお，エンゲルス版はドイツ語版として刊行されたものなので，エンゲルスは，マルクスが英語で書いている語句をすべてドイツ語に置き換えましたが，そのさい，草稿での monied capital を「貸付資本」や「貨幣資本」の意味のドイツ語に置き換えました。そのためにエンゲルス版では，マルクスのこうした用語法はすっかり見えなくなっています。

(2) 利子生み資本論の課題と方法

さて，第5章でのマルクスの叙述の過程は，彼自身が対象についての研究を深めていく過程でもありました。論述は脇道からさらにそれの脇道にはいることもあり，ところどころに雑然とした材料集録のノートが挟まっています。さきの「対応一覧」の表でもわかりますように，節にあたる六つの項目番号のうちの二つには表題がなく，第5節のなかのI)，II)，III) にも表題はありません。しかし，それにもかかわらず，残されております草稿から，この章でマルクスがはっきりとした課題をもっていたこと，これからお話ししますような一貫した方法によって叙述を進めたことを読み取ることができますし，また，それを反映するしっかりした構成を読み取ることも十分に可能だと思います。

次に掲げます「第5章の構成」を一瞥していただきます。

第5章の構成

A．利子生み資本の理論的展開
  I．利子生み資本の概念的把握
    (1)（草稿：「1」〔表題なし〕」）（エンゲルス版：「第21章　利子生み資本」）
    (2)（草稿：「2」利潤の分割。利子率。利子の自然率」）（エンゲルス版：「第22章　利潤の分割。利子率の「自然」率」）
    (3)（草稿：「4」〔表題なし，4は3の誤記〕」）（エンゲルス版：「第23章　利子と企業者利得」）
    (4)（草稿：「5」利子生み資本の形態での剰余価値および資本関係一般の外面化〔5は4の誤記〕」）（エンゲルス版：「第24章　利子生み資本の形態での資本関係の外面化」）
  II．信用制度下の利子生み資本の考察（草稿：「5」信用。架空資本」）
    (1) 信用制度概説

　　　　(a) 信用制度の二側面とその基本的な仕組み（エンゲルス版：「第25章　信用
　　　　　と架空資本」の初めの約4分の1）
　　　　(b) 資本主義的生産における信用制度の役割（エンゲルス版：「第27章　資本
　　　　　主義的生産における信用の役割」）
　　（2）信用制度下の利子生み資本（monied capital）の分析
　　　　(a) monied capitalをめぐる概念上の諸混乱（草稿：「I」〔表題なし〕）（エンゲ
　　　　　ルス版：「第28章　流通手段と資本。トゥクとフラートンとの見解」）
　　　　(b) monied capitalの諸形態。架空資本としてのmonied capital（草稿：「II」
　　　　　〔表題なし〕）（エンゲルス版：「第29章　銀行資本の構成部分」）
　　　　(c) 実物資本との関連におけるmonied capitalの分析（草稿：「III」〔表題な
　　　　　し〕）（エンゲルス版：「第30章　貨幣資本と現実資本I」，「第31章　貨幣
　　　　　資本と現実資本II」，「第32章　貨幣資本と現実資本III」）
　　（3）地金の流出入。信用システムの貨幣システムによる被制約性（草稿：ノート
　　　　「混乱」のあと，本文として書かれた部分）（エンゲルス版：「第35章　貴金属
　　　　と為替相場」）
　B. 利子生み資本についての歴史的考察（草稿：「6）先ブルジョア的なもの」）（エンゲ
　　ルス版：「第36章　先資本主義的なもの」）

　全体を大きく，Aの「利子生み資本の理論的展開」とBの「利子生み資本についての歴史的考察」という二つに分けてあります。
　そして，Aの「理論的展開」をさらに二つに分けています。そのIは「利子生み資本の概念的把握」で，そのIIは「信用制度下の利子生み資本の考察」です。
　なお，この先でも，「概念的に把握する」とか「概念的把握」という言葉をしばしば使わせていただきますが，この言葉で私が考えておりますのは，ひらたく申しますと，あるものの本質をしっかりとつかまえて理解し，それを特定の概念として思考のなかに定着させることです。ドイツ語をご存知の方はbegreifenのことだとお考えください。
　以上が，大きく見た，第5章全体の構成です。
　この利子生み資本論でマルクスはなにをしようとしたのか。またそのためにどのような方法をとったのだろうか。はじめに，全体にかかわる二つのことをお話ししておこうと思います。

① 第5章の課題と展開の方法

　この第5章の展開を通じて，最終的に，頭脳のなかに再生産しなければならないのは，利子生み資本の具体的な姿，すなわち monied capital です。資本がとるこの姿を，資本の生産過程および流通過程の分析を通じて把握された資本の本質にもとづいて展開すること，これがこの章の課題です。

　私たちの目に見えている monied capital は，信用制度または銀行制度のなかで，つまり，さまざまな歴史的事情のなかで人為的に形成され，法的に保護，規制されている制度的な仕組みのなかで，さまざまの具体的な形態をとって運動しています。

　それらの内部にある内的で本質的な関連を把握して，それらを——マルクスの表現を使いますと——「多くの規定と関連とからなる豊かな総体」として頭のなかに再生産するには，どのように歩みを進めなければならないのか。これが，信用制度のもとでの利子生み資本を分析し，展開する「方法」の問題です。

　理論的な展開は，この第5章以前にすでに得られているすべてのことを前提して行なわれるわけですが，ここでも，分析すべき対象についての表象，つまり最初に現象として現われているものについてのイメージは，頭のなかにもち続けていかなければなりません。ただ，分析し，展開していく歩みは，この表象，イメージを，分析によって新たに得られた理論的認識によって，次々に概念に変えていく，概念的に把握していく過程ですから，そうした表象，イメージはしだいに内部の仕組みがはっきり見えるようなものになり，いわば，表面だけしか見えていない像から，内部の仕組みがはっきりと透けて見える透視像に変わっていくわけです。もちろんそのためには，対象の抽象的，一般的，基本的な側面から，しだいに，より具体的，特殊的，二次的，副次的な側面へと進むのでなければなりません。これが理論的展開の順序ということになります。

② 貨幣取扱資本と利子生み資本

　資本がつくりあげた信用制度・銀行制度のもとで運動する独自な種類の資本を，資本の基本的な形態として見ますと，じつはそれは，利子生み資本であるだけでなく，貨幣を取り扱う業務を行なって手数料を受け取り，これを利潤とする貨幣取扱資本という資本でもあるのです。この貨幣取扱資本それ自体は，流通の仕事に専門的に従事することによって商業利潤を手に入れる商業資本の

うちの特殊的な種類なのですね。ですから，この資本は，商業資本を分析した第4章ですでに考察されていました。そこでは，信用制度・銀行制度のもとで運動している資本として利子生み資本と渾然一体となって現われている貨幣取扱資本の具体的な姿から，利子生み資本の側面を度外視することによって取り出された，純粋な形態での貨幣取扱資本を対象に据えて分析が行なわれて，貨幣取扱資本という資本の本質が捉えられ，概念的に把握されていました。

第5章では，信用制度・銀行制度のもとで運動している資本の具体的な姿から，今度は，すでに把握されている貨幣取扱資本の側面を度外視することによって取り出した純粋な形態での利子生み資本を対象に据えて分析を行ない，これによって，まず，利子生み資本という独自な資本の本質をとらえる，つまり概念的に把握します。

マルクスは第3部で，こうした分析の手順をとることによって，信用制度のもとで運動している資本の具体的な姿態から，区別されるべき，貨幣取扱資本と利子生み資本という二つの資本形態を純粋なかたちでつかみ，明晰に把握することができたのでした。

3　マルクス利子生み資本論の構成と内容

A　利子生み資本の理論的展開
I　利子生み資本の概念的把握

そこで今度は，マルクスの利子生み資本論の構成を，もう少しその内容に踏み込んで見ていきましょう。

第5章は，まず，私たちの目に見えている，信用制度のもとでのmonied capitalから，最も単純で純粋な姿にある利子生み資本を取り出し，それを分析して，利子生み資本の本質を明らかにします。つまり，利子生み資本を概念的に把握するわけです。この部分については，エンゲルスもほとんど草稿によることができましたので，エンゲルス版で構成の意味と展開の内容とをとらえることが十分に可能ですから，ごく簡単にお話しします。

(1)「1）」(エンゲルス版：「第21章　利子生み資本」)

まず，第1節です。ここには項目番号があるだけで，表題はありません。

この節では，利子生み資本という独自な資本形態そのものが解明されています。まず，貨幣市場で貨幣が，資本という性質をもった商品として売買されている，という当事者たちの目に映っている現象を，これまでに展開されてきている商品・貨幣・資本の概念にもとづいて分析して，貨幣が，資本として機能すれば平均利潤をもたらすという使用価値をもつものとして商品となっていることを明らかにし，また，そのような商品の価格として現われる利子は，じつは，貨幣が生産的資本として機能することによって生み出される平均利潤，本質的には産業資本が生産過程で取得する剰余価値の一部分にほかならないことを明らかにしています。そのうえで，貸し付けられたのち，一定期間を経て，利子をともなって返済される，という利子生み資本の独自の運動形態では，その基礎となっている，再生産過程における生産的資本の運動はすっかり消え失せていて，利子生み資本が生産過程から自立化していることが示されています。

　(2)「2）利潤の分割。利子率。利子の自然率」（エンゲルス版：「第22章　利潤の分割。利子率の「自然」率」）

　次は第2節「利潤の分割。利子率。利子の自然率」です。

　ここでは，利潤から分割されたそれの一部である利子が，元本としての資本の増殖分として利子率という規定を受けとることと，この利子率の量的諸法則が明らかにされています。また，利子は利潤の一部でしかないのですから，利子率は理論的には，極限値であるゼロ・パーセントと平均利潤率とのあいだで動くことになりますが，利子は利潤とは違いまして，商品価値のうちの特定の価値部分がとる形態ではありませんから，利子率を決めるものは，貨幣市場での利子生み資本の需要供給，要するに競争関係だけであって，古典派経済学者が考えたような利子の「自然率」のようなものは存在しないこと，こういうこともここで明らかにされています。

　(3)「4）〔4）は3）の誤記〕」（エンゲルス版：「第23章　利子と企業者利得」）

　次に第3節ですが，ここでも項目番号があるだけで，表題は書かれていません。

　利子が成立しますと，利潤のうちから利子を貨幣資本家が自分のものにし，その残りの部分を生産的資本家――つまり産業資本家および商業資本家――が自分のものにすることになります。利潤のこのような分割は，もともと，その分割比率が利子率によっていつも変わるような量的分割ですが，この二つの部

分のうち，利子のほうは，資本を所有していることの果実として現われるのに対応して，その残りの部分は，資本を機能させたことの果実として現われて，企業利得と呼ばれるようになります。こうして，もともとは利潤をただ量的に分割した二つの部分だったものが，まったく別々の根拠から別々に生まれる，質的に異なった二つの部分として現われるようになります。その結果，自己資本を含む一切の資本が，所有者にそれ自体として資本所有の果実である利子をもたらすものと観念されることになります。ここではさらに，資本主義的生産の発展とともに，協業における指揮・監督労働が，機能資本家が果たす機能として資本の所有から完全に分離するだけでなく，さらに進んで，それがたんなる機能者としての賃労働者に委ねられることによって，資本家は生産過程からは不必要な人格として消えていくことが述べられています。

　(4)「5）利子生み資本の形態での剰余価値および資本関係一般の外面化〔5）は4）の誤記〕」（エンゲルス版：「利子生み資本の形態での資本関係の外面化」）

　最後に，第4節「利子生み資本の形態での剰余価値および資本関係一般の外面化」です。

　ここでは，ここまでの叙述のなかに含まれていた，利子生み資本での「利潤にたいする利子の自立化」の展開を総括して，利子生み資本および利子の形態では，資本および剰余価値が，資本という性質をもった貨幣という果樹と，この果樹からおのずから実る果実として現われる，という，資本の物神的な姿と，そこから生じる資本物神の表象，観念とが解明されています。ここでは，ひとりでに増えていく貨幣，という資本の形態だけが，完成した姿で現われているわけです。

　以上が利子生み資本の概念的把握です。こうして，利子生み資本の本質とはなにか，その本質はどういう形態をとらないではいないのか，こういうことが明らかとなりました。

II　信用制度下の利子生み資本の考察

　そこで次に，「信用制度下の利子生み資本の考察」のところに移ります。草稿では「5）信用。架空資本」，現行版では第25章から第35章までがこれにあたります。

この第5節は，大きく，三つの部分に分けることができます。第1は「信用制度概説」で，序論としての意味をもつ部分です。第2は「信用制度下の利子生み資本の分析」で，これがこの節の本論です。第3は，「地金の流出入。信用システムの貨幣システムによる被制約性」という表題をつけましたところで，この節を締めくくる部分です。

(1) 信用制度概説

　さて，利子生み資本という資本がどのようなものであるか，ということがわかりますと，今度は，それがとっている具体的な形態，つまりmonied capitalという信用制度のもとでの利子生み資本の分析に向かいますが，そのさい，ひとつ，方法上の大きな問題があります。

　この分析には，もちろん，利子生み資本の概念的把握，本質把握が前提されるだけでなく，第3部以前に行なわれていた，資本の総過程についての認識が前提されています。しかしそれだけではまだ十分ではありません。それらに加えて，この独自な資本が運動する舞台である信用制度および銀行制度がどのようなものか，ということがわかっていなければなりません。しかし，これまでのところではこれについてはまだまとまったかたちで取り扱うことをしてきていないので，まず，それをやっておく必要があります。つまり，この第5章でこれから分析しようとしているのは，monied capitalという姿にある信用制度下の利子生み資本ですが，これの分析を行なうためには，まずもって，それが運動するいわば舞台，環境である信用制度および銀行制度の基本的な仕組みを知っておく必要があるのだ，ということなのです。

　そこで，信用＝銀行制度が私たちに与えている表象，イメージを，これまでの展開のなかで得られている諸概念，つまり貨幣や貨幣の諸機能，貨幣資本，貨幣取扱資本，利子生み資本等々の概念によって分析し，信用制度の最も本質的な内容をつかみだして，信用制度を概念的に把握します。これによって，信用制度とはなんであるか，ということが明らかになると同時に，そのなかで，すでに概念的に把握されていた貨幣取扱資本および利子生み資本が，この信用制度のもとでmonied capitalという具体的な姿をとっていることも明らかとなります。

　マルクスがこの仕事をやったのが，「(1) 信用制度概説」とした部分です。

草稿では,「5) 信用。架空資本」のうちの,I) という項目番号があるところよりも前の部分です。この部分の前半は,マルクスが本文として書いた,エンゲルス版第25章の最初の4分の1にあたる部分です。後半は,マルクスが同じく本文として書いた,エンゲルス版では第27章の部分です。

(a) 信用制度の二側面とその基本的な仕組み

ここでは,信用制度そのものについて最も基礎的な事柄が説明されています。

まず,信用＝銀行制度の二つの側面,すなわち,商業信用を基礎とする信用システムの上層部分としてもろもろの信用を取り扱うという側面と,貨幣取扱資本から発展して貨幣取扱業務と結びついて行なわれる利子生み資本の管理という側面,この二つの側面が明らかにされます。この後者の,利子生み資本の管理こそが,貨幣取扱業を営む貨幣取扱業者を銀行業者にするのですね。銀行は,一方で,貨幣取扱業務を通じて,また借り手の代表者として,社会のなかで遊んでいる貨幣資本と貨幣とを集めて,それらを,貸し付けることができるmonied capitalにします。銀行は,他方で,貸し手の代表者として,このような資本を,再生産上の必要に応じて各生産部門,各個別資本に配分します。ここでは利子生み資本は,たんに,借り手から貸し手に支払われる利子によって増殖する資本,という抽象的,一般的な形態だけでなく,媒介者としての銀行業者の手に集中し,彼らから利子を取って貸し出される資本という具体的な形態をとっています。マルクスはさらに,この貸し付けることができるmonied capitalの源泉と運用の形態とを述べたのち,銀行が受けたり与えたりする信用の諸形態とそれを支える準備金とに触れています。このようにこの部分で信用制度の本質が明らかにされ,信用制度が概念的に把握されているわけです。

(b) 資本主義的生産における信用制度の役割

次の (b) は,エンゲルス版の第27章にあたる部分で,ここでは,信用制度が,資本主義的生産の内部で,この生産にとってどのような役割を果たすのか,ということが明らかにされています。それは,資本主義的生産様式が信用制度を必然的に生み出すことになるさいのもろもろの契機,とりわけ,利潤率の均等化をもたらす諸資本の競争を媒介する必要と,流通時間と流通費とをどこまでも減らそうとする資本の傾向とを含んでいますが,それにとどまるものではありません。いったん成立した信用制度は,資本の蓄積と集中とを推し進め

て株式資本を成立させ，資本主義的生産様式の止揚，すなわち新しい生産様式への前進を準備します。これによって，信用制度が，資本主義的生産という独自の生産様式のなかで，この生産様式にとってもっている意義が明らかにされました。

なお，マルクスは第5節に「信用。架空資本」というタイトルをつけましたが，このうちの前半の「信用」は，この節の冒頭に信用制度概説を置くことを念頭において書きつけたのではないかと考えられます。そのかぎりでは，ここで信用制度が考察されている，と言うことができますが，しかしこの考察は，これ以降のところで信用制度のもとでの利子生み資本を分析するための不可欠の準備として行なわれているのでありまして，きわめて限定された論述であるわけです。マルクスは，「信用。架空資本」というタイトルを書きつけたその直後に，「信用制度の分析は，われわれの計画の範囲外にある」と書いて，「信用制度の分析」は『資本論』の範囲外にある，と明言しています。つまり，これからすぐに書く信用制度概説は，「信用制度の分析」にあたるものではないのですよ，とわざわざ注意しているのですね。じっさい，マルクスはここでは，信用制度の細部のメカニズムやそれの特殊的な諸用具等々についてはまったく立ち入っていません。

(2) 信用制度下の利子生み資本 (monied capital) の分析

こうして，monied capital が運動する舞台，環境である信用＝銀行制度がどのようなものであるかがわかりましたので，今度はいよいよ，monied capital そのものに向かいます。マルクスは言います。「いまわれわれは，利子生み資本そのものの考察に移る。つまり，利子生み資本が信用制度によって受ける影響や利子生み資本がとる形態の考察に移る」。ここで「利子生み資本そのものの考察」と言っているのは，ここまでの「信用制度概説」で考察したのは，利子生み資本が運動する環境である「信用制度」ないし「信用制度の発展」であって，当の利子生み資本そのものではなかったのだけれど，今度はいよいよそうした環境のなかで運動する利子生み資本そのものの考察にはいるのですよ，というわけですね。

なお，さきほども申しましたように，エンゲルスは，マルクスのこの言明のなかの，利子生み資本と信用制度という二つのものの位置を逆転させてしまい

ました。信用＝銀行制度は，資本の運動，つまり生産的資本や利子生み資本の運動によって，さまざまに発展させられ，あるいは形態を変えていきますが，信用＝銀行制度は，それ自体として運動し，発展するような主体ではありえません。運動する主体はあくまでも資本であって，資本の運動こそが信用＝銀行制度を変化させ，発展させるのです。エンゲルスの書き換えは，あたかもマルクスが，信用制度を運動する主体だと見ていたかのように，人を誤らせることになっていた，と言わなければなりません。

　さて，このあとマルクスは，Ⅰ），Ⅱ），Ⅲ）という項目番号のもとに，三つの項目に分けてmonied capitalを分析しています。

　ここでやらなければならないのは，さきほども言いましたように，信用制度のもとでのmonied capitalのもろもろの具体的な姿から，それらの奥に潜んでいる本質的な内的関連をつかみだして，monied capitalを「多くの規定と関連とからなる豊かな総体」として脳中に再生産することです。monied capitalのとるさまざまの姿は，生産的資本の運動から自立化し，さらに架空化して，内的関連をすっかり覆って見えないものにし，その結果，いたるところで，貨幣市場の当事者たちと経済学者たちの頭脳のなかに転倒した観念を，したがってまた概念上のありとあらゆる「混乱」を生み出しているのですから，ここでの分析は，同時にこのような転倒や混乱を徹底的に批判することでもあるわけです。

　monied capitalを必然的に生み出して，それを自分の運動の媒介形態にするのは，生産的資本，最も根底的には，産業資本なのですから，monied capitalの分析とは，具体的には，この資本の運動が，この資本を生み出した産業資本の運動から離れてどのように自立化し，逆に生産的資本の運動にどのように反作用するのか，そしてこのような自立化にもかかわらず，生産的資本の運動によってどのように規定され，制約されているのか，ということを明らかにすることです。産業資本の運動というのは，資本の再生産過程の進行ですし，この進行の具体的な形態は産業循環，景気循環にほかなりませんから，この分析は，monied capitalの運動を，再生産過程からこの資本が自立化しながら再生産過程によって最終的に制約される過程としてとらえることですし，それはまた同時に，産業循環の局面転換のなかでの，monied capitalの運動と生産的資本の運動との内的関連を明らかにすることでもあります。

そこで，その「(2) 信用制度下の利子生み資本 (monied capital) の分析」のところでなにがやられているのか，簡単に見ることにしましょう。

(a) monied capital をめぐる概念上の諸混乱

まず，「(a) monied capital をめぐる概念上の諸混乱」とした部分です。ここでは，トゥクおよびフラートンの見解を手がかりに，monied capital をめぐる経済学上の種々の転倒的な観念とそこから生じている「混乱」とを指摘して，このさきで解明されるべき問題をあぶりだしています。

(b) monied capital の諸形態。架空資本としての monied capital

次の「(b) monied capital の諸形態。架空資本としての monied capital」とした部分で，ここでは，まず，信用制度のもとでの利子生み資本が，銀行業者資本，つまり銀行利潤を自分の増殖分として計算するいわゆる銀行資本ですね，それと，銀行が運用することによって利子を稼ぎだす銀行業資本，英語で言う banking capital という，銀行利潤を目的に運動する資本の形態をとっていることが明らかにされ，銀行業者資本ないし銀行資本がとっている具体的諸形態と，銀行業資本または貸し付けることができる貨幣資本の源泉，要するに monied capital の源泉が分析されています。そして，銀行資本がとっている形態のなかには，利子生み証券などのいわゆる擬制資本が含まれているだけでなく，じつは，銀行の準備金にいたるまで，そのすべての形態が本質的に架空なものであること，架空資本であることが明らかにされます。第5節の表題は「信用。架空資本」でしたが，マルクスがここに「架空資本」と書いていたのは，エンゲルス版第25章の部分ではなくて，ここのところで銀行資本の架空性を明らかにすることを念頭に置いていたものと考えられるのです。

(c) 実物資本との関連における monied capital の分析

最後の「(c) 実物資本との関連における monied capital の分析」は，第5節「信用。架空資本」の本論中の本論です。ここでは，第1に，monied capital の蓄積および不足と実物資本 real capital の蓄積および不足との関連，第2に，monied capital の量と一国で流通する流通手段の量との関連，という二つの問題が立てられ，これらについて論じられています。

ここでマルクスがなにをやっているかと言えば，要するに，monied capital がどのように real capital から自立して運動するか，real capital にどのように

反作用するか、それにもかかわらずreal capitalによってどのように制約され、規定されざるをえないか、ということを資本の運動の時間的経過のなかで観察し、解明するということなのですね。このなかで、さきにⅠ）で指摘されていました「混乱」に決定的な批判が加えられ、またこの「混乱」の根拠が明らかにされます。なお、この部分のあいだには、2回、「混乱」と題された抜粋ないし材料集録が挟み込まれています。この本論中の本論については、もちろん立ち入ってお話しすべきことが山ほどありますが、今日はこれだけにとどめさせていただきます。

（3）地金の流出入。信用システムの貨幣システムによる被制約性

ところで、monied capitalは、あるところまでは自立的な運動を繰り広げることができますが、この運動を究極的に制約するのは、そのうちの一部が、つねに、信用＝銀行制度における準備金、最終的には中央銀行の金庫にある準備金として、地金の形態をとらなければならない、ということです。そしてこの準備金としての役割を果たすべき地金の量は、一国の資本の再生産過程が、世界市場で、他の国ぐにの資本の再生産過程と関連をもつ結果として生じる、地金の流出入によって影響されざるをえません。ですから、monied capitalの運動形態の分析は、最後に、地金の流出入の分析で締めくくられるべきだということになります。

そこで、マルクスの草稿では、Ⅲ）の部分に続く材料集録の部分ののちに、この問題がふたたび本論として書かれています。さきの表 (57-58ページ) で「（3）地金の流出入。信用システムの貨幣システムによる被制約性」としている部分です。エンゲルス版では第35章にあたる箇所です。monied capitalの運動場面である信用＝銀行制度は信用システム（credit system）の構成部分、あるいはそれの上層部分をなすものですが、ここでは、この信用システムは貨幣システム（monetary system）を基礎とするものであって、これからけっして離れることができない、ということを論じています。

ここでの論述は、Ⅲ）での「monied capitalとreal capital」の考察を締めくくるだけでなく、第5節の「信用。架空資本」の全体を締めくくり、さらに、『資本論』の枠内での世界貨幣論をも締めくくっていると考えることができるでありましょう。

こうして，ここで，利子生み資本の理論的展開が終わります。

B　利子生み資本についての歴史的考察

さて，以上のような，レジュメの「A　利子生み資本の理論的展開」での，利子生み資本の考察は，約言しますと，産業資本から利子生み資本を理論的に展開するということです。しかし，この理論的展開だけでは，利子生み資本の分析は完結しない。と言いますのは，資本主義的生産様式以前の生産様式が支配している諸社会でも高利資本という利子生み資本が運動していたことは事実としてよく知られていることですのに，そのような前資本主義社会における利子生み資本と，いままで理論的に展開してきた，産業資本の派生的形態としての利子生み資本との関係が，まだまったく不明のままに残されているのだからです。この関係を明らかにするのは，もはや利子生み資本の理論的展開ではなくて，利子生み資本の理論的把握にもとづいて行なわれる，利子生み資本についての歴史的考察です。

そこで，「B　利子生み資本についての歴史的考察」です。草稿では「6）先ブルジョア的なもの」，現行版では第36章がこれにあたります。

ここでは，まず，生成しつつある産業資本が，目の前に見いだす大洪水以前的な形態における利子生み資本すなわち高利資本を，どのようにして自分のうちに取り込んで，自分の派生的形態として従属させていくのか，ということが述べられます。

ここではさらに，産業資本に包み込まれた利子生み資本の運動が，産業資本そのものの止揚，つまり乗り越えていくことですね，この止揚にとってどのような歴史的役割を果たすことになるのか，ということが述べられています。ここで言う役割は，すでに第27章で明らかにされていた，信用制度の役割の繰り返しではありません。第27章では，信用制度が資本主義的生産様式の内部で，この生産様式にとって，もっている意義が論じられたのにたいして，信用制度の役割は，ここでは，利子生み資本の歴史的生成を明らかにするとともにその歴史的意義を要約する，という第36章の課題にそって，またその観点からなされています。ここでは，成立した利子生み資本が資本主義的生産様式の歴史的な発展傾向にとってもっている意義が明らかにされ，こうして，資本主

義的生産様式の歴史的，過渡的な性格が，利子生み資本に即して明示されるのです。いわば，第1部第24章「いわゆる本源的蓄積」の最後の「第7節　資本主義的蓄積の歴史的傾向」に対応する叙述と見ることができるでありましょう。

おわりに

　以上，第3部草稿の第5章の構成と内容とはこういうものではないか，と私が考えておりますところを話させていただきました。いろんなことをごたごたと並べたてて，おまえはいったいなにを言いたかったのか，と首をかしげられる方もいらっしゃるのではないかと思いますので，全体をつうじてつかんでいただければうれしいな，と思っておりますポイントを最後に申し上げておきます。
　いまも研究者のなかに，第3部第5章のなかの，最後の歴史的考察を除く，理論的展開の内容を，利子生み資本論と信用制度論という二つの部分からなっているとお考えの方々がかなりいらっしゃるように思いますが，草稿を丁寧に読めば，そうではないのだということがはっきりとわかるはずです。
　〈第5章は，じつは，その全体が利子生み資本を対象としているのであって，そこでの理論的展開は，まずもって，利子生み資本を概念的に把握し，次に，それを基礎にして，信用制度のもとでの利子生み資本すなわち monied capital を考察する，という順序で進められている。だから，マルクス自身が言っているように，「信用制度の分析」は依然として『資本論』の外に残されているのだ。〉
　これが，今日お話し申し上げたかった最大のポイントであります。
　『資本論』第3部草稿での第5章から以上のようなことが読み取れるのですが，草稿性のきわめて高いこの章の状態からしますと，マルクスがもっと長く生きることができて，のちにこの章を印刷原稿にまで仕上げる機会をもつことができたなら，彼がこの草稿に，構成においても論述内容においても，徹底的な推敲を加えたであろうことに疑う余地はありません。そのようにして第5章，とりわけそれの第5節が完成されていたならば，それは，現に私たちの前にある草稿とは大きく異なったものとなっていたことでありましょう。私たちは，草

稿第5章を，マルクスの完成した利子生み資本論と見なすのではなくて，あらゆるところでさらに発展させられるべきもの，また発展させる可能性をもったものと見るべきでありましょう。

序章B
『資本論』の著述プランと利子・信用論

　本章に収めるのは，2000年3月に書き上げた拙稿「『資本論』の著述プランと利子・信用論」（所収：『経済志林』第68巻第1号，2000年7月）である。同稿を執筆した事情については，「はじめに」で述べている。本章で，触れながらも丁寧に論じることができなかったのは，「経済学批判」6部作体系プランから『資本論』著述プランへの転回のかなめが，「資本の一般的分析」としての独立の著作『資本論』構想の成立にあった，という点である。これについてはその後立ち入って論じることができたので，本巻の補章1に収録した。参照されたい。

はじめに

　1983年夏に，『資本論体系』第6巻[1]のために，同巻の編集者から与えられた「「経済学批判」体系プランと信用論」という論題のもとで，マルクスの著書「経済学批判」の著述プランの変遷と関連させつつ，彼の利子生み資本論および信用制度論の形成史を概観した。この旧稿は，マルクスの利子生み資本論および信用制度論に関する筆者の一連の論稿のなかで，この分野にかかわる文献において最も多く論及され，あるいは引用されてきたものである[2]。けれども，筆者はかねてから，この旧稿をいま一度，新たな形態のもとで発表し直したいと考えてきた。
　第1に，旧稿では，与えられた紙幅が限られていたために，典拠となるべき

---

1) 浜野俊一郎・深町郁彌編『資本論体系』第6巻「利子・信用」（有斐閣，1985年）。
2) この拙稿を戦後わが国のマルクス利子・信用論の研究史のなかに位置づけ，この観点から拙稿に一定の評価を加えられたものに，関根猪一郎「『資本論』第3部第5篇研究の到達点」（『高知短期大学・社会科学論集』第51号，1986年），小野朝男「信用論の再構築に向けて──信用論研究の回顧と展望──」（『和歌山大学・経済理論』第253・261号，1993・1994年），関根猪一郎「わが国における『資本論』第3部研究──信用論を中心として──」（『90年代不況の性格（経済理論学会年報第32集）』青木書店，1995年，所収），がある。

マルクスの記述のほとんどを，そのごく一部を抜き出して掲げるか，あるいは要約のかたちで挙げるにとどめざるをえなかった。しかし，この種のテーマの場合には，判断の根拠となるマルクスの記述を読者がその場で確認できることがきわめて重要である。いちいちもとの文献にあたって確かめてくださる読者は限られているであろう。その意味で，旧稿はかたちのうえできわめて不十分なものであった。

　第2に，旧稿の執筆当時には，MEGA第II部門のうち『1861-1863年草稿』を収める第3巻（全6分冊）がようやく完結したところで，『資本論』第2部第1稿を収めた第4巻第1分冊も同第3部第1稿を収めた同第2分冊もまだ出ていなかった。旧稿で言及した『資本論』第2部第1稿については，邦訳作業のために手もとにあった解読文に拠り，同第3部第1稿については，アムステルダムの社会史国際研究所での筆者の調査に拠るほかはなかった。また，第2部第1稿は，その邦訳がすでに1982年に出ていたが，『1861-1863年草稿』の邦訳は，その第1-4分冊が『資本論草稿集』④-⑦として出ていただけで，拙稿で重要な意味をもっていた記述を含む第5分冊の邦訳は未刊であった。その後，『資本論』第2部第1稿も同第3部第1稿も，前者はMEGA第II部門第4巻第1分冊，後者は同第2分冊で読むことができるようになり，また『1861-1863年草稿』の邦訳も『資本論草稿集』④-⑨として完結した。未刊の『資本論』第3部第1稿の邦訳を除けば——ただし問題の第5章（エンゲルス版第5篇）については，その大部分を一連の拙稿で読むことができる——，旧稿で筆者が利用したマルクスの文献のすべてを，原書でも邦訳でも見ることができるようになった。そこで，出典の表示をこれらの新しい版本によるものに変更し，読者が容易に参照できるようにしたいと考えていた。

　第3に，旧稿の執筆後に，そこで書いた内容の一部に訂正すべき箇所が生まれていた。

　一つは，『1861-1863年草稿』の891-944ページ[3]での利子生み資本に関する記述を，旧稿では，それまでの一般的な解釈ならびにMEGA編集者の解釈にならって，「剰余価値に関する諸学説」の一部をなすもの，それもノートXIV

---

[3] 『資本論草稿集』⑦，404-542ページ。

の表紙裏に書かれている内容目次の「挿論　収入とその源泉」にあたるものとしていたが，のちに三宅義夫氏の指摘[4]によってこの判断が適当でないことに気づいた。

　もう一つは，旧稿でも，『資本論』第3部第5章「5）信用。架空資本」での記述について，「利子生み資本そのものの考察〔Betrachtung des zinstragenden Capitals als solchen〕」[5]がこの「5）」の「中心的部分をなすものと考えられる」（旧稿，272ページ）としており，この「5）」の対象は利子生み資本ではなくて信用制度である，とする三宅義夫氏の見解と異なることは明示してはいたが，それにもかかわらず，「事実上きわめて多角的に，しかもある程度はその動態において，信用制度を論じたものとなっている」（旧稿，273ページ）と書くことによって，「5）」の対象は事実上は「信用制度と信用制度下の利子生み資本の諸形態」となっている，としていた。しかし，その後，この「5）」での記述を立ち入って検討するなかで，この部分は「事実上きわめて多角的に，しかもある程度はその動態において」信用制度に言及するものとなってはいても，信用制度そのものを論じたものと言うことはできない，ここでの主題ないし対象はあくまでも信用制度下の利子生み資本，すなわちmonied capitalであって，信用制度そのものではない，そしてまた，そのことを強調することがきわめて重要だ，と考えるようになった。「5）」の対象は利子生み資本ではなくて信用制度である，とする三宅義夫氏の見解について言えば，それは，「5）」の対象は利子生み資本ではない，とする点で誤っているだけでなく，さらに「5）」の対象は信用制度である，とする点でも正しくないのであって，二重の意味で誤っているということになる。この拙見の変更は，既発表の拙稿のなかで事実上，あるいは明示的に述べていた[6]。以上の2箇所を除けば旧稿の基本的な筋道はいまでも誤ってい

---

[4]　三宅義夫「1861-1863年草稿とメガ編集の諸問題」，『マルクスの現代的探求』（八朔社，1992年）131-132ページ。三宅氏は，『マルクス信用論体系』（日本評論社，1970年）では，まだ当該部分を「剰余価値に関する諸学説」の一部と見なされており，MEGAで『1861-1863年草稿』を見られてから，判断を変更されたのである。

[5]　『資本論』第3部第1稿。MEGA II/4.2, S. 505；本書第2巻299ページ。以下，第3部第1稿からの引用のうち，本書に訳文が収録されている箇所（すなわち第5章とエンゲルス版第19章部分）以外の箇所には当該の草稿ページにあたる現行MEW版のページを〔　〕に入れて付記するが，草稿の記述がそのままのかたちで現行版に含まれているわけではない。

なかったと考えているので，この2箇所だけを訂正したかたちでもう一度旧稿を発表する機会をもちたいと考えてきた。

　以上の3点について，旧稿に手を加えたものが本稿である。本稿では，上の第3点にかかわる部分以外は旧稿に内容上の訂正を加えていない。考証の典拠であったマルクスの記述を，まとまったかたちで読めるだけの大きさをもった引用として付け加え[7]，書記法上および体裁上の手入れを行ない，また本文中の注番号と注との関連を見やすくし，旧稿での出典ページの誤記を訂正するなど，形式上の手入れは行なったが，それ以外にはほとんど書き換えも書き加えも行なっていない。現時点で書き下ろした新稿としてではなく，かつての旧稿の新版ないし部分的改訂版として扱っていただきたいと考えたからである。

　なお，本稿で，旧稿の「「経済学批判」体系プランと信用論」というタイトルのうち，「「経済学批判」体系プラン」を「『資本論』の著述プラン」に，「信用論」を「利子・信用論」にそれぞれ変更した。その理由は次のとおりである。

　まず，旧稿タイトル中の「「経済学批判」体系プラン」を「『資本論』の著述プラン」に変更した理由について。

　マルクスの「「経済学批判」体系プラン」とマルクスの主著の「著述プラン」とは同じものではない。「「経済学批判」体系プラン」と言う場合に問われるのは，対象についての叙述がどのようなものであるべきか，それにもとづいて全体をどのように篇別構成すべきか，ということである。マルクスについて言えば，1858年第1四半期に成立した「経済学批判」プランは，まずもって，そのような「体系プラン」であった。これにたいして，筆者が「著述プラン」という語で考えているのは，マルクスが自分の手でこれから書き上げようとしている著作をどのようなものに仕上げようと計画しているか，それをどのような篇別構成にしようと計画しているか，という意味でのプランのことである。マルクスが上の「経済学批判」体系プランを構想したときには，マルクスは実際にこのプランにもとづいて彼の著書『経済学批判』を執筆しようと考えていたの

---

6) 拙稿「『資本論』における信用の役割」(『信用理論研究』第3号，1986年) 70ページ，および，拙稿「「利子生み資本」の草稿について」(『経済志林』第56巻第2号，1988年) 6ページを見られたい。

7) これらの引用はゴシック体数字の通し番号をつけた章末注に収めた。

だから，この時点では「経済学批判」体系プランが同時にまた彼の著書『経済学批判』の「著述プラン」でもあった。

しかし，その後マルクスは，「経済学批判」体系として構想したものを自身の手で全部書き上げることは不可能と判断し，かつて「経済学批判」体系では最初の，そして基幹的な対象であった「資本」に対象を絞って著書『資本〔Das Kapital〕』を書き上げること，著述することに専念する。この段階で彼が書き残しているプランの異文は，すべて，実際に著述を進めるためのプラン，執筆プランである。

この「著述プラン」は，かつての「体系プラン」の構想の大枠は放棄されていなかったとしても，それと同じものであるとはかぎらない。現実に書き上げようとしているものが，かつての「体系プラン」の全体構想ではその最初の一部だけをなすものであった場合，それでも当初のプランに従い，いわば「未完」のかたちで終わらせるのか，それともそれなりに完結した一つの著作となるようにまとめるのか，選択肢にはいろいろありうるであろう。マルクスの場合，彼は明らかに『資本論』を「一つの芸術的な全体」に仕上げる道を選んだ。この場合，かりに「体系プラン」の大枠が変更されていなかったとしても，現実の「著述プラン」は「体系プラン」の最初の部分とまったく同一のものではありえないであろう。たとえば，『資本論』の場合で言えば，理論的な三つの部のあとに学説史のための最後の部が構想されていたが，この学説史は，当初『経済学批判』全体のあとに「経済的諸範疇および諸関係の発展の簡単な歴史的素描」として置こうとしていたものとは明らかに異なるものとならざるをえない。このように現実に仕上げようとしている著作がなにを対象としているのか，どのような意味で「一つの全体」をなすのか，ということによって，「著述プラン」は当然に「体系プラン」からなんらかの偏倚を示すことになる。

しかしまた，現実の「著述プラン」を練り上げていく過程で，当然に，全体構想としての「体系プラン」そのものの方法上の，またしたがって篇別構成上の欠陥ないし不十分な点に気づき，このような「体系プラン」上の修正によって「著述プラン」の変更が生じることもありうる。マルクスの1858年の「経済学批判」体系プランが成立するまでのプロセスを見ても，現に，1年も経たないわずかな期間のうちにさまざまのところにさまざまな変更が加えられていっ

たのである。そうであったにもかかわらず、「経済学批判」体系プランがいっ
たん成立したのちには、その後20年以上ももはやその細部にいたるまでまっ
たくなんの変更も加えられる必要がなかったのだ、などと考えることができ
ないのはあまりにも明らかではないであろうか。マルクスが最晩年にいたるまで
執筆を続けた『資本論』第2部についても、最後までその「著述プラン」のすべ
てを確定しきってはいなかったことがうかがえるのである。

　残念ながら、マルクス自身は、当初の「経済学批判」体系プラン以外に、彼
の経済学上の主著のさまざまな変遷を経ていった「著述プラン」の背後に彼が
もっていたと考えられる「体系プラン」を、そのようなものとしてまとまった
かたちで書き残すことをしていない。しかしそのような体系構想が「著述プラ
ン」の背後に維持されていたことは、彼があちらこちらに残した、「枠外」に
「属する」事柄についてのさまざまのいわゆる「留保文言」によって推測できる。
「経済学批判」体系プランは、『資本論』の「著述プラン」の背後にあってそれを
根底において規定しているが、しかし体系構想としては『資本論』よりもはる
かに広い射程をもつものである。このような意味でのプランとそれを規定して
いる方法が把握されていなければ、『資本論』の外部に残されていて、マルク
スが留保文言で言及している諸研究を「経済学批判」という大きな全体の一部
をなすものとして体系的に把握することはできないであろう[8]。

　こういうわけで、プランについて論じる場合には、「プラン」という語で、
あるべき体系の構想としての「体系プラン」のことを考えているのか、それと
も、現に書き上げようとしている著作の構想としての「著述プラン」のことな
のか、ということをはっきりさせて議論しなければ、無用の混乱が生じること
になるのである[9]。従来、多くの場合、この点をあいまいにしたままで「経済
学批判」プランについて議論されてきているように思われる。旧稿でマルクス
のプランを問題にするとき、まずなによりも、「体系プラン」かつ「著述プラ
ン」として成立した「「経済学批判」体系プラン」から出発しなければならな
かったが、しかしマルクスの著述の歩みを辿っていくときには、彼の現実の「著

---

[8] もっとも、「経済学批判」プランが『資本論』プランに変更された結果、後者の外部に残さ
　れているのは、もはや、それぞれ体系的にはなんの関連ももたないばらばらの個別研究だ
　けだ、と考えるのであれば、このような問題意識は理解されようもないのであるが。

述プラン」に，最終的には『資本論』の「著述プラン」に密着しなければならなかった。この意味で，旧稿で「利子・信用論」について論じるさいの「プラン」とはなによりもマルクスの「著述プラン」であったのである。このことをはっきりさせるために，タイトル中の「「経済学批判」体系プラン」を「『資本論』の著述プラン」に変更した。

次に，旧稿タイトル中の「信用論」を「利子・信用論」に変更した理由について。

ごく普通に，「マルクス信用論」とか，あるいはそれを簡略化した「信用論」という語が使われているが，これはいったい，なにに関する「論」あるいは「理論」なのであろうか。それが，マルクスの「経済学批判」体系のなかの「諸資本の競争」のあとに予定されていた「信用」に関する理論に限定されていないことは明らかである。というのも，一般に，「マルクス信用論」と言われてきているものには，利子生み資本に関する理論，通俗的に言えば「利子論」が含まれているからである。そして，利子生み資本に関する理論と信用制度に関する理論とを区別して，その両者の関連を問題にする論者でも，これらの理論を一括して「信用論」と呼んでいるのだからである。

たとえば，「信用論」という語を書名にもつ，三宅義夫氏の『マルクス信用論体系』（日本評論社，1970年）をとってみよう。この書名がたんなる便宜によるものでなかったことは，「序文」での次の記述からも明らかである。

「前篇の第1論文「マルクス信用論の体系」自体が，当時『資本論』第3部第5篇でのマルクスの記述を整理し，その体系的構成を明らかにしようとしたものだったが，本書のその全体が，マルクスがその信用論でなにをいっているか，なにを考えていたかを，たしかめ，明らかにしようとしているものであり，マルクス信用論研究のいわば基礎理論篇のようなものを成している。書名をマルクス信用論体系としたゆえんである。」（同書，2ページ。強調―引用

---

9) マルクスのプランを「著述プラン」として捉える必要を明示されたのは，三宅義夫氏であった。氏の論稿「『資本論』の体系と著述プラン」（『立教経済学研究』第8巻第2号，1954年；同第9巻第1号，1955年）のタイトルにある「著述プラン」という語がそれを端的に示している。しかし，氏の場合には，この論稿でものちの著書『マルクス信用論体系』でも，マルクスの「プラン」は総じて「著述プラン」として取り扱うべきだと考えられているだけであって，これとは区別されるべき「経済学批判」体系プランの存在も，またそれを把握する方法論的意義も意識されていない。

者，以下同様。)

　そして，その「第1章　マルクス信用論の体系」の「一　序論」では，まず，「マルクスは『資本論』のなかで信用論を展開しているが，信用論はマルクスの経済学著述プランのなかではじめどのように予定されていたか，それが『資本論』のさいにはどのように変わってきていたかについてまず考察しておこう」として，「1　信用論についてのマルクスの著述プラン」と「2　マルクスによる信用論の研究」を論じられている。ここで「信用論」というのが利子生み資本論を含んでいるものであることは言うまでもない。そして，「二　第3部第5篇の信用論の構成」では，冒頭で，「『資本論』第3部第5篇は大きく分けて二つの部分からなっており，第1の第21-24章では利子生み資本についての一般的な説明が与えられ，第2の第25章以下で信用制度が論じられている」(同書，26ページ)とされている。

　そうだとすると，このあとの本論には当然に，「第1の部分」と「第2の部分」との両者について述べられているものと予想されるのであるが，実際にはこの「二」の本論で論じられているのは，「第2の部分」すなわち第25章以降の部分についてだけなのである。これは，冒頭の「まえがき」のところで「第1の部分」について，とりわけ「利子生み資本と信用制度とはどのような関係に立っているのか」ということを述べておいたので，論述を省いたとも考えられそうである。ところが，同じ本論の末尾で，「以上，第5篇で展開されている信用論の序章的部分をなす第25章の記述を中心として，それと後続諸章において──部分的には貨幣論などにおいて──取り扱われている諸問題との関連，それらの諸問題の輪郭，それら諸問題間の関連などについて，ひとまずその概略をしるした」(同書，77ページ)と明記されているところを見ると，氏がこの本論で取り扱うマルクスの「信用論」とはもともと第25章以降のことであったことがわかる。つまり，ここでは「第5篇で展開されている信用論」とは第25章以降の部分のことなのである。

　それでは，三宅氏の『マルクス信用論体系』が「マルクス信用論」ということで意味しているのはこの第25章以降の部分のことかと言えば，本書の第9章に「『資本論』における利子論の意義」が置かれていることからも明らかなように，この『マルクス信用論体系』には「第21-24章での利子，利子生み資本論」(同書，

285ページ）も含まれているのである。

　このように，三宅氏にあっては「信用論」とは，あるときはマルクスの利子および信用に関する理論の全体を指すものであり，あるときは信用制度が論じられている——と氏が考えられている——第25章以降でのマルクスの理論を指しているのである。さらに，三宅氏は『資本論』の外にはなお本来の「信用制度」論が残されていると考えておられるのであるから，これを含む「論」の全体を「信用論」と呼ぶことも必要となり，事態はさらにややこしいことになる。このようなことになっているのは，氏が，或る対象について論じる或る領域の理論に「論」という語をつけて呼ぶことに，かなりルーズ，あるいは安易であられたためと考えられる。

　「マルクス信用論」という語を，便宜的に，マルクスの利子や信用についての理論の全体を指すものとして使うことは許されるであろう。たとえば，「信用理論研究学会」という学会の名称におけるそれのように。しかし，マルクスの体系プランや著述プランを論じるさいにこの語を，なんの断りもなしにこうした便宜的な用法で使えば，混乱を招くのは必至であろう。筆者は，利子生み資本についてのマルクスの理論を「マルクス利子生み資本論」，信用についてのマルクスの理論を「マルクス信用論」，信用制度についてのマルクスの理論を「マルクス信用制度論」と呼んで区別すべきではないかと考えている。マルクスにあっては，「信用」と「信用システム〔Kreditsystem〕」と「信用制度〔Kreditwesen〕」[10]との三つの概念には相対的な区別があるが，それにもかかわらず，「信用」という語が「信用システム」または「信用制度」の意味で使われていることも多く（その逆はない），また「信用システム」という語が「信用制度」の

10）本書では，Kreditsystem（旧正字法ではCreditsystem）を「信用システム」，Kreditwesen（旧正字法ではCreditwesen）を「信用制度」と訳す。マルクスの草稿ではこの二語はおおむね使い分けられているが，エンゲルスが彼の版を編集するさいに，この両語をかなり多くの箇所で入れ替えたために，彼の版では両語の含意がすっかり見えなくなってしまっている。エンゲルス版を底本とする邦訳では，大月書店版の岡崎訳も新日本出版社版（旧版および新版）も，両語をともに「信用制度」と訳している。この両語を区別する意味については，本書第2巻の「第5章　信用と架空資本」と「貨幣資本の蓄積。それが利子率に及ぼす影響」冒頭部分とに使われたマルクス草稿について」，および，第3巻の「第10章「貨幣資本と現実資本」に使われたマルクス草稿について」で立ち入って述べる。

意味で使われていることもある（その逆はない）ので，マルクスの書いている言葉それ自体で内容を一義的に確定することができるわけではないが，それにもかかわらず，この三つの概念に対応する客観的対象の区別は明確に存在するのであり，したがって概念としてもそれらを区別する必要があり，また区別することが有用なのである。利子生み資本を対象とする理論と信用制度を対象とする理論とを包括的に呼ぶときには，「利子生み資本・信用制度論」とでもするほかはないであろう[11]。「利子生み資本と信用制度」を簡略化して「利子と信用」と呼ぶこともできるであろうが，理論的に厳密に言えば，「利子生み資本論」の対象は，剰余価値の分岐形態である「利子」ではなくて資本の独自の形態である利子生み資本であり，「信用制度論」の対象は，貨幣に代わって流通する端緒的な「信用」をも含みうる「信用」一般ではなくて資本主義的生産のもとにおける最も人為的な産物である信用＝銀行制度であろう。

　以上のようなことを考えてきたので，本稿では，旧稿のタイトル中の「信用論」を――正確には「利子生み資本・信用制度論」とすべきところであるが，簡略化して――「利子・信用論」に変更した。

A　「経済学批判」体系プランにおける利子と信用

(1) 「経済学批判」体系プランの成立

　「経済学批判」の体系を，資本・土地所有・賃労働，の前半3部と，国家・外国貿易・世界市場，の後半3部とからなる全6部作とし，このうち「1. 資本」を「1. 資本一般」，「2. 競争」，「3. 信用」，「4. 株式資本」の四つの篇とするプランは，1858年第1四半期に確立した【章末注】〔1〕〔2〕〔3〕〔4〕。別表（84-85ページ）に見られるように，「1. 資本一般」は，「商品」・「貨幣または単純な流通」の二

[11) 貸借も信用関係なのだから利子生み資本も信用を含んでいるのだ，と考える論者であれば，利子生み資本を対象とする理論と信用制度を対象とする理論とを一つにして「信用論」という語でくくることがむしろ当然だと考えられるであろう。その是非についてここで論じる余裕はないが，ただ，利子生み資本の概念的把握を行なっている『資本論』第3部第1稿の「1）」-「4）」（現行版第21-24章）には貸借によって生じる「信用」なるものについての言及が皆無であること，そしてこれにはそれなりの理論的な根拠があるのだということを指摘しておく。

つの「序章〔Vorchapter〕」と，「主章」である「資本」（または「資本一般」）とからなり，この「主章」は，「1. 資本の生産過程」，「2. 資本の流通過程」，「3. 両過程の統一，または，資本と利潤・利子」の三つの章からなるものであった。1859年6月に刊行された『経済学批判。第1分冊』はこのうちの「序章」を含むだけのものであって，マルクスはその後もこのプランによって続篇を仕上げる努力を続けていった。本章では以下，このプランを「「経済学批判」体系プラン」，略して「「批判」体系プラン」と呼ぶ。

　別表のように，マルクスは「『経済学批判要綱』への序説」(1857年8月執筆)のなかの「3）経済学の方法」の末尾に，この方法による5項目の篇別プランを記した[5]。このうち，3), 4), 5)の3項目は，ほとんどそのまま「批判」体系プランの後半3部となっていく。3)のなかの「国債」および「公信用」，4)のなかの「為替相場」の諸項目もそのまま「批判」体系プランのなかに維持されていったものと見られる。これにたいして，「1）一般的抽象的諸規定」はこの諸規定の性格についての熟考を経て，前述の二つの「序章」となり，続く2）は，具体化され練り上げられて，「批判」体系プランの前半3部となっていった。この2）では，利子はまだ項目としては姿を現わしていないが，「信用制度（私的）」という記載が，「公信用」から区別される「信用制度」をここで取り扱うことを明示していた。

　『経済学批判要綱』(1857年10月-1858年5月執筆)を書き始めてほどなく，マルクスはノートⅡの3ページに，五つの篇からなるプランを記したが，これはいわば「序説」プランへの補足的覚え書であって，2）の「生産の内的編制」についても新しいことを加えていない[6]。これにたいして，そのあと同じノートに相次いで書かれた二つのプランでは，2）の内容が体系的に具体化されているだけでなく，この両プランのあいだでも改作の跡がよく見えて，「批判」体系プランの構成の理解に示唆を与えるところが大きい。そのうちの第1のもの（以下，「前者プラン」と呼ぶ）は，ノートⅡの18ページにみられるプラン[7]であって，ここでは，さきの「生産の内的編制」が具体化されて，資本・土地所有・賃労働の3項目と，それらを総括するものとしての「諸価格の運動。三階級」との4項目となり，そのあとに国家・外国貿易・世界市場の3項目が置かれている。つまり，ここで事実上，前半3部と後半3部とからなる6部作構想が成

「経済学批判」体系プラン

「経済学批判序説」プラン (MEGA II/1.1, S. 43.)	ノートIIの3ページのプラン (MEGA II/1.1, S. 151-152.)	ノートIIの18ページのプラン (MEGA II/1.1, S. 187.)
1) 一般的抽象的諸規定。	第1篇 交換価値，貨幣，価格が考察される。	資本 I.
2) ブルジョア社会の内的編制を形づくり，また基本的諸階級の基礎をなす諸範疇。資本。賃労働。土地所有。それら相互の連関。都市と農村。三大社会階級。これら階級間の交換。流通。信用制度（私的）。	第2篇 生産の内的編制。	1) 資本の一般的概念。 2) 資本の特殊性：流動資本，固定資本。（生活手段としての資本，原料としての資本，労働用具としての資本。） 3) 貨幣としての資本。 II. 1) 資本の量。蓄積。 2) それ自身で測られた資本。利潤。利子。資本の価値，すなわち，利子および利潤としてのそれ自身から区別された資本。 3) 諸資本の流通。 　α) 資本と資本との交換。資本と収入との交換。資本と諸価格。 　β) 諸資本の競争。 　γ) 諸資本の集中。 III. 信用としての資本。 IV. 株式資本としての資本。 V. 貨幣市場としての資本。 VI. 富の源泉としての資本。資本家。
3) 国家の形態でのブルジョア社会の総括。それ自身への連関において考察されたそれ。「不生産的」諸階級。租税。国債。公信用。人口。植民地。移民。 4) 生産の国際的関係。国際的分業。国際的交換。輸出入。為替相場。 5) 世界市場と恐慌。	第3篇 国家における総括。 第4篇 国際的関係。 第5篇 世界市場。	土地所有。 賃労働。 諸価格の運動。三階級。 国家。国家とブルジョア社会。租税。国債。人口。植民地。外国貿易。為替相場。国際的鋳貨としての貨幣。 世界市場。

成立と利子・信用論

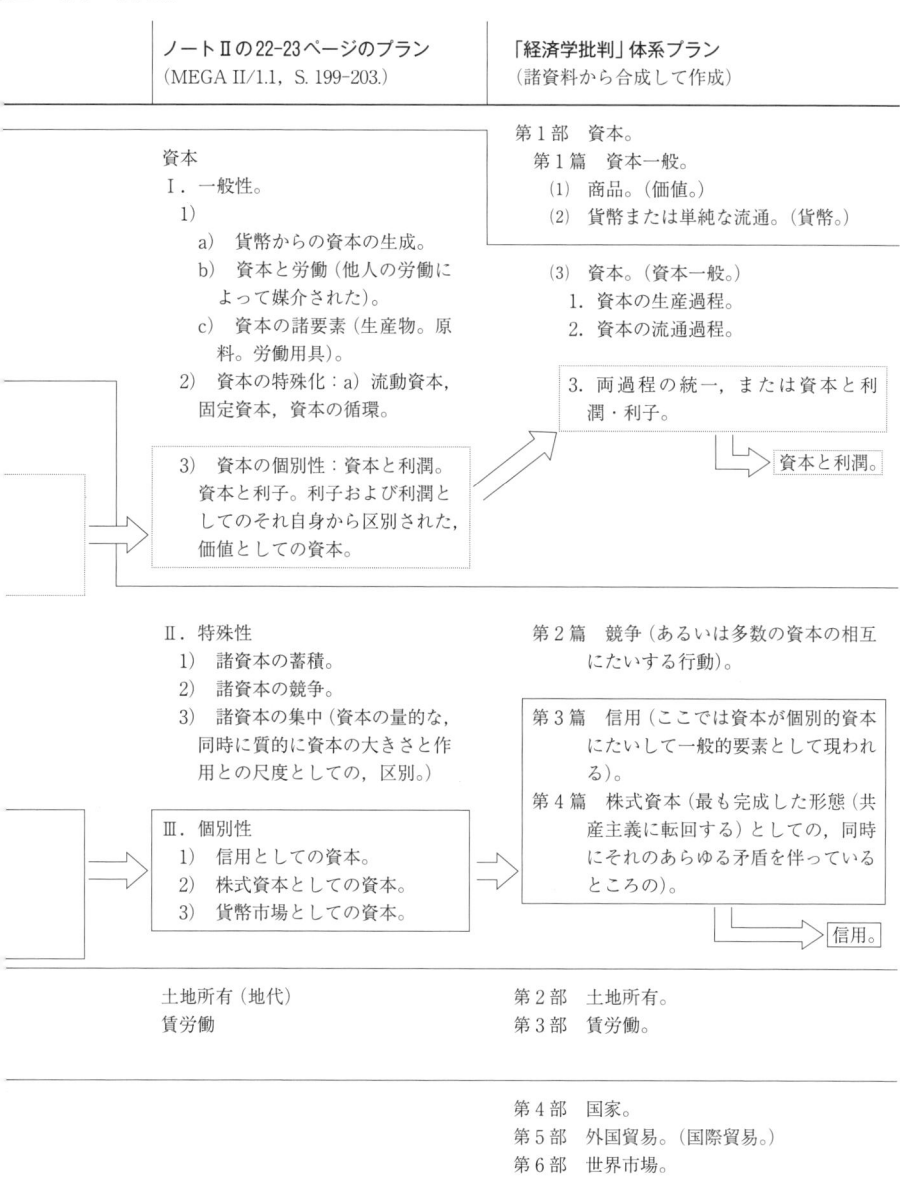

| ノートⅡの22-23ページのプラン
(MEGA II/1.1, S. 199-203.) | 「経済学批判」体系プラン
(諸資料から合成して作成) |

第1部　資本。
　第1篇　資本一般。
　　(1)　商品。(価値。)
　　(2)　貨幣または単純な流通。(貨幣。)

資本
Ⅰ．一般性。
　1)
　　a)　貨幣からの資本の生成。
　　b)　資本と労働(他人の労働によって媒介された)。
　　c)　資本の諸要素(生産物。原料。労働用具)。
　2)　資本の特殊化：a) 流動資本，固定資本，資本の循環。

　　(3)　資本。(資本一般。)
　　　1．資本の生産過程。
　　　2．資本の流通過程。

　3)　資本の個別性：資本と利潤。資本と利子。利子および利潤としてのそれ自身から区別された，価値としての資本。

　　　3．両過程の統一，または資本と利潤・利子。
　　　　　　　　　　　⇨ 資本と利潤。

Ⅱ．特殊性
　1)　諸資本の蓄積。
　2)　諸資本の競争。
　3)　諸資本の集中(資本の量的な，同時に質的に資本の大きさと作用との尺度としての，区別。)

第2篇　競争(あるいは多数の資本の相互にたいする行動)。

Ⅲ．個別性
　1)　信用としての資本。
　2)　株式資本としての資本。
　3)　貨幣市場としての資本。

第3篇　信用(ここでは資本が個別的資本にたいして一般的要素として現われる)。
第4篇　株式資本(最も完成した形態(共産主義に転回する)としての，同時にそれのあらゆる矛盾を伴っているところの)。
　　　　　　　　　　　⇨ 信用。

土地所有(地代)　　　　　　第2部　土地所有。
賃労働　　　　　　　　　　第3部　賃労働。

第4部　国家。
第5部　外国貿易。(国際貿易。)
第6部　世界市場。

立したのである。また,「資本」の内部が初めて体系的に構成され,そのなかに利子も信用も一定の位置を占めることになった。

　これに続く第2のプラン[8](以下,「後者プラン」と呼ぶ)は,わずか4ページあとの22-23ページに書かれた。別表でみられるように,前者プランで表題がなかったIとIIとが,後者プランで「一般性」と「特殊性」という表題を受けとり,これに対応して,前者でIII-VIとされていた諸項目が「III. 個別性」という項目に一括された。この後者プランは,その後確立した「批判」体系プランの骨格を明瞭に示すものとなっている。すなわち,「I. 一般性」は「資本一般」となり,「II. 特殊性」は「競争」となり,「III. 個別性」は,はじめ「信用」および「株式資本」となったが,のちには「株式資本」も「信用」に吸収されて,「信用」という項目となっていくのである。

(2)「経済学批判」体系プランにおける利子

　『要綱』にみられるさきの両プランのなかで,利子と信用とはどのように取り扱われることになっていたのか。まず,後者プランのIのなかの,「3) 資本の個別性。資本と利潤。資本と利子。利子および利潤としてのそれ自身から区別された,価値としての資本」,を挙げねばならない。これが「批判」体系プランでは,「資本一般」のなかの,「3. 両過程の統一,または資本と利潤・利子」となり,のちには簡単に「資本と利潤」と呼ばれるようになるのである。「I. 一般性」ないし「資本一般」の草稿として書かれていった『要綱』では,その「3. 果実をもたらすものとしての資本。利子。利潤。(生産費,等。)」が上記の3)となるはずのものであったが,この部分は「資本と利子」についてはほとんど筆が及ばないままに中断されているのであって,われわれは『要綱』のなかに散在する覚え書的な記述のなかから,これについての内容を推測しうるのみである。書かれていないということだけで,マルクスはまだ考えていなかった,あるいは書くつもりでなかった,と即断する愚にも,またその逆の読み込み過ぎにも注意をしながら,『要綱』のなかに上の項目の内容を探らなければならない。

　まず,「3. 果実をもたらすものとしての資本。利子。利潤。(生産費,等。)」の部分の最終ページには,利子を利潤とともに論じる理由と,利潤から利子へ

と移行していく筋道とについて，大要次のように書かれている。

　〈増分である利潤からこれを生みだすものとして区別される価値は，自己を増殖する価値，資本である。そして，利潤をもたらす資本の成立によって，貨幣はある率で利潤を生むという使用価値をもった商品として流通にはいることができるようになるのであり，こうして利子および利子生み資本が成立する。利子にたいする利子生み資本の関係は，自己を増殖する価値とその増分との関係としては，利潤にたいする利潤をもたらす資本の関係と等しいだけでなく，むしろ前者は，後者の「純粋に抽象的な形態」なのである。〉[12][9]

　だから，「資本一般」が貨幣を生む貨幣という資本の最も一般的な現象形態にまで達するためには，それは「資本と利子」で締めくくられなければならない，ということになる。前者プランではⅡのうちの2）という位置に置かれていたこの項目が，後者プランでは「I．一般性」の最終項に移されたのも，こうした理由からだと考えられる[13]。さらに，利子生み資本が「利潤をもたらす資本の純粋に抽象的な形態」として登場するというのは，同時にここで資本物神が完成されるということでもある。『要綱』ではこの物象化の側面については明示的に述べられていないが，上の言葉はこのことをも十分に示唆している。

　他方，マルクスは上の箇所よりも以前に，「利子のところでは二様の考察が必要である」として，次の二つのことを挙げていた。

　「第1に，利子と利潤とへの利潤の分割。……この区別は，貨幣資本家〔monied capitalists〕から成る一階級が産業資本家から成る一階級に対立するようになると，感じられるもの，だれにでもわかるものとなる。第2に，資本そのものが商品となる，言い換えれば，商品（貨幣）が資本として売られる。これはたとえば，資本が，他のすべての商品と同様に，その価格を需要供給に合わせることを意味する。つまり，需要供給が利子率を規定するのである。だからここで，資本としての資本が流通にはいるのである。」[10]

---

12) 以下，本章で〈　〉で示すのは筆者による要約である。引用文中の〔　〕による挿入も引用者すなわち筆者によるものであるが，{　}は草稿でのマルクスによる角括弧を示すものである。
13) 前者プランの1の最終項は「3）貨幣としての資本」である。ここでの「貨幣としての資本」とは，利子生み資本のことではなくて，価値の自立的形態としての貨幣の姿態をとった資本のことであろう。

このようにマルクスは，利子の考察にさいして，①利子と利潤とへの利潤の分裂，および，②資本としての資本が商品となり，それの価格である利子率はそれへの需給によって決まること，この二点について述べようとしていたのである。

そこでは，のちの『資本論』第3部の現行版第21-24章での展開の最も中心的なテーマがすでに構想されていたと言うことができる。『要綱』では，資本という商品の使用価値を，平均利潤ではなく，たんに利潤をもたらす性質としているが，利潤率の異なる諸資本と平均利潤率への均等化とが存在しない「資本一般」では当然のことであった[14]。また，自己資本さえも利子を生むという，質的分割の骨化や，企業利得の労賃への転化などについては触れられていないが，総じて資本物神の展開にまで筆が及ばないまま中断されたという事情を考慮に入れておかなければならない。

ところで，「資本と利子」のところでは，以上のように信用ないし信用制度にはまったく触れようとしていない。これは，当時の「一般性」すなわち「資本一般」の対象が，特殊的諸資本，個別的諸資本，要するに「多数の資本」を捨象した，したがって一個の資本（国民的資本，社会的総資本，賃労働に対立する資本）に限定されていたことの必然的な結果であった。複雑な総体から個別・特殊を捨象して一般を把握し，そのあとでこの認識に基づいて特殊，個別を展開していって，総体を観念的に再生産する，というのは，マルクスが最後まで貫いた方法の一側面であるが，当時はこれが，「多数資本」捨象といういわば対象限定の方法として具体化されていたのである。さきの前者プランから後者プランへの改作こそ，この方法を明確にしたものであって，「資本と利子」を「資本一般」の末尾に置く構想も，その一環として成立したのであった。ここでは「資本と利子」は，次のように，「資本一般」を締めくくると同時に，「多数資本」に移行していく契機としての位置をも与えられていたのである。

「この……形態は，それ以前の諸形態にある資本を前提し，また同時に，<u>資本</u>から<u>特殊的諸資本</u>への，実在的諸資本への移行をなすものである。という

---

14) むしろ，それにもかかわらず，「ある率で利潤を生む」とされていたことに注目すべきであろう。たんに「利潤を生む」ということではないのである。

のは，いまやこの最後の形態では，資本はその概念上すでに，自立的に存立する二つの資本に分かれるのだからである。二者が与えられれば，次には多者一般が与えられる。この展開は，このようにして進んでいくのである。」[11]

(3)「経済学批判」体系プランにおける信用

『要綱』中の後者プランで，利子および信用に関する項目の第2のものは，「III. 個別性」中の3項目である。この3項目は，「批判」体系プランの確立を告げる1858年4月2日付エンゲルスあてのマルクスの手紙で，「貨幣市場としての資本」の項目が消え，「信用」と「株式資本」の2項目となっていく[12]。

信用に関する諸項目に予定されていた内容は，『要綱』でのもろもろの先取り的記述から推測するほかはない。そのなかで，衆目を集めるべくして集めているのは，ノートVIの33ページにある記述である。ここでマルクスは，流通時間が生産時間＝価値創造時間にとっての制限であることを述べたのち，「それゆえ資本の必然的傾向は，流通時間なき流通であり，そしてこの傾向は，信用と資本のもろもろの信用の仕組みとの基礎規定[15]である」[14]と言う。ここでの「流通時間」は広義のそれであって，販売・購買時間だけでなく，「流通機械」である貨幣をも含むのであって，要するに，一切の広義の「流通費」を縮減しようとするのが，資本の本性から生じる「資本の必然的傾向」だというのである。しかし，信用がどのようにしてそれをするのかという点については，『要綱』はわずかのことしか述べていない。なぜなら，それは本来，多数資本を前提とする「信用」の項目でのみ展開できることだからである。商業信用による個別的資本の流通時間の短縮，もろもろの流通する信用による貨幣の代位，貨幣形態で与えられる信用による商業信用の代位など，一方では産業資本が，

---

15) この「基礎規定〔Grundbestimmung〕」は従来多く「基本規定」と訳されてきた。この訳語は，「信用の必然性」の「基本」を「流通時間なき流通」に見る見解を生み出す一因となったように思われる。マルクスが別のところで，「流通時間なき流通」をもたらす信用について，「信用はなお他の諸側面をもっている。しかし上記の側面は生産過程の直接的な本性から生じており，それゆえまた信用の必然性の基礎〔Grundlage〕である」[13]と述べているように，この「傾向」は「信用の必然性の基礎」なのであり，信用制度の「基礎規定」なのである。

その成立にさいしてできあいの武器として見出す信用，他方ではそれを基礎として，産業資本が自ら創造する信用制度のもとでの新たな形態でのもろもろの信用が，それに含まれるべきものである。

『要綱』では信用については，「流通時間なき流通」による「信用の必然性」に関する記述がひときわ目だっているが，それは，『要綱』が「資本一般」の草稿であり，しかも「資本一般」で触れうる信用の必然性はこれだけであったからである。

しかしながら，これは「信用の必然性の基礎」にすぎず，資本が信用制度をつくりあげていく動因は，むしろ，さきの記述に続く次の文のなかで述べられていると言わなければならない。

「他方ではさらに信用は，資本が，自己を個別諸資本から区別して措定しようと，すなわち，自己の量的制限から区別された資本としての個別的資本〔単数！―引用者〕を措定しようと努めるときに資本がとる形態でもある。」[15]

ここではすでに個別的諸資本が前提されており，それらが相互に加えあう作用＝競争によって，自己の量的制限を突破して蓄積を進めようとする衝動から，独自の「個別的資本」を措定しようとすることが示されているのであって，これはいうまでもなく当時のプランの「特殊性」＝「競争」ではじめて論じうることであった。その独自の「個別的資本」＝「自己の量的制限から区別された資本としての個別的資本」とは次のとおりである。

「特殊的な実在的諸資本そのものから区別される資本一般は，一つの実在的な存在である。……たとえば，諸銀行に蓄積され，あるいは諸銀行によって配分される，しかもリカードウの言うように，まったくみごとに生産の要求に比例して分配される資本は，個々の資本家たちに属するものであるにもかかわらず，資本だというそれの基本的形態〔elementarische Form〕において，この一般的形態における資本となっているのである。……それゆえ一般的なものは一方ではたんに思考上の種差にすぎないが，この種差は同時に，特殊的なものの形態および個別的なものの形態と並ぶ一つの特殊的な実在的形態でもあるのである。」[16]

要するに，社会の貨幣資本と貨幣とが銀行に集中されて貸付可能な貨幣資本となり，これが資本家階級の共同的資本として銀行によって配分される，とい

うことなのである。資本がこのような「個別的資本」を措定しようとするさいにとる形態とは，銀行制度とそのもとで形成されるmonied capitalにほかならない。「信用」がそうしたものであることを述べたあと，マルクスは次のように書いている。

「しかし，資本がこの方向で成り上がる最高の結果は，一方では架空資本である。他方では信用は，ただ，集中の新たな要素としてのみ，すなわち，集中していく個別的諸資本のかたちで諸資本を絶滅していくことの新たな要素としてのみ現われる。」[17]

ここでは信用制度がもつ二面的性格，すなわち一方では，上のように形成されるmonied capitalはその大部分が架空資本でしかないのであり，総じて信用＝銀行制度は，巨大な詐欺＝賭博システムをつくりだすものなのだということ，他方では信用＝銀行制度は集中のための槓杆となり，資本主義的生産を最終の形態にまで発展させる推進力となるのだということ，この二面的性格が指摘されているのである。

かりに「信用の基本規定」という表現を使うとすれば，銀行のもとにmonied capitalが形成され，銀行によって配分されるという，上記の側面こそがそれにあたるものであることは，1858年4月2日付の手紙で，マルクスがエンゲルスに「I. 資本」の4項目を説明するさいに，「c) 信用。ここでは資本が個別的諸資本に対立して一般的要素として現われる」[18]，としているところからもわかる。

また，「批判」体系プランでの「競争」から「信用」への移行も，まさに，「資本が自己を一般的資本として措定しようと努める」必然性によって行なわれるのであった。この点はのちの『1861-1863年草稿』のなかの次の記述に最もよく示されている。

「つまり，資本家階級全体の資本が，各部面の資本家たちの資本所有に比例してではなく，彼らの生産上の諸要求に比例して，各部面の使用に任せられるのは，信用においてなのであって——他方，競争においては，個別的資本は自立していて互いに対立するものとして現われる——，信用は資本主義的生産の結果であるとともに条件でもある。そしてこのことがわれわれに，諸資本の競争から信用としての資本へのうるわしい移行を与えるのである。」[16]

さらに，「信用」から「株式資本」への移行もこの同じ側面にかかわるものである。マルクスは『要綱』で，「競争」→「信用」→「株式資本」という一連の移行の核心が，「個別的諸資本の外見的独立性と自立的存続との止揚」の進展にあること，「株式資本」は「この止揚の行きつく窮極の形態」であることを，次のように述べている。

　「まさに個別諸資本の相互間の作用こそ，それらが資本として振る舞わなければならないようにさせるのであり，個別的諸資本の外見的には独立した作用と個別的諸資本の無秩序な衝突こそが，それらの一般的法則の措定なのである。……諸資本の個別的資本としての相互間の作用は，こうしてまさに，諸資本の一般的資本としての措定となり，また個別諸資本の外見的独立性と自立的存続との止揚となる。この止揚がさらに著しく生じるのは，信用においてである。そしてこの止揚の行きつく，だが同時に，資本にふさわしい形態にある資本の終局的措定でもある窮極の形態は，株式資本である。」[19]

　以上のことを資本主義的生産にとっての信用制度の意義・役割という見地から見るならば，①流通費の縮減，②利潤率均等化の媒介，③資本所有の潜在的止揚，という，のちに『1861-1863年草稿』[20]，『資本論』第3部の現行版第27章利用部分[21]，同第36章利用部分[22]で繰り返し述べられている諸点に帰着することはまったく明らかである。

　信用の必然性についての以上の二側面の記述のあと，マルクスは信用制度そのものの二つの側面，すなわち①「貨幣を形態契機としてのみ措定しようとする企て」，すなわち流通する信用による貨幣の代位，②「諸機関のかたちで流通時間そのものに価値を与えようとする，流通時間の一切を資本として措定しようとする企て」，すなわち銀行制度による一切の貨幣の利子生み資本への転化の努力，について述べている[23]。これは，『資本論』第3部の現行版第25章における信用制度の二つの側面についての記述[24]の原型にほかならない。

　以上見てきたところから明らかなように，マルクスはすでに「批判」体系プランを確立する段階で，信用制度とそのもとでの monied capital とについて，のちの『資本論』第3部でなされている記述の核心ともいうべき諸点を，明確

---

16)『1861-1863年草稿』。MEGA II/3.3, S. 858.

に把握していたのである。ただそれらは，当時のプランにおける「資本一般」に属さないものであったために，『要綱』で詳述されることがなかったのであった。

B 『1861-1863年草稿』における利子と信用

(1) 「**資本一般**」への「**多数資本**」の導入

「批判」体系プランに基づき，『経済学批判。第1分冊』の続きとして1861年8月に着手された「資本一般」の仕事は，「剰余価値に関する諸学説」を含む23冊のノートに結実し，1863年7月に終わった。この『1861-1863年草稿』の執筆中に，マルクスは平均利潤率の形成と価値の生産価格への転化の問題を基本的に解決したが，これを「資本一般」のなかで取り扱うことにした結果，プランに重大な変更を加えることになった。

マルクスは，「第1章 資本の生産過程」の「3. 相対的剰余価値」を中断して「第3章 資本と利潤」を書き，そのあと，第1章の「5. 剰余価値に関する諸学説」に着手した[17]。

「第3章 資本と利潤」は，「批判」体系プランの「両過程の統一，資本と利潤・利子」にあたるものであるが，利潤率低下法則までで中断している。ここで注目されるのは，剰余価値の利潤への転化には，剰余価値が前貸総資本との関連で利潤という形態を受けとる「形態的転化」と，平均利潤率が成立して諸資本が生む剰余価値とそれらに帰属する利潤とが量的に異なるようになる「実体的転化」との二段階があり，後者は前者の「必然的帰結」だとされている[25][26][27]ことである。そこで，「資本一般」は「多数資本」を捨象したものであったから，ここでは本来，「多数資本」を前提する「実体的転化」は論じえないはずであったにもかかわらず，マルクスは次のように書く。

「この点の詳細な考察は競争の章に属する。しかしながら，明らかに一般的

---

[17] 「第3章 資本と利潤」は，MEGA編集者の推定とは異なり，「諸学説」(1862年3月中旬-12月) に着手する前の1861年12月に書かれたと見られる。この順序と時期とについての大村泉氏の考証 (大村泉「一般的利潤率・生産価格と剰余価値の利潤への転化」，『北海学園大学・経済論集』第30巻第3号，1983年) の結論は正しいものと考える。

であること〔das entscheidend Allgemeine〕はここでもやはり説明されなければならない。」[28]

すなわち，「実体的転化」に関する「明らかに一般的であること」は「資本一般」のなかでも論じる，というのである。これは，「多数資本」捨象という，「資本一般」の対象限定を放棄する第一歩であった。しかしここでもまだ，「標準価格」(＝生産価格)を「詳しく研究することは競争の章に属する」[29]として，この点をほとんど論じていないし，超過利潤は「まったくこの考察には属さない」[30]としていた。

ところが，このあと「諸学説」にはいって，ロートベルトゥスの地代論とリカードウの地代論との検討のなかで平均利潤率および生産価格をめぐる諸問題に基本的に決着をつけると，さらに第二歩を進めることになった。マルクスは，「諸学説」も終わりに近いノートXVIIIに『資本論』の第1部と第3部とのプランを三つ記したが，その最初のものがまさに，「資本と利潤」のうちの「一般的利潤率の形成が取り扱われる第2章」のプラン[31]であって，ここではすでに有機的構成を異にする諸部門の諸資本が考察のなかに完全に取り入れられており，その4では「一般的利潤率の形成(競争)」が論じられることになっている。そのあとに書かれた「資本と利潤」のプラン[32](以下，「資本と利潤」プランと呼ぶ)では，その2が「利潤の平均利潤への転化。一般的利潤率の形成。価値の生産価格への転化」であり，4には，「価値と生産価格との相違の例証」として「地代」を予定している。ここにいたって，「多数資本」捨象という対象の限定は取り払われ，かつては「競争」のなかではじめて論じられるはずであった市場価格，市場価値，生産価格などの諸範疇とそれらを成立させる競争とが，「資本一般」のなかですでに論じられることになったのである[18]。

---

18) この第二歩が踏み出されたのは，「諸学説」のなかでマルクスがロートベルトゥスを論じ終えてリカードウの地代論を論じるにいたる，1862年6-7月のあいだのことと見ることができる。ロートベルトゥスを論じているノートXの451ページでは，絶対地代については「本書の対象に属さない，のちの研究に委ねる」[33]とし，また1862年6月18日付エンゲルスあての手紙では，地代については「この部分ではそれを暗示することさえしようとは思ってはいない」[34]と書いていた。ところが，リカードウの地代論を論じているノートXIの578-579ページでは，「地代の詳細な説明」は「土地所有」を論じることになればそこで行なうが，「価値および費用価格〔＝生産価格〕に関する私の理論の例証として地代の一般

上の三つのプランを書いたのとほとんど同じ時期の1862年12月28日に，マルクスはクーゲルマンに，「資本一般」だけを含む新著は『資本──経済学批判──』と題され，自分の仕事としてこれに続くべきものは「競争と信用」であって，自余の項目は余人に委ねることになるかもしれない，と告げた[37]。そこでは依然として「資本一般」という言葉を使ってはいるが，その内容にはすでに上のように大きな変化が生じていたのである。

(2) 『1861-1863年草稿』における利子生み資本

　『1861-1863年草稿』のなかで利子および利子生み資本を論じているのは，「諸学説」を中断して書かれた，ノートXVの891-944ページ[19]である。ここは，同じノートの表紙裏にある，執筆プランとしてメモされたと見られる内容目次のなかの，利子生み資本にかかわる諸項目[38]にあたるものと考えられる[20]。

　「批判」体系プランでは「資本と利子」は「両過程の統一，資本と利潤・利子」のなかで論じられ，「資本一般」を締めくくるものであったが，さきに触れた「資本と利潤」プランでは，利子生み資本については，「8. 産業利潤と利子とへの利潤の分裂。商業資本。貨幣資本」で取り扱ったのち，それをも踏まえて「9. 収入とその諸源泉」を論じる予定であった。そしてさらに「10. 資本主義的生産の総過程における貨幣の還流運動」および「11. 俗流経済学」の2項目を書いたのちに，最後に「資本と賃労働」と題する「結び」が全体を締めくくることになっていた[39]。その締めくくりがかつての「資本と利子」から，「収入とその源泉」→「還流運動」→「俗流経済学」→「資本と賃労働」という諸項目に変わったのは，「地代の一般的法則」が価値と生産価格との区別の「例証」として「資本と利潤」で論じられることになったことを前提としている。このことに

　　的法則を展開すること」[35]はここでの問題だとしており，また1862年8月2日付エンゲルスあての手紙では，「結局のところ，すぐにこの巻のなかに1章を挿入し，地代論を，つまり以前に立てた一つの命題の「例証」として，持ち込むことをもくろんでいる」[36]と書いた。この例証を持ち込むためには，「それ以前に立てられた命題」を含む「価値と費用価格とに関する私の理論」が，すなわち生産価格論が導入されていなければならないことは明らかである。

19) 『1861-1863年草稿』。MEGA II/3.5, S. 1450-1539.
20) 三宅義夫「1861-1863年草稿とメガ編集の諸問題」(『マルクスの現代的探求』八朔社，1992年) 131-132ページ，参照。

よってはじめて，労賃・利潤（利子）・地代という「三大階級」の収入を，また，労働―労賃，資本―利子，土地―地代，という資本主義的生産のもとでの完成した物象化が生みだす「三位一体的定式」の観念を総括的に論じることが可能となったのである。

マルクスがノートXVで利子生み資本について記述するとき，すでに，そのあとに「収入とその諸源泉」という項目が予定されていたことは，たとえばその少し前のところで，「収入とその諸源泉に関する項目」[40]と書いているところからも明らかである。つまり，この利子生み資本についての記述は，「資本と利潤」プランでの「8. 産業利潤と利子とへの利潤の分裂。商業資本。貨幣資本」の項目を準備するものであった。「剰余価値に関する諸学説」を中断してこれに取り掛かったのは，おそらく，「諸学説」にかかるまえに書いた「第3章 資本と利潤」が利潤率低下法則までのところで途切れていたので，それ以降のところを書き進める必要があり，しかも『要綱』では「資本と利子」には――「資本一般」の締めくくりとなるはずであったにもかかわらず――ほとんど筆が及んでいなかったので，その内容をここで展開しておこうとしたのであろう。

このなかで利子生み資本について述べられたことは，『資本論』第3部第1稿のうちの現行版第21-24章に利用された部分でのそれと基本的に一致しており，また多数の箇所が後者のなかに取り入れられているが，『資本論』での整理された叙述にたいして，ここでは利子生み資本がはじめから生産諸関係の物象化との関連において論じられており，叙述はかなり錯綜したものとなっている。そのなかでとくに注目されるのは，「資本一般」の対象限定の枠が破られた結果，利子生み資本についても重要な内容が新たにはいってきたことである。

第1に，資本という商品の使用価値が，ここではたんに利潤ではなくて平均利潤を生む力とされるようになった。

第2に，利子生み資本は現実には，個別的諸資本から区別される一般的資本，すなわち銀行のmonied capitalとして存在しているのだ，ということがここで述べられるようになった。

この二つのことは相互に深く関連している。前者は，「貸し手が資本家に要求するものは一般的利潤率（平均）を基準にして計算されているのであって，それからの彼の個人的な偏倚を基準にしてではない。平均がここでは前提とな

る」[41]ということからして，本来そうであるべきものであるが，「批判」体系プラン中の「資本と利子」では，平均利潤率が前提されていなかったために，抽象的に「ある率で利潤を生む力」とされるほかはなかったのであった。このように利子が平均利潤率を基準にして計算されるのは，後者の事態にもとづくものである。すなわち，のちに『資本論』第3部の現行版第22章の草稿にほとんどそのまま取り入れられた，この点についての記述では，大要次のように書かれている。

〈貨幣市場では特殊的諸部面の競争はなくなり，資本への需要では資本が現実に階級の共同的資本として現われる。他方，貨幣資本は，それが共同的要素として諸部面にそれらの生産上の要求に応じて配分されるときの姿態を現実にもっている。さらに貨幣資本は，集積され組織されて，資本を代表する銀行業者たちの統制のもとに置かれる。〉[42]

これは，すでに見た1858年4月2日付の手紙で「信用」を特徴づけていた，「資本が個別的諸資本に対立して一般的要素として現われる」，ということの指摘[43]にほかならないのであって，「批判」体系プランでは「信用」ではじめて論じられるはずのことであった。それがいまや，「資本一般」のなかで論じられるにいたったのである。さらに，これらのことが示唆しているのは，利子生み資本，資本としての商品，利子率などがすべて，信用制度のもとでの貨幣市場におけるそれらの現実的形態から抽象されたものにほかならないということである。

このように，かつて「信用」で論じられるはずであったことがここで論じられるようになったけれども，「信用」が「資本一般」の外に残されていることには変わりがなかった。一般的利潤率に対応するのは一般的利子率であるということを「詳細に展開することをここで意図しているわけではない，というのは利子生み資本の分析[21]はこの一般的な項目ではなくて信用に関する項目に属す

---

21) ここで「利子生み資本の分析」と言っているのは，のちに『資本論』第3部の現行版第27章の草稿で次のように書いているところで「利子生み資本そのものの考察」としているものにあたると考えられる。すなわち，信用制度下の利子生み資本の考察である。

「これまでわれわれは主として信用制度の発展（そしてそれに含まれている資本所有の潜在的な止揚）を，主として生産的資本に関連して考察してきた。いまわれわれは，利子生み資本そのもの（信用制度による利子生み資本への影響，ならびに利子生み資本が

るのだから」[45]である。また，利子率の大きな固定性と一様性とはここでは論じられない，というのは「そのような論述は信用の項目に属する」[46]からである。また，利子と産業利潤とへの利潤の分割の比率がどのように決定されるかもここでは研究できない，「それは資本の，すなわち諸資本の，実在的な運動の考察に属することであり，それに対して，われわれがここで取り上げているのは資本の一般的な諸形態なのである」[47]。

(3) 『1861-1863年草稿』における貨幣取扱業

利子生み資本に続いてマルクスは，ノートXVの944-973ページ，ノートXVIIの1029-1038ページおよび1075-1084ページ[22]に，「商業資本。貨幣取扱業に携わる資本」[23]を書いた。このなかでわれわれの主題に関連して注目されるのは，貨幣取扱業（Geldhandel）についての叙述である。マルクスは『要綱』では，貨幣取扱業（Geldgeschäft）が本来の商業から分離していくことには言及していた[48][49][50][51]が，それ以上の考察はしていなかったし，『1861-1863年草稿』でも，ここまでのところでは，これについて言及さえもしていない。ここではじめて彼は貨幣取扱業を取り上げたのである。その論述は，利子生み資本のあとでなされているだけでなく，利子生み資本と結びつけてなされている点で，のちの『資本論』第3部の現行版第19章での論述と大きく異なっている。マルクスはここから一部分を『資本論』に取り入れたが，それは，利子生み資本にはまったく触れていないところだけであった。

マルクスは，蓄蔵貨幣としての貨幣が必要とする諸操作を貨幣取扱業が引き受けることを述べているところで，まず蓄蔵貨幣が鋳貨・支払手段・世界貨幣の準備金として機能することを記し，続いて大要次のように言う。

〈蓄蔵貨幣は準備金として機能しないかぎりは蓄蔵貨幣そのものだが，それは資本家にとっては遊休資本である。これは資本家にとっては不生産的資本であり，利潤をもたらす資本として自分で用いるつもりがなければ，少なくとも利子生み資本に転化させたい貸付可能な資本である。〉[52]

とる形態）の考察に移る。」[44]
22) 『1861-1863年草稿』。MEGA II/3.5, S. 1545-1597, 1682-1701 und 1761-1772.
23) ノートXVIIの表紙裏に書かれているプランのなかの項目。MEGA II/3.5, S. 1544.

この「貨幣資本として市場にある貨幣」は，蓄積された利潤，地代，労働者の所得などからも形成されうるものである。そしてこれに，大要次のような貨幣取扱業の機能が対応する。

〈遊休貨幣が貸し付けられるが，これもまたさまざまな形態（貸付，割引，等々）で貨幣取扱業の特殊的機能として現われる。貨幣取扱業は貸付可能な貨幣資本にとっては，貨幣資本の需給を調整し，それを集中している媒介者である。〉[53]

さらに，次のように述べられている。

〈資本家は，貨幣を自分の事業で投下できないかぎり，この遊休蓄蔵貨幣を利子生み資本として増殖しよう，貸し出そうと努める。貨幣取扱業者は階級全体のためにこれを実行する。貸借が受け払いと同様に貨幣取り扱いに携わる資本の特殊的機能となる。この機能は資本の再生産過程そのものから生じる機能である。以前には蓄蔵貨幣貯水池の集中として現われていたものが，いまでは同時に，資本として貸付可能な貨幣の集中として現われる。〉[54]

これに続けて，金利生活をしようとする資本家の貨幣，生産的資本家の消費ファンド，地主や不生産的労働者の収入の一部なども同じであるとしたうえで，次のように言うのである。

〈これらすべてが貸付可能な貨幣資本として貨幣取扱業者のもとに集中する。彼は階級全体のために貸借する，というよりはむしろ，階級全体の貸借を実行するのである。〉[55]

見られるように，ここで「貨幣取扱業者」とされているのは銀行業者にほかならず，彼の機能とされているのは，銀行による「利子生み資本またはmonied capitalの管理」[56]にほかならない。ここでは，「moneyed capital, 利子生み資本も貨幣取り扱いに携わる資本に属する」[57]と言われるばかりでなく，「商業資本（商品取扱業）およびmoneyed capital（貨幣取扱業）」[58]，「moneyed capital（ここでは貨幣取扱業の意味での）」[59]とも言われている。また信用制度との関連については，「信用制度とともにはじめて，monied capitalと貨幣取扱業とは，資本主義的生産様式そのものから出てくる形態を受けとる」[24]と言う。

---

24)『1861-1863年草稿』。MEGA II/3.5, S. 1701.

このように，ここでは，銀行が行なう貨幣取扱業の側面と銀行特有の機能である利子生み資本の管理とがいっしょにされ，いっしょに論じられているだけでなく，後者の機能も貨幣取扱業そのものの機能とされているのである。このような取り扱いは，一方では，貨幣取扱資本と利子生み資本とのあいだの区別と関連とについて——『資本論』第3部では読み取ることのできない重要な視点を示唆するとはいえ——マルクスのなかにまだ不分明な部分があったことから，他方では，利子生み資本についての叙述を前提にして貨幣取扱資本を論じるという叙述の仕方から生じたものであろう。なお，この問題についての詳細には「信用としての資本の項目」ではじめて立ち入る，としている[60]。

　さて，貨幣取扱業ののちマルクスは「挿論　資本主義的再生産における貨幣の還流運動」を書き，商業資本および貨幣取扱資本について若干の補足をしてから，ふたたび「剰余価値に関する諸学説」にもどってその最後の部分を書いた。そしてこのなかで，さきの三つのプランを記したのである。そのうち「資本と利潤」プランでは，利潤にかかわる七つの項目のあとを，「8）産業利潤と利子とへの利潤の分裂。商業資本。貨幣資本。9）収入とその諸源泉。10）資本主義的生産の総過程における貨幣の還流運動。11）俗流経済学。12）むすび。資本と賃労働」[61]としていた。ここで「貨幣資本〔Das Geldcapital〕」とされているのは，さきの「moneyed Capital（ここでは貨幣取扱業の意味での）」[62]であろうと考えられる。つまりここには，草稿のなかで実際に論じられたものが，その順序どおりに挙げられているわけである。このように，利子生み資本および商業資本を独立の一章とし，そのあと物象化の問題をも含む「収入とその源泉」以下の項目で締めくくる，という構想は，「資本」を独立の著書としてまとめようというマルクスの意図を如実に示すものであった。

C 『資本論』における利子と信用

(1)「資本一般」から「資本の一般的分析」へ

　1863年7月に『1861-1863年草稿』を終えたマルクスは，今度は『資本論』に着手し，第2部（第1稿）と第3部（第1稿）とを含む全3部を1865年12月までに書きあげた。刊行された第1部第1版（1867年）は，このあと清書稿として書

き直されたものである。「歴史的・批判的部分」を第4部とする全4部作の構想は，すでに第1部の執筆中から確立していた。

　『資本論』も，「批判」体系プランの「資本一般」も，どちらも資本に関する「一般的なもの」であるというかぎりでは同一である。しかしその「一般性」の意味は大きく変化した。「資本一般」は，「第1部　資本」のなかの，「多数資本」捨象によって得られた「一般性における資本」を対象とする，体系の最初の構成部分であって，続く「競争」（特殊性），「信用」（個別性）へと上昇していってはじめて「資本」の具体的な現象形態に辿り着くことができるものであった。したがって，「資本一般」を締めくくるべき「資本と利子」もきわめて抽象的なものにとどまらざるをえなかった。それはいわば，いまだ，現象から分離された本質の段階にとどまるものであった。「資本一般」の「一般性」は，対象を厳しく「一般的なもの」に限定するという意味でのそれであったのである。

　これにたいして『資本論』の「一般性」は，その研究，分析，叙述が，つまりその認識が一般的なものだ，という意味でのそれである。すなわち，『資本論』は「資本主義的生産の一般的研究」[63]，「資本の一般的分析」[64]，「資本主義的生産様式の内的編制のその理想的平均における叙述」[65]であり，したがって特殊研究，個別的分析，動態における叙述，等々と区別されるものである。かかるものとしての『資本論』は，それ自体として資本についての一般的認識を完結しなければならない。それは「批判」体系プランの出発点たる「序説」プランに立ち戻って言えば，「ブルジョア社会の内的編制を形づくり，また基本的諸階級の基礎となっている諸範疇」の分析を一般的に完了することである。そのためには，「多数資本」捨象によって対象を限定するという方法を捨て，かつて「競争と信用」，さらに「土地所有」と「賃労働」とに予定されていた諸対象のなかから，資本主義的生産の内在的諸法則の一般的な現象諸形態，あるいは一般的なものを表わすかぎりでの具体的な諸形態をなすものを取り入れなければならなかった。ここで重要なことは，対象をきびしく「一般的なもの」に限定することではなくて，「一般的研究」として遺漏なきを期すことであった。

　3部分からなる点で旧「資本一般」と同じである『資本論』（「理論的部分」）のどの部についても，この転換の結果を各所に見ることができるが，それを最も明確に示すのは，「3. 資本と利潤」から「第3部　総過程の諸形象化〔Gestaltungen〕」[25]への変化である。マルクスは第3部第1稿の冒頭にこの表題を記したうえで、その直後に、この部の課題は「全体として考察された資本の過程」、すなわち生産過程と流通過程との統一「から生じてくる具体的諸形態を見つけだして叙述すること」、すなわち「資本の諸形象化」を「展開する」ことであるとした[70]。すなわち、「諸資本の現実的運動」そのものは範囲外であるとしても、「諸資本の現実的運動のなかで諸資本が現象するさいの具体的諸形態」を明らかにすることによって、「資本の一般的分析」を完成させ、かくして「諸資本の現実的運動」を叙述するための確固たる土台を置こうとしたのである。その結果、利子生み資本も、もはや「利潤をもたらす資本の純粋に抽象的な形態」であるがゆえに、またそうした観点でのみ論じられるのではなくて、それ自体資本の一つの特殊的形態として取り上げられ、しかもわれわれの表象に直接に与えられている、信用制度のもとでの貨幣資本という「具体的姿態」にまで、この「資本の形象化が展開」されることになったのであった。

(2) 貨幣取扱資本と利子生み資本

　第3部の現行版は、未定稿的性格がきわめて強いマルクスの第1稿からエンゲルスがまとめあげたもので、とくに現行版第5篇では大きくエンゲルスの手がはいっている。ここでは、第1稿そのもののなかでの利子生み資本と信用制度との取り扱いを見ることにする。

　まず注目されるのは、第1稿でははじめ、第4章で、商品取扱資本および貨幣取扱資本を論じるとともに、引き続いて同じこの章のなかで利子生み資本を論じる予定であったということである[26]。さきに見た「資本と利潤」プランでも、これらを同じ一つの章で論じることになっていた。これは、これらの資本

---

25) 『資本論』第3部の現行版は「資本主義的生産の総過程」という表題をもつが、これはエンゲルスによるものであって、マルクス自身は、「総過程の諸形象化」(第3部第1稿タイトルページ (MEGA II/4.2, S. 5 und S. 7) および第1部第1版序文[66])、「総過程の形象化」[67]、「資本がそれの発展の進行中に帯びるさまざまな形態」[68](第1部フランス語版でのドイツ語「第1版序文」の訳文)、「剰余価値の、そのさまざまな形態と互いに分離した構成諸部分とへの転化」[69]、と呼んでいた。「形象化〔Gestaltung〕」とは、具体的な「姿態〔Gestalt〕」をとること、という意味である。
26) この点については、本書本巻補章2の421-422ページを参照されたい。

序章B　『資本論』の著述プランと利子・信用論　103

が産業資本の第二次的形態，派生的形態であるので，資本の特殊的形態を論じる一章を設けて，ここでこれらをまとめて論じようとしたものであろう。第4章に着手するときにもこの一章構想はまだ残っていたのである。

しかし，「資本と利潤」プランでは，「産業利潤と利子とへの利潤の分裂。商業資本。貨幣資本」となっていたのだから，内部の順序が変わったのであり，すでにこの点で，それ以前に大きな転換があったことを推測させる。「資本と利潤」プランでは，まず利潤と利子とへの利潤の分裂を論じ，それに関連して商業資本について述べ，それから銀行のmonied capitalでもある貨幣取扱資本に触れる，という順序であったのにたいして，第1稿では，商人資本を一つの特殊的資本として，独自に，しかも利子生み資本以前に純粋に把握し，それの利潤率均等化への参加をも前提したうえで利子生み資本にはいる，という筋道に変わっていたのであろう。そして実際に第4章のなかで商人資本について書いていくうちに，商人資本（商品取扱資本および貨幣取扱資本）と利子生み資本とはそれぞれ別個の章で取り扱うべきだ，という結論に到達したのであった。こうして，利潤（産業利潤，商業利潤），利子，地代，をそれぞれ独立の章で論じ，最後に「収入とその源泉」で総括する構想が最終的に確立したのである。

第1稿第4章では，貨幣取扱資本は，『1861-1863年草稿』とは異なり，利子生み資本からも信用制度からも完全に切り離して論じられている。ここで貨幣取扱業を「純粋の形態で，すなわち信用制度から切り離されたものとして」[71]考察する理由を，マルクスは次のように述べている。

　「貸借の機能や信用取引が貨幣取扱業のそのほかの機能と結びついたとき，貨幣取扱業は完全に発展しているわけである。……しかし，これについてはあとではじめて〔論じる〕。というのは，われわれは次章ではじめて利子生み資本を展開するのだからである。」[72]

すなわち，完全に発展した貨幣取扱業では貸借や信用取り扱いがそれの機能をなすのであるが，これは利子生み資本を前提するので次章で論じる，というのである。『1861-1863年草稿』でのさきに見た記述と重ね合わせて考えるならば，ここでの「純粋な形態」での貨幣取扱業とは，完全に発展したそれである信用制度下の銀行業から「貨幣流通に伴う技術的諸操作」とそれを自己の業務とす

る資本とを抽象したものであることが明らかとなる。他方では、貨幣取扱業の手に、「流通過程の必然的な沈澱物」[73]たる購買手段・支払手段の準備金（これは最小限に縮小される）と遊休貨幣資本とが集中することによって、ここに、第2部で解明された休息貨幣と遊休貨幣資本の形成の必然性とそれらの価値増殖への要求とが、集約された具体的形態で現われてくるのであり、次章の冒頭で商品として流通にはいる貨幣資本はすでにここに与えられているわけである。

さて、その「第5章 利子と企業利得（産業利潤または商業利潤）への利潤の分裂。利子生み資本」であるが、これは全6節からなっている。はじめの4節は現行版第21-24章にあたり、利子生み資本をそれ自体として論じている。次の「5) 信用。架空資本」[27]は第5章の約70%のページを占め、明らかに、信用制度のもとでの利子生み資本を取り扱っている。「6) 先ブルジョア的なもの」は、現行版「第36章 先資本主義的なもの」にあたる部分である。

はじめの四つの節（現行版第21-24章）での利子生み資本論は、叙述の内容においては、すでに見た『1861-1863年草稿』での利子生み資本論でのそれと基本的に同じである。ただし、①前提とされる平均利潤はここでは商人資本を含む機能資本の全体についてのものであり、②ここではすでに貨幣取扱業者の手に集中された貨幣および貨幣資本が前提されており、③三位一体的定式の一項としての「資本―利子」への論及は「収入とその源泉」に移されている。この四つの節での課題は、「利子生み資本の姿態と利潤にたいする利子の自立化とを展開すること」[74]であって、これがここで「展開」されるべき「資本の形象化」である。ここでの利子生み資本が、信用制度の形成以前に自立的に存在する利子生み資本でも、信用制度と並んでそれから独立に存在するような利子生み資本でもなくて、まさに信用制度における monied capital から、とりわけ銀行が管理する利子生み資本から抽象されたものであることは、第2節（現行版第22章）に『1861-1863年草稿』の既述の箇所から取り入れられた、貨幣市場では需要される資本も供給される資本も階級共同の資本として現われ、銀行によって統制されるのだ、という記述[75]に端的に示されている。

---

27) エンゲルス編の現行版では、第25章の表題が「信用と架空資本」となっているが、草稿の「5) 信用。架空資本」は現行版の第25-35章に相当する部分である。

利子生み資本の叙述は,「貨幣が資本として商品となる」という事実, 表象を, これ以前に概念的に把握された商品・貨幣・資本の諸法則にもとづいて整理し, 分析するところから始まっているが, この事実, 表象とは, 信用制度のもとでの貨幣市場における最も一般的な事実であり,「経済学者たちが事柄を……考えている」[76]ときの表象なのである。これを分析することによって, まず, すべてが外面的なものとして現われる利子生み資本の諸姿態の奥にあって,「経済学者たち」には絶対にとらえることができなかった本質的な関係が明らかにされている。この本質的関係とは次のことである。

「利子はもともと, 利潤すなわち剰余価値 (資本によって取得された不払労働) のうちの, 機能資本家つまり産業家や商人が, 自分の資本でなく借りた資本を充用するかぎり, 資本の所有者つまり貸し手に支払ってしまわなければならない部分にほかならないものとして現われるのであり, またもともとそれにほかならない (また実際にどこまでもそうしたものにほかならない) のである。」[77]

そのうえで, こうして生じる利潤と利子とへの量的分割が「質的分割」に転回し, ついには自己資本さえも, その所有そのものによって利子を生むという表象, かくしてまた, 一切の貨幣は利子を生む自動機械だという完成した資本物神の観念にいたるまで, 資本の形象化が, したがってまた物象化が展開されている。

(3) 信用制度考察の必要とその可能性

第1稿の「5) 信用。架空資本」では, 信用制度を概観したのちにこの信用制度のもとでの利子生み資本の諸形態が考察されている。これは,「批判」体系プランの原「資本一般」とも,『1861-1863年草稿』の「資本と利潤」プランとも決定的に異なる点である。利子生み資本の分析になぜ信用制度下の利子生み資本が取り入れられることになったのか。それは, 資本の一般的分析としての『資本論』は, 利子生み資本についても, それをその概念に一致するかぎりでの具体的な現象形態にまで展開することによって, それの一般的認識を完結する必要があったからである。「批判」体系プランでは,「信用」にまで上昇していって「資本」の部が完成したときに, はじめてそのような諸形態に到達する

ことになっていた。『資本論』はそれ自身のうちでそこまで進まなければならない。そして，利子生み資本のそのような具体的現象形態とは，利子生み資本の概念がそこから抽象されてきたところの，完成した信用制度のもとでの貨幣資本の諸形態にほかならない。ここまで展開していって，はじめて利子生み資本についての一般的認識を終えたと言いうるのである。マルクスは，現行版第51章の草稿のなかで次のように書いている。

　「企業利得と利子とへの利潤の分裂は同一の収入の分配として現われる！しかしこの分裂は，まず，自己自身を増殖し剰余価値を生みだす価値としての資本の発展から，支配的な生産関係のこの特定の社会的姿態の発展から生じる！この分裂は，それ自身のうちから信用制度等々を，したがってまた生産の姿態を展開する。」[28]

資本の形象化はここまで展開されなければならないのである。

　他方では，「多数資本」捨象の制約から解放された『資本論』は，第3部（第1稿）第5章の「5）信用。架空資本」にいたるまでに，すでに，信用制度を論じるのに必要なすべての前提を整えていた。第2部ではその第1稿で，「流通時間を短縮し，全再生産過程を流動的に保つための手段として，資本主義的生産から必然的に生まれでてくるもの」[78]としての信用制度に言及し，「貨幣を無価値の代理物で置き換えようとする資本主義的生産の傾向」[79]を指摘している。これらはいずれも，「資本一般」でも論じられることができた「流通時間なき流通」に属するものである。さらに，「資本一般」とは異なって，「多数資本」をはじめから前提して論じられている第2部（第1稿）「第3章　流通と再生産」のなかでは，蓄積衝動を実現する手段を発展させるものとして，「ある部面で生みだされた過剰資本を他の部面で機能させることを容易にするものの形成」[80]すなわち信用制度の形成を挙げ，また，「資本蓄積の特殊的一形態としての貨幣蓄積」の研究の必要を言って，「貨幣資本の蓄積が，収入のうち資本にやがて再転化されるはずの部分がひとまず蓄蔵貨幣として遊休する，等々のことを意味するかぎりでは，このことも……利子生み資本についての〔第3部〕第4章[29]

---

28)『資本論』第3部第1稿。MEGA II/4.2, S. 899.〔MEW 25, S. 889-890.〕

29) ここでの「第4章」がまだ商人資本と利子生み資本との両者を含むものであったことに留意する必要がある。

で詳しく考察すべきである」[81]としている。このほか，固定資本が信用制度の基礎をなすことも指摘している[82][83]。

　第3部では，第1に注目しなければならないのは，第2章3）(現行版第3部第10章)の「一般的利潤率の均等化のための競争。市場価格と市場価値。超過利潤」のなかで，利潤率の均等化は部門間の資本の可動性を必要とするが，それは「組織されていない大量〔Masse〕としての浮動している社会的資本を集中して個別的資本家たちに向き合わせる信用システムの発展」を前提している[84]，と述べられていることである。第2に，第3章(現行版第3部第3篇)の「資本主義的生産の進展のうちに生じる一般的利潤率の傾向的低下の法則」のなかでも，かつての『1861-1863年草稿』中の「第3章　資本と利潤」においてはまったく排除されていた，個別的諸資本の競争のなかでのこの法則の貫徹の具体的形態が論じられるようになったが，そのなかでは，利潤率の低下に利潤量の増大で対応しようとする資本の傾向は，競争のなかで個別的諸資本の投下資本量増大の衝動として貫き，かくして資本の集中が必至となる，という記述[85]がきわめて重要である。この部分は，『1861-1863年草稿』中の「ホヂスキン」のところ[86]から取り入れられたものであるが，これによって，個別的諸資本がその量的制限を克服しようとする必然性が，明確に前提されることになったのである。第3に，既述のように，個別的諸資本の手から離れて貨幣取扱業者の手に集中した貨幣資本が前提されている。そして最後に，第5章中の，「5）信用。架空資本」以前のところで，信用制度下のmonied capitalから抽象された利子生み資本が純粋な形態で考察され，その形象化，物象化が展開されている。

　以上のように，『資本論』では，「批判」体系プランでも「資本一般」で論じえた「流通時間なき流通」だけでなく，同プランでは「競争」ではじめて論じられるものであったために，「資本一般」での「信用」の取り扱いを許さなかった諸問題が，第3部第5章5）以前にすべて論じられているということができる。こうして，信用制度に論及することが必要となっていただけではなくて，そのための前提が完全につくりだされていたのである。

(4) 『資本論』における信用制度の考察

　第5章の「5）信用。架空資本」の冒頭には次のように書かれている。

「信用制度とそれが自分のためにつくりだす，信用貨幣などのような諸用具との分析[30]は，われわれの計画の範囲外にある。ここではただ，資本主義的生産様式一般の特徴づけのために必要なわずかの点をはっきりさせるだけでよい」[87]。

ここで「資本主義的生産様式一般の特徴づけのため」といっているのは，「資本の一般的分析」を完結させるため，ということにほかならない。このことを念頭に置いて上の文を読むならば，次のようなことがいわれていると見ることができる。

〈資本の一般的分析を完結させるためには利子生み資本についても，それが信用制度のもとでとる具体的諸姿態にまで形象化を展開する必要がある。そのためにはそれに必要なかぎりで信用制度に論及し，それを考察しなければならない。しかしながらこの考察は，「信用制度とその諸用具」そのものを本来の対象とする，それなりに自立した「分析」ではない。それは依然として『資本論』の外に残されている。〉

このように外に残された「分析」とは，『資本論』でなされた信用制度についての考察を自己の基礎的部分として含み，ここから「諸資本の現実的運動」の叙述にまで至る，信用制度そのものを対象とする特殊研究であろう。

以下，「5）信用。架空資本」では，第1に，完成した信用制度の二つの側面，すなわち信用取り扱いとmonied capitalの管理との二側面を，それらの基礎との関連において明らかにし，続いて，貸付可能な貨幣資本の諸源泉，貸付の諸形態，銀行業者が取り扱う信用の諸形態について述べている（現行版第25章）。ここでの課題は，信用制度という新たな対象についての表象を整理し，とりあえず信用制度とはどのようなものかを示すことである。第2に，そのような信用制度が資本主義的生産様式の発展のなかで果たす役割を述べている（現行版第

30）「信用制度と……諸用具との分析」は現行版ではエンゲルスによって，「……との詳しい分析」に変えられている。また，この箇所では続いて，「そのさいわれわれはただ商業信用だけを取り扱う」，と述べているが，この「商業信用」もエンゲルスによって「商業・銀行業者信用〔der kommerzielle und Bankier-Kredit〕」に変えられた。ここでマルクスが「商業信用」と呼んでいるのは，「公信用」から区別される，私的営業としてのtradeにかかわる信用，といった意味であると考えられる。この点については，本書第2巻の第5章（とくに126-136ページ）を参照されたい。

27章)。そして第3に，トゥックとフラートンとに関する「とくに経済学的な論評」[88]をはさんで(第28章)，第4に，「利子生み資本そのもの{信用制度による利子生み資本への影響，ならびに利子生み資本がとる形態}の考察」[89]にはいっている(第29-32章)。この最後の部分が「5) 信用。架空資本」の中心的部分をなすものと考えられるが，草稿はここでますます未定稿的な性格を強めており，マル・ク・ス・が・こ・こ・で・本・来・書・こ・う・と・し・た・こ・と・がどの程度実現されているのか，それを越えることがどの程度書かれているのか，ということを判断するのはきわめてむずかしい。

この「5) 信用。架空資本」は，他の五つの節に比べて不釣合に大きいものであるが，これは，当初の予想よりも記述が詳細にわたって量的に大きくなっていったこと，抜書きなどの材料づくりもここであわせて行なったことのほか，当初論じる予定ではなかった問題を取り上げたこともあるのではないかと考えられる。こうしたことの結果，この「5)」は，事実上きわめて多角的に，しかもある程度はその動態において，信用制度にも触れたものとなっている。後年(1868年4月30日)エンゲルスに第3部の内容を説明したとき，マルクスは第5章の内容を，「利子と企業利得とへの利潤の分裂。利子生み資本。信・用・制・度・」[90]と要約しているが，ここで最後に「信用制度」とつけ加えたのは，彼の手もとにあった第1稿中の第5章の実際の内容を念頭に置いてのことであったと考えられる。

なお，付言すれば，「批判」体系プランの前半3部すなわち資・本・(資本一般・競争・信用)・土・地・所・有・・賃・労・働・が，「資本主義的生産の一般的研究」である『資本論』と，『資本論』で論じられたことを基礎的部分として含み，かつ「諸資本の現実的運動」にまで展開される，そしてルーズな上昇的序列をもつ各特殊研究とに，大きく編成替えされることになったのにたいして，後半3部すなわち国・家・・外・国・貿・易・・世・界・市・場・については，公信用や為替相場などに関する項目の位置を含めて，「批判」体系プランでの構想が放棄された，ないし根本的に改作された，と見うる手がかりを見出すことはできない。

【章末注】

〔1〕「全体は六つの部に分けられている。1. 資本について(二三の序章〔Vorchapter〕

を含む)。2. 土地所有について。3. 賃労働について。4. 国家について。5. 国際貿易。6. 世界市場。ときには他の経済学者たちに批判的に言及することはもちろん避けるわけにいかない。ことにリカードウにたいする論難は，彼でさえ，ブルジョアとしては，厳密に経済学的な観点から見ても誤りを犯すことを余儀なくされているかぎりでは，避けられない。だが，全体として，経済学および社会主義の批判や歴史は，別の著作の対象をなすべきものだろう。最後に，経済的諸範疇および諸関係の発展の簡単な歴史的素描が第3の著作になる。」(1858年2月22日付ラサールあての手紙。MEGA III/9, S. 73; MEW 29, S. 551.)

〔2〕「最初の分冊はどうしても一つの相対的な全体にならざるをえないだろう。また，それには全展開のための基礎が含まれているので5-6ボーゲン以下でこしらえるのは難しいだろう。だがこれは最後の仕上げのときにはわかるだろう。それは次のものを含む。1. 価値，2. 貨幣，3. 資本一般〔Capital im allgemeinen〕(資本の生産過程，資本の流通過程，両者の統一または資本および利潤，利子。)」(1858年3月11日付ラサールあての手紙。MEGA III/9, S. 96-99; MEW 29, S. 554.)

〔3〕「次に示すのが第1の部分の簡単な概要だ。このぼろくそ〔Scheiße〕の全体を六つの部に分けるつもりだ。1. 資本について。2. 土地所有。3. 賃労働。4. 国家。5. 国際貿易。6. 世界市場。／I. 資本は四つの篇に分かれる。a) 資本一般〔Capital en général〕。(これが第1分冊の題材だ。) b) 競争，すなわち多数の資本の相互にたいする行動。c) 信用。ここでは資本が個別的諸資本に対立して一般的要素として現われる。d) 同時に資本のあらゆる矛盾を伴っている最も完成した形態(共産主義に急変するもの)としての株式資本。資本から土地所有への移行は同時に歴史的でもある。というのは，土地所有の現代的形態は，封建的等々の土地所有にたいする資本の作用の産物だからだ。同様に土地所有から賃労働への移行も，たんに弁証法的であるだけではなく，歴史的でもある。というのは，現代的土地所有の最後の産物は賃労働の一般的措定であり，次いで賃労働がこのぼろくそ〔Scheiße〕全体の土台として現われるのだからだ。」(1858年4月2日付エンゲルスあての手紙。MEGA III/9, S. 122; MEW 29, S. 312.)

〔4〕「私はブルジョア経済のシステムを次の順序で，すなわち，資本・土地所有・賃労働，国家・対外商業・世界市場，という順序で考察する。はじめの3項目で私は，現代ブルジョア社会が分かれている三大階級の経済的生活諸条件を研究する。他の3項目のあいだの関連は一目瞭然である。」(『経済学批判。第1分冊』，「序言」。MEGA II/2, S. 99.)

〔5〕「篇別区分〔Eintheilung〕は明らかに次のようになされるべきである。すなわち，1) 一般的抽象的諸規定。それらはしたがって多かれ少なかれすべての社会諸形

態に通じるが，それも以上に説明した意味で。2）ブルジョア社会の内的編制〔Gliederung〕をなし，また基本的諸階級がその上に存立している諸範疇。資本，賃労働，土地所有。それら相互間の連関。都市と農村。三大社会階級。これら三つの階級のあいだの交換。流通。信用制度（私的）。3）ブルジョア社会の国家の形態での総括。自己自身にたいする連関での考察。「不生産的」諸階級。租税。国債。公信用。人口。植民地。移民。4）生産の国際的関係。国際的分業。国際的交換。輸出入。為替相場。5）世界市場と恐慌。」（『経済学批判要綱』。MEGA II/1.1, S. 43.）

〔6〕「交換価値，貨幣，価格が考察されるこの第1の項目〔Abschnitt〕では，諸商品はつねに，目の前にあるものとして現われる。形態規定は単純である。われわれは，諸商品が社会的生産の諸規定を表現していることを知ってはいるが，しかし社会的生産そのものは前提である。しかし諸商品はこの規定で措定されてはいない。それで実際には，最初の交換は，生産の全体をとらえることも規定することもない余剰の交換として現われるにすぎない。それは，交換価値の世界の外部にあるなんらかの総体的生産の既存の過剰物なのである。発展した社会においてもなお，この交換価値の世界は，そのように，直接的に目の前にある商品世界として，表面に現われ出てくる。しかし交換価値の世界は，自己自身をつうじて，自己をのりこえて，生産諸関係として措定されている経済的諸関係を指ししめす。それゆえ，生産の内的な編制〔Gliederung〕が第2篇をなし，国家における総括が第3篇をなし，国際的関係が第4篇をなし，世界市場が終篇をなす。この世界市場の篇では，生産は総体性として措定されており，同様に生産の諸契機のいずれもが措定されている。しかしながら同時に，この篇ではすべての矛盾が過程に登場する。世界市場はこの場合またしても，同様に全体の前提をなし，全体の担い手をなしている。そのさい恐慌は，前提をのりこえることへの全般的指示であり，新しい歴史的姿態の受容への促迫である。」（『経済学批判要綱』。MEGA II/1.1, S. 151-152.）

〔7〕「I. 1）資本の一般的概念。——2）資本の特殊性。すなわち，流動資本。固定資本。（生活手段としての，原料としての，労働用具としての資本。）3）貨幣としての資本。II. 1）資本の量。蓄積。——2）それ自身で測られた資本。利潤。利子。資本の価値，すなわち，利子および利潤としてのそれ自身から区別された資本。3）諸資本の流通。α) 資本と資本との交換。資本と収入との交換。資本と諸価格。β) 諸資本の競争。γ) 諸資本の集中〔Concentration〕。III. 信用としての資本。IV. 株式資本としての資本。V. 貨幣市場としての資本。VI. 富の源泉としての資本。資本家。次に，資本のあとには，土地所有が論じられるべきであろ

う。土地所有のあとには賃労働。この三つがすべて前提されたうえで，今度はその内的総体性において規定された流通として，諸価格の運動。他方では，生産がその三つの基本諸形態と流通の諸前提のかたちで措定されたものとしての，三つの階級。次には，国家。(国家とブルジョア社会。——租税，または不生産的諸階級の存在。——国債。——人口。——外側にむかっての国家，すなわち，植民地。外国貿易。為替相場。国際的鋳貨としての貨幣。——最後に世界市場。ブルジョア社会が国家をのりこえて押しひろがること。恐慌。交換価値のうえにうちたてられた生産様式と社会形態の解体。個人的労働を社会的労働として，またその反対に，社会的労働を個人的労働として実在的に措定すること。)」(『経済学批判要綱』。MEGA II/1.1, S. 187.)

〔8〕「資本。I. 一般性——1) a) 貨幣からの資本の生成。b) 資本と労働 (他人の労働によって媒介された)。c) 資本の諸要素，それが労働にたいしてもつ関係に従って分解されたもの (生産物。原料。労働用具)。2) 資本の特殊化。a) 流動資本。固定資本。資本の流通。3) 資本の個別性。資本と利潤。資本と利子。利子および利潤としてのそれ自身から区別された，価値としての資本。／II. 特殊性——1) 諸資本の蓄積。2) 諸資本の競争。3) 諸資本の集中〔Concentration〕(同時に質的な区別でもあり，また資本の大きさと作用の尺度でもある，資本の量的な区別)。／III. 個別性——1) 信用としての資本。2) 株式資本としての資本。3) 貨幣市場としての資本。貨幣市場では，資本はその総体性において措定されている。そこでは資本は，価格を規定するもの，働き口を与えるもの〔Arbeitgebend〕，生産を規制するもの，一言で言えば，生産源泉である。」(『経済学批判要綱』。MEGA II/1.1, S. 199.)

〔9〕「利潤をもたらす資本は，現実の資本であり，自己を再生産すると同時にまた自己を累加しつつあるものとして措定された価値であり，しかも，同じままにとどまる前提として，自己によって措定された剰余価値としての自己自身から区別されている。これにたいして，利子をもたらす資本は，利潤をもたらす資本の純粋に抽象的な形態である。資本が，それの価値〔の大きさ〕に応じて (これには生産力の一定の段階が前提される) 利潤をもたらすものとして措定されていることによって，商品が，すなわち貨幣という形態で措定されている商品が (自立化した価値という，言い換えれば——いまではそう言うことができるが——実現された資本という，この商品にふさわしい形態で措定されている商品が)，資本として流通にはいることができる。資本が資本として商品になることができるのである。この場合には資本は利子つきで貸し出される資本である。資本の流通の——あるいは資本が経る交換の——形態は，その場合，これまでに考察された形態とは独

自的に異なるものとして現われる。これまでわれわれは，資本が商品の規定においても貨幣の規定においても自己を措定することを見てきた。しかしこのことが行なわれるのは，商品と貨幣とが資本の循環の契機として現われ，資本がかわるがわる商品と貨幣として自己を実現していくかぎりにおいてでしかない。商品および貨幣は，消えては，絶えずふたたび生みだされる，資本の存在諸様式であり，資本の生活過程の諸契機にすぎない。といって，資本としての資本が，それ自身で流通の契機となることはなかった。資本そのもの〔が流通の契機となるのは〕，商品として〔であった〕。商品が売られたのは資本としてではなかったし，貨幣も資本として〔買ったの〕ではなかった。ひとことで言えば，商品も貨幣も——そして厳密に言えば，われわれが妥当な形態と見なさなければならないのは後者だけであるが——，利潤をもたらす価値として流通にはいったのではなかったのである。」(『経済学批判要綱』。MEGA II/1.2, S. 738.)

〔10〕「利子のところでは二つのことが考察されるべきである。／第1に，利子と利潤とへの利潤の分割。(イギリス人はこれら両者を合わせて，総利潤〔gross profit〕と呼ぶ。)この区別は，貨幣資本家〔monied capitalist〕から成る一階級が産業資本家から成る一階級に対立するようになると，感じられるもの，だれにでもわかるものとなる。第2に，資本そのものが商品となる，言い換えれば，商品(貨幣)が資本として売られる。これはたとえば，資本が，他のすべての商品と同様に，その価格を需要供給に合わせることを意味する。つまり，需要供給が利子率を規定するのである。だからここで，資本としての資本が流通のなかにはいるのである。／貨幣資本家と産業資本家とが二つの特殊的な階級を形成しうるのは，ただ，利潤が収入の二つの分枝に分離していくことができるからでしかない。二種類の資本家と言えば，これはたんに事実を表現したものにすぎないが，資本家の二つの特殊的階級が成長することができるためには，そのための基礎となる分裂が，すなわち，収入の二つの特殊的形態への利潤の分離が，現に生じていなければならない。／……賃金と利潤——必要労働と剰余労働——のあいだには，ある自然的な関係〔natural relation〕が存在する。しかし，利潤と利子とのあいだには，収入のこれら相異なる形態のもとに配置されるこれら二つの階級のあいだの競争によって決定される関係以外に，なんらかの関係があるだろうか。だが，この競争が存在するのには，そしてこの二つの階級が存在するのには，利潤と利子とへの剰余価値の分割がすでに前提されているのである。その一般性において考察された資本は，けっしてたんなる抽象ではない。一国民の総資本を，たとえば総賃労働(あるいはまた土地所有)との区別において考察するとき，あるいは，資本を他のある階級と区別されるある階級の一般的経済的土台として考察するとき，私

は資本をその一般性において考察しているのである。それはちょうど，私がたとえば，人間を生理学的に獣と区別して考察する場合のようなものである。利潤と利子との現実的な区別は，産業資本家階級にたいする貨幣資本家階級〔moneyed class of capitalists〕の区別として存在している。しかしこうした二つの階級が対立しうるのには，つまり資本家たちの二重の存在は，資本によって生みだされた剰余価値の分離〔Diremtion〕を前提するのである。」(『経済学批判要綱』。MEGA II/1.2, S. 714-715.)

〔11〕「貨幣の第3の形態，すなわち流通にたいして否定的にかかわる自立的な価値としての貨幣形態は，資本ではあっても，商品として生産過程から出て，ふたたび交換にはいって貨幣になる，という資本ではない。そうではなくて，自己自身に連関する価値という形態において商品となり流通にはいる，という資本である。(資本と利子。) この第3の形態は，それ以前の諸形態にある資本を前提し，また同時に，資本から特殊的諸資本への，実在的諸資本への移行をなすものである。というのは，いまやこの最後の形態では，資本はその概念上すでに，自立的に存立する二つの資本に分かれるのだからである。二者〔die Zweiheit〕が与えられれば，次には多者〔die Mehrheit〕一般が与えられる。この展開は，このようにして進んでいくのである〔Such is the march of this development〕。」(『経済学批判要綱』。MEGA II/1.2, S. 358-359.)

〔12〕 前出の章末注〔3〕を見よ。

〔13〕「これまでに述べたすべてのことから，流通は資本の本質的な過程として現われるということがわかる。生産過程は，商品が貨幣に転化される以前には，新たに開始されることができない。過程の持続的な連続性，すなわち，価値がある形態から他の形態へと，あるいは過程のある局面から他の局面へと，妨げられることなく，よどみなく移行することは，それ以前のあらゆる生産形態の場合とはまったく違った程度に，資本にもとづく生産にとっての根本条件として現われる。他方では，この連続性の必然性が措定されているのに，それらの局面は，特殊的な相互に無関心な諸過程として，時間的にも空間的にもばらばらになる。そこで，資本にもとづく生産にとっては，それの本質的な条件が，すなわち，生産の全過程を構成するさまざまな過程の連続性がつくりだされるかどうかが，偶然的なこととして現われる。資本そのものによるこの偶然性の止揚が信用である。(信用はさらに別の諸側面をもっているが，この側面は生産過程の直接的本性に由来するものであり，したがってまた信用の必然性の基礎である。) だからこそ，いくらかでも発展した形態での信用は，以前のいかなる生産様式においても現われることがないのである。以前の諸状態においても貸借は行なわれたし，高利は，資

本の大洪水以前的諸形態のうちの最古の形態でさえある。しかし，貸借が信用を構成しないのは，もろもろの労働が産業的労働あるいは自由な賃労働を構成しないのとまったく同様である。本質的な，発展した生産関係としては，信用は，歴史的にもまた，資本あるいは賃労働にもとづく流通においてのみ現われるのである。（貨幣そのものが，さまざまな生産諸部門で必要とされる時間の不均等性を，それが交換の妨げとなるかぎりで，止揚するための一形態である。）高利は，それのブルジョア化された，すなわち資本に適合させられた形態では，それ自身信用の一形態であるけれども，それの前ブルジョア的形態では，むしろ信用の欠如の表現である。」（『経済学批判要綱』。MEGA II/1.2, S. 434.）

〔14〕「資本の必然的傾向は，流通時間なき流通であり，そしてこの傾向は，信用と資本のもろもろの信用の仕組み〔Credit contrivances〕との基礎規定である。他方ではさらに信用は，資本が，自己を個別諸資本から区別して措定しようと，すなわち，自己の量的制限から区別された資本としての個別的資本を措定しようと努めるときに資本がとる形態でもある。しかし，資本がこの方向で成り上がる最高の結果は，一方では架空資本〔fictitious Capital〕である。他方では信用は，ただ，集中〔Concentration〕の新たな要素としてのみ，すなわち，集中していく〔centralisirend〕個別的諸資本のかたちで諸資本を絶滅していくことの新たな要素としてのみ現われる。流通時間はある面からみれば，貨幣として対象化されている。信用が企てるのは，貨幣をたんに形態契機としてのみ措定しようとすることであり，その結果貨幣は，それ自身が資本であること，すなわち価値であることなしに，形態転換を媒介するようになる。これは流通時間なき流通の一つの形態である。貨幣はそれ自体が流通の産物である。資本がどのようにして信用のかたちで流通の新たな諸産物を創造するかは，のちに明らかになるであろう。だが，資本の努力が一方では流通時間なき流通であるのにたいして，他方ではそれは，流通時間と流通との過程を媒介するさまざまな機関のかたちで，流通時間そのものに生産時間の価値を，総じて価値を与えようとする企てであり，流通時間のすべてを貨幣として，またさらに進んだ規定では資本として措定しようとする企てである。これが信用の他の一面である。すべては同一の源泉から発しているのである。流通のあらゆる必要条件，すなわち貨幣，商品の貨幣への転化，貨幣の商品への転化，等々，これらは，外見上まったく異質なさまざまな形態をとってはいるが，すべて流通時間に帰せられる。この流通時間を短縮するための機械装置はそれ自体が流通時間に属する。生産時間においては資本は自己を再生産するのであって，このなかでは資本は，ただ形態上の変換だけを通過しなければならない完成した資本としてではなくて，過程を進行しつつある，創造的な，自己の生きた魂を労

働から吸収しつつある資本であり続けるのであるが，流通時間は，このような生産時間とは区別して，資本が資本として行なう独自な運動の時間と見なすことができる，資本の時間なのである。／労働時間と流通時間との対立は，とりわけ通貨の件等々がここにはいってくるかぎりでは，信用論〔Lehre vom Credit〕をそっくり含んでいる。」(『経済学批判要綱』。MEGA II/1.2, S. 543.)

〔15〕 前出の章末注〔14〕を見よ。

〔16〕「ところで，先に進むまえに，なお次のことを述べておこう。特殊的諸資本から区別される資本一般は，たしかに1）一つの抽象としてのみ現われるのであるが，恣意的な抽象ではなくて，富の他のすべての形態あるいは生産（社会的な）が発展していく諸様式とは区別される資本の種差〔differentia specifica〕をとらえるような抽象である。これは，どの資本それ自体にも共通の，言い換えれば一定額のどの価値をも資本たらしめるような，諸規定である。そして，この抽象の内部での諸区別も，同様に抽象的な特殊性であって，これらの特殊性がどんな種類の資本をも，それがこれら特殊性の肯定または否定であることによって特徴づけるのである（たとえば固定資本または流動資本）。2）だが，特殊的な実在的諸資本そのものから区別される資本一般は，一つの実在的な存在である。このことは，普通の経済学によっても，理解されてはいないにせよ，承認されているのであり，また普通の経済学の，平均化に関する学説等々にとっての非常に重要な契機をなしている。たとえば，諸銀行に蓄積され，あるいは諸銀行によって配分される，しかもリカードウの言うように，まったくみごとに生産上の要求に比例して分配される資本は，個々の資本家たちに属するものであるにもかかわらず，資本だというそれの基本的形態〔elementarische Form〕において，この一般的形態における資本となっているのである。同様にそれは，貸付等々をとおして，異なった国ぐにのあいだに一つの水準を形成する。それゆえたとえば，資本は自己増殖するためには自己を二重に措定しなければならず，この二重の形態で自己を二重に増殖しなければならない，ということが資本一般の法則であるのならば，たとえば，ほかの国民にたいしてはすぐれて〔par excellence〕資本を代表しているような特殊な一国民の資本が，自己を増殖できるように，第三国に貸し出されなければならないであろう。自己自身にたいして，他人のものにたいする様態で連関する，という二重措定は，この場合にはすこぶる実在的である。それゆえ一般的なものは一方ではたんに思考上の種差にすぎないが，この種差は同時に，特殊的なものの形態および個別的なものの形態と並ぶ一つの特殊的な実在的形態でもあるのである。（この点には，のちほど立ち返ろう。これは，経済学的な性格よりも論理学的な性格をもつものではあるが，にもかかわらず，われわれの研究の進展のな

かでたいへん重要な意味をもつことになろう。代数学でもそうである。たとえば，a，b，cは総じて数である，つまり数一般である。がさらにそれらは，a/b，b/c，c/b，c/a，b/a，等々にたいする整数である。それでもこれら〔分数〕はやはり，整数を一般的要素として前提しているのである。）」（『経済学批判要綱』。MEGA II/1.2, S. 359.)

〔17〕 前出の章末注〔14〕を見よ。

〔18〕 前出の章末注〔3〕を見よ。

〔19〕「競争には，価値と剰余価値とについて立てられた基本法則とは区別して展開される基本法則がある。それは，価値が，それに含まれている労働またはそれが生産されている労働時間によってではなく，それが生産されうる労働時間，すなわち再生産に必要な労働時間によって規定されている，という法則である。最初の法則が覆されたかのようにみえるにもかかわらず，実はこのことによってはじめて，個々の資本が資本一般〔Capital überhaupt〕の諸条件のなかに置かれる。だが，資本それ自体の運動によって規定されたものとしての<u>必要労働時間</u>は，こうしてはじめて措定されているのである。これが競争の基本法則である。需要，供給，価格（生産費用）が，それに続く形態規定である。市場価格としての価格，または一般的価格。それから，一つの一般的利潤率の措定。そのさい，市場価格によって諸資本はさまざまの部門に配分される。生産費用の引き下げ，等々。要するに，ここではいっさいの規定が，資本一般〔Capital im Allgemeinen〕におけるのとは<u>逆となって</u>現われる。さきには価格が労働によって規定されたが，ここでは労働が価格によって規定される，等々，等々。まさに個別諸資本の相互間の作用こそ，それらが<u>資本として</u>振る舞わなければならないようにさせるのであり，個別的諸資本の外見的には独立した作用と個別的諸資本の無秩序な衝突こそが，それらの一般的法則の措定なのである。市場は，ここで，さらに別の意義をうけとる。諸資本の個別的資本としての相互間の作用は，こうしてまさに，諸資本の一般的資本としての措定となり，また個別諸資本の外見的独立性と自立的存続との止揚となる。この止揚がさらに著しく生じるのは，信用においてである。そしてこの止揚の行き着く，だが同時に，資本にふさわしい形態にある資本の<u>終局的措定</u>でもある窮極の形態は，<u>株式資本</u>である。」（『経済学批判要綱』。MEGA II/1.2, S. 541.)

〔20〕「利子生み資本が資本主義的生産に特有かつ相応な形態を受けとるのは<u>信用</u>においてである。信用は，資本主義的生産様式そのものによって創造された形態である。……費用価格への価値の均等化はただ次のことによってのみ行なわれる。すなわち，個別的資本は階級の総資本の可除部分として機能し，他方，階級の総

資本は生産上の必要に応じてさまざまの特殊的部面に配分される，ということによってである。このことは信用によって行なわれる。信用によって，この均等化が可能にされ容易にされるだけでなく，資本の一部分が——moneyed capitalの形態のもとで——実際にこの階級全体の仕事の共同材料として現われるのである。これが信用の一つの意義である。もう一つの意義は，流通過程で自己が経なければならない諸変態を短縮しようとする資本の不断の試み，すなわち，流通期間や資本の貨幣への転化等々を先取りし，こうして自己自身の被制限性に対抗しようとする資本の不断の試みである。最後にこうして，一つには，資本に転化するという意味ではなくて剰余価値を資本の形態で供給するという意味での蓄積するという機能が一つの特殊階級に負わされ，一つには，社会のこの意味でのすべての蓄積が資本の蓄積となって産業資本家たちに用立てられる。社会の無数の点で個々別々に行なわれるこの操作は，集中されて〔concentrirt〕大きなもろもろの貯水池に集められる。こうして貨幣が，変態中の商品の凝固として遊休しているかぎりは，資本に転化させられるのである。」(『1861-1863年草稿』。MEGA II/3.4, S. 1514-1515.)

〔21〕「信用制度についてこれまでわれわれが一般的に述べる機会をもったのは，次のことであった。／I) 利潤率の均等化を媒介するために，すなわち全資本主義的生産の基礎をなすこの均等化の運動を媒介するために，信用制度が必然的に形成されること。／II) 流通費の節減。A) 一つの主要流通費は，自己価値であるかぎりでの貨幣そのものである。信用によって三つの仕方で節約される。a) 取引の大きな一部分で貨幣が全然用いられないことによって。b) 金属通貨または紙券通貨の流通が加速されることによって。(これは，部分的には，cで述べるべきことと一致する。すなわち，一面では加速は技術的である。すなわち，実体的な商品流通が，あるいは事業取引の量が変わらないのに，より少ない総量の銀行券が同じ役だちをするのである。このことは銀行制度の技術と関連している。他面では，信用は商品変態の速度を速め，したがってまた貨幣流通の速度を速める。) c) 金貨幣が紙券で置き換えられること。B) 信用によって，流通または商品変態の，さらには資本の商品変態のさまざまの段階が速められること (したがって再生産過程一般が速められること)。(他面では信用は，購買と販売という行為をかなり長いあいだ分離しておくことを許し，したがってまた投機の基礎として役だつ。) 準備ファンドの縮小。これは二つの面から考察することができる。A) では，通貨の減少として，B) では，資本のうちの絶えず貨幣形態で存在しなければならない部分の削減として。／III) 株式会社の形成。これによって第1に，生産規模のすさまじい拡張〔が生じ〕，そして私的諸資本には不可能な諸企業〔が

生まれる〕。同時に，従来は政府企業〔だった〕ような諸企業が社会的企業〔会社的企業〕になる。第2に，即自的には社会的生産様式を基礎とし，生産手段および労働力の社会的集中〔Concentration〕を前提している資本が，ここでは直接に，私的資本に対立する会社資本〔社会資本〕（直接にアソーシエイトした諸個人の資本）の形態を与えられており，資本の諸企業が，私企業に対立する会社企業〔社会企業〕として〔現われる〕。それは，資本主義的生産様式そのものの諸限界の内部での，私的所有としての資本の止揚である。第3に，現実に機能する資本家が（他人の資本の）たんなるマネジャーに転化し，資本所有者はたんなる所有者，たんなる貨幣資本家〔moneyed capitalists〕に転化すること。彼らの受ける配当が利子と企業利得とに，すなわち総利潤に等しい場合でも（というのは，マネジャーの賃金は一種の熟練労働のたんなる賃金であるか，またはそうなるはずのものであって，どの種類の労働とも同様に，労働市場でしかるべき水準に落ちつくのだから），この総利潤は，もはや利子の形態で，すなわち資本所有のたんなる報酬として，受け取られるにすぎないのであって，この資本所有が現実の再生産過程での機能から分離されることは，（マネジャーの）機能が資本所有から分離されるのとまったく同様である。こうして，利潤は（もはや，それの一方の部分，すなわち借り手の利潤からその正当化の理由を引き出す利子だけではなく），他人の剰余労働のたんなる取得として現われるのであるが，このことは生産手段が資本に転化することから，すなわち，生産手段が，マネジャーから最下級の賃労働者に至るまでのすべてを含む現実の生産者にたいして他人の所有として疎外され，対立することから生じるのである。株式会社では機能と資本所有とが，したがってまた労働と生産手段および剰余労働の所有とが，まったく分離されている。これは資本主義的生産が最高に発展してもたらした結果であり，資本が生産者たちの所有に，といっても，もはや個々別々の生産者たちの私的所有としての所有ではなく，アソーシエイトした生産者としての生産者による所有としての所有に，直接的な社会所有としての所有に，再転化するための必然的な通過点である。それは他面では，資本所有と結びついた再生産過程上のいっさいの機能の，アソーシエイトした生産者たちのたんなる諸機能への転化，社会的諸機能への転化である。――さらに先に進む前に，次のような経済学的に重要な点を注意しておかなければならない。すなわち，利潤はここでは純粋に利子という形態をとるのだから，このような企業は，それらがたんなる利子しかもたらさないような場合にも可能である，ということである。そしてこれは，一般的利潤率の低下を阻止する原因の一つなのである。というのは，不変資本が可変資本にたいしておそろしく大きな割合をなしているこれらの企業が，必ずしも一般的利潤率の均等化に参加

しないからである。——これは、資本主義的生産様式の内部での資本主義的生産様式の止揚であり、したがってまた自分自身を止揚するような矛盾であって、この矛盾は、一見して明らかに、生産様式の新たな形態へのたんなる通過点として現われるのである。それはさらに、現象においても、このような矛盾として現われる。それはある種の諸部面では独占を成立させ、したがってまた国家の干渉を誘いだす。それは、新しい金融貴族を再生産し、企業企画屋や重役（たんなる名目だけのマネジャー）やの姿をとった新しい寄生虫一味を再生産し、株式取引や株式発行等々についての思惑と詐欺との全システムを再生産する。私的所有によるコントロールのない私的生産。株式制度を度外視しても——株式制度は資本主義的システムそのものの基礎の上での資本主義的私的産業の一つの止揚であって、それが伸張して新たな生産部面をとらえていくのにつれて私的産業をなくしていく——、信用は、個々の資本家または資本家とみなされている人に、他人の資本や他人の所有の（それによってまた他人の労働の）——相対的に言って——絶対的な処分権を与える。自分の資本のではなくて社会的な資本の処分権は、彼に社会的労働の処分権を与える。資本そのものまたは「資本とみなされているもの」は、もはや信用という上部建築のための土台になるだけである。（このことは、国富の大部分がその手を通る卸売業にはとくによくあてはまる。）いっさいの規範が、また、多少とも資本主義的生産様式の内部でまだ正当とされてきたもろもろの弁明理由が、ここではなくなってしまう。彼が賭けるものは、社会的所有であり、彼の所有ではない。また同様に、節約という文句もばかげたものになる。というのは、他人が彼のために節約しなければならないのだからである。また彼の奢侈が節欲という文句をあざ笑う。資本主義的生産のより未発展な段階ではまだなにか意味のある諸観念が、ここではまったく無意味になる。成功も失敗も、ここでは同時に集中〔Concentration〕に帰し、したがってまた法外きわまりない規模での収奪に帰する。収奪はここでは直接生産者から小中の資本家そのものにまで及ぶ。この収奪は資本主義的生産様式の出発点であり、この収奪の実行はこの生産様式の目標であり、まさに最後には、すべての個々人からの生産手段の収奪〔に終わる〕。生産手段は、社会的生産の発展につれて、私的生産手段であることをも私的産業の生産物であることをもやめ、それはもはや、それがアソーシエイトした生産者たちの社会的生産物であるのと同様、アソーシエイトした生産者たちの手にある生産手段、したがって彼らの社会的所有物にほかならない。ところがこの収奪は、資本主義的システムそのものの内部では、対立的に、少数者による社会的所有の取得として現われるのであり、また信用は、これらの少数者にますます純粋な山師の性格を与えるのである。所有はここでは株式の形で存在する

のだから，その運動そのもの，つまりその移転は取引所投機のまったくの結果となるのであって，そこでは小魚は鮫に呑み込まれ，羊は狼男に呑み込まれてしまう。株式制度のうちには，すでに，この形態にたいする対立物があるが，しかし株式制度それ自身は，資本主義的な制限の内部で，社会的な富と私的な富という富の性格のあいだの対立を新たにつくりあげるのである。——労働者たち自身の協同組合工場は，古い形態の内部では，古い形態の最初の突破である。といっても，もちろん，それはどこでもその現実の組織では既存のシステムのあらゆる欠陥を再生産しているし，また再生産せざるをえないのではあるが。しかし，資本と労働との対立はこの協同組合工場の内部では止揚されている。たとえ，はじめはただ，労働者たちがアソシエーションとしては自分たち自身の資本家であるという形態，すなわち生産手段を自分たち自身の労働の価値増殖のために用いるという形態によってでしかないとはいえ。この工場が示しているのは，ある生産様式から，物質的生産諸力とそれに対応する社会的生産諸形態とのある発展段階で，新たなある生産様式が，自然的に形成されてくるのだ，ということである。協同組合工場は，資本主義的生産様式から生まれる工場システムがなければ発展できなかったし，また資本主義的生産様式から生じてくる信用システムがなくてもやはり発展できなかった。信用システムは，資本主義的私的企業がだんだん資本主義的株式会社に転化していくための主要な土台をなしているのであるが，それはまた，多かれ少なかれ国民的な規模で協同組合企業がだんだん拡張していくための手段をも提供するのである。資本主義的株式企業も，協同組合工場と同様に，資本主義的生産様式からアソーシエイトした生産様式への過渡形態とみなしてよいのであって，ただ，一方では対立が消極的に，他方では積極的に止揚されているのである。」(『資本論』第3部第1稿。MEGA II/4.2, S. 501-504; 本書第2巻287-297ページ。)

〔22〕「銀行システムは，形態的な組織化および集中〔Centralisation〕から見て，およそ資本主義的生産様式がつくりだす最も人工的な最も発達した産物である。それだからこそ，イングランド銀行のような機関〔Institut〕が商業や産業にたいして巨大な力を揮うのである。といっても，商業や産業の現実の運動がまったくイングランド銀行の領域の外部にあることに変わりはないのであって，この運動にたいするイングランド銀行のかかわりは受動的なものではあるが。それとともに確かに生産手段の社会的な規模での一般的な記帳可能性〔Comptabilität〕や配分の形態は与えられているが，しかしまた，ただ形態だけである。すでに見たように，個別的資本家，特殊的資本の平均利潤は，この資本が搾取する剰余労働によって規定されているのではなく，総資本が搾取する社会的な剰余労働の分量によって

規定されているのであって，特殊的資本はそのなかから，ただこの総資本のなかで占める割合に応じて自分の分け前を引き出すだけである。資本のこの「社会的な」性格は，信用＝銀行システムの発展によってはじめて媒介され，実現される。他方では，これはさらに先に進む。信用＝銀行システムは，産業資本家や商業資本家に，社会の処分可能でまだ能動的に充用されていないあらゆる資本を用立てるのであり，したがってこの資本の貸し手もその充用者もこの資本の「所有者」でもなければ生産者でもない。信用＝銀行システムはこのようにして資本の私的性格を止揚するのであり，したがって即自的に，しかしただ即自的にのみ，資本そのものの止揚を含んでいるのである。／銀行制度によって，資本の配分は，一つの特殊的業務として，社会的な機能として私的資本家や高利貸の手から取り上げられている。しかし，これによって同時に銀行制度は，資本主義的生産をそれ自身の諸制限を乗り越えて進行させる最も能動的な〔aktiv〕手段となり，また恐慌，思惑，等々の最も有効な媒介物の一つとなるのである。／さらに，それ〔信用＝銀行システム〕は，さまざまの形態の流通する信用を貨幣に代位させることによって，貨幣は実際には労働とその生産物との社会的な性格の一つの特殊的表現でしかないということ，しかしこの性格は私的生産の土台に対立するものとしてつねに結局は一つの物として，他の諸商品と並ぶ特殊的商品として，現われざるをえないということを示している。最後に，資本主義的生産様式からアソーシエイトした労働の生産様式への過渡期に信用システムが強力な槓杆として役だつであろうということは，少しも疑う余地はない。とはいえ，それが役だつのは，ただ，この生産様式そのものの他の大きな有機的な諸変化〔changes〕との関連のなかの一契機としてのみである。これに反して，社会主義的な意味での信用＝銀行制度の奇跡的な力についてのもろもろの幻想は，資本主義的生産様式とそれの形態の一つとしての信用制度とについての完全な無知から生まれるのである。生産手段が資本に転化することをやめれば（このことのうちには私的土地所有の止揚も含まれている），信用そのものにはもはやなんの意味もないのであって，ちなみにこのことはサン－シモン主義者たちでさえも見抜いていたことである。他方，資本主義的生産様式が存続するかぎり，利子生み資本はそれの諸形態の一つとして存続する（そして事実，これが信用システムの土台となっている）のであって，ただ，商品生産は存続させておいて貨幣を止揚したいと思った，あの「人気取り著述家〔sensational writer〕」プルドンだけが，無償信用という奇怪なものを，この小ブルジョア的立場のはかない願望を，夢想することができたのである。これが，すべての空虚な山師かつほら吹きの本来の戦場なのである。」（『資本論』第3部第1稿。MEGA II/4.2, S. 661-663; 本書第4巻494-497ページ。）

〔23〕　前出の章末注〔14〕を見よ。

〔24〕「私は前に，どのようにして単純な商品流通から支払手段としての貨幣の機能が形成され，それとともにまた商品生産者や商品取扱業者のあいだに債権者と債務者との関係が形成されるか，を明らかにした。商業が発展し，ただ流通だけを考えて生産を行なう資本主義的生産様式が発展するにつれて，信用システムのこの自然発生的な基礎は拡大され，一般化され，仕上げられていく。だいたいにおいて貨幣はここではただ支払手段としてのみ機能する。すなわち，商品は，貨幣と引き換えにではなく，書面での一定期日の支払約束と引き換えに売られるのであって，この支払約束をわれわれは手形という一般的範疇のもとに包括することができる。これらの手形は，その支払満期に至るまで，それ自身，支払手段として流通するのであり，またそれらが本来の商業貨幣をなしている。それらは，最終的に債権債務の相殺によって決済されるかぎりでは，絶対的に貨幣として機能する。というのは，この場合には貨幣へのそれらの最終的転化が生じないからである。生産者や商人のあいだで行なわれるこれらの相互的な前貸が信用制度の本来の基礎をなしているように，彼らの流通用具である手形が本来の信用貨幣，銀行券流通等々の基礎をなしているのであって，これらのものの土台は，貨幣流通（金属貨幣であろうと国家紙幣であろうと）ではなくて，手形流通なのである。／信用制度の他方の側面は貨幣取扱業の発展に結びついている。貨幣取扱業の発展は，もちろん，資本主義的生産様式一般のなかで進む商品取扱業の発展と歩調をそろえて進んでいく。／すでに前章で見たように，商人等々の準備ファンドの保管，貨幣の払い出しや受け取りの技術的諸操作，国際的支払い（したがってまた地金取り扱い）は，貨幣取扱業者の手に集中される〔concentrirt〕。貨幣取扱業というこの土台のうえで信用制度の他方の側面が発展し，〔それに〕結びついている，――すなわち，貨幣取扱業者の特殊的機能としての，利子生み資本あるいはmonied capitalの管理である。」（『資本論』第3部第1稿．MEGA II/4.2, S. 469-471; 本書第2巻159-160ページおよび168-169ページ。）

〔25〕「こういうわけで，第1の転化の基礎の上で第2の転化が起こるのであって，この第2の転化は，もはや形態だけではなく，形態とともに実体そのものに関係するのであり，換言すれば利潤の絶対量――つまり利潤の形態で現われる剰余価値のそれが変わるのである。」（『1861-1863年草稿』。MEGA II/3.5, S. 1626.）

〔26〕「最初の転化で剰余価値が形式的に生産物の価値のうち前貸資本の価値を越える超過分として決定されるのと同じように，ここでは，実体的に，資本全体の総生産物のうち前貸資本の総価値を越える価値超過分にたいする前貸資本の分けまえが，この前貸資本の価値に比例して，決定されるのである。このような計算を

遂行させる動因は，諸資本のそれ自身のあいだでの競争である。」(『1861-1863年草稿』。MEGA II/3.5, S. 1628.)

〔27〕「第2の転化は，資本そのものの性質から生じる最初の転化の必然的な結果であり，これによって剰余価値は，生産費すなわち前貸資本の価値を越える価値超過分に転化させられる。最初の場合には剰余価値の絶対量と利潤のそれとは等しいが，しかし利潤率は剰余価値率よりも小さい。第2の場合には総剰余価値の絶対量と総利潤のそれとは等しいが，しかし平均利潤率は剰余価値の平均率（すなわち総資本に含まれている可変資本の総価値にたいする剰余価値の割合）よりも小さい。／最初の場合には転化は形態的であり，第2の場合には同時に実体的でもある。というのは，いまでは個々の資本に割り当たる利潤は，その資本によって生産された剰余価値とは事実上違った大きさであり，その剰余価値よりも大きかったり小さかったりするからである。最初の場合には剰余価値が，この特定の剰余価値を生産する資本の有機的な諸成分を顧慮することなしに，ただ資本の大きさに従ってだけ計算される。第2の場合には，個々の独立した資本に割り当たる総剰余価値中の取り分の分け前が，この総剰余価値の生産にたいする個々の独立した資本の機能的な割合を顧慮することなしに，ただその資本の大きさに従ってだけ計算される。／こういうわけで，第2の場合には，利潤と剰余価値とのあいだに，それと同時に商品の価格と価値とのあいだに，本質的な相違が現われる。そのことから，諸商品の現実の価格が——それらの標準価格さえもが，それらの価値と相違するということが生じる。このことをもっと詳しく研究することは，競争の章に属するが，そこでも，商品の価値の変革が，諸商品の標準価格とそれらの価値とのこのような差異とは別に，商品の価格をどのように修正するかということを証明しておくべきである。」(『1861-1863年草稿』。MEGA II/3.5, S. 1629-1630.)

〔28〕「およそ平均利潤率を問題にすることができるのは，ただ，資本の生産部門が違えば利潤率も違っているという場合だけであって，利潤率が同じであるならば問題にしようがない。／この点の詳細な考察は競争の章に属する。しかしながら，明らかに一般的であることはここでもやはり説明されなければならない。」(『1861-1863年草稿』。MEGA II/3.5, S. 1623.)

〔29〕 前出の章末注〔27〕を見よ。

〔30〕「利潤率は，——それが投下資本の特殊的性質によって補正されるということは，いろいろな労働部門の標準〔労働〕日の長さの相違がそれと競合する付随的事情すなわち労働の特殊的性質などによっていくらか修正されるということに似ているが，そういうことがないかぎりでは——平均よりも高かったりまたはそれ

よりも低かったりすると，そのような利潤率は，こうしたことが起こる特殊的投下部門における資本の例外的な事態とみなされ，競争によって一般的水準に引き下げられるかまたは引き上げられる。というのは，特権を与えられた部門への他の諸資本の移住，または逆の場合には，土着の諸資本――この部門に住みついている諸資本――の同じ部門から外部への移住が起こるからである。それによって，利潤率の水準は，前者の場合には下がり，後者の場合には上がる。剰余利潤，すなわち，個々の資本家が資本投下の特殊的部門（地域）で受ける利潤からのマイナスは，まったくこの考察には属さない。」（『1861-1863年草稿』。MEGA II/3.5, S. 1623-1624.）

〔31〕「{「資本と利潤」に関する第3部のうち，一般的利潤率の形成が取り扱われる第2章では，次の諸点を考察するべきである。1. 諸資本の有機的構成の相違。これは，一部には，生産段階から生じるかぎりでの可変資本と不変資本との区別によって，機械や原料とそれらを動かす労働量との絶対的な量的比率によって制約されている。このような区別は，労働過程に関連がある。また，流通過程から生じる固定資本と流動資本との区別も考察するべきである。それは，一定の期間における価値増殖を，部面の異なるにつれて相違させる。2. 違った資本の諸部分の価値比率の相違で，それらの資本の有機的構成から生じるのではないところの相違。こうしたことが生じるのは，価値，とくに原料の価値の相違からである。たとえ原料が二つの違った部面で等量の労働を吸収すると仮定しても，そうである。3. これらのいろいろな相違の結果として生じる，資本主義的生産のいろいろに違った部面における利潤率の多様性。利潤率が同じで利潤量が充用資本の大きさに比例するということは，構成などを同じくする諸資本についてのみ正しい。4. しかし総資本については，第1章で展開したことがあてはまる。資本主義的生産においては各資本は，総資本の断片，可除部分として措定される。一般的利潤率の形成。（競争。）5. 価値の生産価格への転化。価値と費用価格と生産価格との相違。}{6. リカードウの理論をさらに取り上げるために。労賃の一般的変動が一般的利潤率に，したがって生産価格に及ぼす影響。}」（『1861-1863年草稿』。MEGA II/3.5, S. 1816-1817.）

〔32〕「第3篇「資本と利潤」は次のように分けること。1. 剰余価値の利潤への転化。剰余価値率と区別しての利潤率。2. 利潤の平均利潤への転化。一般的利潤率の形成。価値の生産価格への転化。3. 利潤および生産価格に関するA. スミスおよびリカードウの学説。4. 地代。（価値と生産価格との相違の例証。）5. いわゆるリカードウ地代法則の歴史。6. 利潤率低下の法則。A. スミス，リカードウ，ケアリ。7. 利潤に関する諸学説。シスモンディやマルサスをも「剰余価値に関する

諸学説」のうちに入れるべきかどうかの問題。8. 産業利潤と利子とへの利潤の分裂。商業資本。貨幣資本。9. 収入とその諸源泉。生産過程と分配過程との関係に関する問題もここで取り上げること。10. 資本主義的生産の総過程における貨幣の還流運動。11. 俗流経済学。12. むすび。「資本と賃労働」。」(『1861-1863年草稿』。MEGA II/3.5, S. 1861.)

〔33〕「こうして諸資本の競争は，それぞれの資本を総資本の部分として取り扱い，またそれに応じて，それぞれの資本が剰余価値の分け前にあずかることを，だからまた利潤を，調整しようと努める。競争が多かれ少なかれこのことに成功するのは，利潤率の均等化によってである。（ここでは，競争が個々の部面で特殊的障害に突きあたる諸原因を研究することはできない。）だがこのことは，あからさまにすぎる言い方で言うなら，資本家たちが，自分たちが労働者階級から搾り出す不払労働の分量——またはこの労働分量の諸生産物——を互いのあいだで，特殊的資本が直接に剰余労働を生産するのに比例してではなく，第1にこの特殊的資本が総資本の一つの可除部分をなしている割合に応じて，第2に総資本そのものが剰余労働を生産するのに比例して分配し合おうと努める（だがこの努力が競争なのである）ということにほかならない。資本家たちは，取得した他人の労働の獲物を，平均してどの資本家も他の資本家と同じだけの不払労働を取得するように，兄弟的かつ敵対的に分け合う。競争がこの均等化を成し遂げるのは，もろもろの平均価格の調整を通じてである。ところが，これらの平均価格そのものにおいては，ある商品が他の商品よりも大きな利潤率をもたらすということのないように，商品はそれの価値よりも高く引き上げられたり，その価値よりも低く押し下げられたりするのである。だから，諸資本の競争は，諸商品の価格をそれらの価値に均等化することによって，一般的利潤率を生みだすのだ，というのは間違いである。その反対に，諸資本の競争は，諸商品の価値をもろもろの平均価格に転化させることによって，一般的利潤率を生みだすのであり，これらの平均価格ではある商品の剰余価値の一部分が他の商品に移転されているのである，等々。ある商品の価値は，この商品に含まれている労働の，すなわち支払労働プラス不払労働の分量に等しい。ある商品の平均価格は，その商品に含まれている支払労働（対象化された労働または生きた労働）の分量，プラス，不払労働の平均的分け前，に等しい。不払労働のこの平均的分け前は，それがその商品そのものに，この大きさどおり含まれていたのか，いなかったのか，あるいは，その商品の価値に含まれていた不払労働がそれよりも多かったのか少なかったのか，ということにはかかわりがない。ある種の生産諸部面は，それらの価値が上で言う意味での諸平均価格への還元に逆らうような事情のもとで働いていて，競争がこ

うした勝利を収めることを許さない！，ということはありうる——このことは，本書の対象に属さない，のちの研究に委ねる——。」(『1861-1863年草稿』。MEGA II/3.3, S. 685-686.)

[34]「ところで，僕はいま，めちゃくちゃに仕事をしている。そして，奇妙なことだが，僕の脳みそは，周囲のあらゆる惨めさのなかにありながら，これまでの数年よりもよく動いている。僕はこの巻をもっと大きくする。というのも，ドイツの犬畜生は本の価値を体積で測るからだ。ついでに言えば，やっとのことで地代のやつ〔Grundrentscheisse〕にも決着をつけた（といっても，この部分ではそれを暗示することさえしようとは思ってはいない）。僕はずっと以前からリカードウの理論の完全な正しさについては疑念をもっていたのだが，ついにそのぺてんも見つけだした。そのほか，すでにこの巻のなかに出てくることについても，僕たちが会わずにいたあいだに，いくつかのちょっとした意外な新しいことを発見した。」(1862年6月18日付エンゲルスあての手紙。MEGA III/12, S. 136-137; MEW 30, S. 248-249.)

[35]「ここで問題なのは，価値および費用価格に関する私の理論の例証として地代の一般的法則を展開することだけである。これにたいして，地代の詳細な説明は，そのときがきて土地所有を論じることになることでもあれば，そのときにはじめて行なうであろう。そういうわけで私は，事柄を複雑にするような事情はすべて遠ざけてきたのである。すなわち，炭鉱や土地種類の位置の影響，同じ炭鉱または同じ土地種類に充用される資本の諸分量のそれぞれの豊度の程度の相違，同じ生産部門の種々の変動が与える地代，つまりたとえば農業の種々の部門の地代の相互の関係，別々の生産部門ではあるが互いに転換できる生産部門が与える地代，たとえば土地が農業から引き揚げられて家屋建築用に用いられる場合などの地代の相互の関係，等々がそれである。これらはすべてここには属さない。」(『1861-1863年草稿』。MEGA II/3.3, S. 907.)

[36]「僕が，現にやっているように，理論的な仕事を進めることができてきたのは，ほんとうの奇蹟だ。僕はいま，結局のところ，すぐにこの巻のなかに1章を挿入し，地代論を，つまり以前に立てた一つの命題の「例証」として，持ち込むことをもくろんでいる。くわしく書けば長たらしくて複雑な話だが，それをわずかばかりの言葉で書いてお目にかけるから，君の意見を知らせてくれたまえ。」(1862年8月2日付エンゲルスあての手紙。MEGA III/12, S. 178; MEW 30, S. 263.)

[37]「第2の部分はいまやっとできあがったところです。つまり印刷するために清書し最後の仕上げをするところまできています。ほぼ30印刷ボーゲンになるでしょう。これは第1分冊の続きですが，独立して「資本」という表題で刊行され，

「経済学批判」というのは副題としてつくだけです。実際には，それは第1部第3章となるはずだったもの，つまり「資本一般」を含むだけです。つまり諸資本の競争と信用制度はそこに含まれていません。イギリス人が「経済学原理〔the principles of political economy〕」と呼ぶものがこの巻に含まれています。これは（第1の部分とあわせて）核心的部分〔Quintessenz〕で，これに続くものの展開は（たとえば社会のさまざまな経済的構造にたいするさまざまな国家形態の関係などを除けば）すでに与えられているものを土台にすればほかの人でも容易に成し遂げられるでしょう。」(1862年12月28日付クーゲルマンあての手紙。MEGA III/12, S. 296; MEW 30, S. 639.)

〔38〕「(利子生み資本。生産の運動との関係における既存の富。)／(産業資本との関係における利子生み資本と商業資本。より古い諸形態。派生的な諸形態。)／(資本主義的生産の土台の上での利子生み資本の発展。)(高利。ルター等々。)」(『1861-1863年草稿』。MEGA II/3.4, S. 1206.)

〔39〕　前出の章末注〔32〕を見よ。

〔40〕「資本の量が増加するとき，かりに資本の価値が——すなわち資本の利子が，すなわち資本の支配し取得する剰余労働が——減少しないならば，利子は複利によって幾何級数的に累進することになる。そして，これを貨幣で計算してみればありえないような蓄積（蓄積率）を前提することになる（プライスを見よ）のとまったく同様に，それの真の要素に分解してみれば，たんに剰余労働だけではなく必要労働までも，労働を資本に「帰属すべきもの」として飲みこむことになるのである。（プライスの幻想には，収入とその諸源泉とに関する項目〔Abschnitt〕のなかで立ち返ること。）」(『1861-1863年草稿』。MEGA II/3.4, S. 1372.)

〔41〕「貸し手が資本家に要求するものは一般的利潤率（平均）を基準にして計算されているのであって，それからの彼の個人的な偏倚を基準にしてではない。平均がここでは前提となる。利子率そのものは変化するが，しかし，すべての借り手にとってである。」(『1861-1863年草稿』。MEGA II/3.4, S. 1461.)

〔42〕「これに反して，貨幣資本の場合には——貨幣市場では——ただ買い手と売り手という，需要と供給という，二つの種類のものが相対しているだけである。一方の側には借りる資本家階級があり，他方の側には貸し付ける資本家階級がある。商品は同じ形態——貨幣という形態——をとっている。資本がそれぞれ特殊的生産部面または流通部面で投下されるのに応じてとるすべての特殊的な姿態は，ここでは消えてしまっている。資本は，ここでは，自立的な交換価値の，貨幣の，無差別な，自分自身と同一な姿態で存在する。特殊的諸部面の競争はここではなくなる。すべての部面が貨幣の借り手としてみなひとまとめにされており，また

資本も，すべての部面にたいして，その充用の形態にはまだかかわりのない形態で相対している。資本はここでは，生産的資本がただ特殊的諸部面のあいだの運動と競争とのなかでだけ現われるところのものとして，階級の共同的な資本として，現実に，重みに従って，資本への需要のなかで現われる。他方，貨幣資本（貨幣市場での資本）は現実に次のような姿態をもっている。すなわち，その姿態で貨幣資本は共同的な要素として，その特殊的な充用にはかかわりなしに，それぞれの特殊的部面の生産上の要求に応じていろいろな部面のあいだに，資本家階級のあいだに，配分される。そのうえに，大工業の発展につれてますます貨幣資本は，それが市場に現われるかぎりでは，個別資本家，すなわち市場にある資本のあれこれの断片の所有者によって代表されるのではなくて，集中され〔concentrirt〕組織されて，現実の生産とはまったく違った仕方で，資本を代表する銀行業者の統制〔のもとに〕現われる。したがって，需要の形態から見れば，この資本には一階級の重みが相対しており，同様に供給から見ても，この資本は，大量にまとまった〔en masse〕貸付可能な資本として，わずかばかりの貯水池に集中された〔concentrirt〕社会の貸付可能な資本として，現われる。」(『1861-1863年草稿』。MEGA II/3.4, S. 1462-1463.)

〔43〕 前出の章末注〔3〕を見よ。

〔44〕「これまでわれわれは主として信用制度の発展（そしてそれに含まれている資本所有の潜在的な止揚）を，主として生産的資本に連関して考察してきた。いまわれわれは，利子生み資本そのもの（信用制度による利子生み資本への影響，ならびに利子生み資本がとる形態）の考察に移るが，そのさい総じて，なお若干のとくに経済学的な論評を行なわなければならない。」(『資本論』第3部第1稿。MEGA II/4.2, S. 504-505; 本書第2巻299-300ページ。)

〔45〕「一般的利潤率には，当然，一般的利子率が対応する。これを詳細に展開することをここで意図しているわけではない，というのは利子生み資本の分析はこの一般的な項目〔Abschnitt〕ではなくて信用に関する項目〔Abschnitt〕に属するのだからである。」(『1861-1863年草稿』。MEGA II/3.4, S. 1460.)

〔46〕「ここは，貸付可能な資本にたいする利子率がもつ，一般的利潤率のよりとらえにくい形態とにたいする，またそれと区別される，このようなより大きい固定性と一様性とはどこから生じるのか，ということを論じるべき場所ではない。そのような論述は信用の項目〔Abschnitt〕に属する。」(『1861-1863年草稿』。MEGA II/3.4, S. 1461-1462.)

〔47〕「利潤率が与えられていれば，利子率の相対的な高さは，利潤が利子と産業利潤とに分かれる割合によって定まる。この分割の割合が与えられていれば，利子

率の絶対的な高さ（すなわち資本にたいする利子の割合）は利潤率によって定まる。この分割の割合がどのように規定されるのかということは、ここでは研究することはできない。それは資本の、すなわち諸資本の、現実の〔real〕運動の考察に属することである。それに対して、われわれがここで取り上げているのは資本の一般的な諸形態なのである。」（『1861-1863年草稿』。MEGA II/3.4, S. 1470.)

〔48〕「交換それ事態が相互に独立した二つの行為に分裂するように、交換の全運動それ自体が交換者たちから、商品の交換者たちから分離する。交換のための交換が、諸商品のための交換から分離する。商人身分が生産者のあいだに現われるが、この身分は、売るためにだけ買い、そしてふたたび買うためにだけ売るのであって、こうした営みにあたっては諸生産物としての諸商品の所持を目的とせず、ただ交換価値そのものを、貨幣を取得することだけを目的としている。……（続いてまた、本来の商業〔Handel〕から貨幣取扱業〔Geldgeschäft〕が分離する。）」（『経済学批判要綱』。MEGA II/1.1, S. 82-83.）

〔49〕「交換価値は、すべての特殊的商品と並んで、一般的商品として貨幣のかたちで現われるが、それと同様に、そのことによって同時に交換価値は、すべての他の商品と並んで特殊的商品として貨幣のかたちで（というのは、貨幣は一つの特殊的存在をもつから）現われる。……（現実の商業〔Handel〕から貨幣取扱業〔Geldgeschäft〕が分離することによって、貨幣の特殊的本性がふたたび現われる。）」（『経済学批判要綱』。MEGA II/1.1, S. 84-85.）

〔50〕「流通の費用は運動費用に帰着する。すなわち、生産物を市場にもたらす費用、ある状態から他の状態への転換を生じさせるのに必要な労働時間、本来はすべて計算操作とこれに費やされる時間とに帰着する労働時間（これはある種の特殊的・技術的な貨幣取扱業務〔Geldgeschäft〕の根拠となる）。（後者の費用を剰余価値からの控除とみなすべきかどうかは、のちに明らかとなるであろう。）」（『経済学批判要綱』。MEGA II/1.2, S. 506.）

〔51〕「つまり、流通費用それ自体は、すなわち、交換の操作によって、また一連の交換操作によって引き起こされる、労働時間あるいは対象化された労働時間の、つまり価値の消費は、生産に用いられた時間からの、または生産によって生みだされた価値からの控除なのである。それはけっして価値を増加させることができない。それは生産上の空費に属し、そしてこの生産上の空費は、資本にもとづく生産の内在的費用に属する。商業〔Kaufmannsgeschäft〕は、またそれ以上に本来的な貨幣取扱業〔Geldgeschäft〕は、それらが流通それ自体の諸操作、したがってたとえば価格の決定（価値を尺度することと価値を計算すること）以外にはなにもせず、総じてこの交換操作を、分業によって自立化した一機能として営み、資

本の総過程のこの機能を表わすかぎりでは，たんに資本の生産上の空費を表わすにすぎない。それらは，この空費を減少させるかぎりでは，生産に寄与するが，これは，それらが価値をつくりだすことによってではなく，つくりだされた価値の否定を減少させることによってである。それらが純粋にこのような機能として作用するとしても，それらは，依然として生産上の空費の最小限を表わすだけである。それらが生産者たちに，この分業がなかった場合に彼らがつくりだすことができたであろうよりも多くの価値をつくりだす能力を与え，しかもその程度が，この機能への支払いののちに剰余を残すほどであるならば，それらは事実上，生産を増大させたわけである。しかし，この場合に価値が増大したのは，流通諸操作が価値をつくりだしたからではなく，これらの操作が，そうでない場合にそれらが吸収したであろうよりも少ない価値しか吸収しなかったからなのである。だが，流通操作は資本の生産にとっての必要条件である。」（『経済学批判要綱』。MEGA II/1.2, S. 518-519.）

〔52〕「最後に。蓄蔵貨幣は，それが鋳貨の準備金や支払手段や世界貨幣として機能しないかぎり，蓄蔵貨幣そのものであり，商品がその第1の変態で凝固され独立化され保蔵されたものであった。しかし，資本にとっては，それは，利用されないままでいる資本——貨幣の形態で利用されないままであって，自分自身の営業のなかで直接に価値を増殖させることのできない資本部分——である。貨幣蓄蔵者の幻想を共有しない資本家にとっては，また貨幣が価値をもつのは商品の絶対的形態としてではなく資本の——自己増殖し機能しつつある価値の——絶対的形態としてだけであるような資本家にとっては，資本のこの利用されないままでいる形態は不生産的資本であり，もし彼自身では利潤を生みだす資本としてそれを役だてるつもりがないとしても，少なくとも利子生み資本に転化されるべき貸付可能な資本である。したがって，彼にとっては，それは，貨幣資本として市場にある貨幣なのである。それは，新たに蓄積される利潤，すなわち資本に転化される利潤であることができる。ところが，このような利用されないままでいる資本の一部分は，地代またはその他の，不生産的労働者の（生産的労働者でさえもの）所得源泉からも流れ出ることができるのであり，こうした労働者は貨幣の形で手もとにある自分たちの収入の一部分を，資本として売ろうとする，すなわち貸し出そうとするのである。」（『1861-1863年草稿』。MEGA II/3.5, S. 1576.）

〔53〕「最後に，遊休している貨幣——すなわち市場に貨幣資本として投じられている貨幣は，貸し付けられ，また他人から借りられるのであって，このことが，またしても——いろいろな形態（貸付，手形割引など）で貨幣取扱業の特別の機能として現われるのであるが，この貨幣取扱業は，商人が諸商品に相対するのと

同じで，そんなふうに同時に貸付可能な資本に相対し，需要と供給とを貨幣資本によって調整し集中する〔centralisiren〕媒介者である。」(『1861-1863年草稿』。MEGA II/3.5, S. 1578.)

〔54〕「さらに，われわれが個々の資本の再生産過程を考察するならば，実現された剰余価値は貨幣の形態で還流する。利潤は一部は収入として支出されるが，一部は資本に再転化されなくてはならない。再生産過程は単純な再生産過程であるだけではなく，蓄積過程，拡大された規模での再生産である。後者は一部は貨幣蓄積として現われる。個々の資本家が貨幣の形態で存在する自分の利潤をただちに資本に再転化させることができるかどうか，すなわちこの利潤を自分の再生産過程のなかで使用することができるかどうかは，1. 市場の状態にかかっており，この市場の状態はおそらくある特定の業務の拡大を即座に可能とするものではない，2. しかし，自分の生産資本の有機的構成にもかかっている。というのは，どんな〔貨幣〕額でもただちに生産資本に転化されうるのではなく，こうしたことは一部は技術的な諸条件によって左右され（私は，工場を拡大するのに足りる貨幣をもつことはできても，新たな一工場を追加するのに足りる貨幣をもつことはできない），一部は，その額が，可変資本と不変資本とをそれらに対応する割合で配分するのに足りる大きさでなければならないということによって左右されるからである。こうしたことが可能でなければ，そのあいだ，貨幣は遊休蓄蔵貨幣であり――いまでは遊休資本である。貨幣の保管は貨幣取扱業者の仕事になる。これは貨幣取扱業者の一つの操作であり，この操作は，資本主義的蓄積過程の一契機から生じるものであって，その契機は，まず第1に貨幣蓄積として現われる（少なくとも部分的にそのようなものとして現われる）。資本家は，貨幣を自分自身の事業に投下することができないあいだは，この遊休蓄蔵貨幣を利子生み資本として価値増殖し貸し付けようとする。こうしたことを貨幣取扱業者はその階級全体のために行なうのである。貸借も支払いや収納と同じように，貨幣取扱業に従事する資本の特殊的機能――資本の再生産過程そのものから生じる機能――になる。以前には蓄蔵貨幣貯水池の集中〔Concentrirung〕として現われたものが，いまや同時に，資本として貸付可能な貨幣の集中〔Concentrirung〕として現われる。」(『1861-1863年草稿』。MEGA II/3.5, S. 1699-1700.)

〔55〕「同じような事情にあるのは次のような資本家の場合である。すなわち，かなりの金をため込んでいながら，それを貨幣としてではなく，資本として消費しようとする資本家の場合，言い換えれば利子によって生活しようとする資本家の場合である。／すべての生産的資本家そのものも，利潤のうち彼らが収入として支出するけれども一度にではなく少しずつ支出する部分に関しては，同じである。

この消費ファンド（本来の貨幣準備）は，その中間の期間，資本として貸し付けられることができるし，また，どんな事情のもとでも，ある程度の量の貨幣として蓄積されなければならない。地代収得者についても事情は同じであって，彼は地代のほかに自分の収入のうち利子生み資本としての部分をも食おうとする。すべての不生産的労働者についても同様であって，彼らの収入は一部は資本化され，一部は少しずつ消費されるが，しかし，ある一定の期間がたてばかなり大きな分け前を受け取ることになる。／こうしたものはすべて，貸付可能な資本として貨幣取扱業者のもとに集中される〔concentrirt〕のであり，彼は，そのうえ自ら貨幣を貸し付けるし，また，絶えず支払うことができるためには一定のファンドを準備してもっていなければならない。彼の特殊的資本の機能は，ただ，資本の再生産過程（利潤の資本への転化）から出てくる過程の，また一部は新たに現われる資本が貨幣の形態で現われるような流通の形態から出てくる過程の，独立した形態でしかない。彼はこの階級全体のために貨幣を貸し借りするのであり，むしろこの階級全体の貸し借りを遂行するのである。」（『1861-1863年草稿』。MEGA II/3.5, S. 1700.）

〔56〕「すでに前章で見たように，商人等々の準備ファンドの保管，貨幣の払い出しや受け取りの技術的諸操作，国際的支払い（したがってまた地金取り扱い）は，貨幣取扱業者の手に集中される〔concentrirt〕。貨幣取扱業というこの土台のうえで信用制度の他方の側面が発展し，〔それに〕結びついている，——すなわち，貨幣取扱業者の特殊的機能としての，利子生み資本あるいはmonied Capitalの管理である。貨幣の貸借が彼らの特殊的業務になる。彼らはmonied Capitalの現実の貸し手と借り手とのあいだに媒介者としてはいってくる。一般的に表現すれば，銀行業者の業務は，一方では，貸付可能な貨幣資本を自分の手中に大規模に集中する〔concentriren〕ことにあり，したがって個々の貸し手に代わって銀行業者たちがすべての貨幣の貸し手の代表者として再生産的資本家に相対するようになる。彼らはmonied Capitalの一般的な管理者としてそれを自分の手中に集中する〔concentriren〕。他方では，彼らは，商業世界全体のために借りるということによって，すべての貸し手にたいして借り手を集中する〔concentriren〕。（彼らの利潤は，一般的に言えば，彼らが貸すときの利子よりも低い利子で借りるということにある。）銀行は，一面ではmonied Capitalの，貸し手の集中〔Centralisation〕を表わし，他面では借り手の集中〔Centralisation〕を表わしているのである。」（『資本論』第3部第1稿。MEGA II/4.2, S. 471;本書第2巻169-171ページ。）

〔57〕「貨幣取扱業に従事する資本は，商品取扱業に従事する資本とともに，商業資本の一つの特殊的種類であって，一方は商品資本の発展であり，他方は貨幣資本

〔Geldcapital〕の発展である，すなわち一方は商品としての資本の発展であり，他方は貨幣としての資本の発展なのである。両者はたんに，流通過程のなかにある生産的資本の独立した諸形態であり諸存在様式であるにすぎない。商業資本が資本の最初の自由な形態として生産的資本よりも前に存在するのと同じように，貨幣取扱業とこれに従事する資本（これには moneyed capital，利子生み資本も含まれる）は，ただ商人資本だけを前提するのであり，それゆえ同じく生産的資本に先行する資本の一形態として存在するのである。」（『1861-1863年草稿』。MEGA II/3.5, S. 1697.)

〔58〕「だから，二重化が生じるのである（少なくとも外見からすれば）。一面では，商業資本（商品資本）と moneyed Capital（貨幣資本〔Geldcapital〕）とは生産的資本の一般的な諸形態規定であり，また，生産的資本が商業資本（商品資本）や moneyed Capital（貨幣取扱業）として通過する特殊的運動は，生産的資本がその再生産過程のなかでこのような二つの形態で行なう特殊的諸機能である。他面では，特殊的諸資本（したがってまた独自な資本家連中）は，商業資本の形態においてであろうと moneyed Capital の形態においてであろうと，専門的に活動するのである。それらはまた，生産的資本一般の特殊的諸形態として，特殊的諸資本の諸部面，資本の価値増殖の特殊的諸部面にもなるのである。」（『1861-1863年草稿』。MEGA II/3.5, S. 1579.)

〔59〕「商業資本や moneyed Capital（ここでは貨幣取扱業の意味でのそれ）を，たとえば鉱山業や漁業や農業や製造工業などの資本のような，生産的資本の特殊的区分とみなすということ，これ以上の間違いはほかにない。むしろ，どの生産的資本も，それが自分の生産過程の総運動〔に属する〕W—G—W または G—W—G を通り，この形態において孤立的に考察されるというかぎりでは，商業資本である。実際，その形態が流動資本とみなされているのであり，これが変態の相対立する諸段階の統一体とみなされているのである。同じく，どの生産的資本も，ある段階においては，たとえこれが G—G' として孤立的に考察されるにせよ，またそのかぎりで貨幣としてのその形態で行なう諸機能が，つまりその貨幣諸機能が孤立的に考察されるにせよ，moneyed capital なのである。また，一つの特殊的資本種類としての商業資本，すなわち特定の一部面に投じられて特定の一組の資本家たちによって運営される資本の介入によって，また同じく，特殊的資本種類としての moneyed capital，すなわち貨幣取扱業者の資本の介入によって，——生産的資本は，一面では商業資本の機能を遂行することや，ある一段階において商業資本として現われることを，まったくやめるし，ちょうど同じように，moneyed capital であることや moneyed capital の機能を遂行することもやめるのであ

る。」(『1861-1863年草稿』。MEGA II/3.5, S. 1579.)

〔60〕「貨幣取扱業の利潤が示している困難と商業資本のそれが示している困難とは同じではない。商業資本の場合に困難が出てくるのは，その利潤が商品の価格への追加によって生じ商品が購買されるときよりも高く売られるということからであり，こうしたことが，生産価格の規定に，結局は労働時間による商品の価値の規定に，矛盾するように見えるからである。これに反し，貨幣取扱業の場合には，商品は直接にはまったく関係がないままであって，貨幣取扱業者の利潤中の他とは比較にならない最大部分は，彼が資本を無償で借りているあいだのそれの貸出利子から成っているか，それとも彼によるそれの貸付利子が彼によるそれの借受利子を越える超過分から成っているのである。それだから，直接に剰余価値そのものの一部分が彼の利潤の源泉として現われるのであり，彼の利潤はたんにこの剰余価値にたいする分け前として現われるのである。／この点については信用としての資本に関する項目〔Abschnitt〕ではじめて詳細に立ち入ることができるが，これはここでのわれわれの課題のなかには含まれていない。」(『1861-1863年草稿』。MEGA II/3.5, S. 1701.)

〔61〕 前出の章末注〔32〕を見よ。

〔62〕 前出の章末注〔59〕を見よ。

〔63〕「前の章ではなかんずく次のことが明らかにされた。すなわち，剰余価値率は変わらなくても，利潤率はいろいろに変わる（変化する）ことがありえ，上がり下がりすることがありうるということである。本章では，剰余価値率はつねに不変の所与の大きさと前提する。与えられた一国で社会的労働が分かれているすべての生産部面で，労働の搾取度，だからまた剰余価値率，そして労働日の大きさが同一であり，同じ高さであると前提するのである。生産部面が違えば労働の搾取もいろいろに違っているということについては，すでにアダム・スミスが，そのような相違は各種の現実の補償理由または先入見によって認められた補償理由によって平均化されており，したがってまた，ただ外観的な一時的な相違として，一般的な諸関係の研究にとっては計算にはいらないということを詳しく論証している。その他の相違，たとえば労賃の高さの相違は，すでに導入部〔Einleitung〕で述べた単純労働と複雑労働との相違にもとづくものであって，それは，いろいろな生産部面の労働者の運命を非常に違ったものにするとはいえ，けっしてこれらのいろいろな部面での労働の搾取度には影響しないのである。最後に，もし，さまざまの生産部面のあいだでの，また同じ国における一個同一の生産部面のなかのさまざまの投資のあいだでさえもの，労賃や労働日の平均化が，したがってまた剰余価値率の平均化が，さまざまな地域的な障害にぶつかってだめになると

しても，それでもこれらの障害は，資本主義的生産が進歩していきすべての経済関係がこの生産様式に従属していくにつれて減少していく。このような摩擦の研究〔Untersuchung〕は，労賃に関するそれぞれの特殊研究〔Spezialuntersuchung〕にとっては重要だとはいえ，このような摩擦は資本主義的生産の一般的研究〔die allgemeine Untersuchung der capitalistischen Production〕にとっては偶然的な非本質的なものとして取り除かれる（無視される）べきものである。このような一般的研究では，一般にいつでも，現実の諸関係はそれらの概念に一致するということが前提されるのであり，または，同じことであるが，現実の諸関係は，ただそれら自身の一般的な型を表現している（表わしている）かぎりでのみ，叙述されるのである。」（『資本論』第3部第1稿。MEGA II/4.2, S. 212-215.〔現行版対応箇所：MEW 25, S. 151-152.〕）

〔64〕「2）労働力の価値以下への労賃の引下げ。これはこの研究〔Untersuchung〕ではただ経験的事実として挙げておくだけである。なぜならば，それは，じっさい，ここに挙げてよいかもしれない他のいくつかのことと同様に，資本の一般的分析〔die allgemeine Analyse des Capitals〕には関係のないことで，この著作でわれわれが取り扱わない競争等々の叙述に属することだからである。とはいえ，ここに挙げたものは，利潤率の低下への傾向を阻止する最も重要な原因の一つである。」（『資本論』第3部第1稿。MEGA II/4.2, S. 305.〔現行版対応箇所：MEW 25, S. 245.〕）

〔65〕「生産関係の物象化の叙述や生産当事者たち自身にたいする生産関係の自立化の叙述では，われわれは，もろもろの関連が世界市場，その景気変動，市場価格の運動，信用の期間，産業や商業の循環，繁栄と恐慌等々のさまざまな時期をつうじて生産当事者たちにたいして，圧倒的な，彼らを無意志的に支配する自然法則および盲目的な必然性として現われ，彼らに対立してかかるものとして力を揮う仕方には立ち入らない。なぜ立ち入らないかと言えば，競争等々の現実の運動はわれわれの計画の範囲外にあるものであって，われわれはただ資本主義的生産様式の内的編制を，いわばその理想的平均において叙述し〔die innere Organisation der capitalistischen Productionsweise, so zu sagen in ihrem idealen Durchschnitt darstellen〕さえすればよいのだからである。」（『資本論』第3部第1稿。MEGA II/4.2, S. 852-853.〔現行版対応箇所：MEW 25, S. 839.〕）

〔66〕「本書の第2巻は資本の流通過程（第2部）と総過程の諸形象化〔Gestaltungen〕（第3部）とを，最後の第3巻（第4部）は理論の歴史を取り扱うであろう。」（『資本論』第1部第1版，序文。MEGA II/5, S. 14.〔現行版対応箇所：MEW 23, S. 17.〕）

〔67〕「私の事情（身体のためや日常生活のためのひっきりなしの中断）のために，最初にもくろんでいたのとは違って，二つの巻を一度にではなく，まず第1巻を出

さなければならないことになりました。それからまた今度はおそらく3巻になるでしょう。／すなわちこの著作の全体は次の部分に分かれます。／<u>第1部　資本の生産過程</u>。／<u>第2部　資本の流通過程</u>。／<u>第3部　総過程の形象化</u>〔Gestaltung〕。／<u>第4部　理論の歴史のために</u>。／第1巻ははじめの二つの部を含みます。／第3部が第2巻，第4部が第3巻を占めると思います。／第1部ではまた最初から始めること，すなわちドゥンカーから出た私の著作を商品と貨幣とに関する<u>一つの章</u>に要約することが必要だと考えました。」(1866年10月13日付クーゲルマンあての手紙。MEW 31, S. 534.)

〔68〕「本書の第2巻は<u>資本の流通</u>(第2部)と<u>資本がそれの発展の進行中に帯びるさまざまな形態</u>〔les formes diverses qu'il revêt dans la marche de son développment〕(第3部)とを取り扱うであろう。最後の第3巻は<u>理論の歴史</u>を述べるであろう。」(『資本論』第1部フランス語版「〔ドイツ語版〕第1版序文」。MEGA II/7, S. 14；江夏美千穂・上杉聰彦訳『フランス語版　資本論』上巻，法政大学出版局，1979年，xiiページ。)

〔69〕「第3部ではわれわれは次に，剰余価値の，そのさまざまの形態と互いに分離した構成諸部分とへの転化のところにやってくる。」(1868年4月30日付エンゲルスあての手紙。MEW 32, S. 70.)

〔70〕「<u>すでにみたように，生産過程は，全体として考察すれば，生産過程と流通過程との統一である。このことは，流通過程を再生産過程として考察したさいに……詳しく論じた。この部で問題になるのは，この「統一」についてあれこれと一般的反省を行なうことではありえない。問題はむしろ，資本の過程から——それが全体として考察されたときに——生じてくる具体的諸形態を見つけだして叙述することである。〔諸資本の現実的運動においては，諸資本は次のような具体的諸形態で，すなわち，それらにとっては直接的生産過程における資本の姿態〔Gestalt〕も流通過程における資本の姿態〔Gestalt〕もただ特殊的諸契機として現われるにすぎない，そのような具体的諸形態に対し合う。だから，われわれがこの部で展開する資本のもろもろの形象化〔Gestaltungen〕は，それらが社会の表面で，生産当事者たち自身の日常の意識のなかで，そして最後に，さまざまの資本の相互にたいする競争のなかで生じるときの形態に，一歩一歩近づいていくのである。〕</u>」(『資本論』第3部第1稿。MEGA II/4.2, S. 7.〔現行版対応箇所：MEW 25, S. 33.〕)

〔71〕「だから<u>貨幣取扱業</u>は，ここで考察しているような純粋の形態では，すなわち<u>信用制度から切り離されたもの</u>としては，ただ，<u>商品流通の一契機・すなわち貨幣流通・の技術</u>と，そこから生じる貨幣のさまざまな機能とに関係があるだけである。」(『資本論』第3部第1稿。MEGA II/4.2, S. 393；本書第2巻332ページ。)

〔72〕「貸借の機能や信用取引〔Handel in Credit〕が貨幣取扱業のそのほかの機能と結びついたとき，貨幣取扱業は完全に発展しているわけである｛といっても，これはすでに貨幣取扱業の発端からあったことではあるが｝。しかし，これについてはあとではじめて〔論じる〕。というのは，われわれは次章ではじめて利子生み資本を展開するのだからである。」（『資本論』第3部第1稿。MEGA II/4.2, S. 391; 本書第2巻326-327ページ。）

〔73〕「最後に，国内商業なり外国貿易なりのための購買手段ないし支払手段の準備ファンドとしての蓄蔵貨幣の形成について言えば，それがただ流通過程の必然的な沈澱物でしかないのは，さしあたり遊休している資本のたんなる形態であるかぎりでの蓄蔵貨幣形成がそうであるのとまったく同様である。」（『資本論』第3部第1稿。MEGA II/4.2, S. 392; 本書第2巻328-329ページ。）

〔74〕「この§の対象（ならびに，のちに，信用について言うべきすべてのこと）は，ここではけっして，細目にわたって取り扱うことはできない。明らかなのは，1）貸し手と借り手とのあいだの競争およびその結果としての貨幣市場の短期的変動は，われわれの考察の範囲外にあるということ，2）産業循環のあいだに利子率が通る円環〔Cirkel〕は，それを叙述するためにはこの〔産業〕循環〔cycle〕の叙述を前提するのであるが，これもまた同じくここではすることができないということ，3）世界市場での利子の大なり小なりの大きな均等化等々も，同様であるということである。われわれがここでしなければならないのは，ただ，一方で利子生み資本の姿態を展開することと，〔他方で〕利潤にたいする利子の自立化を展開することだけである。」（『資本論』第3部第1稿。MEGA II/4.2, S. 431; 本書本巻219-220ページ。）

〔75〕「貨幣市場ではただ貸し手と借り手とが相対するだけである。商品は同じ形態を，すなわち貨幣という形態をとっている。資本がそれぞれ特殊的生産部面または流通部面で投下されるのに応じてとるすべての特殊的姿態は，ここでは消えてしまっている。資本は，ここでは，自立的な交換価値の，貨幣の，無差別な，自分自身と同一な姿態で存在する。特殊的諸部面の競争はここではなくなる。すべての部面が貨幣の借り手としてみなひとまとめにされており，また資本も，すべての部面にたいして，その充用の特定の仕方にはまだかかわりのない形態で相対している。資本はここでは，生産的資本がただ特殊的諸部面のあいだの運動と競争とのなかでだけ現われるところのものとして，階級の共同的な資本として，現実に，重みに従って，資本への需要のなかで現われるのである。（？〔sic!〕）他方，貨幣資本（貨幣市場での資本）は現実に次のような姿態をもっている。すなわち，その姿態で貨幣資本は共同的な要素として，その特殊的な充用にはかかわりなし

に，それぞれの特殊的部面の生産上の要求に応じていろいろな部面のあいだに，資本家階級のあいだに，配分されるのである。そのうえに，大工業の発展につれてますます貨幣資本は，それが市場に現われるかぎりでは，<u>個別資本家</u>，すなわち市場にある資本のあれこれの断片〔Parcel〕の所有者によって代表されるのではなくて，集中され〔concentrirt〕組織されて，現実の生産とはまったく違った仕方で，社会的資本を代表する銀行業者の統制のもとに現われるのである。したがって，需要の形態から見れば，この資本には一階級の重みが相対しており，同様に供給〔Zufuhr〕から見ても，この資本は，<u>大量にまとまった</u>〔en masse〕貸付可能な資本として〔現われる〕のである。」(『資本論』第3部第1稿。MEGA II/4.2, S. 440-441; 本書本巻248-249ページ。なお，文中の「(?)」はマルクス自身によるものである。)

〔76〕「「経済人たち〔Oekonomen〕が事柄をこのように考えている二三の箇所をここに引用すべきである。<u>第1194号「あなたがた（イングランド銀行）は，資本という商品を取り扱う非常に大きな商人</u>〔very large dealers in the <u>commodity of capital</u>〕ですね？」(『銀行法委員会報告』，1857年)」(『資本論』第3部第1稿。MEGA II/4.2, S. 412; 本書本巻170ページ。)

〔77〕「<u>利子</u>はもともと，<u>利潤すなわち剰余価値（資本によって取得された不払労働）のうちの</u>，機能資本家つまり産業家または商人が，自分の資本ではなく借りた<u>資本を充用するかぎり，資本の所有者つまり貸し手に支払ってしまわなければならない部分</u>にほかならないものとして現われるのであり，そしてもともとそれにほかならない（また実際にどこまでもそれにほかならない）のである。もし彼が自分の資本だけしか充用しないのであれば，<u>そのような利潤の分割は生じない</u>。利潤はそっくり彼のものである。じっさい，資本の所有者たちが資本を自分で再生産過程で充用するかぎり，彼らは<u>利子率</u>，rate of interestを規定する競争には参加しないのであって，すでにこの点にも，利子の諸範疇――これらはなんらかの利子率の規定なしにはありえない――が生産的資本それ自体の運動にとっては外的なものであることが示されているのである。」(『資本論』第3部第1稿。MEGA II/4.2, S. 441-442; 本書本巻267-268ページ。)

〔78〕「資本主義的生産は，それが発展していくのと同じ度合いで<u>市場を拡張し</u>，だからまた，市場の中心点としての生産場所から測ったときにそれが描く市場の円周の半径を累進的に増大させ，その結果として<u>流通時間</u>を延長していくのだから，〔これにたいして〕資本に内在的な価値増殖衝動は，資本に内在的な商品低廉化法則のことはまったく別としても，<u>運輸・通信手段</u>を発達させることによって，つまり，たんに市場の拡張のためばかりでなく，商品が市場を通り抜ける時間の短

縮のための，だからまた流通時間の短縮のためのこの実体的諸条件を創造することによって答えるのである。他方では信用制度であって，他の2点にも妥当することであるが，これは流通時間を短縮し，全再生産過程を流動的に保つための手段として，資本主義的生産から必然的に生まれでてくる〔herauswachsen〕ものである。」(『資本論』第2部第1稿。MEGA II/4.1, S. 207; 中峯照悦・大谷禎之介他訳『資本の流通過程——『資本論』第2部第1稿——』，大月書店，1982年，87ページ。)

〔79〕「最後に，貨幣そのものが，それが高価な実体からなっているかぎりは，流通費に，しかも流通の大きな費用に属する。国民の年々の労働のうちの一部分は，生産手段や消費ファンドに移行しうる諸商品の姿態で現われるかわりに，無駄に金銀の姿態で現われる。貨幣を無価値の代理物で置き換えようとするのは資本主義的生産の傾向である。けれども，生産された富のうちの莫大な部分がそれ自体としては無用なこうした形態をとるということは，システムの必然的諸条件から生じることである。それは，流通過程の諸条件によって必要とされる固定資本なのである。」(『資本論』第2部第1稿。MEGA II/4.1, S. 230; 前出邦訳『資本の流通過程』，113ページ。)

〔80〕「最後に，ここではじめて，この衝動を実現する手段が，労働の生産諸力の発展，大量の商品資本を在庫の形態で市場で保存する手段，もろもろの市場そのものの拡大，すべての国民の生産の絡み合い，生産部門の絶えざる累増，あらゆる形態での固定資本の発展，ある部面で生みだされた過剰資本を他の部面で機能させること（総じて貯蓄を資本化すること）を容易にするものの形成，これらのことによって，完全に発展するからである。」(『資本論』第2部第1稿。MEGA II/4.1, S. 358; 前出邦訳『資本の流通過程』，272ページ。)

〔81〕「まず，現存資本にたいする，あるいは将来の収益にたいする所有権原（国債，等々のような）の集積にすぎないいわゆる貨幣資本について言えば——いわゆる貨幣市場および貨幣資本の最大の部分をなすのはまさにこれらの有価証券である——，それは実際には，リカードウが国家の債権者の貨幣資本について正しく言っているように，まったく資本ではないのである。この「観念的資本」の形態についてのさらに詳しいことは，利子生み資本のところで（第3部第4章）述べるべきである。……貨幣資本の蓄積が，収入のうち資本にやがて再転化されるはずの部分がひとまず蓄蔵貨幣として遊休する，等々のことを意味するかぎりでは，このことも，同じく利子生み資本についての第4章で詳しく考察すべきである」(『資本論』第2部第1稿。MEGA II/4.1, S. 360; 前出邦訳『資本の流通過程』，274-275ページ。)

〔82〕「いま，固定資本についてもっと詳しく展開されるべきことは……次のことで

ある。……／（3）この2種類の資本〔固定資本と流動資本〕のそれぞれは，どの程度まで，より完全な意味での資本なのか。固定資本がこの生産様式とともに発展すること，資本主義的生産様式に特徴的なこととして〔展開すること〕。信用システム等々の土台としての固定資本，――信用システムがそれ自体〔per se〕つねに将来の労働にたいする指図であるというかぎりで。この両種類の資本の神秘化。」
（『資本論』第2部第1稿。MEGA II/4.1, S. 267；前出邦訳『資本の流通過程』，157ページ。）

〔83〕「国民的富のうちの固定資本から成る部分は――そして，この固定資本がますます固定資本として形象化されてくるにつれて，すなわち，流動資本とのそれの特徴的な区別をますます形象化し明確にしていくにつれて――，それの価値の補塡がいよいよ徐々になり，それの価値を再生産する期間は，流動資本の再生産期間の尺度である1年をはるかに越えるようになる。それゆえ，流動資本――すなわちそれの価値実現〔Verwerthung〕――が，より多く，現在の労働――われわれが現在の〔contemporaneous〕労働と呼ぶのはその年のうちになされるすべての労働のことだが――にもとづいているのにたいして，固定資本の価値実現〔Verwerthung〕は，それが，たとえば本来の機械のように，直接に狭義の労働手段として直接的生産過程において機能するのであろうと，建築物，鉄道，運河，等々のように，直接的生産過程から独立した生産過程の一般的諸条件として機能するのであろうと，はるかに高い度合いで，将来の労働にもとづいている。自己の価値を再生産する｛そしてその上さらに，あとで明らかになるであろうように，自己の所有者に，他の諸資本が生産した剰余価値からの分け前を保証するはずの｝資本としては，固定資本は将来の労働（そしてこの第2の場合には剰余労働）にたいする指図証である。だからこそ，固定資本が発展するにつれて有価証券が増えるのである。この有価証券は，固定資本の価値にたいする，それゆえこの価値の将来の再生産にたいする所有権原を表わすだけでなく，同時に，それの将来の価値増殖〔Verwerthung〕にたいする権原，すなわち総資本家階級によってゆすり取られるはずの剰余価値からの分け前（利子，等々）にたいする権原をも表わしている。つまり，この点に信用制度の発展が，同時にしかし，貨幣資本のうち，将来の労働および剰余労働とにたいする所有権原の蓄積のほかには何ものも表わしていない部分の発展が，一つの新しい物質的基礎をもつのである。貨幣資本のうちのこの部分の蓄積は，先取りされた将来の富にたいする権原から成っており，だからまた，それ自身はけっして現実に存在する国民的富の要素ではない，言い換えれば，それがそうした要素であるのは，現存する固定資本の現存する価値（価値増殖〔Verwerthung〕ではなくて）にたいする所有権原を表わしているとい

うかぎりででしかない。しかし、この権原はつねに、この価値が生産される前から存在しており、直接には、その価値を生産するために支出される、すなわち前貸される資本の価値以外の何ものをも代表しない。この場合でも、この価値を、たとえば、鉄道の価値と株主の書類鞄の中にある鉄道株の価値というように、二重に計算してはならない。この点は、国債の場合もまったく同様である。国債は、それがその所持者に分け前を保証している、年々の生産物の価値以外のいかなる価値でもない。しかし、こうした外観がますます生みだされるのは、国債の時価——その評価の変動——が、それの権原の対象である価値とは直接にはかかわりのない諸事情によって決定されるからである。しかし、資本主義社会〔the capitalist society〕の最有力筋の連中は、蓄積のこうした形態に生産や蓄積の現実の運動を従わせるように努めるのである。」(『資本論』第2部第1稿。MEGA II/4.1, S. 287-288;前出邦訳『資本の流通過程』、181-182ページ。)

〔84〕「このような不断の不均等の不断の平均化がますます速く行なわれるのは、1. 資本がより可動的な場合であって、そうであればあるほどある部面から他の部面に資本を移動することがそれだけ容易に行なわれるのであり、同時にこれには場所についての可動性も含まれている。2. 労働をある部面から他の部面へ、またある場所の生産地点から他のある場所の生産地点へより速く動かすことができる場合である。第1のことは次のようなことを前提する。社会のなかでの完全な自由取引〔free trade〕。そして、自然的独占以外の、すなわち資本主義的生産様式そのものから生じる独占以外の、あらゆる独占の排除。さらに信用システムの発展であって、信用システムは、組織されていない大量としての浮動している社会的資本を集中して〔concentriren〕個別的資本家たちに向き合わせる。資本家のもとへのさまざまの生産部面の従属（この従属は、すべての資本主義的に搾取される生産部面で価値の生産価格への転化が問題になると仮定したときにすでに前提のうちに含まれていたことである。しかし、この平均化そのものがより大きな障害にぶつかるのは、多数の広大な資本主義的に経営されていない生産部面が資本主義的に経営されている諸部面のあいだに割り込まされ絡み合わされている場合である）。人口の密度がある大きさに達していること。第2の点。労働者がある生産部面から他の生産部面に、またはある生産場所からどこか他の生産場所に移動することを妨げるような法律をすべて廃止すること。自分の労働の内容にたいする労働者の無関心。すべての生産部面の労働ができるだけ単純労働に還元されること。職業的偏見がすっかりなくなること。とくにまた、資本主義的生産様式への労働者の従属、等々。これについてのこれ以上の詳細はわれわれの限界の外部にある。なぜならそれらは「競争について」という論稿〔Abhandlung〕で展開

されるべきことだからである。」(『資本論』第3部第1稿。MEGA II/4.2, S. 270.〔現行版対応箇所：MEW 25, S. 206-207.〕)

〔85〕「ちなみに，利潤の量は，その率が下がっても，投下される資本の大きさにつれて増大する。さらに，この小さくなった比率を表わしている使用価値の分量が増大する。とはいえ，これは同時に資本の集中〔Centralisation〕を条件とする。というのは，いまでは生産条件が大量の資本の充用を命ずるからである。それは大資本家による小資本家の併呑と後者の「資本剥奪〔Entcapitalisirung〕」を条件とする。これもまた，別の第2の展相〔Potenz〕における生産者からの労働条件の分離にすぎない。(小資本家たちの場合にはむしろまだ自己労働〔が行なわれているのであって〕，資本家の労働は総じて彼の資本の大きさに，すなわち彼が資本家である力能〔Potenz〕に，反比例するのである。かりに求心力と並んで対抗的な諸傾向が絶えず繰り返し集中排除的に〔decentralisirend〕作用していなかったならば，この過程はじきに資本主義的生産に決着をつけてしまうであろう。) 生産者からの労働条件のこの分離は資本および本源的蓄積の概念を形成し，次いで資本の蓄積において恒常的な過程として現われ，そしてここで最後に少数の手中への既存の諸資本の集中〔Centralisation〕と多数の人びとの資本剥奪(いまでは収奪はこのように姿を変える)として現われるのである。／資本の本源的蓄積，——それは，労働諸条件の集中〔Centralisation〕を含んでいる。それは，労働諸条件が労働者たちと労働そのものに対立して自立化することである。この自立化の歴史的行為，——それは，資本生成の歴史的行為である。それは，労働諸条件を資本に転化し，労働を賃労働に転化する歴史的な分離過程である。これと同時に資本主義的生産の基礎が与えられる。／だから，資本そのものの基礎上での資本の蓄積は，資本と賃労働との関係を前提している。それは，対象的富が労働に対立して分離し自立化することを絶えず拡大する規模で再生産する。／諸資本の集中〔Concentration〕。小資本の絶滅による大資本の蓄積。牽引。資本剥奪，——それは，資本と労働との中間的結合〔Mittelverbindung〕の解体である。それは，次の過程の，すなわち，労働諸条件を資本に転化させ，次に資本を倍加させ，拡大した規模で再生産し，最後に社会の多くの地点で形成された資本をそれらの所持者から切り離して大資本家の手中に集中していく〔centralisiren〕過程の最後の展相〔Potenz〕かつ形態にすぎない。対立のこの窮極の形態とともに，生産は，疎外された形態においてではあるが，社会的な生産に転化されている。社会的労働，そして現実の労働過程においては生産諸用具の共同性。資本家たちは，この社会的生産を加速させ，したがって同時にまた生産諸力の発展を加速させる，労働過程の機能者としては，彼らが社会に代わって受益を吸い取り，この社会的富

の所有者ならびに社会的労働の支配者〔Commandeur〕として膨れあがっていくのと同じ程度で、余計なものになっていく。封建諸侯〔die Feudalen〕のもろもろの請求権は、彼らのサービスがブルジョア社会の出現とともに余計なものになっていったのと同じ程度で、たんなる反時代的かつ反目的的な特権に転化し、したがってまたその破滅の道を急いだのであるが、資本家たちは、こうした封建諸侯と同様な目に遭うのである。」(『資本論』第3部第1稿。MEGA II/4.2, S. 315-316.〔現行版対応箇所：MEW 25, S. 256.〕)

〔86〕「ちなみに、利潤の量は、その率が下がっても、投下される資本の大きさにつれて増大する。さらに、この小さくなった比率を表わしている使用価値の量が増大する。とはいえ、これは同時に資本の集中〔Centralisation〕を条件とする。というのは、いまでは生産条件が大量の資本の充用を命ずるからである。それは大資本家による小資本家の併呑と後者の「資本剥奪〔Entcapitalisirung〕」を条件とする。これもまた、別の形態における労働からの労働条件の分離にすぎない。{というのは、小資本家たちの場合にはむしろまだ自己労働〔が行なわれているのであって〕、資本家の労働は総じて彼の資本の大きさに、すなわち彼が資本家である力能〔Potenz〕に、反比例するのである。かりに求心力と並んで、ここでは展開できない、それを麻痺させる諸傾向——これは諸資本の競争の章で論じるべきことである——が絶えず繰り返し集中排除的に〔decentralisirend〕作用していなかったならば、この過程はじきに資本主義的生産に決着をつけてしまうであろう。}生産者からの労働条件のこの分離は資本および本源的蓄積の概念を形成し、次いで資本の蓄積において恒常的な過程として現われ、そしてここで最後に少数の手中への既存の諸資本の集中〔Centralisation〕と多数の人びとの資本剥奪として現われるのである。」(『1861-1863年草稿』。MEGA II/3.4, S. 1447.)

〔87〕「信用制度とそれが自分のためにつくりだす、信用貨幣などのような諸用具との分析は、われわれの計画の範囲外にある。ここではただ、資本主義的生産様式一般の特徴づけのために必要なわずかの点をはっきりさせるだけでよい。そのさいわれわれはただ商業信用だけを取り扱う。この信用の発展と公信用の発展との関連は考察しないでおく。」(『資本論』第3部第1稿。MEGA II/4.2, S. 469; 本書第2巻157-158ページ。)

〔88〕〔89〕 前出の章末注〔44〕を見よ。

〔90〕「V. いまわれわれは利潤を、それが実際に与えられたものとして現われる形態に、すなわち、われわれの前提によれば16⅔％に帰着させた。そこで、この利潤の企業利得と利子とへの分裂だ。利子生み資本。信用制度。」(1868年4月30日付エンゲルスあての手紙。MEW 32, S. 74.)

第1篇　利子生み資本

第1章
「利子生み資本」(エンゲルス版第21章) に使われたマルクス草稿について

　本章に収めるのは，1988年6月に書き上げた拙稿「「利子生み資本」(『資本論』第3部第21章)の草稿について」(所収：『経済志林』第56巻第3号，1988年9月)である。

　この拙稿では，第21章に使われた草稿の訳文を掲げるまえに，マルクスは利子生み資本という語をどのように使っているか，ということについて，用例を掲げて見ておいた。これによって読者に読み取っていただきたいと考えていたのは次のことであった。

　マルクスが第5章で理論的に解明しようとしたのは，目前に見えている信用制度(銀行制度)のもとでの利子生み資本すなわちmonied capitalであって，このような利子生み資本の具体的な形態に到達するために，マルクスは，「1)」-「4)」で，まずもって信用制度を度外視して利子生み資本を概念的に把握(begreifen)し，それから上昇して「5)」で，信用制度のもとでの利子生み資本の分析に取り掛かった。だから「5)」でのmonied capitalは，より具体的な形態にある利子生み資本なのであり，「5)」でマルクスが「利子生み資本」と言っているものも，ここで掲げた用例から明らかなように，まごうかたなき「利子を生む資本〔Zins tragendes Capital〕」のことであって，それはけっして「資本—利子」という三位一体的定式の一項のもとにおける転倒的観念としての「資本」のことではない。そして，以上の利子生み資本の理論的分析とそのあとの「6)」での利子生み資本の歴史的考察との全体，つまり第5章の全体が，利子生み資本の分析を成しているのである。

はじめに

　『資本論』第3部のエンゲルス版(現行版)第5篇第21章「利子生み資本」は，マルクスの第3部用の草稿のうちの「第1稿」すなわちいわゆる「主要原稿」の286-295ページからまとめられたものである。

草稿第5章の全体の概観ならびにエンゲルスの編集作業について本書第2巻の「第5章「信用と架空資本」(エンゲルス版第25章) に使われた草稿について」で詳論するように,エンゲルスの第3部編集作業全体のなかで最大の困難となったのは,草稿の第5章を利用して彼の版の「第5篇」の印刷用原稿をつくりあげることであり,これが彼の作業をひどく長引かせることになったのであったが,そのなかでもとりわけ厄介だったのは,マルクスの草稿の第5章のなかの,それぞれ項目番号をもつ六つの項目のうち,第5の項目である「5) 信用。架空資本」を編集することであった。この「5) 信用。架空資本」からエンゲルスは第5篇の第25-35章をつくった。それ以前の四つの項目はそれぞれ第21-24章の各章となり,最後の第6の項目は第36章となった。

第5篇の最初の章,すなわち第21章となったのは,草稿第5章の六つの項目のうちの最初の項目であり,草稿では「1)」という項目番号がつけられている部分である。ここには項目番号があるだけで,表題はつけられていないが,エンゲルスはこの章に「利子生み資本」という表題をつけた。第3部への序文のなかで彼が,「第21章から第24章まではだいたいでき上がっていた」(MEGA II/15, S. 9; MEW 25, S. 13),と書いているように,エンゲルス版のこの章の内容は,マルクスの草稿とほぼ一致している。ここでのエンゲルスの作業の大半は,それまで彼が第3部の草稿の整理をするのにとってきた仕方で個々の文章を手入れすることと,草稿での注や追記を印刷用に整理・配置することとであった。

本章では,第3部エンゲルス版第21章の草稿,つまり草稿第5章の「1)」を,MEGA版 (MEGA II/4.2) に収められた第3部草稿第5章から訳出し,それに,それとエンゲルス版との相違を示すが,そのまえに,この第5章全体の主題と構成,そして「利子生み資本」の概念などについて,若干の予備的考察をしておく。なお,草稿とエンゲルス版とでは篇・章・節などの項目名の使い方にずれがあるが,以下では,項目名はすべて草稿のそれにより,必要に応じてエンゲルス版のそれを括弧書きする。

1　第3部第5章の主題と構成

第3部第5章の主題と構成については第2巻の第5章で立ち入って述べるので,

ここではそれをごく簡単にまとめておこう。

　第5章の主題は,「利子と企業利得(産業利潤または商業利潤)とへの利潤の分裂。利子生み資本」という,マルクス自身による表題に明瞭に示されている。マルクスは第3部第1稿の冒頭のパラグラフで,第3部の課題について,「問題は,資本の過程——全体として考察されたそれ——から生じてくる具体的諸形態を見つけ出して叙述することである」(MEGA II/4.2, S. 7; MEW 25, S. 33)と述べているが,この表題のうち前半の「利子と企業利得(産業利潤または商業利潤)とへの利潤の分裂」という部分は,第3部の他の多くの部分の表題と同様に,分配形態かつ収入形態である,剰余価値の転化形態,すなわち剰余価値が受けとる「具体的形態」に即してこの章の主題を示しており,後半の「利子生み資本」は,同じ主題を資本の「具体的形態」に即して示している。これをさらに簡潔に言い表わせば,第5章の主題は,剰余価値の分配形態に即して言えば「利子と企業利得」であり,資本に即して言えば「利子生み資本」である。

　草稿第5章は次の六つの項目からなっている。
　「1)」(表題なし。)
　「2) 利潤の分割。利子率。利子の自然率。」
　「3)」(表題なし。)
　　　(草稿では「3)」は「4)」と誤記されている。以下,「3)」と呼ぶ。)
　「4) 利子生み資本の形態での剰余価値および資本関係一般の外面化」
　　　(草稿では「4)」は「5)」と誤記されている。以下,「4)」と呼ぶ。)
　「5) 信用。架空資本。」
　「6) 先ブルジョア的なもの。」

　内容から見て,これらは次の三つの部分に分けることができる。

　第1は「1)」から「4)」までの部分である。ここでは,利子生み資本の最も単純な姿態を対象に据え,これを分析することによって利子生み資本の概念,本質を明らかにし,この本質把握にもとづいて「利子生み資本の姿態」と「利潤にたいする利子の自立化」とを展開し,最後に,この展開のなかで明らかになってくる,利子生み資本の形態での剰余価値および資本関係の物象化を総括する。このような第1の部分の内容を一言で言い表わすなら,「利子生み資本そのものの一般的分析」と呼ぶことができる。エンゲルス版では,第21-24章

にあたる。

　第2は「5）信用。架空資本」の部分である。ここでは，第1の部分で明らかにされた利子生み資本の概念と基本形態とを前提にして，資本主義的生産様式一般の特徴づけに必要なかぎりで，利子生み資本の具体的諸形態，諸姿態を明らかにしようとしている。資本主義的生産様式のもとで利子生み資本がとっている具体的諸形態，諸姿態とは，信用制度のもとにおける利子生み資本の諸形態にほかならない。だからこの部分の内容は，「利子生み資本が信用制度のもとでとる諸姿態の分析」と要約することができる。ただし，それらの姿態を全面的かつ包括的に論じようとするのではなく，『資本論』の課題である「資本の一般的分析」の枠内で，それに必要なかぎりで行なおうとしているのである。マルクスは，信用制度下の利子生み資本をきわめてしばしばmonied capitalと呼んだので，この語を使って表現すれば，この「5）」で行なわれるのは，貨幣市場における利子生み資本の一般的形態であるmonied capitalの諸姿態——その最も大量的かつ典型的な存在形態としての，銀行に集積された貸付可能な貨幣資本の諸形態——の分析である。だから，この第2の部分は，端的に「monied capital論」と呼ぶこともできるであろう。エンゲルス版では，第25-35章にあたる。

　信用制度のもとでの利子生み資本の諸姿態を分析しようとするこの部分では，まずなによりも，信用制度そのものがどのようなものであるかが明らかにされていなければならない。エンゲルス版の第25章および第27章にあたる草稿部分では，信用制度とはなにか，それは資本主義的生産においてどのような意義をもち，どのような役割を果たすのか，ということを明らかにしようとしている。この草稿部分を「信用制度の分析」と呼ぶことができるから，そのかぎりで，第5章は，とりわけその「5）信用。架空資本」は，「信用制度の分析」をも含んでいる，と言うことができる。しかし，この分析は，信用制度下の利子生み資本の諸姿態の分析の準備として行なわれているものであって，信用制度そのものを対象とする本格的な分析ではない。だからこそマルクスは，だれの目にも信用制度が論じられていることが明らかな，まさにその部分にはいる冒頭のところで，「信用制度とそれが自分のためにつくりだす，信用貨幣などのような諸用具との分析は，われわれの計画の範囲外にある。ここではただ，資

本主義的生産様式一般の特徴づけのために必要なわずかの点をはっきりさせるだけでよい」(MEGA II/4.2, S. 469; 本書第2巻157-158ページ)，と書いたのである。この断り書きは，「信用制度とそれが自分のためにつくりだす，信用貨幣などのような諸用具との分析」が，つまり信用制度そのものを対象とする本格的な分析が『資本論』の外部に残されていることを明らかにしている。そして，この序論的な信用制度分析を終えて，いよいよ本論にはいろうとするところ（エンゲルス版の第27章の終わりに近いところ）で，「いまわれわれは，利子生み資本そのもの｛信用制度による利子生み資本への影響，ならびに利子生み資本がとる形態｝の考察に移る」(MEGA II/4.2, S. 505; 本書第2巻299ページ)，と記したのであった。ここで言う「利子生み資本そのものの考察」とは，いうまでもなく，すでに第1の部分で終えた利子生み資本の一般的分析を前提にして行なわれるべきmonied capitalの分析にほかならない。エンゲルス版第28章からこの「monied capital論」の本論部分が始まるが，本書第3巻で論じることになるその具体的な内容については，ここでは立ち入らないことにする。

　草稿第5章の第3の，最後の部分は，「6）先ブルジョア的なもの」である。ここでは，利子生み資本の前資本主義的な形態である高利資本が，すでに明らかにされた現代的な利子生み資本の概念を前提して，それとの対比において分析され，さらに，産業資本がこの高利資本を，とりわけ信用制度の創造によって，自己に従属させ，現代的な利子生み資本を生み出すにいたる歴史的過程の基本的な筋道が述べられている。利子生み資本（および信用制度）について，すでに理論的な解明がなし終えられているここで，はじめてそれの歴史的生成過程を叙述することができるし，またこの生成についての叙述によってはじめて，利子生み資本の分析は完全なものとなる。エンゲルス版第36章にあたるこの部分は，「利子生み資本の歴史的生成過程の考察」となっている。

　第3部第5章は，以上のように，「利子生み資本そのものの一般的分析」および「利子生み資本が信用制度のもとでとる諸姿態の分析」からなる理論的展開と，「前資本主義的社会における利子生み資本」についての歴史的叙述とからなっており，全体として「利子生み資本論」を成しているのである。

2 「貨幣資本論」と「貨幣市場としての資本」

　ところで，いま見た第2の部分の「利子生み資本が信用制度のもとでとる諸姿態の分析」ないし「monied capital 論」が『資本論』のなかで占める位置について，別の角度から一つの補足をしておきたい。

　マルクスは『経済学批判要綱』の執筆の過程で「経済学批判」の体系構想を練り上げ，6部作プランをもつにいたった。その第1部「資本」は次第に，「資本一般」，「競争」，「信用」，の3項目に収斂していった。この三者の関連については，いくつかの観点から論じることができるが，ここで問題としているmonied capital との関連においては，なによりも注目しなければならないのは，第1部「資本」の全体が，「貨幣としての貨幣」が「資本としての貨幣」に転化し，さらに「貨幣としての資本」を経て，最後に「貨幣市場としての資本」にまでいたる展開と見なされていた (MEGA II/1.1, S. 173-174)，という点である。

　これは，「全生産過程の最も表面的な，そして最も抽象的な形態としての貨幣流通」の分析によって明らかにされる貨幣の最も抽象的な形態諸規定が，資本の展開のなかでより具体的に規定され，より具体的な内容規定をもつようになるということ（これはこれとして重要なことではあるが）とは異なる，貨幣そのものの展開，貨幣そのものが資本関係の発展によって新たなより高次の規定性（マルクスはこれを「より高次の展相〔Potenz〕」とも呼ぶ）をもつものに転化していく過程である。マルクスはこの展開を，「貨幣を貨幣市場としてのその総体性にいたるまで追究すること」(MEGA II/1.1, S. 174) と表現しているが，これはまさに「資本」の部の展開そのものにほかならない。「貨幣市場」にまでいたる展開の意味と内容とについては別稿[1]で述べたので省略するが，最後の項目（これは「資本一般」，「競争」，「信用」，の3項目に即して言えば，「信用」の最後の部分をなすものであり，また同時に「資本」の部の締めくくりとなるべきものであった）となるはずの「貨幣市場」ないし「貨幣市場としての資

---

　1) 拙稿「「貨幣」篇への補足」について」，『マルクス経済学レキシコンの栞』No. 14, 大月書店，1985年，19-23ページ（所収：拙著『マルクスによってマルクスを編む』，大月書店，2003年，193-199ページ）。

本」とは，いま述べていた money market とそこにおける monied capital だったと考えられるのである。

　6部作プランの第1部「資本」の「資本一般」は，その対象を，「多数の資本」を捨象した一個の資本（賃労働に対立する資本，国民的資本，社会的総資本）に厳しく限定したものであったから，資本の現実的運動については，この「資本一般」の項目を終えたのちに，「競争」と「信用」で取り扱うほかはなかった。だから「資本一般」は，資本および剰余価値の，人びとの表象に与えられている具体的諸姿態には到達しえていない，その意味で「資本」の展開としては文字どおり未完了のものであった。

　しかしマルクスは，「資本」の叙述を続けるなかで，実際に刊行する独立の著作『資本論』では，一個の資本に厳しく限定する点においてそれに続く項目から截然と区別される「資本一般」をまず「一般性」として叙述し，そこから「多数の資本」を前提する「競争」および「信用」に進む，という叙述の方法を放棄した。彼は，『資本論』に結実していった「資本」についてのまとまった一般的叙述をもはや「資本一般」と特徴づけることをしなくなった。それに代わって，「資本主義的生産の一般的研究」，「資本の一般的分析」，「資本主義的生産様式の内的構造の，その理想的平均における叙述」という特徴づけが現われた。それの第2部の最初の書き下ろしである「第1稿」ではすでに，「多数の資本の，すなわちいろいろな産業の諸資本に分裂している総資本の過程」としての「実体的な再生産・流通過程」の諸条件の分析がその大きな部分を占めるようになり，第3部では，利潤率を異にする諸資本，生産諸部門を前提する「競争による一般的利潤率への均等化」，したがってまた「価値の生産価格への転化」が論じられ，さらに，資本の，産業資本と商業資本への分裂が論じられるようになった。「競争による一般的利潤率への均等化」を論じるさいに，競争とはなんであるか，それはどのように行なわれるのか，そしてそれは資本の法則の執行者としてどのような意味をもっているのか，というその基本的規定が明らかにされなければならなかった。

　このような著述の編成のうえでの変更をもたらした，著述方法における変更は，「利子生み資本」および「信用」，したがってまた「貨幣市場」の取り扱いにも大きな変化をもたらした。一方では，「利子生み資本」そのものが「機能資

本」と区別される資本として一般的に分析されるとともに，他方では，信用制度の前提ないし基礎をなす，競争による利潤率の均等化や，貨幣取扱資本をはじめとする資本と剰余価値との諸形態がすでに考察されるようになった。「資本の一般的分析」としての『資本論』はもはや，「信用としての資本」，そしてその最後の部分となるはずであった「貨幣市場としての資本」を，分析対象の限定を超えるものとして完全に排除する理由がなくなったばかりでなく，それらへの言及の前提ないし基礎を欠くものでもなくなった。ただし，それが「一般的分析」である以上，「諸資本の現実的運動」の分析としてのもろもろの分析がそれの外に残されているのは当然であって，6部作プランでの「信用としての資本」や「貨幣市場としての資本」で構想されていた（といってもそもそもどこまで具体的に構想されていたのかほとんど不明なのではあるが）諸問題や構想がそっくりそのままここにもちこまれたなどということがありえないことは言うまでもない[2]。

ところで，じつはマルクスが『経済学批判要綱』で，さきに述べたような，「貨幣としての貨幣」→「資本としての貨幣」→「貨幣としての資本」（これは利子生み資本のことではなくて，価値の自立的な形態としての貨幣の姿をとった資本のことである）→「貨幣市場」，という展開を述べたときには，まだ，このうちの前三者は「資本一般」に属すものであり，最後の「貨幣市場」は，「信用」よりもさらにあとに位置するものとして構想されていた（すなわち，信用としての資本→株式資本としての資本→貨幣市場としての資本）。このときには，「利子生み資本」は「一般性」に続く「特殊性」（のちの競争）で論じられることになっていたのである。ところが，そのすぐあとに書かれたプラン以降，利子生み資本は「一般性」（資本一般）の最後の部分に含まれるようになったばかりでなく，むしろ，「一般性」を締めくくる位置を与えられるようになった。マルクス自身は，その後はこのような「貨幣市場」にいたる展開について概括的に書くことをしていないが，利子生み資本のこのような新たな位置を前提してさきの展開を考えるならば，利子生み資本は当然に「資本一般」を締めくくる

---

2) 以上のプランの変更については，本書本巻の「序章B 『資本論』の著述プランと利子・信用論」および「補章1 「資本の一般的分析」としての『資本論』の成立」を参照されたい。

ものとしてそのなかで重要な位置を占めることになるはずである。その場合には，さきの展開は，「貨幣としての貨幣」（貨幣の抽象的諸規定）→「資本としての貨幣」（貨幣の資本への転化以降の資本の展開）→「貨幣としての資本」（流通過程における資本の形態としての貨幣資本）→「利子生み資本」（「商品としての資本」あるいは「資本としての貨幣」）→「貨幣市場」，ということになるであろう。ここでは利子生み資本は，貨幣を生む貨幣という資本の最も一般的な現象形態として，したがってまた資本一般における物象化の完成形態として，「資本一般」を締めくくるべき位置にある。

以上のように見るならば，『資本論』第3部第5章の利子生み資本論のうちで，第1の部分（「1）」-「4）」），が，6部作プランの「資本」の部のなかの「資本一般」を締めくくる位置にあった「利子生み資本」に対応する性格をもっており，第2の部分が，6部作プランの「資本」の部を締めくくる位置にあった「貨幣市場」ないし「貨幣市場としての資本」に対応する性格をもっているということができる。このように，第5章の理論的展開の二つの部分は，いずれも，それぞれ別の意味においてであるが，それ以前の展開を締めくくるという性格をもあわせもっているのではないか，と考えられてくる。

monied capital を「貨幣市場としての資本」と考えることができるとするならば，「貨幣市場では資本はその総体性において措定されている」（MEGA II/1.1, S. 199）という『経済学批判要綱』での展望は，『資本論』第3部第5篇における monied capital の分析において，なにがしかの程度において実現されているはずである。マルクスが，「貨幣を貨幣市場としてのその総体性のいたるまで追究すること」と言い，また「貨幣市場では資本はその総体性において措定されている」と言うときの「総体性」とは，別言すれば，ここ，貨幣市場においては，貨幣および資本のいっさいの規定がすべて前提され，それらすべてが複雑に絡み合いながら現実性として存在しているということであろう。だからこそ，ここでは，「鋳貨としての流通手段と貨幣と貨幣資本と利子生み資本（英語の意味での monied capital）とのあいだの諸区別をごたまぜにしている」（MEGA II/4.2, S. 505; 本書第3巻98ページ）という「混乱」が支配するのであり，monied capital を分析することは同時にこの「混乱」を批判することでもなければならない。またさらに，単純な商品・貨幣流通で抽象的に考察されていた貨幣とその諸規定

は、この「貨幣市場としての資本」で、「資本の一般的分析」の限度のなかで最も具体的な諸姿態をとって現われるのであって、その意味では、貨幣論そのものもここで最終的に締めくくられるのである。

『資本論』は、この第5章のあとに「第6章 超過利潤の地代への転化」が続き、そしてそのうえで「第7章 収入（所得）とその諸源泉」によって締めくくられるのであるから、そのかぎりでは、第5章が『資本論』そのものの締めくくりでないことは言うまでもないことであるが（そしてこの点が、6部作プランでの第1部「資本」の「資本一般」と『資本論』との違いを特徴的に示すのであるが）、しかし、貨幣と資本の諸規定は、第5章の第1の部分まですべて展開されるのであって、その意味で、第5篇の第1の部分ですでに資本は「完成した資本」として現われ、そこで資本の物象化が総括されると言いうるとともに、第2の部分では、それを前提にして、貨幣と資本とが「総体性」において現われ、そこで貨幣の展開が最終的に締めくくられると言いうるのである。

3 「5）信用。架空資本」における「利子生み資本」

さて、ここで、この第5章のなかでマルクスが「利子生み資本」という語をどのような意味で用いているのかということを、その用例を通じて探ってみることにしよう。

もちろん、この章はまさにその「利子生み資本」の考察にあてられているのであって、この章の展開のなかで、その分析は深められていくのであり、その概念そのものも内容がしだいに豊富になっていくものと考えられる。けれども、このことが文字どおりあてはまるのは、第1の部分、すなわち「1）」－「4）」における利子生み資本そのものの一般的分析についてである。ここでは「利子生み資本」の分析が進むのにつれて、その概念がより深く把握されるようになり、「4）」において最終的に確定されているということができるであろう。

これにたいして、第2の部分、すなわち「5）信用。架空資本」では、そのようにしてすでに明らかにされた利子生み資本の概念を前提にして、信用制度のもとで利子生み資本がとる諸姿態が展開されている。また、第3の部分、すなわち「6）先ブルジョア的なもの」では、それに先行する二つの理論的部分

で現代的な利子生み資本がすでに解明されていることを前提にして，その先ブルジョア的な形態である高利資本を対比，分析し，そこから現代的な利子生み資本の成立過程を叙述している。だから，この第2および第3の部分では，「利子生み資本」という概念は，それ以前に理論的に解明され，その内容が確定されたものとして用いられているはずだと言わなければならない。

そこで第2の部分，すなわち「5) 信用。架空資本」のなかで，この語がどのような文脈で，どのように用いられているかを見ることにしよう。便宜上，エンゲルス版での章名をはじめに掲げ，引用のあとに，短いコメントをつけることにする。

【第25章 信用と架空資本】
①「貨幣取扱業というこの土台のうえで信用制度の他方の側面が発展し，〔それに〕結びついている，——すなわち，貨幣取扱業者の特殊的機能としての，利子生み資本あるいはmonied Capitalの管理である。」(MEGA II/4.2, S. 471; 本書第2巻169ページ。)（これは，銀行業者のもとに集積される貨幣資本のことである。）

【第27章 資本主義的生産における信用の役割】
②「これまでわれわれは主として信用制度の発展｛そしてそれに含まれている資本所有の潜在的な止揚｝を，主として生産的資本に関連して考察してきた。いまわれわれは，利子生み資本そのもの｛信用制度による利子生み資本への影響，ならびに利子生み資本がとる形態｝の考察に移るが，そのさい総じて，なお若干のとくに経済学的な論評を行なわなければならない。」(MEGA II/4.2, S. 504-505; 本書第2巻299-300ページ。)（この部分については，すでに言及した。）

【第28章 流通手段と資本。トゥクとフラートンとの見解】
③「トゥク，ウィルスン，等々がしている，Circulationと資本との区別は（そしてこの区別をするさい，鋳貨としての流通手段と，貨幣と，貨幣資本と，利子生み資本（英語の意味でのmoneyed Capital）とのあいだの諸区別が，乱雑に混同されるのであるが〔〕〕，次の二つのことに帰着する。」(MEGA II/4.2, S. 505; 本書第3巻97-98ページ。)（ここでの「利子生み資本」は，

「鋳貨としての流通手段」,「貨幣」,「貨幣資本」がそうであるように,範疇としてのそれだということができるであろう。その範疇としての「利子生み資本」に「英語の意味でのmoneyed Capital」という括弧書きがつけられていることに注目されたい。「英語の意味でのmoneyed Capital」とは,いうまでもなく,money marketに供給され,そこで需要される貨幣資本である。)

【第29章　銀行資本の構成部分】

④「ところが,もっとあとの研究で明らかにするように,そのようにして「貨幣資本〔Geldcapital〕」が「利子生み資本」の意味での「moneyed Capital」と混同されるのであって,前者の意味では資本はつねに,それ自身がとる「商品資本」および「生産資本」という形態とは区別されたものとしての「貨幣資本〔Geldcapital〕」なのである。」(MEGA II/4.2, S. 519; 本書第3巻160-161ページ。)(これも,すぐまえの引用③と同じである。)

⑤「利子生み資本という形態に伴って,確定していて規則的な貨幣収入は,それが資本から生じるものであろうとなかろうと,どれでも,ある資本の「利子」として現われるようになる。まず貨幣収入が「利子」に転化され,次にこの利子とともに,これの源泉である「資本」もまた見いだされるのである。」(MEGA II/4.2, S. 520; 本書第3巻164ページ。)(「利子生み資本という形態に伴って」というのは,範疇としての利子生み資本の確立に伴って,ということであろう。)

⑥「平均利子率を年5％としよう。すると,500ポンド・スターリングの資本は(貸し付けられれば,すなわち利子を生む資本〔Zins tragendes Capital〕に転化されれば)毎年25ポンド・スターリングをもたらすことになる。」(MEGA II/4.2, S. 520; 本書第3巻164-165ページ。)(ここでは,「貸し付けられる」ことによって貨幣が「利子を生む資本に転化する」とされていることに注目されたい。)

⑦「国家あての債務証書を売ることの可能性は,Aにとっては元金の還流または返済が可能であることを表わしている。Bについて言えば,彼の私的な立場から見れば,彼の資本は利子生み資本として投下されている。」(MEGA II/4.2, S. 521; 本書第3巻167ページ。)(ここでの「利子生み資本」は利子

を生むべく貸し付けられている資本のことである。)

⑧「利子生み資本とともに，どの価値額も，収入として支出されないときには，資本として現われる。すなわち，その価値額が生むことのできる可能的または現実的な利子に対立して，元金，Principalとして現われるのである。」(MEGA II/4.2, S. 521; 本書第3巻167ページ。)(引用⑤に同じ。)

⑨「ところで，利子生み資本一般がすべての狂った形態の母であって，たとえば債務が銀行業者の観念では商品として現われるように，国債という資本ではマイナスが資本として現われるのであるが，労働能力が国債というこの資本に対比して考察されることがありうる。この場合には，労賃は利子だと解され，だからまた，労働能力はこの利子を生む資本だと解される。たとえば，労賃イコール50ポンド・スターリングで，利子率イコール5％であるときには，1年間の労働能力イコール1000ポンド・スターリングの資本にイコールである。資本主義的な考え方の狂気の沙汰は，ここでその頂点に達する。というのは，資本の価値増殖を労働能力の搾取から説明するのではなく，逆に，労働能力の生産性を，労働能力自身がこの神秘的な物，つまり利子生み資本なのだ，ということから説明するのだからである。」(MEGA II/4.2, S. 521-522; 本書第3巻168ページ。)(ここでは，利子生み資本における，貨幣を生む貨幣という，資本の物神的な姿態からもろもろの「狂った形態」が生まれてくることが指摘されている。しかしこれらの「狂った形態」そのものが利子生み資本であるわけではけっしてないことに注意しなければならない。労働力は，「利子生み資本」として観念されることがあるとしても，それは絶対的に，範疇としての利子生み資本に属するものではありえない。)

⑩「すべて資本主義的生産の国には，膨大な量のいわゆる利子生み資本あるいはmoneyed Capitalがこうした形態で存在している。そして，貨幣資本の蓄積という言葉で考えられているのは，たいてい，この「生産にたいする請求権」の蓄積，および，これらの請求権の市場価格(幻想的な資本価値)の蓄積のことでしかないのである。」(MEGA II/4.2, S. 524; 本書第3巻176-177ページ。)(ここでは「利子生み資本」に「いわゆる」という語が付されていることに注目されたい。「利子生み資本」という語は，マルクスにあっ

ては，彼の造語なのではなくて，「moneyed Capital」と言い換えることもできる，一般的に使われている語として意識されているのである。)

⑪「預金そのものは二重の役割を演じる。一方ではそれは，いま述べたような仕方で利子生み資本として貸し出されており，したがって銀行業者の金庫のなかにはなくて，ただ銀行業者にたいする預金者の貸し勘定〔Guthaben〕として彼らの帳簿のなかに見られるだけである。」(MEGA II/4.2, S. 525-526; 本書第3巻180ページ。) (引用⑥，⑦と同じ。)

⑫「利子生み資本および信用制度の発展につれて，同一の資本が，または同一の債権にすぎないものでさえもが，さまざまな手のなかで，さまざまな仕方でさまざまな形態をとって現われることによって，すべての資本が2倍になるように見え，またところによっては3倍になるように見える。この『貨幣資本』の大部分は純粋に架空なものである。」(MEGA II/4.2, S. 526; 本書第3巻181-182ページ。) (ここでの「利子生み資本」が，貸し手から借り手に貸し付けられる，産業資本および商業資本と区別され，それと対立する特殊な資本形態としての資本であることは明らかであろう。)

【第30章 貨幣資本と現実資本Ⅰ】

⑬「ところが，これらの権原がこれまた現実資本の紙製の複製になる（まるで積荷証券が，積荷とは別個に，また積荷と同時に，ある価値を与えられるかのように）。それらは，存在していない資本の名目的代表物になる。というのも，現実資本はそれらとは別個に存在していて，これらの複製が持ち手を換えることによってはけっして持ち手を換えないからである。それらは利子生み資本の形態になる。」(MEGA II/4.2, S. 530; 本書第3巻415ページ。) (ここでは「利子生み資本」は，投下されることによって利子をもたらす資本のことである。)

【第32章 貨幣資本と現実資本Ⅲ】

⑭「平均利子（かなり長い年数についての）が，他のすべての事情が変わらないとすれば，平均利潤率によって（それ自身が利潤マイナス利子にほかならない企業利得によってではなく）規定されている，ということは，すでに利子を生む資本〔d. Zins tragende Capital〕を考察したさい述べた。」(MEGA II/4.2, S. 590; 本書第3巻527ページ。) (ここで「利子を生む資本の考察」と言われ

ているのは，言うまでもなく，本章で「利子生み資本そのものの一般的考察」と呼んでいるものにあたる。この表現があることから，第2の部分は「利子生み資本の考察」ではない，という結論を引き出すのは，引用②の「いまわれわれは利子生み資本そのものの考察に移る」という表現から，これ以前には「利子生み資本そのもの」は考察されていなかった，という結論を引き出すのと同じように乱暴であろう。）

さて，以上の引用を通覧してわかるのは，第2の部分で直接に「利子生み資本」という語が使われているときには，きわめて多くの場合，それは，機能資本家やその他さまざまの階級の手のなかで蓄積され，あるいは滞留する貨幣が，主として銀行業者の手のもとに集積され，貨幣市場において取引されることによって，利子を生んでいる，あるいは生むべく予定されている，そのような貨幣資本を指している，ということである。マルクスはなんども「利子生み資本あるいはmonied Capital」と言い，また「利子生み資本（英語で言うmoneyed capital）」あるいは「「利子生み資本」の意味での「moneyed capital」」とも言っている。

「利子生み資本の形態に伴って」，すべての資本が利子をもたらすものとして現われ，三位一体的定式の「資本―利子」という一項が確立するにしても，このことは，すべての資本がそれ自体として「利子生み資本」に転化してしまうことを意味するわけでもなく，また機能しているすべての資本が利子生み資本であるわけでもない。

また，このことから明らかになるのは，「5）信用。架空資本」のなかで「利子生み資本」という語そのものを使っている箇所が多くないからといって，この部分では「利子生み資本」への言及がわずかだという結論を出すことはできない，ということである。むしろここでは，圧倒的に，「利子生み資本あるいはmonied Capital」を簡単にmonied Capitalと表現しているのであり，そしてマルクスにとってこの語は，「信用制度のもとでの利子生み資本」にたいする呼称として，他の語に代えがたい適切さをもっていたものと考えられるのである。

第5章の第3の部分である「6）先ブルジョア的なもの」における「利子生み資本」については，ここで逐一引用を掲げるまでもないであろう。「高利資本」

についてはいうまでもなく，また，ここで論じられる「資本主義的生産様式の本質的な一要素をなしているかぎりでの利子生み資本」(MEGA II/4.2, S. 652)も，貸し手から借り手に貸し付けられる，産業資本および商業資本と区別されそれと対立する特殊な資本形態としての資本であることは明らかである。

4 「1)」における「利子生み資本」の考察の要点

このあと，第3部草稿第5章の「1)」の訳文を提示し，それにエンゲルス版での変更をできるだけ克明に注記するが，そのまえに，この「1)」でマルクスが利子生み資本にどのように取り掛かり，どのような分析を行なって，どのような結果を得ているか，ということについて，拙著『図解 社会経済学』（桜井書店，2001年）における記述（347-351ページ）によって，筆者の理解を要約的に示しておこう。

*

　[貨幣資本と貨幣市場]　「貨幣資本 (monied capital)」の供給とそれにたいする需要とが出会い，両者の量的関係によって利子率が変動している場所は〈貨幣市場 (money market)〉と呼ばれている。つまり人びとは，ここで「貨幣」という「商品」が売買されているのだ，と考えているのである。「商品」にたいしては対価が支払われなければならない。「貨幣」という「商品」にたいする対価と考えられているものは，同じ貨幣の形態で支払われる〈利子〉である。

　[貨幣が〈資本として機能するという使用価値をもった商品〉として売買される]　しかし，貨幣とは，あらゆる商品とただちに交換できる力をもつ特定の商品（一般的等価物の機能を社会的に独占する商品）であり，価格とは商品の価値をこの貨幣で表現したものにほかならない。いったい〈貨幣が商品になる〉というのはどういうことなのであろうか。そして「貨幣」という「商品」にたいして同じ貨幣が対価として支払われるというのはどういうことなのであろうか。

　ある物が商品となるのは，それが買い手にとってのなんらかの使用価値をもっているからである。それでは，貨幣市場で売買される「貨幣」の使用価値と

はなんであろうか。市場の関係者たちが言うところによれば，それは「資本」として役立つという性質である。だから，彼らはしばしば，この商品の対価と見られる利子を「資本の価格」と呼ぶのである。

　ここから，人びとがここで「商品」と見なしているのは，〈一般的等価物として機能するという性質をもったものとしての貨幣〉ではなく，〈資本として機能するという性質をもったものとしての貨幣〉であることがわかる。つまり，ここでは貨幣が，資本として機能するという独特の「使用価値」をもつ商品となっているのである。約言すれば，〈資本としての貨幣が商品となっている〉，あるいは，〈貨幣が資本として商品となっている〉のである。

　[〈資本としての貨幣〉の〈時間極めの売買〉は貸付と返済という形態をとる]
しかし，「貨幣」という商品は，普通の商品のように，対価と引き換えにそれを相手に譲渡して終わり，という仕方で売られることはできない。「貨幣」を買う人が，それがもつ，資本として機能する力能を，つまりそれの「使用価値」を消費するのは，それを資本として機能させること，それを資本として投下したのち，利潤とともに回収することによってである。だから，資本という「使用価値」とは，利潤を入手できるという「使用価値」なのである。貨幣を資本として機能させて利潤を取得するには一定の期間が必要である。だから，「貨幣」という「商品」は，売り手がこの貨幣を一定期間買い手の手に委ねておき，期間が終われば買い手がそれを売り手に返す，という仕方で売られるほかはない。これはまさに〈時間極めでの商品の売買〉にほかならない[3]。

---

3) 商品の〈時間極めでの売買〉はありふれたものである。それは「賃貸借」と呼ばれる。レンタル，リース，チャーターなどはすべて〈時間極めでの売買〉である。「賃貸借」という呼び名からすると，この取引は貨幣の貸付・借受と同じ「貸し借り」のように見える。じっさい，「一定の時間，自分の商品を買い手に自由に使わせ，したがって商品をその時間のあいだ手放すが，商品そのものにたいする所有権は譲渡しない」という法的形式だけについて言えば，両者はまったく同一である。

　しかし経済学的には，貨幣の貸し借りは，賃貸借とはまったく異なった性質をもっているのであって，賃貸借が貨幣貸借の一つの形態なのではなく，逆に，貨幣貸借のほうが，賃貸借と同じく，商品の売買という形態をとっているのである。商品流通という表層によって蔽われている資本主義社会では，当事者間のあらゆる取引が，私的所有者のあいだの商品の売買という形態をとらないではいない。貨幣の貸し借りも，「貨幣市場」という市場での「貨幣」という「商品」の売買という形態をとるのである。

　ちなみに，賃貸しは商品の売りの一形態であり，利子を目的とする貸付ではない。賃貸

AがBに貨幣を資本として売る，という販売は，Aがこの貨幣をBに一定期間だけ自由に使わせる，という独自な形態で行なわれる。このような，資本としての貨幣という商品の時間極めの売買の場合には，一定期間後に返還する約束での貨幣の手放しを貸付といい，その返還を返済という。つまりここでは「売り手」は貸し手であり，「買い手」は借り手である。貸付・返済というこの運動によって，資本としての貨幣の「使用価値」が売り手＝貸し手から買い手＝借り手に譲渡されるのである。

　譲渡されたこの「商品」の対価が，一定期間の貸付にたいして支払われる利子である。利子は，資本としての貨幣という独特な商品の対価であり，それの「価格」，したがってまた「資本の価格」と見なされる。

　[利子生み資本]　貸し手の貨幣は，この場合，$G\_G'(G+\Delta G)$ という変態をする。一定期間のたんなる手放しおよび返還によって価値が量的に増大する。このように増殖する価値は資本である。G_G' というこの形態では，資本の自己増殖が，増殖過程抜きに，まったく純粋なかたちで現われている。このような資本，手放し・還流という運動だけによって増殖する資本が〈利子生み資本〉である。また，貸付・返済という形態で運動するという点に注目して，貸付資本とも呼ぶ。貨幣市場で人びとがmonied capitalと呼んでいるのは，この利子生み資本の具体的形態なのである。

　[〈使用価値〉としての資本の機能とはなにか]　さて，人びとが「貨幣」という「商品」の使用価値と考えている「資本」の機能とはほんとうはなんであろうか。

　資本主義的生産では，貨幣は，生産過程および流通過程に資本として投下されれば，利潤（産業利潤および商業利潤）を，さらに利潤率の均等化が行なわ

し（商品の販売）にたいするレント（商品の代金）は，〈商品の総価値×（賃貸し期間÷耐久期間）〉によって規制される商品の価格であって，商品の形態をとっている貨幣額にたいする利子なのではない。売り手が，賃貸しする商品を——生産または購買によって——手に入れるさいに，貨幣を借りて，のちに利子を支払うとしても，この利子は，レント（支払われる商品価格）のなかから（正確に言えばそれに含まれる「利潤」のなかから）支払われるのであり，レントは利子率の高低とは無関係である。賃貸しを営むリース業は，利子率がゼロとなっても破産しない。むしろ，利子率の一般的低下はリース業にとっての追い風である。逆に，利子率が高くなれば，利子の支払いが増加するので——レントの引き上げによって利子の上昇分を買い手に転嫁できないかぎり——リース業の得はそれだけ減少する。このことからも，レントが利子でないことがはっきりとわかる。

れる場合には，平均利潤をともなって還流する。つまり，貨幣は，産業資本ないし商業資本として運動することによって，平均利潤を生むことができる。だから，ここでは貨幣は，一般的等価物として機能するという属性に加えて，さらに，資本として機能し，平均利潤を生むことができる，という属性を持っているわけである。

だから，「貨幣」という商品のもつ「資本」という使用価値とは，この商品を一定期間資本として機能させれば，機能させた人の手に平均利潤をもたらすことができる，という，貨幣のもつ可能性または力能なのである。

[利子の実体と利子生み資本成立の前提]「貨幣」は，それが成立したときからすぐにこのような可能性または力能を持っていたわけではない。それでは，いったい，いつからこのような使用価値をもつことになるのであろうか。

それは生産が資本主義的に行なわれるようになってからである。資本主義的生産様式のもとではじめて，貨幣はそうした使用価値をもつようになる。

借り手は，借りた貨幣を資本として機能させて平均利潤を入手し，この平均利潤のうちの一部分を利子として，貸し手に支払う。借り手はこれによって平均利潤マイナス利子の価値額を入手する。貨幣を資本として機能させるのは機能資本家（産業資本家および商業資本家）であるが，それにたいして，貨幣を貸し付けることによってそれを増殖させるのは，彼らとは異なる種類の資本家，すなわち貨幣資本家（monied capitalist）である。だから利子は，資本主義社会で，機能資本家が貨幣資本家から借り受けた貨幣を資本として機能させて平均利潤を取得するときに，機能資本家がそのうちから貨幣資本家に引き渡す部分であり，したがってその実体は剰余価値にほかならない。

貨幣が，したがってまたそれによって買われる生産手段が資本として機能し剰余価値を生むことができるのは，それらから切り離された労働が賃労働としてそれらに対立している状態が，要するに資本主義的生産関係が存続しているからであり，資本の所有とはこの分離を表現するものである。このことが貨幣に他人の労働にたいする指揮権を与え，剰余労働を取得することを可能にし，こうして貨幣を，資本としての属性において，商品にする。これが，利子生み資本という独自な資本形態を生み出すのである。

[商品，貨幣，資本などの概念を巡る混乱] 貨幣市場の当事者たちにも，こ

の市場では資本としての貨幣が商品となっている，という事実は見えている。ところが，彼らに見えるのは，貨幣は〈貸付―返済〉という運動をするだけで所有者に利子をもたらす，という表面的な現象だけである。彼らには，利子は「資本」という「商品」の「価格」であるとしか見えず，その実体が剰余価値であることはまったく認識できない。さらに，彼らは，商品，貨幣，資本，等々の本質を知らず，また価格を価値から理解することができないため，「資本としての貨幣」という「商品」の本性も明確に捉えることができず，これらの概念を使ってなにかを語るたびに，いたるところで混乱に陥るのである。

第21章の草稿,それとエンゲルス版との相違

|411|　　　　　|①286上|[1)]第5章

[2)]利子と[3)]企業利得[4)](産業利潤または商業利潤)
とへの利潤の分裂。[5)]利子生み資本。

[6)]1)[7)]〔利子生み資本〕

①〔異文〕「286」←「285」

　一般的利潤率[8)]およびそれに対応する平均利潤を最初に考察した[9)]ときには（この部の[10)]第2章では）,平均利潤率はまだ,その完成した姿では①われわれの前に現われていなかった。というのは,②均等化は[11)]さまざまの部面に投

---

1)〔E〕「第5章」→「第5篇」
2)「利子と企業利得（産業利潤または商業利潤）とへの利潤の分裂。」——原文は„Spaltung d. Profits in Zins u. Unternehmungsgewinn. (Indust. od. Comm. Profit).",すなわち,文字どおりに読めば,「利子と企業利得とへの利潤の分裂。（産業利潤または商業利潤）。」であるが,「（産業利潤または商業利潤）」は,明らかに直前の「企業利得」の説明である。
3)〔E〕「企業利得〔Unternehmungsgewinn〕」→「企業者利得〔Unternehmergewinn〕」
4)〔E〕「（産業利潤または商業利潤）」——削除
5)〔E〕「利子生み資本」 Das Zinstragende Capital→Das zinstragende Kapital
　　草稿ではこの第5章の全体を通じて,Zinstragendの最初のZは,2箇所で小文字となっているほかはすべて大文字で書かれているが,エンゲルス版ではこれらの大文字のZはすべて小文字のzに変えられている。以下,この変更はいちいち注記しない。
6)〔E〕「1)」→「第21章　利子生み資本」
7)草稿では見出し番号の「1)」だけが書かれている。MEGA II/4.2でMEGA編集者が挿入した表題でもあり,エンゲルス版第21章での表題でもある「利子生み資本」を,筆者による表題としてつけておく。
8)〔E〕「およびそれに対応する平均利潤」→「または平均利潤率」
9)〔E〕「ときには」 in→bei
10)〔E〕「第2章〔II ch.〕」→「第2篇」
11)〔E〕挿入——「まだ」

下された[12]生産的資本の均等化[3]として現われていただけだっただからである。この点は[13]前章で補足されたのであって，そこでは[14]均等化への商業資本の参加が[15]（同時に商業利潤についても）論究された。いまでは一般的利潤率[16]または平均利潤は，前よりも狭い限界のなかで現われている。これ以降の展開では，われわれが一般的利潤率または平均利潤と言う場合には，それはこのあとのほうの意味で言っているのだと，つまり[4]ただ平均率の完成した姿態だけについて言っているのだと[17]解されなければならない。[5][18]このような言葉の使い方では，平均率は産業資本にとっても商業資本にとっても同じなのだから，この平均利潤だけが問題となるかぎりでは，[19]産業利潤と商業利潤とを区別することももはや必要ない。資本は，[6]生産部面のなかで[20]産業的に投下されようと，流通部面[21]のなかで[22]商業的に投下されようと，[23]同じ年間平均利潤をもたらすのである。

 ①〔異文〕bietenという書きかけが消されている。〔bieten … darと書こうとしたのであろう。〕
 ②〔異文〕「均等化は」――書き加えられている。この語のあとにsichと書いたのち，消している。
 ③〔異文〕「として〔als〕」は，解読に確信がもてない。
 ④〔異文〕「ただ……だけ」――書き加えられている。

---

12)〔E〕「生産的資本〔productive Capitalien〕」→「産業資本」
  草稿では，資本の循環形態としての「生産資本」も，機能資本（とりあえずは産業資本，のちには商業資本をも含む）も，ともにproductives Capitalである。本書では，前者を「生産資本」，後者を「生産的資本」と訳し分ける。
13)〔E〕「前章」→「前篇」
14)〔E〕「均等化」→「この均等化」
15)〔E〕「（同時に商業利潤についても）」――削除
16)〔E〕「または」→「および」
17)〔E〕「解されなければならない〔it is to be understood〕」→「念頭に置いていなければならない〔im Auge zu halten sein〕」
18)〔E〕「このような言葉の使い方では〔in dieser Fassung〕」→「いまでは〔nunmehr〕」
19)〔E〕「産業利潤と商業利潤」→「商業利潤と産業利潤」
20)「産業的に」――書き加えられている。
21)〔E〕「のなかで」 innerhalb→in
22)「商業的に」――書き加えられている。
23)〔E〕挿入――「その大きさに比例して〔pro rata seiner Größe〕」

⑤〔異文〕「このような言葉の使い方では」——書き加えられている。〔はじめ「この場合には〔hier〕」と書いたのち、それをこのように変更した。〕
⑥〔異文〕「生産部面のなかで産業的に投下されようと、流通部面のなかで商業的に投下されようと」←「生産部面のなかで産業資本として投下されようと、流通部面のなかで商業資本として投下されようと」←「生産部面のなかで投下されようと、流通部面のなかで投下されようと」

|412| 貨幣24)(25)すなわちここでは貨幣はある価値額の自立的表現と見なされているのであって、この価値額が貨幣のかたちで存在するか商品のかたちで存在するかにはかかわりない）は資本主義的26)生産様式の基礎の上では資本に転化させられることができるのであり、そしてこの転化によって、貨幣は或る与えられた価値から、27)自分①自身を増殖する②、増加させる価値に28)なり、③利潤を生産する能力、すなわち資本家に、労働者から一定分量の不払労働、29)剰余価値、そして剰余生産物を引き出して取得する能力を与える30)ので、貨幣は、それが貨幣としてもっている使用価値のほかに、一つの追加的使用価値、すなわち資本として機能するという使用価値を受け取る。④貨幣の使用価値とは、ここではまさに、それが⑤資本に転化して生産する利潤にある。このような、可能的資本としての、利潤を生産するための手段としての属性において、貨幣は商品に、といっても一つの独特な種類の商品〔Waare sui generis〕になる。または、同じことに帰着するが、資本としての資本が商品になるのである。a)/

---

24)〔E〕「（」および「）」→「——」および「——」
25)〔E〕「すなわち〔d. h.〕」——削除
26)〔E〕「生産様式」→「生産」
27)〔E〕「自分自身を増殖する、増加させる価値になり」 sich selbst verwerthender, sich vermehrender Werth werden → zu einem sich selbst verwertenden, sich vermehrenden Wert werden
28)〔E〕「なり、」→「なる。それは」
29)〔E〕「剰余価値、そして剰余生産物」→「剰余生産物、そして剰余価値」
　　草稿ではしばしば「剰余価値」はSurpluswerth、「剰余生産物」はSurplusproduceと書かれているが、エンゲルスはこれらをすべてMehrwertおよびMehrproduktに変えている。以下、この変更はいちいち注記しない。
30)〔E〕「ので〔da〕,」→「。だから〔damit〕」

①〔異文〕「自身」──書き加えられている。
②〔異文〕「，増加させる」──書き加えられている。
③〔異文〕「利潤」←「ある利潤」
④〔異文〕「貨幣の使用価値とは，ここではまさに，それが資本に転化して生産する利潤にある。」──書き加えられている。この補足は，草稿では〔MEGAの〕412ページ13行のあと〔このパラグラフのあと〕に書かれており，┬字様の記号によってこの箇所を指示している。
⑤〔異文〕「資本に転化して生産する」←「資本に転化して生産するであろう」←「資本として支出され［る］」

|286下|〔原注〕a) 経済人たち〔Oekonomen〕が事柄をこのように考えている二三の箇所をここに31)引用すべきである。32)第1194号33)①「あなたがた（イングランド銀行）は，資本という商品を取り扱う非常に大きな商人〔very large dealers in the commodity of capital〕ですね？」34)（『銀行法委員会報告』，1857年）〔原注a) 終わり〕|

①〔注解〕『銀行法特別委員会報告……。1857年』，第1部，104ページ，では次のようになっている。──「あなたがたが市場で主役を演じている〔you lead the market〕のは，ただ，資本という商品を取り扱う非常に大きな商人であるという意味においてだけですね？」〔証言1194号。証人ウェゲリンにこの質問をしたのはウィルスンである。〕

/286上/35)年間平均利潤率が①20％であると仮定しよう。その場合には，100ポンド・スターリングの36)価値額を平均的条件のもとで，また平均程度〔Durchschnittsmaß〕の知能と37)合目的性とをもって資本として38)支出すれば，それは

---

31)〔E〕「引用すべきである〔Es sind ... zu zitiren〕」→「引用すべきであろう〔Es wären ... zu zitieren〕」
32)〔E〕「第1194号」──削除
33) この引用（『銀行法委員会報告』第1194号）は，1865年8/9月から1866年2月にかけて作成された抜粋ノートから取られている（IISG, Marx-Engels-Nachlaß, Sign. B 98, S. 11. MEGA IV/18に収録予定）。
34)〔E〕「（『銀行法委員会報告』，1857年）」→「『銀行法に関する報告』（下院，1857年）のための証人尋問でこう尋ねられているのはこの銀行の一理事である。」
35) ここに1文字か2文字のなにかが書かれたのち，消されている。
36)〔E〕「価値額」→「価値の機械」
37)〔E〕「合目的性」→「合目的的活動」

20ポンド・スターリングの利潤をあげるであろう。つまり、100ポンド・スターリングを[39)]自分の手中で自由に使うことができる人は、100ポンド・スターリングを120ポンド・スターリングにする力、すなわち20ポンド・スターリングの利潤を②生産する力を自分の手中にもつわけである。彼は自分の手中に100ポンド・スターリングの<u>可能的資本</u>をもっている。この人がこの100ポンド・スターリングを、現実にそれを資本として充用する別の人の手に1年間任せておくならば、前者は後者に、20ポンド・スターリング③の利潤を生産する力、つまり自分にとって費用もかからなければ自分が等価を支払いもしない剰余価値を生産する力を与えることになる。後者が④100ポンド・スターリングの所有者に年末に5ポンド・スターリングほどを支払うとすれば、すなわち<u>生産された利潤の一部分</u>を支払うとすれば、これによって彼は[40)]この100ポンド・スターリングがもっている使用価値に、つまり資本として機能するという、だからまた⑤20ポンド・スターリングの利潤を生産するという、それの使用価値に、支払うわけである。⑥利潤のうちの彼が前者に支払う部分は利子と呼ばれるので⑦あって、だから利子というのは、[41)]機能資本が自分のふところに入れないで資本の所有者に‖⑧287上|支払ってしまわなければならない、<u>利潤のうちの一部分</u>を表わす特殊な名称、特殊な項目にほかならないのである。

① 〔異文〕「20」←「30」
② 〔異文〕「生産する」←「実現する」
③ 〔異文〕「の利潤」——書き加えられている。

---

38) 〔E〕「支出すれ〔verausgaben〕」→「使用すれ〔verwenden〕」
39) 〔E〕「自分の手中で自由に使うことができる〔in seiner Hand disponibel haben〕」→「自由に使うことができる〔zur Verfügung haben〕」
40) 〔E〕「この100ポンド・スターリングがもっている使用価値に、つまり資本として機能するという、だからまた20ポンド・スターリングの利潤を生産するという、それの使用価値に」→「この100ポンド・スターリングの使用価値に、つまりそれの資本機能、20ポンド・スターリングの利潤を生産するという機能の使用価値に」
　「機能」という語については、次注を見られたい。
41) 〔E〕「機能資本」 functionirendes Capital→fungierendes Kapital
　マルクスは、「機能〔Funktion〕」（名詞）に対応する「機能する」という動詞としてはつねにfunctionirenを使っているが、エンゲルスはこの動詞を一貫してfungierenに変えている。

④〔異文〕「100ポンド・スターリングの所有者〔Eigner〕に」←「100ポンド・スターリングの所持者〔Besitzer〕に」←「彼に」
⑤〔異文〕「20ポンド・スターリングの」——書き加えられている。
⑥〔異文〕「利潤のうちの彼が前者に支払う部分は」←「この部分は」
⑦〔異文〕「あって, 」←「ある。」
⑧〔異文〕「287」←「286」

　100ポンド・スターリングをもっているということがそれの所有者に，利子を，42)すなわち自分の資本によって生産された利潤のいくらかの部分を，43)代償として要求する力〔Macht〕を与えるのだということは，明らかである。もし彼が100ポンド・スターリングを他の人に渡さなければ，この人は44)20ポンド・スターリングの利潤を生産することはできないであろうし，そもそも45)資本家として機能することはできないであろう。①a)/

　　①〔異文〕「だから，前者は……できる」という書きかけが消されている。

|287下|〔原注〕a) ①「利潤をあげるという意図をもって貨幣を借りる人は利潤の一部分を貸し手に与えなければならない，ということは自然的公正の自明な原理である。」(J. W. ギルバト『銀行業の歴史と原理』，ロンドン，1834年，163ページ。)〔原注a) 終わり〕|

　　①〔注解〕ギルバトでは次のようになっている。——「貨幣によって利潤をあげるという意図をもって貨幣を借りる人は，自分の利潤のうちのいくらかの部分を貸し手に与えなければならない……。」——カール・マルクス『経済学批判 (1861-1863年草稿)』から取られている。(MEGA II/3.5, S. 1556.36-38.)

/287上/46)ここで「自然的公正」47)(注aを見よ)を云々することは無意味である。生産当事者たちのあいだで行なわれる取引の公**413**正〔justice der transactions〕は，これらの取引が生産関係から自然的帰結として生じるということに

---

42)〔E〕「すなわち〔oder〕」——削除
43)〔E〕「代償として要求する〔abverlangen〕」→「引き寄せる〔an sich ziehen〕」
44)〔E〕「20ポンド・スターリングの」——削除
45)〔E〕挿入——「この100ポンド・スターリングに関しては」
46)〔E〕挿入——「ギルバトとともに (注を見よ)」
47)〔E〕「(注aを見よ)」——削除。この「注a」は，直前の原注a) である。

もとづいている。法律的諸形態では，これらの経済的取引は[48]意志行為として，彼らの共通の意志の発現[49]──また個々の当事者にたいして国家によって強制されうる契約[50]──として現われるのであるが，このような法律的諸形態は，①たんなる形態である以上，この内容そのものを規定することはできない。このような形態はただこの内容を表現するだけである。この内容は，それが生産様式に②対応し，[51]適合しているときには公正〔gerecht〕なのである。生産様式と矛盾しているときには，それは不公正〔ungerecht〕である。[52]たとえば，奴隷制は資本主義的生産様式の基礎の上では不公正である。商品の③[53]質についてのごまかしもそうである。

  ①〔異文〕「この形態によっては」という書きかけが消されている。
  ②〔異文〕「対応し，適合している」←「対応している」〔「対応している〔entspricht〕」の上部に並べて「適合している〔adäquat ist〕」と書かれている。〕
  ③〔異文〕「質についての〔über d. Qualität〕」←「質における〔in d. Qualität〕」

100ポンド・スターリングが20ポンド・スターリングの利潤を生産するのは，それが①産業資本としてであろうと商業資本としてであろうと，とにかく資本として機能するということによってである。しかし，資本としてのこの機能に欠くことのできない条件〔sine qua non〕は，それが資本として支出される②ということ，つまり，貨幣が生産手段の購入（産業資本の場合）かまたは商品の購入（商業資本の場合）に[54]支出されるということである。だが，[55]貨幣を支出するためには，貨幣がそこになければならない。もしも100ポンド・スターリングの所有者③Aがそれを自分の個人的消費のために支出するとか蓄蔵貨幣として手もとにおくとかすれば，その100ポンド・スターリングは機能資本家Bによって資本として支出されることはできないであろう。Bは，自分の資本を

48）〔E〕挿入──「関与者たちの〔der Beteiligten〕」
49）〔E〕「──」──削除
50）〔E〕「──」──削除
51）〔E〕挿入──「それに」
52）〔E〕「たとえば」──削除
53）〔E〕「質についての」　über d. Qualität→auf die Qualität
54）〔E〕「支出される〔verausgabt〕」→「投下される〔ausgelegt〕」
55）〔E〕「貨幣を支出する」→「支出される」

支出するのではなく，Aの資本を支出するのである．だが，彼はAの意志にかかわりなしにAの資本を支出することはできない．だから，はじめに〔in the first instance〕100ポンド・スターリングを資本として支出するのは，実際はAなのである．といっても，彼の資本家としての全機能はこのように100ポンド・スターリングを資本として支出することだけに限られているのではあるが．56)(この100ポンド・スターリングに関する限りでは，)Bが資本家として機能するのは，ただ，AがBに100ポンド・スターリングを任せ，したがってまたそれを<u>資本として</u>支出するからにほかならないのである．

① 〔異文〕「産業」←「生産」
② 〔異文〕「ということ，」←「ということである．」
③ 〔異文〕「A」——書き加えられている．

まず，<u>利子生み資本の特有な流通</u>を考察しよう．次いで第2には，それが<u>商品として売られる独特な仕方</u>，すなわち57)<u>売られる代わりに貸し付けられる</u>，という独特な仕方に58)言及しなければならない．

①59)<u>第1</u>。出発点は，AがBに前貸する貨幣である．60){この前貸は，担保つきでも，無担保でも行なわれうる．とはいえ，担保つきという形態は，商品を担保として，あるいは61)手形等々のような債務証書を担保として行なわれる62)前貸の場合を別とすれば，63)古風なものである．これらの特殊な形態はここではわれわれに関係がない．われわれが64)取り扱うのは普通の形態の利子生み資本である．}65)Bの手で②この貨幣は現実に資本に転化させられ，運動66)G—W—G′をすませてから，G′として，G+ΔGとして，Aに③67)直接に帰ってく

---

56)〔E〕「(」および「)」——削除
57)〔E〕<u>売られる</u>」→「譲られてしまう〔ein für allemal abgetreten wird〕」
58)〔E〕「言及し〔erwägen〕」→「研究し」
59)〔E〕「第1。」——削除
60)〔E〕「{」および「}」——削除．なお，草稿では「}」は「)」となっている．
61)〔E〕「手形等々」→「手形，株式，等々」
62)〔E〕「前貸の場合を」→「前貸を」
63)〔E〕「古風なもの」→「より古風な形態」
64)〔E〕挿入——「ここで」
65)〔E〕エンゲルス版はここで改行している．

る。このΔGは利子を表わす。68)（それがかなり長いあいだBの手にとどまっていて，Bは一定の期日ごとに利子を支払うだけであり，資本はかなり長い期間を経たのちにはじめて，最後に支払われるべき利子とともに還流してくる〔returniren〕，ということもありうる。④ここでは，簡単にするために，このような場合もしばらく問題にしないことにする。）

　①〔異文〕「第1。」——書き加えられている。
　②〔異文〕「この貨幣」←「貨幣」
　③〔異文〕「直接に」——書き加えられている。
　④〔異文〕「すべてのこと〔Alles〕」という書きかけが消されている。

|414| 69)つまりこの運動は$\overset{vv}{G}\_\overset{\frown}{G\_W}\_G'\_G'$である。

　ここで二重に現われているのは，1）資本としての貨幣の支出であり，2）実現された資本としての，G'または$G+\Delta G$としての，それの還流〔Return〕である。

　商業資本〔mercantiles Capital〕の運動70)$G\_\overset{vv}{W}\_G'$では①同じ商品が二度，または71)（最初の売り手と最後の買い手とのあいだに何人もの商人〔がいる〕場合には）何度も，持ち手を取り替える。しかし，同じ商品のこのような場所変換は，そのそれぞれがその商品の一つの変態，その購買または販売を示している

---

66)〔E〕GおよびWのあいだの「＿」は，エンゲルス版では「—」となっている。
　　草稿ではこの線は，各文字の並び線に，すなわち大文字のGおよびWの下端の部分に揃うように書かれている。いちいち注記しないが，以下すべて同様である。
67)〔E〕「直接に〔direct〕」——削除。なお，MEGAでは，この語は判読に確信がもてない，としている。
68)〔E〕丸括弧で囲まれた以下の部分は，エンゲルス版では，括弧のない次のような文に書き直された。——「ここでは，簡単にするために，資本がかなり長いあいだBの手にとどまっていて期日ごとに利子が支払われるという場合はしばらく問題にしないことにする。」
69)〔E〕この文の原文は「D. Bewegung ist also G＿G＿W＿G'＿G'.」である。エンゲルス版では，alsoのあとに「：」が挿入され，ここで改行された。そこでこうなった。
　　　「つまりこの運動はこうである。——
　　　　G—G—W—G'—G'。」
　　草稿では「G＿G＿W＿G'＿G'」の最初の「G」のうえに「vv」のようなものが書かれているが，MEGAには記載されていない。
70) 中間の「W」のうえに「vv」のようなものが書かれているが，MEGAには記載されていない。
71)〔E〕「（最初の売り手と最後の買い手とのあいだに何人もの商人〔がいる〕場合には）」→「商人が商人に売る場合には」

のであって，72)その商品の最終的な販売までにこの過程が何度繰り返されようとも，そうなのである。

　①〔異文〕「同じ商品が」←「商品が」

　他方，W__G__W のなかには同じ貨幣の2度の場所変換①(持ち手変換)が73)あるが，しかし，それは商品の完全な変態を示しているのであって，商品はまず‖288上｜貨幣に転化され，次に貨幣からふたたび74)商品に転化される。

　①〔異文〕「(持ち手変換)」——「場所変換」の上部に挿入記号なしに書かれている。

　これに反して，利子生み資本の場合には75)Gによる第1の場所変換は，76)けっして資本の変態の契機あるいは資本の再生産過程の契機ではない。Gは第2の支出ではじめてこのような契機になる。すなわち，このGで77)商品取り扱い等々を営むかまたはそれを生産的資本に転化させる機能資本家の手のなかではじめてそうなるのである。ここでGの第1の場所変換が表わしているものは，78)Gの移転，AからBへのGの移転または引き渡し以外のなにものでもない79)(この移転は，ある法律上の形式と留保とのもとで80)行なわれるのである)。

　このような，資本としての貨幣の二重の支出——その第1のものはAからBへのたんなる移転〔transfer〕である——には，それの二重の還流〔Return〕が対応する。それはG′またはG+ΔGとして，運動から機能資本家に還流する〔returniren〕。次にBはふたたびそれをAに81)transferする，移転する。この場合，ΔGは82)利潤に等しいのではなく，ただ利潤の一部分，利子でしかない。Bに

---

72)〔E〕「その商品の最終的な販売までに」→「その商品が最終的に消費に落ちるまでに」
73)〔E〕「ある〔sein〕」→「行なわれる〔stattfinden〕」
74)〔E〕「商品」→「別の商品」
75)〔E〕「Gによる〔durch G〕」→「Gの〔von G〕」
76)〔E〕「けっして資本の変態の契機あるいは資本の再生産過程の契機ではない」→「けっして商品変態の契機でもなければ資本の再生産過程の契機でもない」
77)〔E〕「商品取り扱い等々〔Waarenhandel etc〕」→「商業〔Handel〕」
78)〔E〕「Gの移転〔sein transfer〕，」——削除
79)〔E〕「(」および「)」——削除
80)〔E〕「行なわれるのである」→「行なわれるのが常である」
81)〔E〕「transferする，移転する〔übertragen〕」→「移転する」

貨幣が還流する〔returniren〕のは，ただ，Bが支出したものとして，機能資本として，とはいえAの所有物として，還流するだけである。だから，その還流〔Return〕が完全になるためには，Bはそれをふたたび A に移転し〔transfer〕なければならない。しかし，B は，資本額のほかに，自分がこの資本額であげた<u>利潤の一部分</u>を<u>利子</u>という名目でAに引き渡さなければならない。というのは，AがBに貨幣を渡したのは，ただ，資本として，すなわち運動のなかで自分を維持するだけではなく自分の所有者のために或る<u>剰余価値</u>を創造する<u>価値</u>として，渡しただけだからである。

83)（この貨幣がBの手にとどまっているのは，ただそれが機能資本であるあいだだけである。そして，その還流〔Return〕84)（約束の期限がきてからの）とともに，それは資本として機能しなくなる85)，機能資本であることをやめる。しかし，86)機能していない資本として，それはふたたび87)Bの手からAの手に①，すなわち88)自分の資本をBに手放しているあいだもずっと<u>それの法律上の所有者でなくならないAの手に</u>，移転〔transfer〕されなければならないのである。）

① 〔異文〕「，すなわち自分の資本をBに手放しているあいだもずっと<u>それの法律上の所有者でなくならないAの手に</u>，」——書き加えられている。

この商品に，すなわち<u>商品としての資本</u>に特有な，<u>販売</u>という |415| 形態に代わる<u>貸付</u>という形態89)（ただし〔この形態は〕他の諸取引でも見られる）は，<u>資本</u>がここでは<u>商品</u>として現われるという，または<u>資本としての貨幣</u>が商品になるという規定90)そのものから，出てくるのである。

---

82)〔E〕「利潤」→「全利潤」
83) このパラグラフは，以下の三つのパラグラフのあとに書かれており，「++）」という記号でこの箇所への指示がなされている。
84)〔E〕「（」および「）」→「——」および「——」
85)〔E〕「，機能資本であることをやめる」——削除
86)〔E〕「機能していない資本〔nichtfunctionirendes Capital〕」→「もはや機能していない資本〔nicht länger fungierendes Kapital〕」
87)〔E〕「Bの手から」——削除
88)〔E〕「自分の資本をBに手放しているあいだもずっと〔während d. ganzen Entäusserung seines Capitals an B〕」——削除
89)〔E〕「（」および「）」——削除

ここでは次のような区別をしなければならない。

①すでに見たように[91]，資本は流通過程では商品資本および貨幣資本として機能する。[92)93)]

> ①〔注解〕「すでに見たように」——カール・マルクス『資本論』〈経済学草稿1863-1865年〉。第2部〈第1稿〉。(MEGA II/4.1, S. 140-191.〔中峯・大谷他訳『資本の流通過程』，大月書店，1982年，9-68ページ。〕)

しかし，この二つの形態では，資本は資本としては商品にならない。

生産資本が商品資本に転化したならば，それは，[94)]商品として売られるために，市場に投じられなければならない。ここではそれは単純に商品として機能する。ここでは資本家はただ商品の売り手として現われるのであり，それは買い手が商品の買い手として現われるのと同様である。商品としては，生産物は流通過程でその販売によってその価値を実現しなければならず，貨幣としてのその転化した姿をとらなければならない。したがってまた，この商品が消費者によって生活手段として買われるか，それとも資本家によって生産手段として，資本成分として，買われるかということも，まったくどうでもよいこと〔vollständig indifferent〕である。[95)]現実の機能では，流通行為では，商品資本はただ商品として機能するだけで，資本として機能するのではない。それが①単純な商品とは違う商品[96)]資本であるのは，1)それがすでに剰余価値をはらんでおり，したがってその価値の実現が同時に剰余価値の実現だからである。といっても，このことは，商品としての，一定の価格をもつ生産物としての，それの単純な存在を少しも変えるものではない。2)このような，商品としての商品資本の機能は，資本としての商品資本の再生産過程の一契機で②あり，し

---

90)〔E〕「そのもの」——削除
91)〔E〕挿入——「(第2部第1章)，またここで簡単に思いだすように」
92)〔E〕エンゲルス版では改行していない。
93) このパラグラフのあとに，注83で触れた，「(++)」をつけて追記された部分が書かれている。次のパラグラフ (本ページ7行) は内容的には，エンゲルス版でそうなっているようにこのパラグラフの一部をなすものと見るべきであろう。
94)〔E〕「商品として売られるために，市場に投じられなければならない」→「市場に投じられ，商品として売られなければならない」
95)〔E〕「現実の機能では，」——削除
96)〔E〕「資本」——エンゲルス版では強調している。

たがってまた，商品としての商品資本の運動は，[97]過程の全体に連関させるならば，同時にまた，資本としての商品資本の運動だからである。[98]しかしそうであるのは，売るという行為[99]または商品の変態そのものによってではなく，ただ，[100]商品としての商品資本の運命または運動と，資本としての商品資本の総運動との関連〔Zusammenhang〕によってのみである。

①〔異文〕「単純な」←「個々の」
②〔異文〕「あり，」←「であるが，資本としてのそれが」

同様に，貨幣資本としても，資本は事実上ただ単純に貨幣として，すなわち商品（[101]生産手段）の[102]買い手として，作用するだけである。この貨幣がここでは同時に貨幣資本であり，[103]すなわち資本の形態であるということは，買うという行為すなわち資本がここで貨幣として行なう[104]それの現実の機能から出てくるのではない。それは，この行為と資本の総運動との関連から，[105]もっと詳しく言えば，それが貨幣として行なう[106]これらの購買行為が資本主義的生産過程を導入するということによって，出てくるのである。|

|289上|しかし，それらが現実に機能し，現実に過程のなかでそれらの役割を演じるかぎりでは，ここでは商品資本はただ商品として働き，貨幣資本はただ貨幣として働くだけである。[107]変態の諸契機をそれ自身として見れば，ど

---

97)〔E〕「過程の全体に連関させるならば〔auf d. Ganze d. Prozesses bezogen〕」→「商品資本の過程の部分運動でしかないのだから」
98)〔E〕「しかしそうであるのは〔aber〕」→「しかし，この運動がこういうものになるのは」
99)〔E〕「または商品の変態」——削除
100)〔E〕「商品としての商品資本の運命または運動と，資本としての商品資本の総運動との」→「この行為と，この一定の価値額が資本として行なう総運動との」
101)〔E〕「生産手段」→「生産諸要素」
102)〔E〕「買い手」→「購買手段」
103)〔E〕「すなわち〔od.〕」——削除
104)〔E〕「それの〔sein〕」——削除
105)〔E〕「もっと詳しく言えば，」——削除
106)〔E〕「これらの購買行為」→「この購買行為」
107)〔E〕「変態の諸契機をそれ自身として見れば，どの契機でも〔in keinem d. Momente d. Metamorphose, für sich betrachtet〕」→「変態の個々の契機をそれ自体として見れば，どの個々の契機でも」

の契機でも資本家は，たとえその商品が彼にとっては資本を表わすにしても，商品を[108]資本として買い手に売るのではなく，あるいはまた貨幣を資本として売り手に譲渡するのでもない。どちらの場合にも，彼は商品を単純に商品として譲渡するのであり，また貨幣を単純に[109]購買手段として支出する，すなわちそれで商品を買うのである。

資本が流通過程で資本として現われるのは，ただ，全[110]過程の関連のなかだけでのことであり，[111]出発過程が同時に復帰点として現われる契機，G_G'[112]（または，出発点としての商品から出発される場合には，W_W'）のなかだけでのことである。（[113]生産過程では，資本が資本として現われるのは資本家への労働者の従属と剰余価値の生産とによるのである。）だが，[114]ここでは，媒介は消え去っている。そこにあるものは，G'または$G+\Delta G$であり（このΔGだけふえた価値額が貨幣の形態で存在しようと，商品の形態で存在しようと，[115]生産手段，固定資本等々の形態で存在しようと），[116]投下された最初の貨幣額・プラス・それを越える超過分すなわち実現された剰余価値，に等しい貨幣額である。だが，まさにこの復帰点では，すなわち資本が①実現された資本として，増殖した価値として存在するこの復帰点では，この形態では，——この点が，想像的であろうと現実にであろうと，休止点として固定されるかぎりでは——資本はけっして流通にははいらないのであり，むしろ流通から引き揚げられたものとして，全過程の結果として，現われるのである。それがふたたび支出されるときには，②それはけっして[117]資本として第三者に

---

108) 〔E〕「資本」——エンゲルス版でも強調している。
109) 〔E〕「購買手段として支出する，すなわちそれで商品を買う」→「貨幣として，商品の購買手段として譲渡する」
110) 〔E〕「過程〔Prozeß〕」→「経過〔Verlauf〕」
111) 〔E〕「出発過程〔Ausgangsprozeß〕」→「出発点〔Ausgangspunkt〕」
　　これはもともとマルクスの誤記だったのであろう。
112) 〔E〕「（または，出発点としての商品から出発される場合には，W_W'）」→「または，$W'-W'$」
113) 〔E〕挿入——「他方で〔während〕」
114) 〔E〕「ここでは」→「この復帰の契機では」
115) 〔E〕「生産手段，固定資本等々」→「生産諸要素」
116) 〔E〕「投下された最初の」→「最初に前貸された」
117) 〔E〕「資本として」——エンゲルス版ではこの全体が強調されている。

譲渡されるのではなく，単純な商品として第三者に売られるか，または[118]単純な貨幣として商品に転化される。資本は，③その流通過程ではけっして資本としては譲渡されないで，ただ商品または貨幣として[119]譲渡されるだけであって，これがここでは資本の唯一の，[120]他者にとっての定在なのである。商品や貨幣がここで資本であるのは，[121]一方が貨幣に転化し[122]他方が商品に転化するかぎりでのことではなく，買い手または売り手にたいする商品や貨幣の[123]諸連関のなかでのことではなく，ただ，資本家自身に④たいする（主観的に見れば），または[124]総過程の諸契機としての（客観的に見れば），商品や貨幣の観念的な〔ideell〕⑤諸連関のなかだけでのことである。現実の運動のなかで資本が資本として存在するのは，流通過程でのことではなく，ただ生産過程[125]のなかでだけのことである。

　①〔異文〕「実現された」——書き加えられている。
　②〔異文〕「……機能する」という書きかけが消されている。
　③〔異文〕「その流通過程」←「流通過程」
　④〔異文〕「たいする（主観的に見れば），」←「たいする，」
　⑤〔異文〕「諸連関」←「連関」

ところが，利子生み資本ではそうではない。そして，まさにこのことこそが利子生み資本の独自な性格をなしているのである。[126]
　自分の貨幣を利子生み資本として増殖しようとする貨幣所持者は，それを流通のなかに投じて，第三者に譲渡し，それを①[127]資本としての商品にする。

---

118)〔E〕「単純な貨幣として商品に転化される」→「単純な貨幣として商品と引き換えに第三者に渡される〔hingegeben〕」
119)〔E〕「譲渡され」→「現われ」
120)〔E〕「他者にとっての」——エンゲルス版でも強調されている。
121)〔E〕「一方」→「商品」
122)〔E〕「他方」→「貨幣」
123)〔E〕挿入——「現実的〔wirklich〕」
124)〔E〕「総過程」→「再生産過程」
125)〔E〕挿入——「，労働力の搾取過程」
126)〔E〕エンゲルス版では改行していない。
127)〔E〕「資本としての」への下線は二重になっている。この部分は，エンゲルス版でも強調されている。

それは，¹²⁸⁾それを譲渡する彼にとっての資本としてだけでなく，資本として，剰余価値，利潤を創造するという使用価値をもつ価値として，第三者に引き渡されるのである。¹²⁹⁾つまり，それが彼に引き渡されるのは，資本として，すなわち，運動のなかで自分を¹³⁰⁾維持し，機能し終えたのちにその最初の引渡人の手に，ここでは貨幣所持者の手に帰ってくる価値としてである。つまり，ただしばらくのあいだだけ彼の手から離れ，¹³¹⁾その所有者の占有から機能資本家の占有に移るのであって，支払われてしまうのでも売られるのでもなく，¹³²⁾ただ貸し付けられる，貸し出されるだけの価値としてである。すなわち，¹³³⁾一定期間ののちにはその出発点②に帰ってくる〔returniren〕という，また第2には実現された資本として，したがって剰余価値を生産するというその使用価値を実現した資本として，還流する〔returniren〕という条件のもとでのみ，その価値は③手放されるのである。a)／

①〔異文〕「……にする」という書きかけを消して「……として手放す」と書いたのち，これも消している。
②〔異文〕「に」 zu←an
③〔異文〕「手放〔entäussern〕される」←「譲渡〔veräussern〕される」

|417|289下|①¹³⁴⁾a)　追記〔Zusatz〕。②¹³⁵⁾商品が資本として貸し付けられるとき，それは¹³⁶⁾¹³⁷⁾流動資本として貸し付けられることも，¹³⁸⁾固定資本として貸

---

128)〔E〕「それを譲渡する彼にとっての資本としてだけでなく，資本として」→「自分自身にとってだけではなく他の人びとにとっても資本として，である。それは，それを譲渡する人にとって資本であるだけでなく，はじめから資本として」
129)〔E〕「つまり，それが彼に引き渡されるのは，資本として，すなわち，」──削除
130)〔E〕「維持し〔erhalten〕」→「維持しつづけ〔forterhalten〕」
131)〔E〕挿入──「ただ一時的に」
132)〔E〕「ただ貸し付けられる，貸し出されるだけ〔nur verliehn, ausgeliehn werden〕」→「ただ貸し出されるだけ〔nur ausgeliehen werden〕」
133)〔E〕挿入──「第一には」
134)〔E〕エンゲルスは，「a)」で始まる以下5パラグラフのこの「追記」を，そっくり本文に繰り入れた。
135)〔E〕「商品が資本として貸し付けられるとき，それは」→「資本として貸し付けられる商品は」
136)〔E〕挿入──「その性状に応じて」
137)〔E〕「流動資本」→「固定資本」

し付けられることもできる。貨幣はどちらの形態でも貸し付けられることができる。固定資本として貸し付けられるのは，たとえば，貨幣が[139]年金のかたちで返済され，したがって利子といっしょに絶えず資本も少しずつ還流する〔returniren〕という場合である。[140]他の諸商品は，その使用価値の性質上，いつでもただ固定資本としてしか貸し付けられることができない。家屋や[141]機械などがそれである。しかし，すべての貸し付けられる資本は，その形態がどうであろうと，またその使用価値の性質によって返済がどのように変形されようとも，つねにただ貨幣資本の特殊な一形態でしかない。というのは，ここで貸し付けられるものは，つねにある一定の貨幣額であって，[142]この場合，利子もまたこの額にたいして計算されるのだからである。もし貸し出されるものが貨幣でも流動資本でもないならば，その返済もまた固定資本が還流する〔returniren〕ような仕方で行なわれる。貸し手は周期的に利子と，固定資本そのものの消費された〔consumirt〕価値の一部分，つまり周期的な損耗分〔Dechet〕の等価とを[143]返してもらう。そして，[144]終わりには，貸し付けられた固定資本の未消費〔unconsumirt〕部分が現物で帰ってくる。もし貸し付けられる資本が流動資本ならば，それは[145]やはり流動資本の還流の仕方〔Returnweise〕で貸し手のもとに[146]還流する。

① 〔異文〕手稿ではこの追記は手稿のこのページの最後に書かれており，「a) 追記」という標識によってこの箇所に関係づけられている。

② 〔注解〕このパラグラフは，カール・マルクス『経済学批判（1861-1863年草稿）』から，変更を加えて，取られている。（MEGA II/3.4, S. 1518.18-34.）

[147]還流〔Retrun〕の[148]仕方は，①[149]再生産する資本の，またその特殊的な種

---

138) 〔E〕「固定資本」→「流動資本」
139) 〔E〕「年金〔Annuität〕」→「終身年金〔Leibrente〕」
140) 〔E〕「他の」→「ある種の」
141) 〔E〕挿入――「船舶や」
142) 〔E〕「この場合……もまた〔dann auch〕」→「事実また〔denn auch〕」
143) 〔E〕「返してもらう〔zurückerhalten〕」→「受け取る〔erhalten〕」
144) 〔E〕挿入――「貸付期間の」
145) 〔E〕「やはり」 auch→ebenfalls
146) 〔E〕「還流する〔returniren〕」→「帰ってくる」
147) 〔E〕挿入――「つまりどの場合にも〔also jedesmal〕」

類の，現実の循環運動によって規定されている．しかし，貸し付けられる資本にとっては還流〔return〕は返済150)，repaymentという151)形態をとる．なぜならば，その前貸，その手放し〔Entäusserung〕が貸付という形態をもっているからである．

①〔異文〕「再生産」←「生産」

　この152)項目でわれわれが取り扱うのはただ本来の貨幣資本だけであって，そのほかの貸付資本の諸形態はこの貨幣資本から派生したものである．

　貸し出された資本は二重に還流する〔returniren〕．153)現実の過程ではそれは機能資本家の手に154)還流し，それからもう一度，貸し手〔lender〕すなわち貨幣資本家〔monied capitalist〕への移転〔transfer〕として，つまり，資本の現実の所有者，その法律上の出発点への返済として，155)還流が繰り返される．

　現実の流通過程では資本はいつでも商品156)および貨幣として現われるのであって，その運動は一連の157)交換，売買に帰着する．要するに，流通過程は商品の変態に帰着するのである．ところが，158)過程の全体を見れば，そうではない．貨幣から出発して見れば159){商品から出発しても同じことである．というのは，その場合には商品の価値から出発するのであり，したがってそれら自身をも貨幣の姿で〔sub specie〕見るのだからである}，その場合にはある貨幣額が引き渡されて，ある期間ののちに160)その貨幣額ならびにそれを越えるある超過分，それのある増加分が帰ってくる．161)増大した貨幣額が，最初の価

---

148)〔E〕「仕方」──エンゲルス版でも強調されている．
149)〔E〕「再生産する〔reprod.〕」→「再生産される〔sich reproduzierend〕」
150)〔E〕「，repayment」──削除
151)〔E〕「形態」──エンゲルス版では強調されている．
152)〔E〕「項目〔Abschnitt〕」→「章〔Kapitel〕」
153)〔E〕「現実の過程」→「再生産過程」
154)〔E〕「還流し〔returniren〕」→「帰り」
155)〔E〕「還流〔Return〕」→「復帰」
156)〔E〕「および」→「または」
157)〔E〕「交換〔échange〕」──削除
158)〔E〕「過程」→「再生産過程」
159)〔E〕「{」および「}」→「(」および「)」
160)〔E〕「その貨幣額ならびにそれを越えるある超過分，それのある増加分が」──削除

値の補塡分・プラス・剰余価値が帰ってくる。それは，ある 418)162)循環を通り抜けるなかで自分を維持し増殖したのである。ところで，貨幣は，それが資本として貸し付けられるかぎりでは，まさに，このような自分を維持し増殖する貨幣額として貸し出されるのであって，この貨幣額はある期間ののちには163)利潤とともに帰ってきて絶えず164)繰り返し新たに同じ過程を通ることができるのである。それは貨幣として引き渡されるのでもなければ商品として引き渡されるのでもない。つまり，165)(貨幣として前貸される場合)商品と交換されるのではなく，166)(商品として前貸される場合)貨幣と引き換えに売られるのではない。そうではなくて，それは資本として引き渡されるのである。資本主義的生産過程を全体および統一体として見れば，資本は自分自身にたいする関係として現われ167)るのであるが，この，自分自身にたいする関係が，ここでは媒介する中間運動なしに単純に資本の性格として，資本の規定性として，資本に合体されるのである。そして，168)それはこのような規定性において譲渡されるのである。〔「a) 追記」終わり〕|

/289上/①169)『信用の無償性。Fr. バスティア氏とプルドン氏との論争』，パリ，1850年170)。貸すということは，売るということではないという理由で，プルドンにとってはよくないものに思われる。利子を取って貸すということは，②「自分が売るものの所有をけっして譲り渡すことなしに，同じ対象〔objet〕を絶えず繰り返して売り，絶えず繰り返してその価格を受け取るという能

---

161) 〔E〕「増大した貨幣額が，最初の価値の補塡分〔replacement〕・プラス・剰余価値が」→「前貸貨幣額の補塡分に剰余価値を加えたものが」
162) 〔E〕「循環〔Turnus〕」→「循環運動〔Kreisbewegung〕」
163) 〔E〕「利潤」→「追加分」
164) 〔E〕「繰り返し〔wieder〕」——削除
165) 〔E〕「（」および「）」——削除
166) 〔E〕「（」および「）」——削除
167) 〔E〕挿入——「るのであり，またこの関係のなかでは資本は貨幣を生む貨幣として現われ」
168) 〔E〕挿入——「資本が貨幣資本として貸し付けられる場合には，」
169) 〔E〕挿入——「貨幣資本の役割についての奇妙な見解は，プルドンのそれである（」
170) 〔E〕挿入——「）」

力である。」（同前，9ページ。）171)対象〔objet〕（貨幣や家などのような）は，売買の場合とは違って，所有者を取り替えない。ところが，彼が見ていないのは，貨幣が172)（利子生み資本として）手放される場合には，<u>等価はなにも取り返されていない</u>ということである。どの売買行為でも，173)――およそ③交換過程が行なわれるかぎりでは174)――たしかに<u>対象〔Objekt〕は手放される</u>。175)いつでも，売られるものの所有は譲り渡される。しかし，<u>価値は手放されない</u>。176)売られるときには商品は手放されるが，商品の<u>価値</u>は手放されず，この価値は，貨幣というかたちで177)（または，ここでは貨幣に代わる別の形態でしかないが，<u>債務証書</u>178)，支払請求権というかたちで）179)還流する。180)買われるときには貨幣は手放されるが，貨幣の<u>価値</u>は手放されず，この価値は商品というかたちで補塡される。再生産過程の全体をつうじて181)生産的資本家は<u>同じ価値</u>を自分の手に保持しているのであって，182)ただその価値の‖290上｜形態が変わるだけである。

 ①〔注解〕ここから，草稿290ページ上半のプルドン『信用の無償性。F. バスティア氏とプルドン氏との論争』140ページからの引用の終わりまでについては，カール・マルクス『経済学批判（1861-1863年草稿）』を見よ。（MEGA II/3.4, S. 1524.7-1525.23.）
 ②〔注解〕ここで引用されている文章は新聞『人民の声〔La voix du peuple〕』の編集者のひとりだったシャルル-フランソア・シュヴェによるものである。彼は『信用の無償性。F. バスティア氏とプルドン氏との論争』（パリ，1850年）という書物のな

---

171)〔E〕「対象〔objet〕（貨幣や家などのような）」→「貨幣や家などのような対象〔Gegenstand〕」
172)〔E〕「（利子生み資本として）」→「利子生み資本の形態で」
173)〔E〕「――」→「，」
174)〔E〕「――」→「，」
175) この一文は，フランス語でプルドンの原文通りに書かれている。（On céde toujours la propriété de ce qu'on vend.）
176)〔E〕「売られるときには」→「販売の場合には」
177)〔E〕「（」および「）」――削除
178)〔E〕「，支払請求権」→「または支払請求権」
179)〔E〕「還流する〔returniren〕」→「返される〔zurückgegeben werden〕」
180)〔E〕「買われるときには」→「購買のさいには」
181)〔E〕「生産的」→「産業」
182)〔E〕挿入――「剰余価値は別として」

かの第1の手紙を執筆した。
　③〔異文〕「交換過程」←「交換価値」

　交換〔échanges〕, すなわち諸対象〔objet〕の交換〔échange〕が行なわれるかぎりでは, 価値の変化〔change of values〕は生じない。同じ資本家はいつでも同じ価値を握っている。しかし, 資本家によって剰余価値が生産されるかぎりでは, 交換〔échange〕は行なわれない。[183] そして交換〔échange〕が行なわれるときには, 剰余価値はすでに商品のなかに含まれている。[184]
　[185] そして個々の交換行為を見るのではなく資本の総循環〔Gesammtturnus〕G―W―G′を見るならば, 絶えず一定の価値額が前貸されていて, この価値額・プラス・剰余価値または利潤が流通から引き揚げられる。[186]（この過程の媒介は, もちろん, たんなる交換行為では目に見えない。）そして, まさにこのような, 資本としてのGの過程こそは, [187] 貸付資本家の利子がそれに①もとづき, それから発現するものなのである。

　　①〔異文〕「もとづき, それから発現するものなのである。」←「もとづくものなのである。」

　[188]「じっさい, 帽子を売る帽子製造業者は……帽子のかわりにその価値を受け取るのであり, それより 419 多くも少なくも受け取らない。ところが, 貸付資本家〔capitaliste prêteur〕は……自分の資本をそっくりそのまま取り返すだけではない。彼は, 資本よりも多くを, 彼が交換に投じるよりも多くを, 受け取る。彼は資本のうえに利子を受け取る。」(同前, 69ページ。)
　ここでは帽子製造業者は, 貸付資本家〔capitaliste prêteur〕に対立する生産的資本家を代表する。どのようにして生産的資本家は商品をそれの価値で売ること

---

183)〔E〕「そして」──削除
184)〔E〕エンゲルス版では改行していない。
185)〔E〕「そして」──削除
186)〔E〕「（」および「）」──削除
187)〔E〕「貸付資本家〔Capitalist prêteur〕」→「貸付貨幣資本家〔verleihender Geldkapitalist〕」}
188)〔E〕挿入──「プルドンは次のように言う。」

ができるのか（生産価格への均等化は[189]プルドンによる[190]問題の把握にとってはどうでもよいことである），また，まさにそうすることによって，どうして自分が交換に投じる資本を越えて〔en sus du capital qu'il a apporté à l'échange〕利潤を[191]実現するのか，この秘密を明らかにプルドンは見破ることができなかった。帽子100個の生産価格は115ポンド・スターリング，またこの生産価格はたまたま帽子の価値に等しい[192]（したがって帽子を生産する資本は[193]平均的社会的な構成の資本だ）と仮定しよう。利潤が15％ならば，帽子製造業者は，資本をその価値どおりに115ポンド・スターリングで売ることによって，15ポンド・スターリングの利潤を実現する。彼にとっては帽子には100ポンド・スターリングしかかかっていない。彼が自分の資本で生産したのならば，彼は①[194]剰余の15ポンド・スターリングを全部ふところに入れてしまう。もし借りた資本で生産したのならば，彼は[195]たとえばそのうちから5ポンド・スターリングを利子として渡さなければならない。このことは少しも帽子の価値を変えるものではなく，ただ，この価値に[196]含まれている剰余価値の，いろいろな人びとのあいだの分配を変えるだけである。つまり帽子の価値は利子の支払いによっては影響を受けないのだから，[197]すでにまえに解明した次のばか話には根拠がないのである。「商業では資本の利子が労働者の賃金に付け加えられて商品の価格を構成するのだから，労働者が自分の労働の生産物を買い戻すことができるということはありえない。[198]労働しながら生きる〔Vivre en travaillant〕，ということは，利子の支配のもとでは矛盾を含んだ原理である。」（同前，105ページ。）a)／

　①〔異文〕「剰余の15ポンド・スターリングを」←「115ポンド・スターリングを」

---

189)〔E〕挿入——「この場合」
190)〔E〕「問題の」——削除
191)〔E〕「実現する」→「受け取る」
192)〔E〕「（」および「）」——削除
193)〔E〕「平均的社会的な構成〔the average social composition〕」→「社会的平均構成」
194)〔E〕「剰余〔Surplus〕」→「超過分〔Überschuß〕」
195)〔E〕「たとえば」→「もしかすると」
196)〔E〕挿入——「すでに」
197)〔E〕「すでにまえに解明した次のばか話には根拠がないのである」→「プルドンが次のように言っているのはナンセンスなのである」

第21章の草稿，それとエンゲルス版との相違　189

|290下|〔原注〕a)　①それだから，199)「家屋」や「貨幣」などは，「資本」として貸し付けられるのではなく，「商品」として「原価で」（同前，[43,] 44ページ）譲渡されるのだということになる。ルターはプルドンよりはいくらか高みに立っていた。彼は，利潤をあげるということが貸すとか200)売るという形態によるものではないということをすでに知っていた。②「購買からも高利は得られる。しかしいまこのことまでも一口にかたづけるわけにはいかない。まず一方を，貸付による高利を，論じなければならない。これを防止してから（最後の審判の日ののちに）201)買う場合の高利にも訓戒を加えることにしよう。」(M. ルター『牧師諸氏へ，高利に反対して，云々』，ヴィッテンベルク，1540年。)〔原注a) 終わり〕|

　　①〔注解〕この一文はバスティア＝プルドンでは次のとおり。——「もし商業信用または抵当信用が，言い換えれば貨幣資本が，もっぱら流通するという機能を果たす資本が，無償であるなら，家屋という資本はやがてそれ自身になり，家屋はもはや実際には資本ではなく，商品であろう。……原価で。」
　　②〔注解〕ルターからの抜粋でマルクスはルターの綴り方でではなく，高地ドイツ語の正書法を使っている。

/290上/どんなにプルドンが202)資本一般の運動を理解しなかったかは，彼が資本一般の運動を利子生み資本に特有な運動として述べている次の文章に現われている。
「利子の蓄積によって，貨幣資本は交換が行なわれるごとに絶えずその源泉に帰るのだから，絶えず同じ手によって行なわれる貸付の繰り返しはつねに同じ人に利益をもたらすということになる。」(154ページ。)

---

198)「労働しながら生きる〔Vivre en travaillant〕」——Fernbach訳の『資本論』第3部英語版（Penguin Books）では，この句に次の訳者注がつけられている。——「Vivre en travaillant, mourir en combattant（労働しながら生き，戦いながら死ぬ）というのは，フランスの労働者階級の，とくに〔1831年および〕1834年のリヨン〔絹織物工〕暴動と結びついた，伝統的なスローガンである。」
199)〔E〕挿入——「もしプルドンの言うようだとすれば，」
200)〔E〕「売る」→「買う」
201)〔E〕「買う場合の高利」——エンゲルス版でも強調されている。
202)〔E〕「資本一般〔Capital überhaupt〕の運動」→「資本の本性」

それでは，利子生み資本の特有の運動のなかでプルドンを当惑させている〔puzzle〕ものはなにか？[203]

　それは，[204]売る〔vendre〕，価格〔prix〕，対象を譲渡する〔céder des objets〕，という範疇であり，また，ここでは剰余価値が現われている[205]外面的で無媒介的な形態である。要するに〔in fact〕，ここでは資本としての資本が商品になってしまっているという現420象，それゆえ，売ること〔vendre〕が貸すことに転化し，価格〔prix〕が剰余価値の分け前に転化してしまっているという現象である。

　①資本が自分の出発点に帰るということは，そもそも，資本がその[206]総過程のなかで行なう特徴的な運動である。[207]だから，このことはけっして利子生み資本[208]を特徴づけるものではない。利子生み資本を特徴づけるものは，この復帰の，[209]媒介から分離された，外面的な形態である。[210]

　①〔異文〕「第1に」という書きかけが消されている。

　貸付資本家〔d. Capitalist prêteur〕は，等価を受け取ることなしに自分の資本を手放し，それを[211]生産的資本家に移転する。資本を手放すことは，けっして資本の現実の[212]流通過程の行為ではなく，ただ[213]生産的資本家の側での資本の流通を準備するだけである。このような，貨幣の第1の場所変換は，変態のどんな行為も，購買も販売も，表わしていない。所有は譲り渡されない〔d. propriété n'est pas cédée〕。なぜなら，[214]交換過程も生じないし，等価も[215]受け

---

203)〔E〕エンゲルス版では改行していない。
204)〔E〕「売る〔vendre〕」→「買う〔Kaufen〕」
205)〔E〕「外面的で」──削除
206)〔E〕「総過程」→「総循環」
207)〔E〕「だから〔also〕」──削除
208)〔E〕挿入──「だけ」
209)〔E〕「媒介」→「媒介的循環」
210)〔E〕エンゲルス版では改行していない。
211)〔E〕「生産的資本家〔capitalist productif〕」→「産業資本家」
212)〔E〕「流通過程」→「循環過程」
213)〔E〕「生産的資本家の側での資本の流通」→「産業資本家によって実行されるべきこの循環」
214)〔E〕「交換過程も生じない」→「交換も行なわれない」

取られないからである。‖291上｜貨幣が[216)]生産的資本家の手から貸付資本家〔capit. prêteur〕の手に帰るということは，ただ，資本を手放すという①第1の行為を補足するだけである。資本は，[217)]貨幣として前貸されて，[218)]ふたたび貨幣形態で[219)]生産的資本家の手に帰ってくる。しかし，資本は，引き渡されるときに彼のものではなかったのだから，帰ってくるときにも彼のもの[220)]ではない。[221)](再生産過程[222)]も，この資本を彼の所有に転化することはできない。)だから，彼は②それを[223)]貸し手〔Ausleiher〕に返さなければならない。資本を貸し手の手から借り手〔Leiher〕の手に移転する第1の[224)]引き渡しは法律上の取引であるが，この取引は資本の現実の[225)]流通過程および生産過程とはなんの関係もなく，ただそれを準備する〔einleiten〕だけである。[226)]復帰した資本をふたたび借り手〔Leiher〕の手から[227)]貸し手の手に[228)]返済する[229)]復帰は，第2の法律的取引であり，第1の取引の補足〔complement〕である。一方は現実の過程を準備し，他方は現実の過程のあとの補足的な行為である。だから，貸付資本の[230)]出発点—手放し，復帰点—返済は，任意な，法律的取引によって媒介される運動として現われるのであって，これらの運動は資本の現実の運動の前後に行なわれるもので，この現実の運動自身とはなんの関係もないものであ

---

215)〔E〕「受け取る」 erhalten→empfangen
216)〔E〕「生産的資本家〔capit. prod.〕」→「産業資本家」
217)〔E〕「貨幣として」→「貨幣形態で」
218)〔E〕挿入——「循環過程を経て」
219)〔E〕「生産的資本家〔capitalist productif〕」→「産業資本家」
220)〔E〕「ではない」→「ではありえない」
221)〔E〕「（」および「）」——削除
222)〔E〕「も」→「を通っても」
223)「貸し手〔Ausleiher〕」——はじめLeiherと書いたが，それにAusを付け加えてAusleiherにしている。
224)〔E〕「引き渡し〔Ausgabe〕」→「支払い〔Verausgabung〕」
225)〔E〕「流通過程および生産過程」→「再生産過程」
226)〔E〕「復帰した」→「還流した」
227)「貸し手〔Verleiher〕」——はじめLeiherと書いたが，それにVerを付け加えてVerleiherにしている。
228)〔E〕「返済する〔rückerstatten〕」→「移す」
229)〔E〕「復帰〔Rückkehr〕」→「返済〔Rückzahlung〕」
230)〔E〕「出発点—手放し，復帰点—返済」→「出発点と復帰点，手放しと返済」

る。[231]というのは，資本がはじめから[232]生産的資本家のものであり，したがって彼の所有として彼の手に還流する〔returniren〕だけであったとしても，それは資本の現実の運動にとってはどうでもよいことであろう[233]からである。第1の③準備行為では貸し手が自分の資本を④借り手〔Leiher〕に手放す。第2の補足的終結行為では借り手〔Leiher〕が資本を貸し手に返す。[234][235]貸し手と借り手とのあいだの取引だけを考察するかぎりでは——そしてしばらく利子を無視すれば[236]，つまり貸し手と借り手〔Leiher〕とのあいだでの貸される資本の運動だけを問題にするかぎりでは[237]——，[238]（資本の現実の[239]運動が行なわれる）長短の時間によって分離されている[240]この二つの行為がこの運動の全体を包括する。|421|そしてそもそもこの運動，[241]ある価値額の，それの所有者から，この価値額を一定期間後に返済しなければならないある第三者への移転，⑤すなわち[242]取り戻しを条件とする手放しが，貸付と借受の，すなわち，貨幣または商品のただ条件つきでの〔conditionell〕譲渡というこの独自な形態の，運動なのである。[243]++)/

　①〔異文〕「第1の」——書き加えられている。
　②〔訂正〕「それ〔es〕」〔資本を指す〕——手稿では「それ〔sie〕」となっている。〔1894年のエンゲルス版〕刊本にならって訂正。〔sieではなにを指すのかわからない。〕

231)〔E〕「というのは」——削除
232)〔E〕「生産的資本家」→「産業資本家」
233)〔E〕「からである」——削除
234)「貸し手〔Verleiher〕」——はじめLeiherと書いたが，それにVerを付け加えてVerleiherにしている。
235)〔E〕「貸し手〔Verleiher〕と借り手〔Leiher〕」→「両者」
236)〔E〕「,」→「——」
237)〔E〕「——」——削除
238)〔E〕「(」および「)」——削除
239)〔E〕「運動」→「再生産運動」
240)〔E〕挿入——「)」
241)〔E〕「ある価値額の，それの所有者から，この価値額を一定期間後に返済しなければならないある第三者への移転」——削除
242)〔E〕「取り戻し〔Rückerhalt〕」→「返済〔Rückerstattung〕」
243)〔E〕草稿ではこの「++)」という標識によって，ノートの同じページの下半に書かれた部分に続くことが示されている。エンゲルスは，この続きの部分をそのまま本文に組み入れた。

③〔異文〕「準備〔einleitend〕」——書き加えられている。
④〔異文〕「借り手に手放す」←「借り手に与える」
⑤〔異文〕「すなわち取り戻しを条件とする手放し」——書き加えられている。

|291下|①++) ②244)資本の特徴的な運動は，貨幣の資本家への復帰である。資本のそれの出発点へのこの復帰は，利子生み資本では，この復帰という形態をとる現実の運動からは切り離された，まったく外面的な姿態を受け取る。Aが自分の貨幣を245)引き渡すのは，貨幣としてではなく，資本としてである。ここでは資本にはなんの変化も生じない。それはただ持ち手を取り替えるだけである。貨幣の資本への現実の転化は，Bの手によってはじめて行なわれる。しかし，Aにとってそれが資本となったのは，Bへの246)それのたんなる手放しによってである。生産過程および流通過程からの資本の現実の還流〔Return〕が生じるのはBにとって247)である。しかし，Aにとっては還流〔Return〕は譲渡と同じ248)仕方で249)（たんなる返済として）行なわれる。それはBの手からふたたびAの手に帰る。ある期間を限っての貨幣の手放し250)（貸付），そして利子（剰余価値）をつけてのその回収，これが利子生み資本そのものに固有な運動形態の全体である。貸し出された貨幣が資本として行なう現実の運動は，251)貨幣〔money〕の貸し手と借り手〔lender u. borrower〕とのあいだの取引のかなたにある操作である。これらの取引252)では，この媒介は消えていて，見えなくなっており，直接にはそれに含まれていない。独特の種類の商品〔Waare sui generis〕として，資本はまた③特有な譲渡の253)形態をもっている。したがって

---

244)〔E〕「資本の特徴的な運動は，貨幣の資本家への復帰である。資本のそれの出発点へのこの復帰」→「資本一般の特徴的な運動，すなわち貨幣の資本家への復帰，資本のそれの出発点への復帰」
245)〔E〕「引き渡す〔ausgeben〕」→「手放す〔weggeben〕」
246)〔E〕「それの」——削除
247)〔E〕挿入——「だけ」
248)〔E〕「仕方」→「形態」
249)〔E〕「（たんなる返済〔repayment〕として）」——削除
250)〔E〕「（貸付）」→「貸付」
251)〔E〕「貨幣の」——削除
252)〔E〕挿入——「そのもの」
253)〔E〕「形態」→「仕方」

また，ここでは還流も²⁵⁴⁾一系列の経済的諸過程〔Prozesse〕の帰結や結果として表現されるのではなく，買い手と売り手とのあいだの特殊的な〔besonder〕法律上の④約定〔Convention〕の結果として表現されるのである。還流〔Return〕の時間は²⁵⁵⁾現実の生産過程にかかっている。利子生み資本では，資本としてのその還流は，貸し手と借り手〔Borger〕とのあいだのたんなる約定〔Convention〕によって定まるかのように²⁵⁶⁾見える。したがって，資本の還流〔Return〕は，この取引に関してはもはや生産過程によって規定された結果としては現われないで，まるで，貨幣の形態が資本から²⁵⁷⁾瞬時もなくならないように見える。たしかに²⁵⁸⁾これらの取引は現実の還流〔real returns〕によって規定されている。しかし，このことは取引そのもののなかには現われない。²⁵⁹⁾{²⁶⁰⁾経験上でもつねに現われない，というわけではけっしてない。もし現実の還流〔real return〕が適時に行なわれないならば，借り手〔borrower〕は，そのほかのどんな財源〔resources〕から貸し手〔lender〕にたいする自分の債務〔obligations〕を履行すればよいかを考えなければならない。}資本のたんなる²⁶¹⁾形態²⁶²⁾，すなわち，Aという金額として引き渡されて，ある期間のうちに，²⁶³⁾引き渡しと返済とのあ

422 いだに経過するこの時間的間隔のほかにはなんの媒介もなしに，$A + \frac{1}{x}A$ という金額として帰ってくる貨幣²⁶⁴⁾。現実の²⁶⁵⁾運動の無概念的な形態²⁶⁶⁾。〔++〕による追記部分終わり〕|

　①〔異文〕手稿では，この補足〔++〕以下の部分〕は手稿のこのページの最後に書かれ

---

254)〔E〕「一系列」→「一定の系列」
255)〔E〕「現実の生産過程」→「再生産過程の経過」
256)〔E〕「見える」——エンゲルス版でも強調されている。
257)〔E〕「瞬時もなくならない」→「まったくなくならなかった」
258)〔E〕挿入——「実際に」
259)〔E〕「{」および「}」——削除
260)〔E〕「経験上〔empirisch〕」→「実際上〔in der Tat〕」
261)〔E〕「形態」——エンゲルス版では強調されている。
262)〔E〕「，」→「——」
263)〔E〕「引き渡しと返済とのあいだに経過するこの時間的間隔」→「ある期間」
264)〔E〕エンゲルス版では，ここに「——は，ただ」を挿入し，そのまま次の文に続けている。
265)〔E〕「運動」→「資本運動」
266)〔E〕挿入——「でしかない」

ており，++という標識によってこの箇所に関係づけられている。
② 〔注解〕このパラグラフのここから，{ }が付された文の直前までは，カール・マルクス『経済学批判（1861-1863年草稿）』から，変更を加えて取られている。(MEGA II/3.4, S. 1456.3-1457.21 und 1458.24-31.)
③ 〔異文〕「特有な〔eigenthümlich〕」←「固有の〔eigen〕」
④ 〔異文〕「約定〔Convention〕」←「取〔引〕〔Tra[nsaction]〕」

/291上/資本の現実の運動では，復帰は流通過程の一契機である。まず貨幣が生産手段に転化される。267) それは生産過程の結果として商品になる。商品の販売によってそれは貨幣に転化され，この形態で，資本を最初に貨幣形態で前貸した資本家の手に帰ってくる。ところが，利子生み資本の場合には，①復帰も手放しも，ただ資本の所有者とある268) 第三者とのあいだの法律上の取引の結果でしかない。269) それゆえまた，270) 貨幣資本家〔monied capitalist〕と生産的資本家とのあいだの関係に関するかぎり，それはただ，貨幣の貸付（貨幣の271) 手放し〔Weggabe〕，②手放し〔Entäusserung〕）と借りられた貨幣の返済（それの還流）として現われるだけである。その間に生じたことは，すべて消えてしまっている。

① 〔異文〕「復帰も手放しも，ただ」←「復帰はただ」
② 〔異文〕「手放し」——書き加えられている。

しかし，資本として前貸される貨幣は，それを前貸する人，すなわちそれを資本に272) 転化する（支出する）人の手に帰ってくるという属性をもっているのだから，G__W__G′が資本運動の①内在的形態なのだから，273) 貨幣所持者は，

---

267) 〔E〕「それは生産過程の結果として商品になる」→「生産過程はそれを商品に転化する」
268) 〔E〕「第三者」→「第二の人」
269) 〔E〕「それゆえまた，貨幣資本家〔monied capitalist〕と生産的資本家とのあいだの関係に関するかぎり，それはただ，貨幣の貸付（貨幣の手放し〔Weggabe〕，手放し〔Entäusserung〕）と借りられた貨幣の返済（それの還流〔Return〕）として現われるだけである。」→「われわれに見えるのは，ただ手放しと返済だけである。」
270) 草稿では，「monied capital」が「貨幣資本家〔monied capitalist〕」に変更されている。
271) 「手放し〔Weggabe〕，手放し〔Entäusserung〕」——Entäusserungは草稿の第5章のこの「1）」の部分では，Weggabe（手放し）とほとんど同義で使われている。
272) 〔E〕「転化する（支出する）」→「支出する」

貨幣を，**資本**として，すなわち自分の[274]出所に帰るという属性，[275]運動のなかで自分を**価値**として**維持する**[276]｛そして増殖する｝という属性をもつものとして，貸し付けることができるのである。彼がそれを**資本**として手放す②のは，それが資本として使われ[277]，その出発点に[278]復帰するからであり，つまり，まさにそれが借り手〔Leiher〕自身のもとに還流するからこそある時間ののちには借り手から**返済される**ことができるからである。

①〔異文〕「内在的形態」←「一つの内在的形態」
②〔異文〕「のは，それが」←「ときには，彼は〔……〕できる」

①だから，資本としての貨幣の貸付——ある期間ののちに返済されるという条件での貨幣の手放し——は，[279]貨幣が資本として使用され現実にその出発点に還流するということ[280]にもとづいているのである。つまり，②資本としての貨幣の現実の**循環運動**〔Cirkelbewegung〕は，[281]貸し手から引き渡された貨幣が彼に還流しなければならないという法律上の取引[282]に前提されているのである。[283]｛借り手〔Leiher〕がその貨幣を資本として[284]引き渡さなくても，それは彼の勝手である。貸し手は貨幣を**資本**として貸すのであり，[285]したがって

---

273)〔E〕挿入——「まさにそれだからこそ」
274)〔E〕「出所〔source〕」→「出発点」
275)〔E〕挿入——「自分が通り抜ける」
276)〔E〕「｛」および「｝」——削除
277)〔E〕挿入——「たあとで」
278)〔E〕「復帰する〔zurückkehren〕」→「還流する〔zurückfließen〕」
279)〔E〕挿入——「現実に」
280)〔E〕「にもとづいている」→「を前提とする」
281)〔E〕「貸し手から引き渡された貨幣が彼に還流しなければならない」→「借り手が貸し手に貨幣を返さなければならない」
282)〔E〕「に前提されている」→「の前提である」
283)〔E〕「｛」および「｝」——削除
284)〔E〕「引き渡さなくても」→「投じなくても」
285)〔E〕「したがって貨幣は資本の諸機能を果たさなければならないのであって，貨幣の循環運動〔Zirkelbewegung〕，つまり自分の出発点への貨幣の還流は，これらの機能を含んでいるのである。」→「資本としては貨幣は資本諸機能を果たさなければならないのであって，これらの資本機能は，自分の出発点に貨幣形態で還流するまでの貨幣資本の循環を含んでいるのである。」

第21章の草稿，それとエンゲルス版との相違   197

貨幣は資本の諸機能を果たさなければならないのであって，貨幣の循環運動，つまり自分の出発点への貨幣の還流は，これらの機能を含んでいるのである。｝

  ①〔異文〕「だから」——書き加えられている。
  ②〔異文〕「資本としての貨幣の」←「資本の」

  286)資本が貨幣として，あるいは商品として機能する流通行為 G__W および W__G′ は，ただ媒介的過程でしかなくそれの総運動の個々の契機でしかない。資本としてはそれは287)運動 G__G′ を成し遂げるのである。それは，貨幣288)(またはなんらかの形態の価値額)として前貸されて，価値額として帰ってくる。貨幣の289)所有者は，それを商品の購買に支出するのではなく，あるいは，価値額が商品として存在する場合に貨幣と引き換えに売るのではなく，資本として，G__G′ として，一定の期限290)後にふたたびその出発点に帰る291)貨幣(価値)として，前貸するのである。292)だから，それで買ったり 423 売ったりするのではなく，彼は293)それを貸すのである。つまり，この貸付は，それを貨幣や商品としてではなく294)資本として譲渡するための適当な形態なのである。295)(だからといって，貸付が資本主義的な296)過程とは無関係な取引のための形態ではありえない，というわけではけっしてない。)|

|292上|297)298)これまでの考察は，①所有者と生産的資本家とのあいだでの貸付資本の運動にかかわるだけである。今度は299)利子を考察しなければならない。

---

286)〔E〕「資本」→「価値額」
287)〔E〕「運動」→「総運動」
288)〔E〕「(」および「)」——削除
289)〔E〕「所有者〔Eigner〕」→「貸し手」
290)〔E〕「後に」→「内に」
291)〔E〕「貨幣(価値)」→「価値」
292)〔E〕「だから，それで」——削除
293)〔E〕「それを」——削除
294)〔E〕「資本」——エンゲルス版でも強調されている。
295)〔E〕「(」および「)」——削除
296)〔E〕「過程」→「再生産過程」
297)〔E〕エンゲルス版では，このパラグラフのまえに，区切りを示す横線が引かれている。

①〔異文〕「所有者と」←「貸し手と」

　貸し手は自分の貨幣を<u>資本</u>として引き渡す。彼が[300)]第三者に譲渡する[301)]商品は，<u>資本であって</u>，だからこそ彼のもとに還流する〔returniren〕[302)]のであり，<u>売られるのではなくて，一定期間のあいだ貸し付けられる</u>だけである。しかし，その額が[303)]ただ①帰ってくるだけでは，それは②貸し付けられた価値額の[304)]<u>資本としての</u>還流〔return〕ではなくて，<u>貸し付けられた価値額のたんなる返済</u>であろう。資本として還流する〔returniren〕ためには，ただ前貸された価値額が，運動のなかで自分を維持しただけではなく，[305)]運動のなかで自分を<u>増殖し</u>，その価値量をふやしていなければならず，つまり剰余価値を伴って，G＋ΔGとして帰ってこなければならない。そして，このΔGはここでは，[306)]利潤（平均利潤）のうち機能資本家の手のなかにとどまっていないで貨幣資本家〔monied capitalist〕のものになる部分としての，<u>利子</u>である。

　①〔異文〕「帰ってくる〔Rückkehrung〕」←「返済［される］〔Rückzahl［ung］〕」
　②〔異文〕「貸し付けられた価値額の」←「資本の」

　それが資本として彼によって譲渡されるということは，それがG＋ΔGとして彼に[307)]還流させられなければならないということである。[308)]｛中間の時期

---

298)〔E〕「これまでの考察〔Das bisher Betrachtete〕は，所有者と生産的資本家とのあいだでの貸付資本の<u>運動</u>にかかわるだけである」→「これまでは，所有者と産業資本家とのあいだでの貸付資本の運動だけを考察してきた」（エンゲルス版では，「資本」が強調されている。）
299)〔E〕「利子」——エンゲルス版でも強調されている。
300)〔E〕「第三者」→「他の人」
301)〔E〕「商品」→「価値額」
302)〔E〕「のであり，<u>売られるのではなくて，一定期間のあいだ貸し付けられる</u>だけである」——削除
303)〔E〕挿入——「彼の手に」
304)〔E〕「<u>資本としての</u>」——エンゲルス版でも強調されている。
305)〔E〕「運動のなかで」——削除
306)〔E〕「利潤（平均利潤）のうち機能資本家の手のなかに留まっていないで貨幣資本家〔monied capitalist〕のものになる部分としての，<u>利子</u>」→「利子，すなわち平均利潤のうち機能資本家の手のなかにとどまっていないで貨幣資本家のものになる部分」

に利子は還流する〔returniren〕が，資本は還流しない309)という形態は，あとでもう一度別に考察されなければならない。}

　貨幣資本家〔monied Capitalist〕は，借り手〔Leiher〕である310)生産的資本家になにを与えるのか？　前者は後者に実際にはなにを譲渡するのか？　そして，ただ譲渡という行為だけが，貨幣の貸付を，資本としての貨幣の譲渡に，すなわち商品としての資本311)そのものの譲渡に，するのである。

　資本が貨幣の貸し手によって312)――313)monied Capitalの形態で〔――〕商品として手放されるということ，または，彼の自由に使える商品が第三者に資本として手放されるということは，ただこの譲渡という過程〔Prozeß〕によってのみ行なわれるのである。

　普通の販売ではなにが譲渡されるのか？　売られる商品の価値ではない。というのは，この価値はただ形態を変えるだけだからである。この価値は，①現実に〔reell〕貨幣の形態で売り手の手に移る前に，価格として観念的に〔ideell〕商品のなかに存在している。同じ価値，そして同じ価値量が，ここではただ形態を取り替えるだけである。同じ価値，同じ価値量が一度は商品形態で存在し，もう一度は貨幣形態で存在する。現実に売り手によって譲渡される314)（したがってまた買い手の個人的または生産的消費にはいって行く）ものは，商品の使用価値であり，使用価値としての商品である。

　　①〔異文〕「〔……〕ではなくて〔nicht〕」という書きかけが消されている。

---

307)〔E〕「還流させる〔returniren〕」→「返す」
308)〔E〕「{および}」――削除。なお，草稿では「}」は「)」となっている。
309)〔E〕挿入――「で，その返済はもっと長い期間が終わってからはじめて行なわれる」
310)〔E〕「生産的資本家」→「産業資本家」
311)〔E〕「そのもの」――削除
312)〔E〕「――monied Capitalの形態で〔――〕」――削除
313) 本書では，monied capitalないしmoneyed capitalはつねにこのまま掲げ，日本語にしない。monied capitalistないしmoneyed Capitalistを「貨幣資本家」としながら，monied capitalないしmoneyed capitalを「貨幣資本」としない理由は，第3巻の「補論3　monied capitalについて」で詳論する。以下，本書で「貨幣資本」と訳しているのは，ごく一部の例外――たとえばmoney capitalの場合――を除いて，つねにGeldcapitalという語である。
314)〔E〕「（および）」――削除

それでは，貨幣資本家〔monied capitalist〕が貸出期間のあいだ譲渡して，借り手〔Leiher〕である生産的資本家に譲る使用価値とはなにか？315)

〔それは，〕貨幣が資本に転化させられることができ，資本として機能することができる，ということによって，したがってまた，貨幣が①自分の元来の価値量を316)維持し，保存する〔conserviren〕ことを別として，その運動中に一定の剰余価値317)——平均利潤（それよりも大きかったり小さかったりすることはここでは偶然として318)，また資本としての資本の機能には外面的なこととして現われる）〔——〕を生むということによって，貨幣が受け取る使用価値〔である〕。319)

①〔異文〕「自分自身を」という書きかけが消されている。

このような，資本としての貨幣の使用価値——平均利潤を生むという320)——を貨幣資本家〔monied Capitalist〕は321)貸付の期間のあいだ322)生産的資本家に譲渡するのであって，この期間中は，前者は後者に貸し付けた資本の323)処分能力を譲るのである。

このようにして貸し付けられる貨幣は，そのかぎりでは，324)労働能力が生産的資本家にたいしてもつ地位と次のような類似点をもっている。325)（ただし，後者は326)労働能力の価値を支払うのであるが，327)生産的資本家は貸し付けら

---

315)〔E〕エンゲルス版では改行していない。
316)〔E〕「維持し，保存する〔erhalten, conserviren〕」→「保つ〔wahren〕」
317)〔E〕「——」→「，」
318)〔E〕「，また資本としての資本の機能には外面的なこととして」——削除
319)〔E〕挿入——「ほかの商品の場合には，最後の手のなかで使用価値は消費され，したがって商品の実体はなくなり，またそれといっしょに商品の価値もなくなってしまう。ところが，資本という商品は，その使用価値の消費によってその価値もその使用価値もただ維持されるだけでなく増殖もされるという特性をもっているのである。」
320)〔E〕挿入——「能力」
321)〔E〕「貸付〔Anleihe〕の」——削除
322)〔E〕「生産的資本家」→「産業資本家」
323)〔E〕「処分能力〔Dispositionsfähigkeit〕」→「処分〔Verfügung〕」
324)〔E〕「労働能力が生産的資本家にたいしてもつ地位」→「産業資本家にたいする地位から見た労働力」
325)〔E〕「（」および「）」——削除

れた資本の価値を単純に返済するのである。）328) 生産的資本家にとっては，労働能力の使用価値は，労働能力自身がもっているよりも，また労働能力に費やされるよりも，より多くの価値（利潤）をその消費〔Consumtion〕のなかで生みだすということである。329) 交換価値のこの超過分が330) 生産的資本家にとっての労働能力の使用価値である。こうして同様に，331) 前貸された貨幣資本の使用価値も，やはり①332) 交換価値を生んでふやすというそれの能力として現われるのである。|

　①〔異文〕「交換価値」←「価値」

|293上|貨幣資本家〔monied capitalist〕は，じっさい，ある使用価値を譲渡するのであって，そうすることによって，①彼が手放すものは商品として手放されるのである。そして，そのかぎりでは，商品としての商品との類似は完全である。1) 一方の手から他方の手に移るものは価値である。333) 普通の商品，商品としての商品の場合には，買う人の手にも売る人の手にも同じ価値が334) とどまっている。というのは，彼らは両方とも相変わらず，自分たちが譲渡したのと同じ価値を，ただし異なった形態で，つまり一方は商品形態で，他方は貨幣形態で，取り戻すのだからである。区別は，335) ただ貨幣資本家〔monied capitalist〕のほうだけがこの取引で価値を渡してしまうということであるが，しかし彼は，336) 返済〔repayment〕によってこの価値を保持する〔conserviren〕のである。

---

326)〔E〕「労働能力」→「労働力」
327)〔E〕「生産的資本家は」→「彼は」
328)〔E〕「生産的資本家」→「産業資本家」
329)〔E〕「交換価値」→「価値」
330)〔E〕「生産的資本家」→「産業資本家」
331)〔E〕「前貸された」→「貸し付けられた」
332)「交換価値」←「価値」
333)〔E〕「普通の」→「単純な」
334)〔E〕「とどまっている。というのは，彼らは両方とも相変わらず，自分たちが譲渡したのと同じ価値を，ただし異なった形態で，つまり一方は商品形態で，他方は貨幣形態で，取り戻す〔zurückerhalten〕のだからである。」→「とどまっていて，それがただ形態を異にしているだけである。彼らは両方とも，相変わらず，自分たちが譲り渡したのと同じ価値を，一方は商品形態で，他方は貨幣形態で，もっている。」
335)〔E〕挿入──「貸付の場合には」

337)一方の側だけによって価値が338)受け取られることができるのであるが,それは,339)この貸付という取引においては,一方の側だけによって価値が手放されるからである。2)一方の側では現実の使用価値が譲渡され,他方の側ではそれが受け取られて消費される〔erhalten u. consummirt werden〕。しかし,340)商品としての商品の場合とは違って,この使用価値はそれ自身が341)交換価値である。すなわち,342)(貨幣を資本として)使用することによって生じる343)価値量が貨幣のもとの価値を越えるその超過分である。利潤はこの使用価値である。

　①〔異文〕「彼が譲渡してしまうものは〔das, was er veräussert weg〕」という書きかけが消されている。

　貸し出される貨幣の使用価値は,資本として機能することができるということ,資本として平均的事情のもとでは平均利潤を生産するということである。a)／

|293下|〔原注〕a)①「利子を取ることの正当さ〔equitableness〕は,人が利潤をあげるかどうかによって定まるのではなく,それ」(借りられるもの)「が正しく使われれば利潤を生むという能力があるということによって定まるのである。」(『自然的利子率を支配する諸原因に関する一論。この論題に関するサー・W. ペティおよびロック氏の意見の検討』,ロンドン,1750年,49ページ。)(この書の匿名の筆者は,J. マッシーである。)〔原注a)終わり〕／

　①〔注解〕この引用はカール・マルクス『経済学批判(1861-1863年草稿)』から取られている。(MEGA II/3.6, S. 2125.14-16.)

---

336)〔E〕挿入——「将来の」
337)〔E〕挿入——「貸付の場合には」
338)〔E〕「受け取られることができる〔zu erhalten sein〕」→「受け取られる〔empfangen werden〕」
339)〔E〕「この貸付という取引においては」——削除
340)〔E〕「商品としての商品」→「普通の商品」
341)〔E〕「交換価値」→「価値」
342)〔E〕「(」および「)」——削除
343)〔E〕「価値量」→「価値」

|425|/293上/では、344)生産的資本家はなにを支払うのか？ したがってまた、貸し出される資本の価格とはなにか？「人びとが借りたものの使用にたいする利子として支払うもの」は、345)「それ」346)(借りられた貨幣〔d. geliehne Geld〕)「が生産することのできる利潤の一部分」である。b)/

/293下/〔原注〕b) 同前。「富者たちは、……彼らの貨幣を自分では使わないで……それを他の人びとに貸し出し、これによって他の人びとは利潤をあげ、こうしてあげた利潤の一部分を所有者のために保留する。」(同前、23〔、24〕ページ。)〔原注b) 終わり〕|

/293上/普通の商品の買い手が買うものは、それの使用価値である。彼が支払うものは、その商品の347)交換価値である。貨幣の借り手〔Leiher〕が買うものも、やはり、貨幣の資本としての使用価値348)(使用)である。しかし、彼はなにを支払うのか？ たしかに、商品の場合とは違って、その価格または価値ではない。貸し手と借り手とのあいだでは、買い手と売り手とのあいだでとは違って、価値の形態変換は、したがってこの価値が一度は貨幣の形態で存在しもう一度は商品の形態で存在するということは、行なわれない。手放される価値と取り戻される価値との同一性は、ここではまったく別の仕方で現われる。価値額349)(貨幣)は、等価なしに渡されてしまって、ある期間ののちに返され350)、返済される。351)貸し手が、自分が手放すのと同じ価値を取り戻すのは、ただ、こうした仕方、つまり、貸し手は352)実際にいつでも同じ価値の所有者であって、この価値が彼の手から借り手の手に移ったあとでもやはりそうである353)、と

---

344)〔E〕「生産的資本家」→「産業資本家」
345)〔E〕挿入──「マッシーによれば」
346)〔E〕「(借りられた貨幣)」──削除
347)〔E〕「交換価値」→「価値」
348)〔E〕「(使用〔the use〕)」──削除
349)〔E〕「(」および「)」──削除
350)〔E〕「、返済され」──削除
351)〔E〕「貸し手が、自分が手放すのと同じ価値を取り戻すのは、ただ、こうした仕方、つまり」──削除
352)〔E〕「実際に〔in d. That〕」──削除

いう仕方ででしかない。³⁵⁴⁾{単純な商品の場合³⁵⁵⁾の関係との次のような違いが明らかになる。ここでは，貨幣はつねに買い手の側にある。ところが，貸付の場合には貨幣は売り手の側にある。売り手は貨幣をある期間³⁵⁶⁾譲渡し，手放すのであり，資本の買い手はそれを商品として受け取るのである。しかし，こういうことが可能なのは，ただ，貨幣が資本として機能し，したがってまた前貸されるかぎりでのことである。}借り手が貨幣を借りる〔leihen〕のは，資本としてであり，自分を増殖する価値としてである。しかし，それが資本であるのは，どの資本でもその出発点で，その第1の前貸の瞬間にそうであるように，まだやっと即自的にでしかない。その使用によってはじめてそれは増殖され，資本として実現されるのである。ところが，借り手はそれを³⁵⁷⁾実現された資本として，つまり価値・プラス・剰余価値（利子）として，返済しなければならない。そして，このあとのほうのものは，ただ彼によって実現された利潤の一部分でしかありえない。ただ一部分だけであって，全部ではない。というのは，³⁵⁸⁾使用価値は借り手にとっては，それが彼のために利潤を生産することだからである。そうでなければ，³⁵⁹⁾³⁶⁰⁾貸し手の側での使用価値の譲渡は行なわれなかったであろう。³⁶¹⁾しかし，利潤が全部借り手のものになるわけにはいかない。もしそうなるとすれば，彼は使用価値の譲渡にたいしてなにも支払わないことになり，前貸された貨幣を貸し手に資本として，実現された資本として，³⁶²⁾還流させるのではないということになるであろう。というのは，それが実現された資本であるのは，ただ$G + \Delta G$としてのみだからである。

---

353)〔E〕「，という仕方ででしかない」——削除
354)〔E〕「{」および「}」——削除
355)〔E〕「の関係との次のような違いが明らかになる。ここでは」——削除
356)〔E〕「譲渡し」——削除
357)〔E〕「実現された」——エンゲルス版では強調されている。
358)〔E〕「使用価値は借り手にとっては」→「借り手にとっての使用価値は」
359)「貸し手〔Verleiher〕」——はじめLeiherと書いたが，それにVerを付け加えてVerleiherにしている。
360)〔E〕「貸し手の側での〔auf seiten d. Verleihers〕」→「貸し手の側からの〔von seiten des Verleihers〕」
361)〔E〕「しかし」→「他方では」
362)〔E〕「還流させる〔returniren〕」→「返す」

貸し手も |426| 借り手も,両方とも同じ貨幣額を資本として支出する。しかし,ただ後者の手のなかだけでそれは資本として機能する。利潤は,同じ貨幣額が2人の人にとって二重に資本として定在することによっては,2倍にはならない。それが両方の人にとって資本として機能することができるのは,利潤の分割によるよりほかはない。貸し手のものになる部分は利子と呼ばれる。|

|294上|前提によれば,全取引は二つの種類の資本家のあいだで,すなわち貨幣資本家〔monied Capitalist〕と363)生産的資本家とのあいだで,行なわれる。

364)資本がここではそれ自身商品として現われるとすれば,この場合,忘れてはならないのは,365)資本は資本として商品なのだということ,言い換えれば,ここで問題になっている商品は資本なのだということである。それゆえ,ここで現われるすべての関係は,単純な商品の立場から見れば,または資本の立場から見ても,資本がその366)総過程で商品資本として機能するかぎりでは,不合理であろう。①貸付と借受であって販売と購買ではないということが,ここでは,商品——資本——の独自な性質から出てくる区別である。また,ここで支払われるものが利子であって商品の価格ではないということも,そうである。もしも利子を貨幣資本の価格と名づけようとするならば,それは価格の不合理な形態であって,商品の価格の概念とはまったく矛盾している。367)a) 368) 369)資本としての資本が自分を |429| 表明するのは,その価値増殖によってである。その価値増殖の370)程度は,それが資本として371)(量的に)実現される程度を表現している。372)この剰余価値または利潤——その率または高さ——は,ただ373)利潤を前貸資本の価値と比較することによってのみ測ることができる。②したがってまた,利子生み資本の価値増殖の大小も,利子の高さ374)(総利潤のうちからその資本のものになる部分)を,前貸資本の価値と比較することによってのみ,測ることができる。それゆえ,価格が商品の価値を表わす375)ように,利子はmonied Capitalの価値増殖を表わすのであり,だからまた,monied capitalにたいして貸し手〔Ausleiher〕に支払われる価格として現われる

---

363)〔E〕「生産的資本家」→「産業資本家または商業資本家」
364)〔E〕「資本がここではそれ自身商品として現われるとすれば,この場合,」——削除
365)〔E〕挿入——「ここでは」
366)〔E〕「総過程」——「再生産過程」

のである。[376] /

① 〔異文〕「貸付と借受〔Verleihen und Borgen〕」←「貸し〔Leihen〕」
② 〔異文〕「したがってまた……によってのみ、測ることができる」 ist daher auch nur meßbar ← kann daher auch nur gemessen

|426| |294下| 〔原注〕a) ここでは、価格は、使用価値としてなんらかの仕方で働くなんらかのものにたいして支払われる一定の貨幣額だというその純粋に抽象的で無内容な形態に還元されているのであるが、価格の概念から見れば、価格は、この使用価値の[377]交換価値を貨幣で表わしたものなのである。
　①②「通貨に適用される価値という術語には三つの意味がある。……第2には、後日受け取られるべき同一額の通貨と比べての、現実に手にしている通貨。この場合には、通貨の価値は利子率によって測られており、また利子率は貸付可

---

367) 〔E〕草稿では、この「a)」によって指示した注そのもの（2パラグラフ）のなかにさらに注「○」をつける、という構造になっているが、エンゲルスはこの注の一部を本文に組み込み、一部を脚注にした。草稿とエンゲルス版との関係は次の通りである。
　　　　草　稿　　　　　　　　エンゲルス版
　　注a)
　　　第1パラグラフ　　　　→　本文（MEW 25, S. 366.20-24）
　　　（本書本ページ5-8行）
　　　第2パラグラフ　　　　→　注記号「a)」のつけられた箇所への注（注59）
　　　（本書本ページ9行-207ページ3行）
　　注○（上の第2パラグラフ末尾への注）
　　　前半　　　　　　　　→　本文（MEW 25, S. 366.21-367.11）
　　　（本書207ページ12行-208ページ6行）
　　　後半　　　　　　　　→　上の本文末尾への注（注60）
　　　（本書208ページ6行-14行）
368) 〔E〕以下の部分は、現行版では、MEW 25, S. 367.12以下にあたる。
369) 〔E〕「資本としての資本が自分を表明する」→「資本が自分が資本であることを表明する」
370) 〔E〕挿入──「量的な」
371) 〔E〕「（量的に）」──削除
372) 〔E〕「この」→「資本によって生みだされる」
373) 〔E〕「利潤を」→「それを」
374) 〔E〕「（」および「）」──削除
375) 〔E〕「ように〔wie〕」→「とすれば〔wenn〕」
376) 〔E〕エンゲルス版では改行していない。
377) 〔E〕「交換価値」→「価値」

能資本〔loanable capital〕とそれにたいする需要との割合によって，規定されている。」(R. トランズ『商業信用に影響を及ぼす1844年の銀行特許法の運用について』，第2版，ロンドン，1847年，5 [, 6] ページ。()〕○（下方）／

> ①〔注解〕このパラグラフについては，「ロンドン・ノート1850-1853年」のノートVIIを見よ。(MEGA IV/8, S. 212.15-22.)
> ②〔注解〕トランズでは次のとおり。──「価値という術語は，通貨に適用されるときには，三つの異なった意味がある。……現実に手にしている通貨が，将来のある日に受け取られるべき同一額の通貨と比べられることがある。この場合には，通貨の価値は利子率によって測られており，また，利子率は貸付可能資本とそれにたいする需要との割合によって，規定されているので，それは利子率が下落または上昇するのに応じて上昇または下落すると言ってよい。」

/294下/①○378)②(資本の価格としての利子というのは，もともと〔de prime abord〕まったく不合理な表現である。ここでは一つの商品が二重の価値をもっている。すなわち，まず第1にある価値をもち，次にはこの価値とは違った価格をもっている。他方では，価格とは③価値の貨幣表現〔monetary expression of value〕なのである。) ④貨幣資本は，さしあたりは，ある貨幣額にほかならない。または，一定の379)価値量の価値が貨幣額として固定されたものにほかならない。もし商品が資本として貸し付けられるとすれば，その商品は，ただ，ある貨幣額の仮装形態でしかない。というのは，資本として貸し付けられるものは重量何ポンドかの綿花ではなく，綿花という形態のなかに380)(綿花の価値として)存在するいくらかの額の貨幣だからである。それゆえ，資本の価格は，トランズ氏の言うように381)通貨としての，ではないにしても，貨幣額としての資本に連関する。382)いったいどうして，ある価値額は，383)それ自身の貨幣形

---

378)〔E〕このパラグラフは，現行版では，MEW 25, S. 366.25-367.11 にあたる。
379)〔E〕「価値量〔Werthmasse〕」→「商品量〔Warenmasse〕」
　　これはもともとマルクスの誤記だったのであろう。
380)〔E〕「(」および「)」──削除
381)〔E〕挿入──「(前の注59を見よ)」「注59」は，草稿では，直前のトランズからの引用からなるパラグラフにあたる。
382)〔E〕挿入──「では，」
383)〔E〕挿入──「それ自身の価格のほかに，」

態で表わされている価格のほかに，ある価格をもつのか？ 価格とは，商品の使用価値から区別された商品の価値のことなのだから。(そして市場価格の場合もやはりそうであって，市場価格と価値との相違は，質的ではなく，ただ量的であるだけであって，ただ価値量に連関するだけである。) 価値と質的に異なる384)ものとしての価格というものは，385)名辞矛盾〔contradictio in terminis〕である。386)「貨幣または通貨の価値という言葉が，現に見られるように，商品と交換されるさいの価値と，資本として使用されるさいの価値との両方を表わすために無差別に使用されるならば，この言葉の両義性は混乱〔confusion〕の絶えざる源泉である。」(トゥク『通貨原理の研究』，77ページ。〔玉野井芳郎訳『トゥク 通貨原理の研究』，『世界古典文庫』，日本評論社，1947年，135ページ。〕) 387)交換価値そのものが (388)利子が) 資本の使用価値になる389){このことによって，資本は，交換価値を生みだす使用価値をもつ労働能力と同一視される}という主要な「混乱」〔Haupt„confusion"〕(390)事柄そのもののうちにある) がトゥクにはわからないのである。〔原注a) 終わり〕|

①〔異文〕この挿入は手稿のこのページの最後に書かれており，原注a) への補足となっている。この部分は標識○によってこの箇所に関係づけられている。
②〔訂正〕「(」——草稿では欠けている。
③〔異文〕「表[現]〔Ausdru[ck]〕」という書きかけが消されている。
④〔異文〕「貨幣資本〔Das Geldcapital〕」←「資本〔Capital〕」

|429|/294上/391)このことからも明らかなように，392)貨幣によって媒介される交換，393)つまり①買い手と売り手という単純な諸関係を直接にこの場合に適

---

384)〔E〕「ものとしての」——削除
385)〔E〕「名辞矛盾〔contradictio in terminis〕」→「ばかげた矛盾」
386)〔E〕このパラグラフの以下の部分は，エンゲルス版では，注60となっている。
387)〔E〕「交換価値」→「価値」
388)「利子が」——正しくは，「剰余価値が」または「(平均) 利潤が」と言うべきところであろう。
389)〔E〕「{このことによって，資本は，交換価値を生みだす使用価値をもつ労働能力と同一視される}」——削除
390)〔E〕「事柄そのもののうちにある」 in der Sache selbst→die in der Sache selbst liegt
391)〔E〕ここは草稿では，本書206ページ1行に続く部分である。エンゲルス版では，改行なしに続けられている。
392)〔E〕挿入——「プルドンがやっているように」

用しようとすることは，じつにはじめからばかげたことである。根本前提は，394)貨幣が資本として機能するということ，したがってまた395)資本②(即自的な)として③，396)第三者に引き渡されることができるということなのである。

　①〔異文〕「買い手と売り手という単純な諸関係」←「諸商品と〔……〕との諸関係」
　②〔異文〕「(即自的な)」──書き加えられている。
　③〔異文〕「貸し付けられる」という書きかけが消されている。

　しかし，ここで資本そのものが商品として現われるのは，資本が市場で売り出されて資本としての貨幣の使用価値が現実に譲渡されるかぎりでのことである。しかし，資本の使用価値397)そのものは，利潤を生む〔setzen〕ということである。＋＋)398)／

　／294下／①399)＋＋) 400)資本としての貨幣または商品の価値は，貨幣または商品としてのそれらの価値によってではなく，それらがそれらの所持者のために401)「生産する」剰余価値量によって規定されている。資本の生産物は利潤である。貨幣が貨幣として支出されるか，それとも資本として402)支出されるかは，資本主義的生産の基礎のうえでは，ただ貨幣の使い方〔Anwendung〕の相違でしかない。貨幣403)(商品)は，即自的に404)資本なのである405)(それはちょうど労働能力が即自的に労働であるようなものである)。というのは，1)貨幣は406)生

---

393)〔E〕「つまり買い手と売り手」→「売買」
394)〔E〕挿入──「まさに，」
395)〔E〕「資本(即自的な)〔Capital (an sich)〕」→「即自的資本〔Kapital an sich〕」
396)〔E〕挿入──「潜勢的〔potentiell〕資本として」
397)〔E〕「そのもの」──削除
398)〔E〕エンゲルス版では，改行せずに，すぐ次の「＋＋」の部分に続けている。
399)草稿では，この追記部分の左側欄外に鉛筆で縦線が引かれている。
400)MEGAではここに「L」という記号がつけられているが，草稿にはない。
401)〔E〕「「」および「」」──削除
402)〔E〕「支出される」→「前貸される」
403)〔E〕「(商品)」→「もしくは商品」
404)〔E〕挿入──「潜勢的に〔potentiell〕」
405)〔E〕「(それはちょうど労働能力が即自的に労働であるようなものである)」→「それはちょうど労働力が潜勢的に〔potentiell〕資本であるようなものである。」

産諸条件に407)転化させられることができ，そのままで生産諸条件のたんに抽象的な表現であり，価値としての生産諸条件の定在だからである。408)また，2）富の409)対象的諸要素は，410)資本であるという属性を即自的にもっているからである。なぜならば，411)それらの対立物412)——賃労働——が，それらを資本にするものが，413)社会的生産の基礎として現存しているからである。414) 415)労働に対立する対象的富の対立的な社会的規定性は，416)過程そのものから引き離されて，417)資本所有そのものに表現されている。この一契機，それは資本主義的生産過程の恒常的な結果であり，またこの過程の恒常的な結果としてこの過程の恒常的な前提なのであるが，この契機は，もっぱら，資本主義的生産過程そのものからは引き離されて，次のことに表わされているのである。すなわち，貨幣，418)商品は，即自的に，潜在的に〔latent〕，419)資本であるということ，420)それは資本として売られることができるということ，また，それらがこの形態では他人の労働にたいする指揮権〔Commando〕であり421)，したがってまた自分を増殖する価値であるということである422)｛他人の労働の取得へ

---

406)〔E〕「生産諸条件」→「生産諸要素」
407)「転化させられる〔verwandeln werden〕」——verwandelnは明らかにverwandeltの誤記である。
408)〔E〕「また〔und〕，」——削除
409)〔E〕「対象的」→「素材的」
410)〔E〕「資本であるという属性を即自的に」→「潜勢的には〔potentiell〕すでに資本であるという属性を」
411)〔E〕挿入——「それらを補足する」
412)〔E〕「——賃労働——が，それらを資本にするものが」→「が，それらを資本にするもの——賃労働——が」
413)〔E〕「社会的生産の基礎として」→「資本主義的生産の基礎の上では」
414)〔E〕エンゲルス版ではここで改行している。
415)〔E〕「労働に対立する対象的富の対立的な社会的規定性」→「素材的富の対立的な社会的規定性——それが賃労働としての労働に対立するということ——」
416)〔E〕「過程そのもの」→「生産過程」
417)〔E〕挿入——「すでに」
418)〔E〕挿入——「同様にまた」
419)〔E〕挿入——「潜勢的に〔potentiell〕」
420)「それは資本として売られることができる」——原文は，es als Capital verkauft werden könnenであって，主語（es）の数と定動詞（können）の数とが一致していない。es...kannかsie...könnenかのどちらかでなければならない。

の要求権)。ここではまた次のことも明らかになる。すなわち，この関係は他人の労働を取得するための権原および手段であり，423) 資本家の側からの対価としてのなんらかの労働ではないということである。〔++〕による追記部分終わり〕/

　　① 〔異文〕このテキスト補足は手稿のこのページの下部に書かれており，原注a) に続くものである。それは++という標識によってこの箇所に関係づけられている。

|430|/294上/さらに，利子と①本来の利潤とへの利潤の分割が，商品の市場価格と424) 同様に，需要と供給によって，つまり競争によって規制されるかぎりでも，資本は商品として現われる。しかし，ここでは区別も類似と同様にはっきりと現われている。需要と供給とが一致すれば，商品の市場価格は生産価格に一致する。すなわち，そのとき商品の価格は，競争にはかかわりなく資本主義的生産の内的法則によって規制されるものとして現われる。というのは，需要と供給の変動は425) それらの生産価格からの市場価格の諸偏倚のほかにはなにも説明するものではないからである。426)（これらの偏倚は相殺されて，いくらか長い期間について見れば平均市場価格は生産価格に等しい。）需要と供給とが一致すれば，これらの力は427) 一方の側にも他方の側にも作用しなくなり，428) 麻痺させ合うのであって，そうなれば429) 内在的な価格規定が個々の場合の法則として430) 現われる。431) 言い換えれば，その場合には市場価格は，432) その直接的定在において，433)（434) ただたんに諸市場価格の運動の平均としてだけ

---

421) 〔E〕挿入——「他人の労働の取得への要求権を与えるものであり」これは，次注の削除部分をここに組み込んだものである。
422) 〔E〕「{他人の労働の取得への要求権}」——削除
423) 〔E〕挿入——「また」
424) 〔E〕挿入——「まったく」
425) 〔E〕「それらの」——削除
426) 〔E〕「（」および「）」——削除
427) 〔E〕「一方の側にも他方の側にも」——削除
428) 〔E〕「麻痺させ合う」→「互いに相殺し合う」
429) 〔E〕「内在的な価格規定」→「価格規定の一般的法則」
430) 〔E〕挿入——「も」
431) 〔E〕「言い換えれば，〔od.〕」——削除
432) 〔E〕挿入——「すでに」

ではなく)生産価格に一致する。労賃の場合にも同様である。需要と供給とが②一致すれば，それらの435)規定は相殺されて，労賃は436)労働能力の価値に等しい。ところが，437)monied Capitalはそうではない。ここでは競争が法則からの偏倚を規定するのではなく，競争によって強制される法則よりほかには分割の法則は存在しないのである。なぜならば，438)のちにもっと詳しく見るであろうように，439)自然的440)利子率なるものは存在しない〔no natural rate of interest〕からである。利子率の自然的な率〔d. natural rate of interest〕というのは，むしろ，自由な競争によって確定された441)もののことである。③利子率の442)自然的443)限界〔natural limit of the rate of interest〕というものはないのである。競争がただたんに偏倚444)，変動〔Oscillationen〕を規定するだけではない場合，つまり，競争の445)相反する諸力が均衡したときに〔bei d. Equipoising〕446)規定することをやめてしまうのではない場合には，規定されるべきものは，それ自体として無法則なもの，任意なものなのである。447)(448)しかしこれについては449)2でもっと詳しく述べる。)

① 〔異文〕「本来の」──書き加えられている。
② 〔異文〕「一致すれば〔decken〕」←「対応すれば〔entsprechen〕」
③ 〔異文〕「競争がそのような〔……〕として〔……〕場合〔Wo die Konkurrenz als so〕と

---

433) 〔E〕「(」および「)」──削除
434) 〔E〕挿入──「そして」
435) 〔E〕「規定」→「作用」
436) 〔E〕「労働能力」→「労働力」
437) 〔E〕「monied Capital」→「貨幣資本の利子」
438) 〔E〕「のちに」──削除
439) 〔E〕挿入──「「」
440) 〔E〕挿入──「」」
441) 〔E〕「もの」→「率」
442) 〔E〕挿入──「「」
443) 〔E〕挿入──「」」
444) 〔E〕挿入──「や」
445) 〔E〕「相反する諸力〔antagonistic forces〕」→「反対に作用し合う諸力」
446) 〔E〕「規定することをやめて」→「およそあらゆる規定がなくなって」
447) 〔E〕「(」および「)」──削除
448) 〔E〕「しかし」──削除
449) 〔E〕「2で」→「次の章で」

いう書きかけが消されている。

　利子生み資本ではすべてが外面的なものとして現われる[450]——資本の前貸は，①貸し手から借り手への資本の②たんなる移転〔transfer〕として現われ，実現された資本[451]としての還流〔Return〕は，借り手から貸し手への利子をつけてのたんなる逆移転〔Retransfer〕[452]（返済〔repayment〕）として現われる[453]——ように，利潤率は[454]利潤の前貸資本価値にたいする割合によって規定されているだけではなく，[455]利潤が実現される回転時間によっても規定されており，したがって[456]生産的資本が一定の期間にあげる利潤として規定されている，という資本主義的生産様式に内在する規定も，〔利子生み資本では，〕外面的なものとして現われる。利子生み資本の場合には，このこと[457]はまったく外面的に，③一定の期間について[458]売り手に一定の ‖295上｜ 利子が支払われるというふうに，現われるのである。

①〔異文〕「貸し手」　Verleiher ← Leiher
②〔異文〕「たんなる」——書き加えられている。
③〔異文〕「利子が」という書きかけが消されている。

　諸物〔Dinge〕の内的関連を見抜く彼の日ごろの洞察力をもって，ロマン派の[459]A. ミュラーは次のように言っている。——

431 「諸物〔Dinge〕の価格の決定では時間は問題にならない。利子の決定では時間がおもに計算にはいる。」（アダム・H. ミュラー『政治学要論』，ベルリン，1809年，第2巻，①138ページ。）

---

450)〔E〕「——」→「，すなわち，」
451)〔E〕「としての」→「の」
452)〔E〕「（」および「）」——削除
453)〔E〕「——ように，」→「。」
454)〔E〕挿入——「一度の回転で得られる」
455)〔E〕「利潤が実現される回転時間」→「この回転時間そのものの長さ」
456)〔E〕「生産的資本」→「産業資本」
457)〔E〕「は」→「もまた」
458)〔E〕「売り手」→「貸し手」
459)〔E〕「A」→「アダム」

① 〔訂正〕「138ページ」——草稿では「137, 138ページ」と書かれている。

　彼にわかっていないのは，460)労働時間や流通時間が①諸商品の価格の規定にはいってくるということ，そしてまさにこれによって資本の与えられた1回転時間についての利潤率が規定されているということ，しかしまた与えられた1時間についての利潤の規定によって461)利子の規定も規定されているということである。彼の深い洞察は，ここでもまた，いつものように，ただ，②表面の砂ぼこりを見てこのほこりだらけのものを大げさになにか秘密に満ちた重大なものでもあるかのように言い立てることだけにあるのである。/

　① 〔異文〕「商品の価格の規定にさいして」という書きかけが消されている。
　② 〔異文〕「表面の砂ぼこりを見てこのほこりだらけのものを」←「表面を見てこのまったく表面的なものを」

460) 〔E〕「労働時間」→「生産時間」
461) 挿入——「ほかならぬ」

第2章
「利潤の分割。利子率。利子の「自然的な」率」
（エンゲルス版第22章）
に使われたマルクス草稿について

　本章に収めるのは，1988年7月に書き上げた拙稿「「利潤の分割」（『資本論』第3部第22章）の草稿について」（所収：『経済志林』第56巻第4号，1989年2月）である。

はじめに

　『資本論』第3部のエンゲルス版（現行版）第5篇第22章「利潤の分割。利子率。利子率の「自然的な」率」は，マルクスの第3部用の草稿のうちの「第1稿」すなわちいわゆる「主要原稿」の295-300ページからまとめられたものである。草稿では，この部分は第5章の六つの項目のうちの第2の項目「2）利潤の分割。利子率。利子の自然的な率」をなしており，エンゲルスはこの表題を――「自然的な」という語の前後に引用符をつけるという変更を加えただけで――そのまま章の表題にしたわけである。エンゲルス版のこの章の内容は，先行する第21章と同じく，マルクスの草稿とほぼ一致している。ここでのエンゲルスの作業の大半は，それまで彼が第3部の草稿の整理をするのにとってきた仕方で個々の文章を手入れすることと，草稿での注や追記を印刷用に整理・配置することとであった。

　本章では，エンゲルス版第22章にあたる草稿第5章の「2）」を調べて，それとエンゲルス版との相違を示すことにする。なお，草稿とエンゲルス版とでは篇・章・節などの項目名の使い方にずれがあるが，以下では，項目名はすべて草稿のそれによることとし，必要に応じてエンゲルス版のそれを括弧書きすることとする。

「2)」における「利潤の分割および利子率」の考察の要点

このあと,第3部草稿第5章の「2) 利潤の分割。利子率。利子の自然的な率」の訳文を提示し,それにエンゲルス版での変更をできるだけ克明に注記するが,そのまえに,この「2)」で,マルクスが利潤の分割および利子率について,どのような分析を行ない,どのような結果を得ているか,ということについて,拙著『図解 社会経済学』における記述 (351ページ) によって,筆者の理解を要約的に示しておこう。

*

[利子率の変動の限界と利子率を規定するもの] 利子は,機能資本家が貨幣資本家に支払う,平均利潤の一部分なのだから,利子率の最高限界は平均利潤率である。利子率の極限値はゼロである。利子率は,この最高限界と極限値とのあいだで,利子生み資本の需要供給の変動によって,つまり貸し手と借り手との競争によって変動する。これ以外に利子率の水準を規定するものは存在しない。

[貸付可能な貨幣資本の需要と供給] 銀行制度が発展すると,貨幣市場での利子生み資本は,銀行に集積した貸付可能な貨幣資本 (loanable monied capital) という形態をとるので,利子率はこの貸付可能な貨幣資本の供給と需要との力関係によって変動する。この需要・供給では,貨幣資本は大量にまとまった一般的社会的なものとして現われ,したがって利子率は,それぞれの瞬間にはいつでも社会的に一様な,確定した大きさとして現われる。

[利子率の長期的および中期的な変動傾向] 資本主義的生産の発展にともなって,平均利潤率は傾向的に低下する。これとともに利子率の最高限界も低下し,利子率は傾向的に低下する。また,平静状態,活気の増大,繁栄,過剰生産と恐慌,停滞,平静状態,といった産業循環の諸局面の転換は利子生み資本の需要・供給に一定の法則的な変化をもたらすので,それらの局面と利子率とのあいだにはおおよその対応関係がある。活気が増大して繁栄がつづいている時期にかけては,利子率はやや上昇したとしても上昇の率は低いが,繁栄の頂

点で，繁栄に隠されていた過剰生産が露呈し始めると，利子率はぐんぐん上昇し，パニックが起こってだれもかれもが過去の取引の決済のための貨幣を求めるときに，利子率は最高限に達する。停滞期には，利子率はふたたび最低の水準で推移する。

第22章の草稿，それとエンゲルス版との相違

[1)]431　/295上/[2)]2）利潤の分割。利子率。利子の自然的な率。

[3)]｛[4)]この§の対象（ならびに，のちに，信用について言うべきすべてのこと）は，ここではけっして，細目にわたって取り扱うことはできない。[5)]明らかなのは，1）①貸し手と借り手とのあいだの競争およびその結果としての貨幣市場の短期的変動〔Oscillationen〕は，われわれの考察範囲の外に[6)]あるということ，2）産業循環〔industrial cycle〕のあいだに利子率が通る円環〔Cirkel〕は，それを叙述するためにはこの〔産業〕循環〔cycle〕[7)]の叙述を前提するのであるが，②[8)]これもまた同じくここでは[9)]することが[10)]できないということ，3）[11)]世界市場での利子の大なり小なりの大きな均等化等々も，同様であるということ

1）MEGA版の431ページのこの前には，「1）」の最後の部分（11行）がある。
2）〔E〕「2）利潤の分割。利子率。利子の自然的な率。〔2）Theilung d. Profits. Zinsfuss. d. natural rate of interest.〕」→「第22章　利潤の分割。利子率。利子の「自然的な」率。」
　　なお，1894年版では，目次ではこうなっているが，本文の表題では，「自然的な」に引用符がついていない。
　　マルクスは「利子率」をZinsfussともZinsrateとも書いており，それをエンゲルスはしばしば前者を後者に，またその逆に変更しているが，以下では原則としていずれも「利子率」と訳し，また，この変更をいちいち記載することはしない。
3）〔E〕「｛」および「｝」——削除
4）〔E〕「この§の対象（ならびに，のちに，信用について言うべきすべてのこと）は，ここではけっして，細目にわたって取り扱うことはできない。〔D. Gegenstand dieses §（sowie später alles über d. Credit zu sagende) kann hier in keiner Weise im Detail behandelt werden.〕」→「この章の対象，ならびに，そもそも，のちに取り扱われるべき，信用のすべての現象〔überhaupt alle später zu behandelnden Erscheinungen des Kredits〕は，ここで細目にわたって〔im einzelnen〕研究することはできない。」
5）〔E〕「明らかなのは，1）」——削除
6）〔E〕「あるということ，2）」→「ある。」
7）〔E〕挿入——「そのもの」
8）〔E〕「これ〔was〕」→「この叙述〔die〕」
9）〔E〕「することができない」　nicht geschehen können→nicht gegeben werden können
10）〔E〕「できないということ，3）」→「できない。」

である。われわれがここでしなければならないのは，ただ，12)一方で利子生み資本の13)姿態を展開することと，〔他方で〕利潤にたいする利子の自立化を展開することだけである。}

　①〔異文〕「貸し手」　Verleiher ← Leiher
　②〔異文〕「これ〔was〕」←「この叙述〔die〕」

　利子は，利潤のうちの，14)(われわれのこれまでの前提によれば,)①15)機能資本家から16)貨幣資本家〔monied capitalist〕に支払われるべき一部分でしかないのだから，利子の最高限界〔Maximumlimit〕として現われるのは利潤そのものであって，その場合には17)機能資本家のものになる部分はゼロに等しい18)。19)(利子が実際に〔faktisch〕利潤よりも大きく，したがってまた利潤から支払われることもできないような)個々の場合を別にすれば，もしかすると，利潤のうち②20)監督賃金〔wages of superintendence〕に分解できるものとしてもっとあとで展開されるべき部分を利潤全体から引き去ったものを，あるいは利子の最高限界〔Maximumlimit〕とみなすことができるかもしれない。21)ところで，利子の22)最低限の率〔Minimum rate〕は全然規定することのできないもので23)あって，利子はどんな低さにでも下がることができる。とはいえ，つねにやがてまた24)反作用する事情が現われて，25)利子をふたたびこの最低の水準よりも高く引

---

11)〔E〕「世界市場での利子の大なり小なりの大きな均等化等々も，同様であるということである。」→「同じことは，世界市場での利子の大なり小なりの近似的な均等化についても言える。」
12)〔E〕「一方で」——削除
13)〔E〕挿入——「自立的な」
14)〔E〕「(」および「)」——削除
15)〔E〕「機能資本家〔functionirender Capitalist〕」→「産業資本家」
16)〔E〕「貨幣資本家」　monied capitalist → Geldkapitalist
17)〔E〕「機能資本家」　functionirender Capit. → fungierender Kapitalist
18)〔E〕挿入——「であろう」
19)〔E〕「(」および「)」——削除
20)〔E〕「監督賃金」　wages of superintendence → Aufsichtslohn (wages of superintendence)
21)〔E〕「ところで〔nun〕，」——削除
22)〔E〕「最低限の率」→「最低限界〔Minimalgrenze〕」
23)〔E〕「あって，」→「ある。」

き上げる。

　①〔異文〕「機能資本家」←「生産的資本家」
　②〔異文〕「監督賃金に分解できる」　der in wages of superintendence auflösbar ← der sich in wages of superintendence aufgelöst

①「資本の使用にたいして支払われる金額とこの資本との関係は，貨幣で計った利子の率を 432 表わしている。」(『エコノミスト』，1853年1月22日。)26)

　①〔注解〕この引用は次のものから取られている。──「利子率と貴金属の過剰ないし欠乏との関係」。所収：『エコノミスト』，ロンドン，第491号。1853年1月22日。90ページ。「貸付資本を表わし移転するのに必要な貨幣額が大きくなれば，それに比例して，貸付資本の使用にたいして支払われる利子を表わす貨幣額が大きくなるであろう。そこで，貨幣で測った利子の率を表わす，この両者の関係は……」

①「利子率は，1）利潤率によって，2）総利潤が貸し手と借り手とのあいだで分割される割合によって，定まる。」(同前。)②「自分が借りたものの使用にたいして利子として支払うものは，借りたもので生産することのできる利潤の一部分なのだから，この利子はいつでもそれらの利潤によって左右されるよりほかはないのである。」a)/

　①〔注解〕この引用は『エコノミスト』では次のようになっている。──「……通常の産業における利子率……。これは，二つの事情によって定まる。すなわち，第1に，利潤率によって，第2に，総利潤が貸し手と借り手とのあいだで分割される割合によって。」──カール・マルクス『経済学批判(1861-1863年草稿)』(MEGA II/3.5, S. 1863.2-4)から取られている。
　②〔注解〕この引用は，カール・マルクス『経済学批判(1861-1863年草稿)』(MEGA II/3.6, S. 2125.16-18)から取られている。

|295下|〔原注〕a) マッシー，同前。(49ページ。)〔原注a) 終わり〕|

---

24) 〔E〕「反作用する〔reagirend〕」→「反対に作用する〔gegenwirkend〕」
25) 〔E〕「利子をふたたびこの最低の水準よりも高く引き上げる〔which cause it again to rise beyond this minimum level〕」→「そして利子をこの相対的最低限よりも高く引き上げる。」
26) 〔E〕エンゲルス版では改行されていない。

/295上/はじめにまず，総利潤と，そのうちの利子として貨幣資本家〔monied Capitalist〕に支払われるべき部分とのあいだに，ある固定した割合〔Proportion〕があるものと仮定してみよう。27) この仮定のもとでは，明らかに，利子は総利潤につれて上がり下がりするであろう。そして，総利潤は28)平均利潤率29)（とこの平均利潤率の変動と）によって規定されている。たとえば，平均利潤率が①20％で利子が利潤の1/4ならば，〔利子率は〕5％であろう。平均利潤率が16％ならば利子は4％であろう30)，等々。31) (32)第1の場合に利子が8％に上がることもありうるであろうが，この場合にもやはり産業資本家は，〔利潤〕率が16％で利子が4％の場合と同じ利潤，すなわち12 33) p./c.②をあげるであろう。もし利子が6％か7％34)に上がれば，彼はやはり 35)平均利潤率が16％で利子が4％であるような場合よりも，利潤のより大きい部分を確保するであろう。) 36){もし利子が平均利潤の不変37)部分に等しいならば，その場合には，一般的利潤率が高ければ高いほど，総利潤と利子との‖296上│絶対的差額はそれだけ大きく，したがって，総利潤のうちから機能資本家のものになる部分もそれだけ大きいということになり，また逆の場合は逆になるであろう。③38)10の1/5は2であり，総利潤と39)利子を引いたのちの利潤との差額は8である。20の1/5は4であり，差額は20－4＝16である。25の1/5は5で，差額は25－5＝20である。30の1/5は6で，差額は30－6＝24である。35の1/5は7で，差額は35－

---

27)〔E〕「この仮定のもとでは〔on this supposition〕」→「その場合には〔dann〕」
28)〔E〕「平均利潤率〔d. average rate of profit〕」→「一般的利潤率」
29)〔E〕「(とこの平均利潤率の変動〔d. Variations dieser average rate of profit〕と）」→「とそれの変動〔ihre Schwankungen〕と」
30)〔E〕「，等々」——削除
31)〔E〕「（」および「）」——削除
32)〔E〕「第1の場合に」→「利潤率が20％の場合に」
33)〔E〕「p./c.」→「％」
34)〔E〕「に上がれば」→「にしか上がらなければ」
35)〔E〕「平均利潤率が16％で利子が4％であるような場合よりも」——削除
36)〔E〕「{」および「}」——削除
37)〔E〕「部分〔Theil〕」→「分けまえ〔Quotum〕」
38)〔E〕挿入——「利子が平均利潤の1/5だと仮定しよう。」
39)〔E〕「利子を引いたのちの利潤」→「利子」
　これは「利子」とあるべきところであり，もともとマルクスの錯誤だったのであろう。

7＝28である。4％，5％，6％，7％といういろいろに違った利子率が，ここではつねに総利潤のただ④1/5だけを，すなわち20％だけを表わすであろう。⁴⁰⁾利潤率がいろいろに違えば，いろいろに違った利子率が総利潤の同じ可除部分または総利潤からの同じ百分比的分けまえを表わすことができるのである。⑤利子の割合がこのように不変な場合には，産業利潤（総利潤と利子との差額）は，一般的利潤率が高ければ高いほどますます大きくなり，逆ならば逆であろう。}

① 〔異文〕ここに，「16％で利子が総利潤の¼ならば，利子は3％であろう。平均利潤が20％であれば，」と書いたのち，消している。
② 〔異文〕ここに「）」と書いたのち，消している。
③ 〔異文〕「もし分母が同じままであれば」という書きかけが消されている。
④ 〔異文〕「20％」という書きかけが消されている。
⑤ 〔異文〕「利子の」——書き加えられている。

他の事情はすべて変わらないとすれば⁴¹⁾（あるいは⁴²⁾同じことになるが，利子と①総利潤との②割合を多かれ少なかれ不変のものと仮定すれば），機能資本家は，利潤率の高さに③正比例してより高いかまたはより低い利子を支払うことが④できるであろうし，また支払うことを辞さないであろう。a）すでに見たように，利潤率の高さは資本主義的生産の発展に反433比例するのだから，したがってまた一国の利子率の高低も産業的発展の高さにたいしてやはり⁴³⁾反比例するということになる⁴⁴⁾——⑤⁴⁵⁾利子の相違が現実に利潤率の相違を表わすかぎりではそうである。そうなるとかぎらないことは，もっとあとで見るであろう。この意味では，利子は⁴⁶⁾利潤によって，より詳しくは一般的利潤率によって，規制されている，と言うことができる。そして，このような利子の規制

---

40) 〔E〕挿入——「つまり〔also〕」
41) 〔E〕「（」および「）」——削除
42) 〔E〕「同じことになるが」——削除
43) 〔E〕「反比例する」 dasselbe umgekehrte Verhältniss ... haben → in demselben umgekehrten Verhältnis ... stehen
44) 〔E〕「——」→「すなわち〔nämlich〕」
45) 〔E〕「利子」→「利子率」
46) 〔E〕「利潤」 d. Profite（複数）→ der Profit（単数）

の仕方は，利子の平均にさえもあてはまるのである。/

① 〔異文〕「〔……〕の一般的な率〔general rate of〕」という書きかけが消されている。
② 〔異文〕「割合」 ratio ← relation
③ 〔異文〕「比例して」という書きかけが消されている。
④ 〔異文〕「できるであろう〔wird ... fähig ... sein〕」←「できる〔kann〕」
⑤ 〔異文〕「利子率が」という書きかけが消されている。

|296下| 〔原注〕a) ①「利子の自然的な率は個々人の事業の利潤によって左右される。」(マッシー，同前，51ページ。)〔原注a) 終わり〕/

① 〔注解〕この引用は，カール・マルクス『経済学批判 (1861–1863年草稿)』(MEGA II/3.6, S. 2125.28-29) から取られている。

/296上/ とにかく，利潤の平均率は，利子を[47)]窮極的に調整する限界〔ultimate regulating limit〕とみなされるべきである。

利子は平均利潤に関連づけて説明すべきだという事情は，すぐあとでもっと詳しく考察するであろう。[48)]

[49)]｛一つの[50)]全体――利潤のような――が二人のあいだに分割されなければならない場合には，もちろんまず問題になるのは，この[51)]分割されるべきものの大きさであり，そしてこの①利潤の大きさは，利潤の平均率によって規定されているのである。｝[52)]

① 〔異文〕「利潤の大きさ」←「利潤」

一般的利潤率，つまりたとえば100という与えられた大きさの資本にとっての利潤の大きさを，[53)]不変なものとして，与えられたものとして前提すれば，

---

47) 〔E〕「窮極的に調整する限界」→「窮極的に規定する最高限界〔die endgültig bestimmende Maximalgrenze〕」
48) 〔E〕エンゲルス版では改行していない。
49) 〔E〕「｛」および「｝」――削除
50) 〔E〕挿入――「与えられた」
51) 〔E〕「分割されるべきもの」→「分割されるべき全体」
52) 〔E〕エンゲルス版では改行されていない。
53) 〔E〕「不変なものとして，」――削除

利子の変動は，明らかに，54)利潤のうちの①機能資本家の手に残る部分に反比例する。彼が借入資本で仕事をするかぎりは，そうである。55)言い換えれば，これら二つの種類の資本家が剰余価値または剰余生産物（不払労働が物質化している生産物）を自分たちのあいだで分割する比率に反比例する。そして，分割されるべき利潤の56)大きさを規定する事情は，この二つの種類の資本家のあいだへの利潤の分割を規定する事情とは非常に違うのであって，しばしばまったく反対の方向に作用するのである。

　①〔異文〕「産［業］〔indus[triellen]〕」という書きかけが消されている。

　①57)Nb. この58)２）が進むなかで明らかになってくるのは，やはり，利潤の分割の諸法則を研究する前にまずもって，この<u>量的な分割が質的な分割になる</u>次第を展開したほうがいい，ということだ。59)§1からこの点に〔dazu〕移行するために必要なのは，60)――以前に行なった展開のあとでは平均利潤率と平均利潤とが与えられているのだから〔――〕さしあたり利子を，61)この〔平均〕利潤のうちの任意の，②それ以上詳しくは規定されていない部分と62)等しいと置くこ

---

54)〔E〕「利潤のうちの機能〔functionirend〕資本家の手に残る部分に反比例する。彼が借入資本で仕事をする〔arbeiten〕かぎりは，そうである。」→「機能する〔fungierend〕が，借入資本で仕事をする資本家の手に残る利潤部分の変動に反比例する。」
55)〔E〕「言い換えれば〔oder〕，これら二つの種類〔Sorte〕の資本家が剰余価値または剰余生産物（不払労働が物質化している生産物）を自分たちのあいだで分割する比率に反比例する。」――削除
56)〔E〕挿入――「すなわち不払労働の価値生産物の」
57)〔E〕この「Nb.」で始まる1パラグラフは，エンゲルス版では，「原稿にはここに次のような覚え書がある。――」という前置きとともに，脚注に収められている。
　なお草稿では，「Nb.」を除いてこのパラグラフは二つの文から成っているが，第1の文の左側に，インクでやや弓なりの縦線が引かれており，さらにそれに追加するように，第2の文の左側にも同様の縦線がつけられている。「Nb.」という文字は，前者の縦線の左側の上部に書かれている。こうして，このパラグラフの全体が前後から区別される「Nb.」の部分となっていることが示されている。この縦線の状態から見ると，「Nb.」として第1の文を書いたのち，すぐにそれに第2の文をつけ加えたのかもしれない。
58)〔E〕「２）」→「章」
59)〔E〕「§1」→「前章」
60)〔E〕「――以前に行なった展開のあとでは平均利潤率と平均利潤とが与えられているのだから〔――〕」――削除
61)〔E〕「この」――削除

と，③等しいと前提することだけである。⁶³⁾〔「Nb.」として書かれた部分終わり〕

①〔異文〕このパラグラフは，左の欄外につけられた弓括弧〔{〕によって特別に強調されている。
②〔異文〕「そのさい」という書きかけが消されている。
③〔異文〕「等しいと」——書き加えられている。

現代産業がそのなかで運動する回転循環——沈静状態，活気増大，繁栄，過剰生産，⁶⁴⁾恐慌，停滞，沈静，等々〔state of quiescence, growing animation, prosperity, overproduction, crisis, stagnation, quiescence etc〕——⁶⁵⁾（この循環の詳しい分析はわれわれの考察の圏外にある⁶⁶⁾）を考察してみれば，そこで見いだされることは，利子の低い状態はたいていは繁栄または特別利潤の時期に対応し，①利子の上昇は②繁栄とその転換との分かれ目に対応するが，極度の高 434 利にもなる利子の最高限は恐慌に対応するということであろう。b）③⁶⁷⁾「1843年の夏からは明瞭な繁栄が始まった。1842年の春には4½％だった利子率が，1843年の‖297上｜春と夏には2％に下がり」a），9月には1½％にさえ下がった。b）やがて④1847年の恐慌中には8％，そしてそれ以上に上がった。/

①〔異文〕「他方で〔während〕」という書きかけが消されている。
②〔異文〕「〔……の〕瀬戸際で〔auf der Kippe〕」という書きかけが消されている。
③〔注解〕この引用は，トゥクでは次のようになっている。——「同様に，1842年の春には4½％だった利子率が1843年の春と夏にはほぼ2％にまで急速に下がり……」
④〔注解〕「1847年の恐慌」——40年代半ばに不作が生じたのち，イギリスの食糧輸入は増大し，イングランド銀行からの金流出が始まった。1847年4月には貨幣市場でのパニックが生じた。同時に，穀物市場の充溢が貨幣と信用とへの大きな需要を引き起こした。1847年〔MEGAは「1846年」と誤記〕10月には恐慌は頂点に達した。1844年のピール銀行法の停止によって，イングランド銀行は行動のための新たな

62）〔E〕「等しいと置くこと，等しいと前提すること〔gleichzusetzen, gleich zu unterstellen〕」→「として前提すること〔als ... unterstellen〕」
63）草稿ではここに「）」があるが，これは，この「Nb.」で始まる部分の終わりを示すためのものであろう。
64）〔E〕「恐慌〔crisis〕」→「崩落〔Krach〕」
65）〔E〕「（」および「）」——削除
66）草稿ではここに「——」がはいっている。
67）〔E〕「「」および「」」——削除

余地を得たので，恐慌の本来の原因である過剰生産は残されたままだったが，貨幣恐慌は急速に克服されることができた。

/296下/〔原注〕b) ①「不況〔Pressure〕直後の第1の時期には，投機がなくて貨幣は豊富である。第2の時期には貨幣は豊富で投機も盛んである。第3の時期には投機は衰え始めて貨幣が求められる。第4の時期には貨幣が払底して不況が始まる。」(W. ②ギルバト〔『銀行実務論』，第5版，ロンドン，1849年〕，第1巻，149ページ。)〔原注b) 終わり〕|

① 〔注解〕この引用は，「ロンドン・ノート 1850-1853年」のノートIII (MEGA IV/7, S. 137.6-10) から取られている。
② 〔訂正〕「ギルバト」——草稿では「ギルバト，同前」と書かれている。

|297下|〔原注〕a) トゥクはこの低落を「その前の数年間は有利な投資部面がなかったということの必然的な随伴現象としての過剰資本の蓄積によって，蓄蔵貨幣の放出によって，また商業上の見通しにおける信頼の回復によって」説明している。(①『物価史，1839年から1847年まで』，ロンドン，1848年，54ページ〔藤塚知義訳『物価史』，第4巻，東洋経済新報社，1981年，64ページ〕。)〔原注a) 終わり〕/

① 〔注解〕トマス・トゥクの『物価史』は，1838年から1857年にかけて刊行された六つの巻からなっている。第1巻と第2巻は，『1793年から1837年にいたる物価および通貨流通状態の歴史……』，全2巻，ロンドン，1838年，である。第3巻のタイトルは『1838年および1839年における物価および通貨流通状態の歴史，あわせて，穀物法についての，およびわが国の銀行制度にかんして提起されている改革案の若干についての，評言を付す。1793年から1837年に至る物価の歴史の続編をなす』，ロンドン，1840年，である。第4巻は『1839年から1847年に至る（両年を含む）物価および通貨流通状態の歴史，通貨問題の一般的論評およびヴィクトリア治世第7・8年法律第32号の作用についての評言を付す。1793年から1839年にいたる物価の歴史の続編をなす』，ロンドン，1848年，となっている。最後に，1857年に第5巻および第6巻が，『1848年から1856年に至る9年間における物価および通貨流通状態の歴史……』，全2巻，というタイトルのもとで刊行されたが，この2巻の著者は，トマス・トゥクとウィリアム・ニューマーチである。

/297下/〔原注〕b) ①68ギルバト，同前，第1巻，166ページ。〔原注b) 終わり〕/

①〔注解〕ジェイムズ・ウィリアム・ギルバト『銀行実務論』,第5版,全2巻,第1巻,ロンドン,1849年。

/297上/[69)](もちろん,他面では,低い利子が[70)]停滞といっしょになり,[71)]利子の上昇(適度ではあるが)が活気の増大〔growing animation〕といっしょになるということもありうる。)

[72)][73)](利子の平均率を見いだすためには,1)①[74)]回転循環のなかでの利子率の諸変動をつうじてその平均を②計算しなければならない。2)資本がかなり長い期間にわたって[75)]前貸される投資での利子率を計算しなければならない。)

①〔異文〕「この時期〔Periode〕全体のなかでの」という書きかけが消されている。
②〔異文〕「計算し〔berechnen〕」←「考察し〔betrachten〕」

利子率が極度の高さに達するのは恐慌中のことであって,そのときには支払いをするためにはどんなに高くついても〔coûte que coûte〕借りなければならない。[76)](この形態についてはもっとあとで。)c)[77)]/

/297下/〔原注〕[78)]c)これは同時に,[79)]というのは利子の上昇は有価証券価格の下落に対応するからであるが,①[80)]そのような利子生み証券を捨て値で手に入れる絶好の機会なのであって,このような証券は,[81)]通例の経過では,利子

---

68)〔E〕エンゲルス版では,この出典は本文中に組み入れられている。
69)〔E〕「(」および「)」──削除
70)〔E〕「停滞」 Stagnation→Stockung
71)〔E〕「利子の上昇(適度ではあるが)〔steigender (wenn auch mässiger) Zins〕」→「利子の適度な上昇〔mässig steigender Zins〕」
72)〔E〕エンゲルス版では,このパラグラフは,もっとあとのほう(本書232ページ7行のあと)に挿入されている。
73)〔E〕「(」および「)」──削除
74)〔E〕「回転循環〔Umschlagscyclen〕」(複数)→「大きな産業循環」(複数)
75)〔E〕「前貸される」→「投下される」
76)〔E〕「(この形態についてはもっとあとで。)」──削除
77)〔E〕エンゲルス版では改行せずに,原注c)をここに組み込んでいる。
78)〔E〕エンゲルス版では,この注は,本文中の注番号c)のつけられた箇所に組み込まれている。

率がふたたび下がればすぐにまた[82]その平均の高さ（およびそれ以上）に達するに違いないのである。[83]これらの恐慌は、銀行業者たちが、「自分たちの私的証券を減価させて利子率を最小限にまで縮小する崩落を先取りして、自分たちの資本を減価した株式に再投下する」ことを可能にする（②『為替の理論。1844年の銀行特許法、云々』、ロンドン、1864年、100ページ）。[84]1847年の恐慌のあいだに、「ある銀行家の古くからの顧客が、20万ポンド・スターリングの価値ある証券を担保にした貸付を拒絶された。彼が自分の支払停止を通告するために立ち去ろうとしたとき、銀行家は彼に、そんな処置をとる必要はない、このさいのことだからその証券を15万ポンド・スターリングで買ってもよい、と言った。」（同前、80ページ。）〔原注c〕終わり〕/

①〔異文〕「安値で」という書きかけが消されている。
②〔注解〕この書の著者はヘンリー・ロイである。

/297上/[85]利子率が利潤率の変動〔Variations〕には[86]かかわりなしに低落するという傾向[87]。──

---

79)〔E〕「というのは利子の上昇は有価証券価格の下落に対応するからであるが〔da d. Steigen d. Zinses dem Fallen im Preisse d. securities entspricht〕」→「というのは利子の上昇には有価証券価格の下落が対応するからであるが〔da dem Steigen des Zinses ein Fallen im Preise der Wertpapiere entspricht〕」
80)〔E〕挿入──「処分可能な貨幣資本をもっている人びとにとっては」
81)〔E〕「通例の経過では〔in the regular course〕」→「事態が通例の経過をとる場合には〔im regelmäßigen Verlauf der Dinge〕」
82)〔E〕「その平均の高さ（およびそれ以上）〔ihre average Höhe (und drüber)〕」→「少なくともその平均価格」
83)〔E〕「これらの恐慌は、銀行業者たちが、「自分たちの私的証券を減価させて利子率を最小限にまで縮小する崩落を先取りして、自分たちの資本を減価した株式に再投下する」ことを可能にする〔Diese Crisen erlauben d. bankers "to reinvest their capital in depreciated stocks, in anticipation of the collapse which decreases their private securities, and reduces the rate of interest to a minimum."〕（『為替の理論。1844年の銀行特許法、云々』、ロンドン、1864年、100ページ）。」──削除
84)〔E〕エンゲルス版では、このパラグラフのここから最後までは、草稿のこの直前のところへの注（注64）とされている。
85)〔E〕挿入──「しかしまた、」
86)〔E〕挿入──「まったく」
87)〔E〕挿入──「もある。」

88) 1) ①「生産的投下のためよりほかには資本が借り入れられることはけっしてないとさえ想定しても，なお，総利潤の率にはなんの変動もないのに利子が変動するということもありうる。②というのは，一国民がますます富を発展させるのにつれて，自分たちの父祖の労働によってファンドを与えられてただその利子だけで生活ができるような人びとの一階級が発生し，しかもますますそれが大きくなるからである。また，青年期や壮年期には積極的に事業に参加しても，隠退してからは，蓄積した金額の利子で静かに晩年を送ろうとする人びとも多い。これら二つの部類の人々は，国富の増大につれてふえていく傾向がある。なぜならば，はじめから相当な資本で始める人びとは，わずかな資本で始める人びとよりもいっそうたやすく独立の財産をつくりあげることができるからである。それゆえ，古くて |435| 豊かな国ぐにでは，新しくできた貧しい国ぐにでよりも，国民資本のうち自分で充用しようとしない人びとに属する部分が，社会の総生産的資本にたいしてより大きい割合をなしているのである。イギリスでは金利生活者〔rentiers〕の階級の人数がなんと多いではないか！ 金利生活者〔rentiers〕の階級が大きくなるのにつれて，資本の貸し手の階級も大きくなる。というのは，この二つの階級は同じものだからである。89)この原因からだけでも，利子は古い国ぐにでは下落する傾向をもたなければならないであろう。」d)／

　①〔注解〕この引用は，ラムジでは次のようになっている。──「しかし，資本は生産的充用以外の目的ではけっして借りられたことがない，と想定すべきだとした場合でさえも，総利潤の率にはなんの変動もないのに利子が変動しうるということは大いにありうることだ，と私は思う。なぜなら，一国の富の発展が進むにつれて，自分たちの先祖の労働によってただその利子だけで相当な暮らしを余裕をもってやっていけるようなファンドをあり余るほど十分に所有する人びとの一階級が発生して，ますます増大していくからである。また，若年および壮年期には事業で活発に働いて，引退してからは，自分自身が蓄積した金額の利子によって晩年を静かに送るという人びとも，たくさんいる。この階級も前のほうの階級も，その国の富が増大するにつれて増大する傾向がある。なぜなら，かなりの資材で仕事を始める人び

---

88)〔E〕「1)」→「I.」
89)〔E〕「この原因からだけでも，利子は古い国ぐにでは下落する傾向をもたなければならないであろう。」──削除

とは，わずかばかりのもので始める人びとよりも早く，独立しやすいからである。それゆえ，古くて富んでいる国ぐにでは，新たに植民されたより貧しい諸地域に比べて，全国の資本のうちそれを自分で充用する労を取ろうとしない人びとに属する額が，社会の全生産資材にたいしてより大きい割合を占めるのである。イギリスでは，ほとんどだれもがなにかの仕事に携わっているアメリカでよりも，フランス人の言う金利生活者〔rentiers〕の階級は人口中に占めるその人数の割合がなんと大きいことか！ 金利生活者〔rentiers〕の階級が大きくなるにつれて，資本の貸し手の階級も大きくなる。なぜなら，それらは一つで同じものだからである。したがって，このような原因から，利子は，古い国ぐにでは低落するという傾向をもたざるをえないのである。……」——この引用は，カール・マルクス『経済学批判（1861-1863年草稿）』(MEGA II/3.6, S. 1797.24-41）から取られている。

②〔異文〕「ある国では，また……のあ〔いだ〕では〔zw[ischen]〕」という書きかけが消されている。

/297下/〔原注〕d) [90)]ラムジ，同前〔『富の分配に関する一論』，エディンバラ，1836年〕，201ページ以下。〔原注d) 終わり〕/

/297上/[91)]2) 信用システムの発展，また，[92)]それだから社会のあらゆる階級のあらゆる貨幣貯蓄〔money savings〕を産業家や[93)]商業家が[94)]（銀行業者〔bankers〕の媒介によって）ますます多く利用できるようになるということ，また，この貯蓄〔savings〕の集積が進んで，それが貨幣資本として働くことができるような量になるという[95)]ことによって。[96)]（あとを見よ。）

[97)]ラムジは利子率を純利潤の率と呼んでいるのであるが，この利子率の規定について，彼は次のように言っている。①利子率は，「一部は総利潤の率によって定まり，また一部は総利潤が利子と企業利潤〔profit of enterprise〕とに分割

---

90)〔E〕エンゲルス版では，この出典は引用の直後に付記されている。ただし，出典ページは，1894年版では「201ページ」，現行版では「201, 202ページ」となっている。
91)〔E〕「2）」→「II.」
92)〔E〕「それだから〔daher〕」→「それにつれて〔damit〕」
93)〔E〕「商業家〔Commercielle〕」→「商人〔Kaufleute〕」
94)〔E〕「（」および「）」——削除
95)〔E〕「ことによって。」→「こと，これらのこともやはり利子率を圧迫せざるをえない。」
96)〔E〕「（あとを見よ。）」→「これについてのこれ以上のことはあとで。」
97)〔E〕「ラムジは利子率を純利潤の率と呼んでいるのであるが，」——削除

される割合によって定まる。この割合は資本の貸し手と借り手とのあいだの競争によって定まる。この競争は，実現されると期待される総利潤の率によって影響されるが，ただそれだけによって規制されるわけではない。e) 競争はただこの原因だけによって規制されるのではないというのは，一方では，生産的な投資をする意図はなにもないのに借りる人も多いからであり，他方では，貸付可能な国民的資本の全体の大きさは，総利潤のなんらかの変動にかかわりなく，その国の富の変動につれて変動するからである。」f)98)/

　　①〔注解〕この引用は，ラムジでは次のようになっている。「これらのものの率は，一部には総利潤の率により（というのは，全体が増大するか減少するときには，全体の各部分も同じく増大するか減少するのだからである），一部には総利潤が資本の利潤と企業の利潤とに〔into profits of capital and those of enterprise〕分かれる割合によって定まる。この割合は，これはまたこれで，資本の貸し手と提供すべき優良な担保をもつすべての借り手とのあいだの競争によって定まる。この競争は，実現が期待される総利潤の率によって，完全に調整されるのではないにしても，影響を受ける。そして，競争がこの原因だけによって調整されるのではないというわけは，一方では，どんな生産的に充用する目的もなしに借りる人びとがたくさんいるからであり，他方では，国内の貸付可能な全資本〔the whole national capital to be lent〕の割合は，総利潤のどんな変動にもかかわりなく，その国の富とともに変動するからである。」——この引用は，カール・マルクス『経済学批判（1861-1863年草稿）』（MEGA II/3.5, S. 1798.1-10）から取られている。

　/297下/〔原注〕e) ①99)利子率は全体としては平均利潤率によって規定されているのではあるが，異常なブームが低い利子率と結びついていることも非常にしばしばありうる。たとえば100)鉄道ブーム101)。102)利子率（バンク・レート）

---

98)〔E〕エンゲルス版では，このあとに，草稿の297ページの上部からもってきた1パラグラフ（本書228ページ11-13行）を，改行して組み込んでいる。
99)「利子率は全体としては平均利潤率によって規定されているのではあるが〔da d. Zinsfuss im Ganzen bestimmt durch d. Druchschnittsprofitrate〕」
　　ここでのda は，理由ではなくて相反・譲歩を示すもの（すなわち，dochがはいるべきところ）であろう。
100)〔E〕挿入——「1844年夏の」
101)〔E〕挿入——「の場合」
102)〔E〕「利子率（バンク・レート）」→「イングランド銀行の利子率」

は，¹⁰³⁾1844年10月16日に，やっと3％に引き上げられた。〔原注e）終わり〕/

① 〔異文〕「利子率」←「利子」

/297下/〔原注〕f)①¹⁰⁴⁾ラムジ，同前（206, 207ページ。）〔原注f）終わり〕/

① 〔注解〕ジョージ・ラムジ『富の分配に関する一論』，エディンバラ，ロンドン，1836年。

/297上/①¹⁰⁵⁾絶えず変動する市場率とは区別される，一国で支配的な利子の¹⁰⁶⁾——利子率の——¹⁰⁷⁾中位的な率または平均率¹⁰⁸⁾は，どんな法則によっても全然規定することのできないものである。利子の自然的な率〔a natural rate of interest〕というものは，¹⁰⁹⁾たとえば利潤の自然的な率〔a natural rate of profit〕または賃金の自然的な率〔a natural rate of wages〕が存在するというようなこういう仕方では，存在しない。g）¹¹⁰⁾需要と供給との一致——平均利潤率を与えられたものとして前提して②——はここでは全然なにも意味してはいない。ほかの場合にこの定式を頼りとするときには（そしてそのような場合，そうするのは実際にも正しいのであるが），¹¹¹⁾それは，競争には左右されないでむしろ競争を規定する原則（規制する限界，または限界を画する大きさ〔the regulating limits, or the limiting magnitudes〕）を見いだすための定式¹¹²⁾なのである。ことに，

---

103)「1844年」——エンゲルス版でもこのままになっているが（そして注100に記載した挿入もこれにかかわっているが），これは「1845年」の誤記である。
104)〔E〕エンゲルス版では，この出典は引用の直後に付記されている。
105)〔E〕「絶えず変動する市場率とは区別される」——エンゲルス版では，前後に「——」をつけて，注108を付した箇所にはいる。
106)〔E〕「——利子率の——」——削除
107)〔E〕「中位的な率または〔mittlere od.〕」——削除
108)〔E〕エンゲルス版では，注105の1節がここにはいる。
109)〔E〕「たとえば利潤の自然的な率〔a natural rate of profit〕または賃金の自然的な率〔a natural rate of wages〕が存在するというようなこういう仕方では，」→「こういう仕方では，経済学者たちが自然的な利潤率または労賃の自然的な率を云々するような意味では，」
110)〔E〕エンゲルス版では，ここに注g）を，前後を改行せずに組み込んでいる。
111)〔E〕「それは」es→sie
　　「それ」が「定式〔Formel〕」を指すかぎりは，エンゲルス版でのようにsieのほうがよいであろう。
112)〔E〕「なのである」→「として役立つのである」

競争の実際や競争の諸現象や¹¹³⁾それらの運動から 436 ③発展する諸観念やに④とらわれている人びとにとって，競争のなかで表われる経済的諸関係の内的な関連の一つの観念——たとえこれ自身また皮相な観念であるとはいえ——に到達するための定式なのである。それは，競争に伴う諸変動から¹¹⁴⁾この諸限界に到達するための方法である。平均利子率の場合はそうではない。‖298上｜貸し手〔lenders〕と借り手〔borrowers〕とのあいだの中位の競争関係¹¹⁵⁾が，なぜ¹¹⁶⁾貨幣の貸し手に彼の資本にたいする3％とか4％とか5％とかの¹¹⁷⁾利子を与えることになるのか，¹¹⁸⁾あるいは，¹¹⁹⁾なぜそれ〔中位の競争関係〕が彼に，¹²⁰⁾総利潤〔gross profit〕にたいするこの一定の百分比的分けまえを，⑤総利潤〔gross profit〕のうちの20％とか50％とか，等々を与えることになるのか，その理由は全然ないのである。¹²¹⁾競争そのものが決定する場合には，規定はそれ自体として偶然的であり，純粋に経験的であって，ただ衒学または妄想だけがこの偶然性を⑥なにか必然的なものとして説明しようとすることができるのである。a)⑦¹²²⁾通貨と銀行業とに関する1857年と1858年の議会報告¹²³⁾(タイトルは調べること)のなかでなによりもおもしろいのは，イングランド銀行の¹²⁴⁾銀行理事やロンドンの銀行業者や地方の銀行業者〔Country Bankers〕や職業的理論家たちが，⑧月並みな文句，たとえば，⑨⑩「貸付可能な資本の使用にたいして支払われる価格は，そのような資本の供給につれて変動するはずだ」と

---

113)〔E〕「それらの運動から」→「そこから〔daraus〕」
114)〔E〕「この諸限界〔d. limits〕」→「これらの変動の諸限界」
115)〔E〕挿入——「，均衡」
116)〔E〕「貨幣の貸し手〔moneylender〕」→「貸し手〔Ausleiher〕」
117)〔E〕「利子」→「利子率」
118)〔E〕「あるいは〔od.〕」→「あるいはまた〔oder aber〕」
119)〔E〕「なぜそれ〔中位の競争関係〕が彼に，」——削除
120)〔E〕「総利潤にたいするこの一定の百分比的分けまえを，総利潤のうちの20％とか50％とか，等々を」→「総利潤のうちの，20％とか50％とかという一定の百分比的分けまえを」
121)〔E〕挿入——「この場合に〔hier〕」
122)〔E〕「通貨と銀行業と〔Currency and Banking〕」→「銀行立法と商業恐慌と〔die Bankgesetzgebung und die Handelskrise〕」
123)〔E〕「(タイトルは調べること)」——削除
124)〔E〕「銀行理事〔Bankdirektoren〕」→「理事〔Direktoren〕」

か，⑪「高い利子率と低い利潤率とは長きにわたって〔permanently〕両立することはできない」とかいった文句や，その他このたぐいのきまり文句〔platitudes〕から一歩も出ることなしに，125)「生みだされた現実の〔利子〕率」についてあれこれとしゃべりまくっているのを聞くことである。b) 慣習，法律的伝統，等々が中位の利子率の規定に関係がある126){この中位の利子率がただ平均数として存在するだけではなく実際の大きさとして存在するかぎりはそうである}のは，競争そのものがそれに関係があるのと同様である。127)それゆえこの件の考察は，⑫競争の項目〔Abschnitt v. d. Conkurrenz〕で行なわれるべきことなのである。128){中位 **437** の利子率は，利子の計算を必要とするすでに多くの法律上の係争事件でも，129)適法に認められなければならない。}ところで，さらに，なぜ130)平均的なまたは中位の利子率の限界〔limits〕を一般的な諸法則から131)展開することはできないのか，と問う人があるならば，その答えは単純に⑬利子の性質のうちにある。利子はただ平均利潤の一部分でしかない。⑭同じ資本が二重の規定で現われるのである。すなわち，貸し手〔lenders〕の手のなかで貸付可能な資本〔loanable Captal〕として現われ，機能資本家の手のなかでは産業資本または商業資本として現われるのである。しかし，それが機能するのはただ一度だけであり，それ自身で利潤を生みだすのはただ一度だけである。⑮132)それの生産過程そのものでは，133)資本は貸付可能な資本としてはなんの役割も演じない。この利潤にたいする要求権をもつこの二人の人物がこれをどのように分けるかは，それ自体としては，134)一つの会社事業をもつさまざまの出資者が共

---

125)『銀行法特別委員会報告……』，1857年7月30日，下院の命により印刷。オウヴァストンの証言，第4096号。
126)〔E〕「{」および「}」──削除
127)〔E〕「それゆえこの件の考察は，競争の項目で行なわれるべきことなのである。〔D. Betrachtung dieser Geschichte gehört daher in d. Abschnitt v. d. Conkurrenz.〕」──削除
128)〔E〕「{」および「}」──削除
129)〔E〕「適法に〔legal〕」→「適法なものとして〔als legal〕」
130)〔E〕「平均的なまたは」──削除
131)〔E〕「展開する〔entwickeln〕」→「引き出す〔ableiten〕」
132)〔E〕「それの」──削除
133)〔E〕「資本は貸付可能な資本としては〔d. Capital als loanable〕」→「貸付可能な資本としての資本の性格は〔der Charakter des Kapitals als verleihbares〕」

同利潤の⑯百分比的分けまえについて折り合いをつける場合と同じく，純粋に経験的な事実である。⑰本質的に利潤率の規定の基礎となっている，剰余価値と労賃とのあいだの分割では，⑱二つのまったく違った要素である135)労働能力と資本136)という函数が互いに限界づけ合っている。そして，それらの137)質的な区別から，生産された価値の138)量的な分割が出てくるのである。剰余価値が地代と利潤とに分割される場合にも同じことが139)生じるということは，あとでわかるであろう。利子の場合にはこのようなことはなにも生じない。140)いますぐに見るように，逆に，141)質的な分割が，剰余価値の同一の部分の純粋に142)量的な分割から出てくるのである。/

① 〔異文〕「絶えず変動する市場率とは区別される」——書き加えられている。
② 〔異文〕「さえ〔selbst〕」と書き加えたが，これを消している。
③ 〔異文〕「発展する」←「形成される」
④ 〔異文〕「とらわれている人びとに」——書き加えられている。
⑤ 〔異文〕「総利潤のうちの」——書き加えられている。
⑥ 〔異文〕「ア・プリオリに」という書きかけが消されている。
⑦ 〔注解〕「通貨と銀行業とに関する1857年と1858年の議会報告」——『銀行法特別委員会報告……。1857年7月30日』，—『銀行法特別委員会報告……。1858年7月1日』。
⑧ 〔異文〕「月並みな文句，たとえば，」←「……のような月並みな文句〔solche Gemeinplätze〕」

---

134) 〔E〕「一つの会社事業をもつさまざまの出資者〔Partners〕が共同利潤の百分比的分けまえについて折り合いをつける〔sich verständigen〕場合と同じく，純粋に経験的な事実〔Faktum〕である」→「一つの会社事業の共同利潤の百分比的分けまえがさまざまの出資者のあいだに分けられる場合と同じく，純粋に経験的な，偶然の領域に属する事実〔Tatsache〕である」
135) 〔E〕「労働能力」→「労働力」
136) 〔E〕「という函数〔Functionen〕が互いに限界づけ合っている〔sich limitiren〕。」→「とが規定的に作用する。そこでは二つの独立変数の函数が互いに限界づけ合っている〔sich gegenseitig Grenzen setzen〕。」
137) 〔E〕「質的な区別」——エンゲルス版では強調されている。
138) 〔E〕「量的な分割」——エンゲルス版では強調されている。
139) 「生じる」——草稿では，stattfindetとあるべきところが，stattfindenと誤記されている。
140) 〔E〕挿入——「この場合には〔hier〕」
141) 〔E〕「質的な分割」——エンゲルス版では強調されている。
142) 〔E〕「量的な分割」——エンゲルス版では強調されている。

⑨〔注解〕マルクスがここで関説しているのは,『銀行法特別委員会報告……。1857年7月30日』でのサミュエル・ジョーンズ・ロイドの証言（359-360ページ）である。

⑩〔注解〕「[143]貸付可能な資本の使用にたいして支払われる価格は，そのような資本の供給につれて変動するはずだ」——『銀行法特別委員会報告……』では次のようになっている。——「［第3855号］……資本の使用にたいする価格は，他のどんな商品の価格もそれの供給と需要との変動によって定まるのと同じようにして，決められるべきものです。」

⑪〔注解〕「高い利子率と低い利潤率とは長きにわたって両立することはできない」——『銀行法特別委員会報告……』では次のようになっている。——「[[144]第3866号] 私は，高い利子率と低い利潤率とは長きにわたって両立することはできないと思います。」

⑫〔注解〕「競争の項目」——〔MEGA II/4.2の〕178ページ18-25行への注解を見よ。〔この注解では次のように書かれている。——『経済学批判要綱』は「資本」という部のためのマルクスのプランを含んでおり，それは次の四つの篇に編成されるべきものだった：資本一般，競争，信用，株式資本（MEGA II/1.1の187ページおよび199ページを見よ）。——エンゲルスあてのマルクスの手紙，1858年4月2日。——カール・マルクス『経済学批判。第1分冊』をも見よ。所収：MEGA II/2, S. 99. 長年にわたる自己了解過程の中心にあったのは，一方では第1篇であり，純粋な姿態における価値および剰余価値についてのこの篇の論述は最終的には『資本論』に結実した。他方では平均利潤および生産価格の理論であって，『1861-1863年草稿』でのこの理論の仕上げは，なにをおいても，「資本一般」と資本の「現実の〔real〕」運動——競争と信用——とのあいだの徹底した分離をマルクスに放棄させることになった。この運動のうちの基本的な事柄は主著〔『資本論』〕に取り入れられ，それより具体的な事柄は，主著とは別のもろもろの特殊研究に留保されるべきものとなった。これらの特殊研究は書かれなかった。〕

⑬〔異文〕「〔……〕の」—〔部分〕としての〔als eines〕」という書きかけが消されている。

⑭〔異文〕「資本は二重に現われる」という書きかけが消されている。

⑮〔異文〕「それの生産過程そのものでは，資本は貸付可能な資本としてはなんの役割も演じない。」——書き加えられている。

⑯〔異文〕「百分比的分けまえについて折り合いをつける」←「百分比的分けまえへと分割する」

---

143) マルクスは，ここに「貸付可能な資本」と書いたとき，オウヴァストンの証言第3857号でのウィルソンの次の質問を念頭に置いていたのではないかと思われる。——「貸付可能な浮動資本〔loanable floating capital〕が不足しているときに，この資本の価格すなわち利子率が，経験される不足に比例して上昇するなら，それはこの国全体にとっては好都合なのではありませんか？」

144)「第3866号」——MEGAでは「第3865号」と誤記されている。

⑰〔異文〕「本質的に」——書き加えられている。
⑱〔異文〕「二つのまったく違った要素が……っている〔kommen zwei ganz verschiedne Elemente〕」という書きかけが消されている。

|435|/297下/〔原注〕¹⁴⁵⁾g) すでにマッシーもこの点については十分に正当に次のように言っている。——「この場合にだれかが疑問とするかもしれないただ一つのことは，これらの利潤のどれだけの割合が正当に借り手のものであり，どれだけが貸し手のものであるかという問題である。そして，これを決定するには，一般の借り手と貸し手との意見によるほかにはなんの方法もない。なぜならば，正も不正も，この点では，ただ一般的な同意が正とし不正とするものでしかないからである。」(同前，49ページ。)〔原注g) 終わり〕|

|436||298下|〔原注〕a) ¹⁴⁶⁾たとえば，オプダイク，アルント，等々を見よ。——①¹⁴⁷⁾G. オプダイク『経済学に関する一論』，ニューヨーク，1851年，は，5％という利子率の一般性を永久的な諸法則から説明しようとする，極度に失敗した試みをやっている。それよりもはるかに素朴なのは，『独占精神と共産主義とに対立する自然的国民経済，云々』，ハーナウ，1845年，のなかでのカール・アルント氏である。そこには次のようなことが書いてある。②「財貨生産が自然的に進行する場合には，利子率を——十分に開拓された諸国で——ある程度規制するに適していると思われる現象が，ただ¹⁴⁸⁾一つだけある。それは，ヨーロッパの森林の樹木量がその年々の生長によってふえて行く割合である。この生長は，樹木の交換価値とはまったく無関係に」¹⁴⁹⁾——樹木が自分の生長を¹⁵⁰⁾「自分の交換価値と無関係に」調整するとはなんという滑稽なことか！ ¹⁵¹⁾——「100にたいして3から4の割合で行なわれる。——したがってこれによれば」¹⁵²⁾｛すなわち，樹木の交換価値がどんなに樹木の生長に左右され

---

145)〔E〕エンゲルス版では，この原注はそっくり本文のなかに組み込まれている。
146)〔E〕「たとえば，オプダイク，アルント，等々を見よ。——」——削除
147)〔E〕挿入——「たとえば〔so〕」
148)〔E〕「一つ」——エンゲルス版でも強調されている。
149)〔E〕「——」削除
150)〔E〕「「」および「」」——削除
151)〔E〕「——」削除

ようとも，樹木の生長は樹木の交換価値とは152)無関係なのだから}「それ」(利子率)「が，154)この上なく豊かな国ぐにでの現在の水準よりも下がるということは，期待できないであろう。」(同上，124, 125ページ。)これは，「森林起源的利子率」と名づけられるのに値いする。そして，その発見者はここに引用した著書のなかで155)「われわれの科学」のために自分を156)「畜犬税の哲学者」の名に157)も値いさせているのである〔420, 421ページ〕。〔原注a)終わり〕

① 〔注解〕マルクスはここで，ジョージ・オプダイクの著書『経済学に関する一論』，86-87ページでの次の章句をほのめかしているのかもしれない。──「ある個人が貨幣を他人に貸し付けるとき，よく知られていることであるが，彼はそれのサーヴィスまたは使用にたいして，利子と呼ばれる報酬を受け取る。この報酬は，通常，貸し付けられた額にたいする年率で3％から9％のあいだ──ときとして異常な事情がこの率を短期間のあいだこれらの限度を越えさせることもあるが──のどこかにある。だから，その中間点は約6％である。だが，租税や損失の危険にたいしてさらに1％を差し引けば，貨幣の形態にある資本の平均的な純収入として，年率5％が残る。さて，貨幣と，生産的資本のその他のあらゆる形態とは，それらの所有者たちによって随意に，互いに等しい諸部分が交換されることができるし，また交換されているので，このことから，年率5％は，あらゆる種類の生産的資本の中間的純収入だ，ということになる。また生産的資本と土地とは等しい諸部分が相互に交換されるのだから，このことから，土地の純年間収入はほぼ5％だ，ということになる。」

② 〔注解〕この引用は，カール・マルクス『経済学批判(1861-1863年草稿)』(MEGA II/3.4, S. 1502.23-27)から取られている。

〔原注〕b) イングランド銀行は，158)バンク・レート〔bankrate〕を，159)(もちろ

---

152)〔E〕「{」および「}」→「(」および「)」
153)〔E〕挿入──「まったく」
154)〔E〕「この上なく豊かな〔goldreichst〕」→「最も豊かな〔reichst〕」
155)〔E〕挿入──「さらに進んで」
156)「「畜犬税の哲学者」」──アルントはその著書の420-421ページで，犬は，放たれていると人間の交通の余地を狭くし，吠えたり嚙んだりすることで公衆を困らせ，狂犬となって人間生活を脅かし，そのエサの消費で人間の食物を制限するのだから，有用な目的なしに犬を飼う人びとに畜犬税を課すのが道理である，と書いている。マルクスはこれを皮肉っているのである。
157)〔E〕「も〔auch〕」──削除
158)〔E〕「バンク・レート〔bankrate〕」→「その割引の率」

ん¹⁶⁰⁾銀行の外で支配的な率をつねに顧慮しながらであるとはいえ)，¹⁶¹⁾地金の流入と流出とに応じて引き上げたり引き下げたりする。「これによって，バンク・レートの変動の予想による割引投機が，いまでは貨幣中枢部の」¹⁶²⁾(すなわちロンドンの)「巨頭たちの取引の半分を占めるようになった。」([ヘンリ・ロイ]『為替の理論，云々』，113ページ。)〔原注b) 終わり]/

|437|/298上/¹⁶³⁾3) ¹⁶⁴⁾「商品の価格は絶えざる変動のなかにある。商品にはすべてそれぞれ特殊な用途がある。貨幣はどんな目的にも役立つ。商品は，同じ種類のものでも，品質が違っている。正貨〔numéraire〕はいつでも同じ価値をもっているか，もっているはずである。それだから，われわれが利子という言葉で表わす貨幣の価格は，他のどんな物の価格よりも大きい固定性と大きい一様性とをもちうることになるのである。」c) ¹⁶⁵⁾以上は，わが友ステューアト。/

/298下/〔原注〕¹⁶⁶⁾c) ①『経済学原理』，フランス語訳。第4巻，1789年，27ページ〔小林昇監訳『J. ステュアート 経済の原理——第3・第4・第5編——』，名古屋大学出版会，1993年，230ページ〕。〔原注c) 終わり]/

①〔注解〕ジェイムズ・ステューアト『経済学原理……』，第4巻，パリ，1789年。

---

159)〔E〕「(」および「)」——削除
160)〔E〕「銀行の外で〔out of the Bank〕」→「公開市場で〔im offnen Markt〕」
161)〔E〕「地金の流入と流出〔d. Efflux u. Influx of bullion〕」→「金の流入と流出」
162)〔E〕「(すなわちロンドンの)」→「——すなわちロンドン貨幣市場の——」
163)〔E〕「3)」——削除
　　この「3)」は，形式的には，既出の「1)」および「2)」に続くものと見るほかないのであるが，「1)」および「2)」は「利子率が利潤率の変動にはかかわりなしに低落する傾向」についてのものであったのにたいして，この「3)」は，利子率の一様性，固定性，確定性について述べようとしているのであって，内容的には，「1)」および「2)」に続くものではないように思われる。エンゲルス版でこの「3)」を削除しているのもそのためであろう。
164)〔E〕エンゲルス版では，以下の引用は，すぐ次に続くパラグラフの末尾への脚注とされている。
165)〔E〕「以上は，わが友ステューアト。」——削除
166)〔E〕エンゲルス版では，この注は上の引用箇所に組み込まれている。

/298上/これまでに述べたことから，[167]利子の自然的な率というものがないということは明らかである。しかし一方で，①ただ総利潤〔gross profit〕を二人の資本所持者のあいだに違った名目で分けることだけが問題なのだから，[168](絶えず変動する利子の市場率〔fluctuating market rates of interest〕とは区別される）中位の利子率または利子の平均率〔average rate of interest〕は，一般的利潤率とは②反対に，その限界〔limits〕をどんな一般的法則によっても確定できないものであるのにたいして，〔他方では〕逆に，利子率は，中位の利子率であろうと[169]利子率のそのつどの市場率であろうと，一般的利潤率[170]とはまったく違って，一つの一様な〔uniform〕，確定された，一見して明らかな大きさとして現われる。[171)172)]利潤率にたいする利子率の関係は，ここでは，商品の価値にたいする市場価格の関係[173]と同様である。[174]

①〔異文〕「ただ……だけ」——書き加えられている。
②〔異文〕「反対に」←「異なって」

438 利子率が利潤率によって規定されているかぎりでは，それはつねに一般的利潤率によって規定されているのであって，特殊的産業部門で行なわれている①独自な諸利潤率がどうであれ，それらによって規定されているのではなく，まして個別資本家が[175]それぞれの特殊的事業部面であげるかもしれない[176]超過利潤によって規定されているのではなおさらない。d）それだからこそ，一般的利潤率は，実際に経験的な[177]事実として，ふたたび平均利子率〔average rate

---

167)〔E〕「利子の自然的な率〔natural rate of interest〕」→「利子の「自然的な」率」
168)〔E〕「（」および「）」——削除
169)〔E〕「利子率の」——削除
170)〔E〕挿入——「の場合にそうであるの」
171)〔E〕エンゲルス版では，ここに脚注として，このパラグラフのまえのパラグラフを置いている。
172)〔E〕エンゲルス版では，ここで改行している。
173)〔E〕「と同様である」→「と似ている」
174)〔E〕エンゲルス版では改行していない。
175)〔E〕「それぞれの〔jeder〕」→「ある〔ein〕」
176)〔E〕「超過利潤〔Surplusprofit〕」→「特別利潤〔Extraprofit〕」
177)〔E〕挿入——「与えられた」

of interest〕のかたちで現われるのである。といっても，後者はけっして前者の純粋な，または確実な表現ではないのであるが。|

　①〔異文〕「独自な」──書き加えられている。

/298下/〔原注〕d) ①「とはいえ，このような利潤分割の規則〔rule〕は，それぞれの貸し手や借り手に個々に適用されるべきではなく，貸し手と借り手とに一般的に適用されるべきである。……著しく大きい利得や小さい利得は，巧妙さへの報酬かまたは知識の不足の結果であって，貸し手にはおよそかかわりのないことである。というのは，彼らは一方によって損をするのではないのだから，他方によって得をする必要もないからである。同じ事業に携わる個々の人びとについて述べたことは，事業のいろいろな種類にもあてはまる。もしある事業部門に携わる商人や事業家が，自分たちの借りたものを使って，同じ国の他の商人や事業家があげる普通の利潤よりもたくさん儲けるならば，その特別な儲けは，それを得るのには普通の巧妙さと知識だけで足りたとしても，彼らのものであって，彼らに貨幣を提供した貸し手のものではない。……というのは，貸し手は，普通の利子率の支払いも許さないような悪条件のもとでなにか事業部門を営むために自分たちの貨幣を貸したのではなかったであろうし，したがってまた，自分たちの貨幣からどんな利益が引き出されたとしても，普通の利子率よりも多くを受け取るべきではないからである。」(マッシー，同前，50-51ページ。)〔原注d) 終わり〕|

　①〔注解〕この引用のうち，〔7行目の〕「事業のいろいろな種類にもあてはまる。」までは，『経済学批判 (1861-1863年草稿)』(MEGA II/3.6, S. 2125.22-28) から取られている。

|299上|借り手〔borrowers〕が差し出す担保〔securities〕の種類によって，[178)]利子率そのものが絶えず違っているということは，たしかに正しい。しかし，これらの種類[179)]については，利子率は一様である。だから，このような相違は

---

178)〔E〕挿入──「また貸付の期間の長短によって」
179)〔E〕挿入──「のそれぞれ」

利子率の固定した一様な姿態をそこなうものではないのである。[180]

　中位の利子率は，どの国でも，かなり長い期間について，不変の大きさとして現われる。なぜならば，一般的利潤率は——特殊的諸利潤率の不断の変動にもかかわらず，といっても一部面での変動は他の部面での反対の変動によって相殺されるのではあるが——ただかなり長い期間に変動するだけだからである。そして，一般的利潤率の①相対的な不変性がちょうど中位の利子率(平均利子率[181]d. average rate)または普通の利子率(common rate of interest))の②多少とも不変な性格に現われるのである。

　①〔異文〕「相対的な」——書き加えられている。
　②〔異文〕「多少とも」——書き加えられている。

　しかし，①絶えず動揺する利子の市場率について言えば，それは，商品の市場価格と同様に，各瞬間に固定的な大きさとして[182]つねに与えられている。なぜならば，貨幣市場[money market]では②すべての貸付可能な資本[loanable capital]がつねに総量として③機能資本に対立しており，したがって，一方では貸付可能な資本[loanable Capital]の供給の割合，他方ではそれにたいする需要が，そのつどの利子の[183]市場価格を決定するからである。ますますそういう

---

180)〔E〕エンゲルス版では，ここに，エンゲルスによる次の脚注がつけられている。
　　「バンク・レート〔イングランド銀行割引率〕……………… 5 ％
　　　市場割引率, 60日払手形………………………………3 5/8 ％
　　　同，3か月払手形……………………………………3 1/2 ％
　　　同，6か月払手形…………………………………… 3 5/16 ％
　　　手形仲買人貸付，当日貸……………………………… 1-2 ％
　　　同，1週間貸…………………………………………… 3 ％
　　　株式仲買人貸付，2週間貸最終率……………………4 3/4-5 ％
　　　預金利子（銀行）……………………………………… 3 1/2 ％
　　　同（割引商）………………………………………3-3 1/4 ％
　　同じ1日でこの相違がどんなに大きいものでありうるかは，1889年12月10日の『デイリ・ニューズ』の市況欄から引用した12月9日のロンドン貨幣市場の利子率の前掲の表に示されている。最低は1％で最高は5％である。[F. エンゲルス]」
181)〔E〕「d.」——削除
182)〔E〕「つねに」——削除
183)〔E〕「市場価格〔Marktpreiss〕」→「市場水準〔Marktstand〕」

ことになってくるのは，信用制度の発達とそれに結びついたその集積とが貸付可能な資本〔loanable Capital〕に一般的社会的な性格を与えるように[184]なるからである。これに反して，一般的利潤率はいつでもただ傾向として，特殊的諸利潤率の均等化の運動として，存在するだけである。資本家たちの競争——この競争そのものがこの均等化の運動である——とは，ここでは，利潤がかなりながいあいだ平均よりも低い部面からは資本家たちが[185]資本を引き揚げていって，利潤が平均〔level〕よりも高い 439 部面に[186]④資本を投じていくということである。あるいはまた，追加資本〔additional Capital〕がこれらの部面のあいだに配分される割合が[187]違ってくるということである。それは，それらのいろいろな部面[188]への資本の供給[189]の不断の変動で[190]ある。

① 〔異文〕「市場率について」という書きかけが消されている。
② 〔異文〕「すべての」　alles←das gesammte
③ 〔異文〕「，……〔全体〕として〔als das〕」という書きかけが消されている。
④ 〔異文〕「追加」と書いたのち，消している。

すでに見たように，利子生み資本は，商品とは絶対的に違った範疇であるにもかかわらず，独特な種類の商品〔Waare sui generis〕となるのであって，[191]それゆえに利子は，[192]〔すなわち〕これはまたこれで〔商品の〕価格とはまったく違っている利子生み資本の価格は，[193]商品の場合にその市場価格がそうであるように，需要と供給によってそのつど確定されるのである。それだから，それ〔利子〕の市場率は，絶えず変動する〔variiren〕にもかかわらず，[194]商品のその

---

184) 〔E〕挿入——「なり，それを一度に同時に貨幣市場に投じるように」
185) 〔E〕挿入——「だんだん〔allmählich〕」
186) 〔E〕挿入——「だんだんに〔allmählich〕」
187) 〔E〕挿入——「だんだん〔nach und nach〕」
188) 〔E〕「への〔zu〕」→「にたいしての〔gegenüber〕」
189) 〔E〕挿入——「と引き揚げと」
190) 〔E〕挿入——「あって，けっして利子率の決定の場合のような同時的な大量作用ではないので」
191) 〔E〕「それゆえに〔weshalb〕」→「そしてそれゆえに〔und deshalb〕」
192) 〔E〕「〔すなわち〕これはまたこれで〔商品の〕価格とはまったく違っている〔der wieder ganz verschieden v. Preiss ist〕利子生み資本の価格は」→「利子生み資本の価格となるのであって，この価格は」
193) 〔E〕挿入——「普通の」

つどの市場価格とまったく同様に，つねに確定した一様なものとして現われる。貨幣資本家たち〔monied Capitalisten〕はこの商品を供給し，機能資本家たちはそれを買い，それにたいする需要を形成するのである。このようなことは，①一般的利潤率への均等化の場合には生じない。もしある部面の商品の価格が生産価格よりも低かったり高かったりすれば（この場合，それぞれの事業に特有な変動や産業循環の局面195)の相違に関連する変動は無視する），その均等化は，生産の拡大または縮小によって，すなわち市場にいろいろな196)生産的資本によって投じられる商品量の増大または②縮小によって，均等化が生じるのであり，この増減は特殊的な生産部面197)または事業部門に関しての資本の流入または流出によって媒介される。③そのようにして引き起こされる，諸商品の平均的市場価格の生産価格への均等化によって，④一般的利潤率または平均利潤率からの特殊的諸利潤率の偏倚は⑤修正される。この過程は，利子生み資本とはちがって，198)生産的資本⑥や商業資本199)そのものが買い手にたいしては商品であるというようにはけっして現われないし，またけっしてそういうように現われることはできない。この過程が現われるかぎりでは，それはただ商品200)そのものの⑦市場価格の変動とそれの生産価格への均等化とのうちに現われるだけであ⑧って，⑨平均利潤の201)確定として現われるのではない。一般的利潤率は，実際には，⑩202)総資本が生産する剰余価値によって，203)⑪204)生産的資本の価値にたいするこの剰余価値の割合によって，そして205)競争によって，といっても⑫206)ここでは，ただ，特殊的生産諸部面に投下された資本がそれ

---

194)〔E〕挿入――「与えられたどの瞬間にも」
195)「の相違」――書き加えられている。
196)〔E〕「生産的資本」→「産業資本」
197)〔E〕「または事業部門〔oder Geschäftszweige〕」――削除
198)〔E〕「生産的資本」→「産業資本」
199)〔E〕「そのもの〔als solche〕」――エンゲルス版では強調されている。
200)〔E〕「そのもの〔selbst〕」――削除
201)〔E〕挿入――「直接的〔direkt〕」
202)〔E〕挿入――「1.」
203)〔E〕挿入――「2.」
204)〔E〕「生産的資本」→「総資本」
205)〔E〕挿入――「3.」
206)〔E〕「ここでは〔hier〕,」――削除

ぞれの相対的な大きさに比例してこの剰余価値から等しい配当を引き出そうとする運動であるかぎりでの[207]競争によって，規定されている[208]——つまり一般的利潤率は，実際には，需要と供給との関係によって[209]規定される<u>利子の市場率</u>とはまったく違った，それよりもずっと複雑な諸原因からその規定を汲み出す〔——〕のであり，したがって，一般的利潤率は，けっして利子率がそうであるような仕方での明白な与えられた事実ではない。いろいろな生産部面における特殊的諸利潤率は，それ自身多かれ少なかれ推測の域を出ないもの〔matter of guessing〕である。しかし，それらの利潤率が現われるかぎりでは，現わ 440 れるものはそれらの利潤率の<u>一様性ではなくて多様性</u>なの‖300上│である。ところが，<u>一般的利潤率</u>そのものは，ただ利潤の<u>最低限界</u>〔Minimum limit〕<u>として現われるだけで</u>，<u>現実の利潤率</u>⑬の経験的な[210]姿態としては現われないのである。

① 〔異文〕「一般的利潤率への均等化の場合には」←「……の確定の場合には〔bei der Festsetzung der〕」
② 〔異文〕「縮小」 Verkürzung ← Contrac[tion]
③ 〔異文〕「そのようにして引き起こされる，」——書き加えられている。
④ 〔異文〕「特殊的諸利潤率は絶え〔ず〕」という書きかけが消されている。
⑤ 〔異文〕「修正される〔rectificirt〕」←「縮小される〔reducirt〕」
⑥ 〔異文〕「や商業資本」——書き加えられている。
⑦ 〔異文〕「市場価格の」——書き加えられている。
⑧ 〔異文〕「る。そしてこれは，ただ……ような，絶えざる過程である。」という書きかけが消されている。
⑨ 〔異文〕「平均利潤の確定として現われるのではない」——書き加えられている。
⑩ 〔異文〕「……規定されているのではない」という書きかけが消されている。
⑪ 〔異文〕「生産的」——書き加えられている
⑫ 〔異文〕「ここでは，」——書き加えられている。
⑬ 〔異文〕「の経験的な姿態」——書き加えられている。

このような<u>利子率</u>と<u>利潤率</u>との相違を強調するにあたっては，われわれ自身

---

207) 〔E〕「競争」 sie → diese
208) 〔E〕「——」→「。」
209) 〔E〕挿入——「直接ただちに〔direkt und unmittelbar〕」
210) 〔E〕挿入——「，直接に目に見える」

211)二つの事情を無視している。すなわち，1）212)利子生み資本と①伝統的に受け継がれた一般的利子率との歴史的先在，2）世界市場が一国の生産諸条件にはかかわりなく利子率の確定に及ぼす②直接的影響は，213)利潤率〔に及ぼす影響〕に比べればずっと大きいということ，この二つである。③xx)/

　①〔異文〕「一般［的］〔allgemei[nen]〕」という書きかけが消されている。
　②〔異文〕「直接的」——書き加えられている。
　③〔異文〕改行して書かれた「これまで述べたところから次のことが明らかになる。第1に」という書きかけが消されている。

/300下/xx) ①②214)2％とか3％とか215)5％とかをあげるということは，1000ポンド・スターリングという貨幣額のどれでもがもつ一般的な216)関係になる。217)平均利潤は，直接に218)与えられたものとしては現われないで，219)矛盾する諸変動の平均結果として現われる。利子率はそうではない。利子率は，その220)一般性221)においては毎日確定されている事実であって，この事実は，産業資本や商業資本にとっては，彼らの操作のさいの計算上の前提および項目〔item〕として役立ちさえもするものなのである。222)気象報告が気圧計や温度計の示度を記録する正確さも，取引所報告が，あれこれの資本についてではなく，貨幣市場にある資本すなわち223)貸付可能な資本について利子率の高さを

---

211)〔E〕挿入——「利子率の固定化を助ける次の」
212)〔E〕「利子生み資本と伝統的に受け継がれた一般的利子率との歴史的先在」→「利子生み資本の歴史的先在と伝統的に受け継がれた一般的利子率の存在」
213)〔E〕「利潤率」→「それが利潤率に及ぼす影響」
214)〔E〕エンゲルス版では，以上の一文は，後出の脚注222の箇所に移されている。
215)〔E〕挿入——「4％とか」
216)「関係〔Verhältniss〕」——これは「能力〔Vermögen〕」の誤記であろう。
217)〔E〕エンゲルス版では，ここから新たなパラグラフが始まる。
218)〔E〕「与えられたもの〔gegebnes〕」→「与えられた事実」
219)〔E〕「矛盾する諸変動の平均結果として〔als d. Druchschnittsresultat widersprechender Oscillationen〕」→「研究によってはじめて確定されるべき，反対の方向への諸変動〔Schwankungen〕の平均の最終結果〔Endresultat〕として」
220)〔E〕「一般性」→「一般に通用するもの〔Allgemeingültigkeit〕」
221)〔E〕挿入——「，少なくともその地方的な一般性」
222)〔E〕エンゲルス版では，ここに，前出の脚注214を付した一文がはいっている。
223)〔E〕挿入——「そもそも」

記録する正確さの上には出ないのである。

　①〔異文〕挿入されたこのパラグラフは手稿のこのページの末尾に書かれており，xx）によってこの箇所に関係づけられている。
　②〔注解〕このパラグラフの以下の部分は，もろもろの変更を加えて，『経済学批判（1861-1863年草稿）』（MEGA II/3.4, S. 1461.5-19, 35-38 und 1462.40-1464.2）から取られている。

　貨幣市場ではただ貸し手〔lenders〕と借り手〔borrowers〕とが相対するだけである。商品は同じ形態を，すなわち貨幣という形態をとっている。資本がそれぞれ特殊的生産部面または流通部面で投下されるのに応じてとるすべての特殊的姿態は，ここでは消えてしまっている。資本は，ここでは，自立的な[224]交換価値の，貨幣の，無差別な，自分自身と同一な姿態で存在する。特殊的諸部面の競争はここではなくなる。すべての部面が[225]貨幣の借り手〔Geldleiher〕としてみなひとまとめにされており，また資本も，すべての部面にたいして，その充用の特定の仕方にはまだかかわりのない形態で相対している。資本はここでは，[226]生産的資本がただ特殊的諸部面のあいだの運動と競争とのなかでだけ現われるところのものとして，[227]階級の共同的な資本として，現実に，重みに従って，[228]資本への需要のなかで現われるのである。[229]（？）他方，[230]貨幣資本（貨幣市場での資本）は現実に次のような姿態をもっている。すなわち，その姿態で貨幣資本は共同的な要素として，その特殊的な充用にはかかわりなしに，それぞれの特殊的部面の生産上の要求に応じていろいろな部面のあいだに，資本家階級のあいだに，配分されるのである。そのうえに，大工業の発展につれてますます貨幣資本は，それが市場に[231]現われるかぎりでは，

---

224)〔E〕「交換価値」→「価値」
225)〔E〕「貨幣の借り手」　Geldleiher→Geldborger
226)〔E〕「生産的資本」→「産業資本」
227)〔E〕「階級の共同的な資本〔gemeinsames Capital der Klasse〕」→「階級のそれ自体で共同的な資本〔an sich gemeinsames Kapital der Klasse〕」
　　　エンゲルス版でも，この部分は強調されている。
228)〔E〕「資本への需要」→「資本の需要供給」
229)「（？）」──マルクス自身が記したもの。
230)〔E〕「貨幣資本（貨幣市場での資本）」→「貨幣市場での貨幣資本」
231)〔E〕「現われる」　auftreten→erscheinen

個別資本家,すなわち市場にある資本のあれこれの断片の所有者によって代表されるのではなくて,²³²⁾集中され組織されて,現実の生産とはまったく違った仕方で,①社会的資本を代表する銀行業者の統制のもとに現われるのである。したがって,需要の形態から見れ|441|ば,²³³⁾この資本には一階級の重みが相対しており,同様に供給から見ても,²³⁴⁾この資本は,大量にまとまった〔en masse〕貸付可能な資本として〔現われる〕のである。

①〔異文〕「社会的」──書き加えられている。

以上は,なぜ一般的利潤率は,²³⁵⁾固定した利子率と並んで,消えかかるまぼろしのようなものとして現われるのか,ということのいくつかの理由である。この利子率は,その大きさから見ればたしかに変動はするが,²³⁶⁾しかしこのことは,それがすべての借り手にとって一様に変動し,それゆえにまた借り手にたいしてつねに,固定した与えられたものとして相対することを妨げないのであって,それは,ちょうど,貨幣の価値変動が,すべての商品にたいして貨幣が同じ価値をもっていることを妨げないのと同様である。²³⁷⁾商品の市場

---

232)〔E〕「集中され組織されて,現実の生産とはまったく違った仕方で,社会的資本を代表する銀行業者の統制のもとに現われる」→「集中され組織された大量として現われるようになるのであって,この大量は,現実の生産とはまったく違った仕方で,社会的資本を代表する銀行業者の統制のもとに置かれている」
233)〔E〕「この資本には〔ihm〕」→「貸付可能な資本には」
234)〔E〕「この資本は〔es〕」→「この資本そのものが〔es selbst〕」
235)〔E〕「固定した〔fix〕」→「確定した〔bestimmt〕」
236)〔E〕「しかしこのことは,それがすべての借り手にとって一様に変動し,それゆえにまた借り手にたいしてつねに,固定した与えられたものとして相対することを妨げないのであって,それは,ちょうど,貨幣の価値変動が,すべての商品にたいして貨幣が同じ価値をもっていることを妨げないのと同様である」→「しかし,それがすべての借り手にとって一様に変動するということによって,借り手にたいしてつねに,固定した与えられたものとして相対するのである。それはちょうど,貨幣の価値変動が,すべての商品にたいして貨幣が同じ価値をもっていることを妨げないようなものである」
237)〔E〕「商品の市場価格が毎日変動しても,このことは市場価格が日々値付け〔quotiren〕されることを妨げないが,利子率も同様であって,それは同様に規則正しく貨幣の価格として値付け〔quotiren〕されるのである」→「ちょうど,商品の市場価格が毎日変動しても,このことは市場価格が相場表のなかで日々値付け〔notieren〕されることを妨げないようなものである。利子率もまったく同様であって,それは同様に規則正しく「貨幣の価格」として値付け〔notieren〕されるのである」

価格が毎日変動しても，このことは市場価格が日々値付けされることを妨げないが，利子率も同様であって，それは同様に規則正しく貨幣の価格として値付けされるのである。なぜならば，ここでは資本そのものが商品[238]——貨幣——として供給されるからであり，したがってその価格の確定は①他のすべての商品の場合と同様にその市場価格の[239]確定だからであり，したがって利子率はつねに一般的利子率として，これこれの貨幣にたいしてこれこれとして，[240]現われるからで[241]あるが，これにたいして，利潤率は，同じ部面のなかで[242]も，また[243]諸商品の市場価格が同じでも，違っていることがありうるのである。[244] [245]個別諸資本が同じ商品を生産するさいの諸条件[246]に従って〔違いうる〕。というのは，[247]特殊的利潤率は，商品の市場価格によって決まるのではなく，市場価格と費用価格との差額[248]によって決まるのだからである。）[249]そして，利潤率はさまざまの部面のなかで，ただ不断の変動，諸過程によってのみ均等化されるのである。〔「xx)」による追記部分終わり〕|

①〔異文〕「他の」——書き加えられている。

/300上/[250] [251] [252] {[253]信用の一証明形態。われわれが知っているように，貨幣が購買手段としてではなく支払手段として機能する場合には，商品は譲渡されるが，その価値はあとからはじめて実現される。もし商品が[254]売られてか

---

238)〔E〕「——貨幣——」——削除
239)〔E〕「確定」 Fixation→Fixierung
240)〔E〕挿入——「量的に規定されたものとして」
241)〔E〕「あるが，」→「ある。」
242)〔E〕挿入——「さえ」
243)〔E〕「諸商品」→「商品」
244)〔E〕「（」および「）」——削除
245)〔E〕「個別諸資本」 d. indiv. Capitalien→die einzelnen Kapitale
246)〔E〕挿入——「が違うのに」
247)〔E〕「特殊的利潤率〔d. besondre Rate d. Profits〕」→「利潤率〔die Profitrate〕」
248)〔E〕「によって決まる」 von ... abhängen→durch ... bestimmt werden
249)〔E〕「そして，利潤率はさまざまな部面のなかで，ただ不断の変動〔Oscillationen〕，諸過程〔Prozesse〕によってのみ均等化されるのである」→「そして，これらのさまざまな利潤率は，まず第一に同じ部面のなかで，それから次にはさまざまな部面そのもののあいだで，ただ不断の変動によってのみ均等化されることができるのである」

らはじめて支払いがなされるとすれば，²⁵⁵⁾販売は購買の結果として現われるのではなく，販売によって購買が実現されるのである。²⁵⁶⁾そして，販売が購買の手段になるのである。}²⁵⁷⁾{²⁵⁸⁾第2に，債務証書²⁵⁹⁾（手形など）が債権者にとっての支払手段になる。}²⁶⁰⁾{第3に，債務権原の相殺が貨幣の代わりをする。}①/

　①〔異文〕改行して書いた「第1に」という書きかけが消されている。/

---

250) 草稿では，このすぐまえに，「以上のところから，次のことが明らかになる。〔Es ergiebt sich aus dem Bisherigen Folgendes:〕」と書き，改行してその下に「第1に。〔Erstens:〕」と書いたのちに，この両方を消している。この「第1に」は，すぐあとの「第2に」に対応するものであろう。MEGAはこの異文を記載していない。なお，このパラグラフへのMEGAの異文での，消されている「第1に」は，この「第1に」とは別に，このパラグラフの次行に書かれているものである。つまり，このパラグラフの直前に「第1に」という消されている行があり，さらにこのパラグラフの直後にもう一度，「第1に」という消されている行があるのである。

251)〔E〕エンゲルス版では，このパラグラフのまえに，区切りを示す横線が引かれている。そしてこのパラグラフの最初に，「（あとの仕上げのための覚え書）」と書き入れている。

252)〔E〕「{」および「}」──削除

253)〔E〕「信用の一証明形態〔Eine Beweisform〕。」→「信用の特殊な一形態。」
　　草稿では「信用の一証明〔Ein Beweis d. Credits〕」のうちのBeweis d.の上に，挿入記号なしにFormと書かれている。MEGAはこれをBeweisformと読み，EinをEineに変更している（草稿ではEinのままになっている）。だから，このFormの書き加えは，「信用の一証明〔Ein Beweis d. Credits〕」に「信用の一形態〔Eine Form d. Credits〕」を並記した，と見ることも可能であろう。

254)〔E〕挿入──「ふたたび」

255)〔E〕挿入──「この」

256)〔E〕「そして〔und〕」→「すなわち〔oder〕」

257)〔E〕「{」および「}」──削除

258)〔E〕挿入──「──」

259)〔E〕「（」および「）」──削除

260)〔E〕「{」および「}」──削除

第3章
「利子と企業者利得」(エンゲルス版第23章) に使われたマルクス草稿について

　本章に収めるのは，1989年3月に書き上げた拙稿「「利子と企業者利得」(『資本論』第3部第23章) の草稿について」(所収：『経済志林』第57巻第1号，1989年6月) である。草稿の訳文にはいる前に，草稿のこの部分で重要な意味をもっているにもかかわらずエンゲルス版では見えにくくなっている三つのキー概念について，簡単な整理をしておいた。

はじめに

　『資本論』第3部のエンゲルス版 (現行版) 第5篇第23章「利子と企業者利得」は，マルクスの第3部用の草稿のうちの「第1稿」すなわちいわゆる「主要原稿」の300-311ページからまとめられたものである。草稿では，この部分は第5章の六つの項目のうちの第3の項目にあたるが，ここにはその冒頭に「4)」(これについては，のちの「4. 草稿の当該部分の項目番号について」で触れるが，これは明らかに「3)」の誤記なので，以下では「3)」と呼ぶ) という項目番号しか書かれていない。エンゲルスはこの部分に，「利子と企業者利得」という表題をつけた。
　エンゲルス版のこの章の内容は，先行する第21章および第22章と同じく，マルクスの草稿とほぼ一致している。ここでのエンゲルスの作業の大半は，それまで彼が第3部の草稿の整理をするのにとってきた仕方で個々の文章を手入れすることと，草稿での注や追記を印刷用に整理・配置することとであった。
　本章では，エンゲルス版第23章にあたる草稿第5章の「3)」を調べ，それとエンゲルス版との相違を示すことにするが，そのまえに項を変えて，1点だけ，草稿から読み取れる用語上の事柄について記しておきたい。

1 「マネジャー」と「監督指揮労働」と「労働監督賃金」

　第23章部分で内容的にきわめて重要な事柄の一つに，資本主義的生産の発展そのものによって「指揮労働が資本所有から分離して街頭をさまようまで」になり，「残るのは機能者だけになり，資本家は余計な人格として生産過程から消えてしまう」という事態の指摘，言い換えれば，資本主義的生産そのものが，「労働監督賃金としての企業利得という観念」の現実的根拠＝口実を掘り崩していくことの指摘がある。この点についてマルクスが何度も繰り返して使っているキー概念は，そのような「機能者」たる，現行版での表現での「管理者〔Dirigent〕」，彼が行なう「労働」，そしてそれにたいする「賃金」，この三つであるが，草稿によると，これらの概念について，エンゲルス版でよりもはるかに統一的な像が得られるように感じられるのである。

　草稿でマルクスは，きわめて多くの語を英語で記している。エンゲルスは，彼の編集原則から，それらのほとんどをドイツ語に置き換えなければならなかった。もちろん彼はこの作業を恣意的に行なったわけではない。ここで置き換えられた語句の多くが，すでにマルクスによって他の箇所で使われていた語句であることは，たとえば，ここでの叙述と深いかかわりをもつ，『資本論』第1部第11章での記述（MEGA II/6, S. 327-329; MEW 23, S. 350-352）を見れば明らかである。けれどもエンゲルスは，機械的に一つの英語の語句に一つのドイツ語の語句を対応させるということをせず，文脈に応じて適切な訳語を選択した。その結果，草稿では同じ語が使われているところで，いくつかの異なった表現が見られることになり，マルクス自身がそのような言い換えをしているかのような外見が生じている。

　この外見は，内容上の理解に本質的な障害をもたらすものではないが，草稿でのマルクスの用語法にはある種の一貫性があり，それに注目することによって事柄をより直截にとらえることができるように思われるので，さきの三つのキー概念について，ここで，草稿とエンゲルス版との対応を概括的に見ておくことにしたい。言うまでもなく，この整理はそれ自体としては，けっしてこれらの概念の内容を理論的に明らかにするものではない。しかし，そのための材

料を提供するものとして，無用ではないであろう。

　(1) まず第1に，エンゲルス版でDirigentとなっている語が，草稿では一貫して英語でmanagerと書かれていることが注目される。現在，現代企業におけるmanagerの経済学的規定が問題になっているが，マルクスは，すでにスミスがこの特殊な「労働者」を発見していることに注意を促したうえで，これを一貫してmanagerと呼んでいたのである。しかも彼は，後出の引用②に見られるように，アリストテレスにおける「エピトロポス」および封建フランスのregisseurと並べて，当時のイギリスでの「マネジャー」をあげ，それらの全部を一括してmanagerと呼んでいる。このことからわかるのは，マルクスがこの表現を，たんに当時のイギリスのいわゆる「マネジャー」にとどまらず，「監督労働」に従事する特殊な「労働者」一般を概括するのに適切なものと見ていたということである。以下，この語を含む文章をすべて拾ってみる。エンゲルスはこの語をおおむねDirigentに置き換えているのであるが，エンゲルス版での変更を【　】のなかで記しておく。

① 「この部分が純粋に，自立して，また〔一方では〕利潤（<u>利子と企業利得との合計としての</u>）から，他方では利潤のうち企業利得に帰着する部分から完全に分離されて現われるのは，すでに<u>A. スミス</u>が正しく見つけだしたように，ジェネラル・マネジャー【general manager → Dirigent】に特別な労賃を与えるのに十分な分業を許すだけの規模などをもつ事業部門のジェネラル・マネジャー【general manager → Dirigent】の<u>賃金</u>においてである。」(MEGA II/4.2, S. 454; 本書本巻301-302ページ。)

② 「そのような<u>エピトロポス</u>，あるいはマネジャー，【エンゲルス版では「あるいはマネジャー〔od. manager〕，」は削除されている】あるいは（封建時代のフランスでそう呼ばれた）レジスールの<u>労賃</u>は，このようなマネジャー【manager → Dirigent（manager）】に支払うことができるほど事業が大規模に営まれるようになれば，利潤からは完全に分離して，熟練労働にたいする<u>労賃</u>というかたちをとることもある。」(MEGA II/4.2, S. 458; 本書本巻312ページ。)

③ 「（産業資本家たちではなくて）産業マネジャーたち【d. industriellen managersエンゲルス版でもまったく同じになっている】こそ「われらが工場制度の魂」であるとは，すでにユア氏が言っていることである。」(MEGA II/4.2, S. 458; 本書本巻313ページ。)

④「監督賃金は（商業マネジャー【manager→Dirigent】にとっても産業マネジャー【manager→Dirigent】にとっても），労働者の協同組合工場でもブルジョア的株式企業でも，利潤（利子とは区別されたものとしての）からまったく分離されて現われる。」(MEGA II/4.2, S. 458; 本書本巻314ページ。)

⑤「というのは，マネジャー【manager→Dirigent】は労働者たちから支払われるのであって，労働者たちに対立して資本を代表するのではないからである。」(MEGA II/4.2, S. 458; 本書本巻314-315ページ。)

⑥「しかし，一方では，たんなる資本の所有者である貨幣資本家〔monied Capitalist〕に機能資本家が相対する（また信用制度とともに，このmonied capitalそのものが社会的な性格を受け取り，そしてその直接的所有者以外の他の諸人格から貸されるようになる）ことによって，他方では，借入れによってであろうとその他の方法によってであろうとどんな権原によっても資本を占有していないたんなるマネジャー【manager→Dirigent】が，機能資本家としての機能資本家に属するすべての実質的な機能を行なうことによって，残るのはただ機能者だけになり，資本家は余計な人格として生産過程から消えてしまうのである。」(MEGA II/4.2, S. 459; 本書本巻315ページ。)

⑦「この労働の賃金は，取得した他人の労働の量と正確に同じであり，言い換えればそれは，直接に搾取の程度によって定まるのであって，この搾取のために資本家にとって必要な骨折りの程度によって，そして彼がジェネラル・マネジャー【general manager→Dirigent】にたいして（その骨折りにたいして）代償として支払いをするかもしれない，その骨折りの程度によって定まるのではないのである。」(MEGA II/4.2, S. 458; 本書本巻317ページ。)

⑧「イギリスの協同組合工場の公開の収支計算書によって見れば，これらの工場は私的工場主よりも場合によってはずっと高い利子を支払ったにもかかわらず，その利潤——他の労働者の賃金とまったく同じに投下可変資本の一部分をなしているマネジャー【manager→Dirigent】の賃金を引き去ったあとの利潤——は平均利潤よりも大きかった。」(MEGA II/4.2, S. 459; 本

第3章　「利子と企業者利得」に使われたマルクス草稿　257

書本巻318ページ。）

⑨「この利潤のうちから，しかし，マネジャー【manager→Dirigent】の賃金，等々のほかに，預金者に支払われる利子が出て行く。」(MEGA II/4.2, S. 459; 本書本巻319-320ページ。）

⑩「そしてこの賃金が一方では，多数の商業マネジャー【manager→Dirigent】や産業マネジャー【manager→Dirigent】からなっている一つの階級が発展するにつれて，他のすべての賃金と同様にその一定の水準とその一定の市場価格とを見いだすようになると，それが他方では，独自に発展した労働力の生産費を低下させる一般的な発展につれて，すべての熟練労働の賃金と同様に下がってくると，この要求は，理論的なごまかしにたいしてまったく不愉快に相対するようになった。」(MEGA II/4.2, S. 460; 本書本巻320-321ページ。）

⑪「というのは，現実のマネジャー【manager→Dirigent】のほかにも，たくさんの重役が現われるのであって，彼らは実際には，監督を，株主から巻き上げて自分の儲けにするためのたんなる口実にするからである。」(MEGA II/4.2, S. 460; 本書本巻322-323ページ。）

⑫（第27章部分）「第3に，現実に機能する資本家が（他人の資本の）たんなるマネジャー【manager→Dirigent, Verwalter】に転化し，資本所有者はたんなる所有者，たんなる貨幣資本家〔moneyed capitalists〕に転化すること。彼らの受ける配当が利子と企業利得とに，すなわち総利潤に等しい場合でも（というのは，マネジャー【manager→Dirigent】の賃金は一種の熟練労働のたんなる賃金であるか，またはそうなるはずのものであって，どの種類の労働とも同様に，労働市場でしかるべき水準に落ちつくのだから），この総利潤は，もはや利子の形態で，すなわち資本所有のたんなる報酬として，受け取られるにすぎないのであって，この資本所有が現実の再生産過程での機能から分離されることは，（マネジャー【manager→Dirigent】の）機能が資本所有から分離されるのとまったく同様である。こうして，利潤は（もはや，それの一方の部分，すなわち借り手の利潤からその正当化の理由を引き出す利子だけではなく），他人の剰余労働のたんなる取得として現われるのであるが，このことは生産手段が資本に転化すること

ら，すなわち，生産手段が，マネジャー【manager→Dirigent】から最下級の賃労働者に至るまでのすべてを含む現実の生産者にたいして他人の所有として疎外され，対立することから生じるのである。……それは，新しい金融貴族を再生産し，企業企画屋や重役（たんなる名目だけのマネジャー）【Unternehmungsprojektor u. Direktor (blos nominelle managers)→Projektmacher, Gründer und bloß nominelle Direktoren】やの姿をとった新しい寄生虫一味を再生産し，株式取引や株式発行等々についての思惑と詐欺との全システムを再生産する。」(MEGA II/4.2, S. 502-503; 本書第2巻291-293ページ。）

(2) 次に，そのような「労働者」が行なう「労働」についての表現を見よう。ここに出てくるのは「監督労働」，「指揮労働」，「監督および指揮の労働」，そしてまた「監督および指揮」である。

マルクスは本章部分では（引用は別として），「監督」にあたる語としては，5箇所でOberaufsichtを使っているほかは，その他の19箇所のすべてでsuperintendenceを使っている。「指揮」には，1箇所でLeitung，4箇所でdirectionをあてている（このほか「監督者」にAufseherをあてているところが2箇所ある）。

さらに具体的に見ると，4箇所で「監督労働」labour of superintendence，2箇所で「監督および指揮の労働」labour of superintendence und direction，2箇所で「指揮労働」labour of directionと言っており，1箇所ある「監督および指揮の労働〔Arbeit der Oberaufsicht und Leitung〕」および3箇所ある「監督労働〔Arbeit der Oberaufsicht〕」というドイツ語の表現は，それぞれlabour of superintendence und directionおよびlabour of superintendenceに完全に対応するものであると考えることができる。要するに，マルクスはここでは，マネジャーが行なう労働にたいして，labour of superintendence und directionという特徴づけを行なっているのである。

エンゲルス版では，草稿の英語の表現をすべてドイツ語に置き換えるだけでなく，場所によっていくつかの異なった訳語をあてている。それは, Aufsicht, Aufsicht und Verwaltung, Aufsichtsarbeit, Arbeit der Oberaufsicht, Arbeit der Leitung und Oberaufsicht, Arbeit der Oberaufsicht und Leitung, Verwaltungsarbeit,

Arbeit der Oberleitung などである。

なお，「監督および指揮の労働」という表現はすでにスミスに見られるものであるが，スミスはこれを labour of inspection and direction と表現していた（この点については，のちの「3. 労働監督賃銀についての A. スミスの見解」で触れる）。

(3) 最後に，そのような「労働」にたいする「賃金」であるが，これにたいしては，「労働監督賃金〔wages of superintendence of labour〕」が2箇所，「監督賃金〔wages of superintendence〕」が9箇所で用いられている。この「監督〔superintendence〕」とはもちろん「労働の監督」にほかならないから，「監督賃金」は，労働を監督するという労働にたいする賃金，つまり「労働監督賃金」の短縮形にすぎない。エンゲルスはこれらにたいして，最初に「労働監督賃金〔wages of superintendence of labour〕」が出てくるところで，「監督賃金すなわち〔英語で言う〕wages of superintendence of labour」としたのち，5箇所で Aufsichtslohn，5箇所で Verwaltungslohn，1箇所で Aufsichts- oder Verwaltungslohn（監督賃金または管理賃金）としている。

以上を概括すると，マルクスは labour of superintendence and direction を行なう者を manager という語で言い表わし，彼が受け取る賃金を wages of superintendence of labour と表現していた，と言うことができる。これらとは異なるいくつかの表現があるにしても，それらはほとんどすべてこの三つの基本的概念の言い換えにすぎず，そこには，マルクスが弁別すべきニュアンスを込めて使い分けた形跡はまったくないと言えるように思われる。

2　Kommando という語について

訳文のなかで，Leitung や Direktion の場合と同じく，「指揮」という訳語が使われている Commando（MEGA II/4.2, S. 429, 469；本書本巻210, 360ページ）ないし commandiren（MEGA II/4.2, S. 450, 453, 455；本書本巻291, 298, 304ページ）という語がある。この Commando（commandiren）は，Leitung や Direktion とはニュアンスを異にする語である。

Commando (commandiren) という語は，一般的には，「指揮」と言っても，Direktion (dirigieren) ないしLeitungよりもはるかに強い意味をもっている。すなわち「支配」の契機を含んでいるのである。

　両語のニュアンスの違いを，英米の辞典の記述を踏まえて書かれた次の記述から読み取られたい。

　「Command, order: 権限の概念を強調する。commandはorderほど個人的でなく，またしばしば特定的でなく，形式上または公式上命令を下すことを意味し，上位者側の絶対的な権限を暗示する。……direct, instruct: ともにcommand, orderより命令的でないが，服従を期待する。……direct, instructは仕事関係などにおいて，監督・指揮に関連して用いるが，directのほうが多分に命令的，一方instructのほうは固い語。……directは説明や助言を与えることをも暗示し，重点はdirectorの権限にあるのでなくて，目的を達成するための必要な手段・方法にある。……」(大塚高信編『英語慣用法辞典』，三省堂，1961年，282ページ。傍点―引用者。)

　このなかで「権限」とあるのはauthorityの訳語である。要点は，commandは，なんらかのauthorityによって，すなわちなんらかの力によって絶対的に指揮・支配することを意味し，したがってここでは，なにを，どうすることを命令するのかという，指揮の内容には力点がないのにたいして，directのほうは，なにを使ってどのようにやるべきかを命令することそれ自体を意味し，したがってここでは，なんのauthorityによって，なぜ命令できるのかというところには力点がない，ということである。

3　労働監督賃金についてのA. スミスの見解

　マルクスは次のように書いている。

　「労働監督賃金〔wages of superintendence of labour〕としての企業利得という観念は利子にたいする企業利得の対立から生じるのであるが，この観念はそれ以上のよりどころを次のことのうちに見いだす。すなわち，実際に利潤の一部分は労賃として区分されることができるし，また現実に区分されてもいるということ，またはむしろ逆に，労賃の一部分は資本主義的生産様式の基礎

の上では，利潤の不可欠な構成部分として現われるということがそれである。この部分が純粋に，自立して，また〔一方では〕利潤（利子と企業利得との合計としての）から，他方では利潤のうち企業利得に帰着する部分から完全に分離されて現われるのは，すでにA. スミスが正しく見つけだしたように，ジェネラル・マネジャーに特別な労賃を与えるのに十分な分業を許すだけの規模などをもつ事業部門のジェネラル・マネジャーの賃金においてである。」
（MEGA II/4.2, S. 454; 本書本巻301-302ページ。）

マルクスがここで「A. スミスが正しく見つけだしたように」と書いたときに彼が念頭に置いていたのは，スミスの次の記述だったのであろう。

「資材の利潤というものは，特定部類の労働の，つまり監督および指揮の労働〔the labour of inspection and direction〕の賃金に対する別名にすぎない，と考えられるかも知れない。けれども，利潤は，労働の賃金とはまったく異なるものであり，それとはぜんぜん異なる諸原理によって規制されているのであって，この想像上の〔supposed〕監督および指揮の労働の量や，辛苦または創意とはなんの比例をも保たないものである。利潤は，使用される資材の価値によって全面的に規制され，この資材の大きさに比例して大ともなり小ともなる。……ところが，たとえ彼らの利潤はこれほど大差があるにしても，彼らの監督および指揮の労働は，いずれもまったく同一またはほとんどまったく同一であろう。多くの大工場においては，この種の労働のほとんど全部が主任書記かなにか〔some principal clerk〕に委任されている。この主任書記の賃金は，この監督および指揮の労働の価値を適切に表現している。この賃金をきめるには，彼の労働や熟練ばかりではなく，彼に与えられる信任についても多少の考慮がふつう払われているが，それにもかかわらず，彼の賃金は，彼がその運営を監督する〔oversee the management〕資本に対してけっして規則的な比例を保たない。しかも，この資本の所有者〔owner〕は，このようにしてほとんどいっさいの労働を免除されているにもかかわらず，なお自分の利潤は自分の資本に対して規則的な比例を保つはずだ，ということを期待している。」（Adam Smith, "An Inquiry into the Nature and Causes of the Wealth of Nations", Cannan-Edition, vol. 1, London 1950, pp. 50-51. 大内・松川訳『諸国民の富』I，岩波書店，1969年，132-133ページ。）

なお,『1861-1863年草稿』にも,スミスへの同様の言及がある。

「利潤の一部分の産業利潤へのこの転化は,われわれが見るように,他の部分の利子への転化から生じる。一方の部分には資本の社会的な形態——この部分が所有であるということ——がかかわりをもつ。他方の部分には資本の経済的機能,労働過程における資本の機能がかかわりをもつ,といっても,この機能は,資本がこの機能を行なうさいの社会的な形態,対立的な形態からは解放され抽象されている。さらにこれがいろいろな小賢しい理由によってどんなに正当化されるかは,利潤を監督労働〔labour of superintendence〕だとする弁護論的な記述について述べるところでさらに詳しく見られるべきである。資本家がここでは彼のマネジャーと同一視されることは,すでにスミスが言っているとおりである。」(MEGA II/3.4, S. 1495.)

ついでながらあわせて,スミスが株式会社 (joint stock company) の取締役 (director) について述べているところを引用しておこう。

「株式会社の事業は,つねに取締役会〔court of directors〕によって運営されている。もっとも,取締役会は,多くの点で株主総会から統制されることがしばしばある。けれども,株主の大部分は,会社の業務についてなにごとかを知ろうとはめったに主張しないもので,自分たちのあいだに党派心でもはびこらないかぎり,会社の業務の世話などはやかず,取締役が適当と考えておこなう半年または1年ごとの配当をうけとり,それで満足しているのである。一定限度の額以上にはなんの煩労も危険もないというこの事情が,合名会社にはどのような事情があってもあえて財産を投じたがらない多くの人びとを奨励して,株式会社への投資家にならせる。したがって,このような会社は,どのような合名会社もおよびもつかぬほど大きな資本をひきよせるのである。……とはいえ,このような会社の取締役たちは,自分自身の貨幣というよりも,むしろ他の人びとの貨幣のマネジャーなのであるから,合名会社の社員〔partner〕がしばしば自分自身の貨幣を監視するのと同じ小心翼々さで他の人びとの貨幣を監視することを彼らに期待するわけにはいかない。富者の執事のように,彼らは小事に注意すると主人の名誉にならぬと考えがちで,注意を怠るのをなんとも思わない。それゆえ,このような会社の業務の運営には,怠慢や浪費が多かれ少なかれつねにはばをきかさざるをえない。」(op. cit. vol.

2, pp. 232-233. 大内・松川訳, II, 1075-1076ページ。傍点―引用者。)

この引用の後半の部分は，第27章部分でのマルクスの次の記述を想起させるものである。

「信用制度が過剰生産と商業での過剰取引・過度投機との主要な槓杆として現われるとすれば，それは，ただ，その性質上弾力的な再生産過程がここでは極限まで強行されるからであり，しかも，そこまで強行されるのは，社会的資本の大きな部分がその非所有者たちによって充用され，したがってこれらの人びとが，所有者自身が機能するかぎりでは自分の私的資本の制限を小心に考えながらやるのとはまったく違ったやり方で，賭けをするからである。」(MEGA II/4.2, S. 505; 本書第2巻300ページ。)

4 草稿の当該部分の項目番号について

草稿第5章中のエンゲルス版第23章に利用された部分の冒頭には「4）」という項目番号だけがあって，表題は書かれていない。エンゲルス版の第21章にあたる部分には「1）」という項目番号があり，第22章にあたる部分には「2）利潤の分割。利子率。利子の自然的な率」という項目番号および表題があるところから見て，この「4）」は「3）」とされるべきところであった。これに続く，エンゲルス版第24章にあたる部分には「5）利子生み資本の形態での剰余価値および資本関係一般の外面化」という項目番号および表題があって，これも，その前の「3）」を「4）」と誤記したことに引きずられて生じた誤記であろう。そのあとの，エンゲルス版第25-35章にあたる部分と第36章にあたる部分とには，それぞれ「5）信用。架空資本」，「6）先ブルジョア的なもの」という項目番号および表題が与えられており，ここで項目番号は，あるべきものに戻っているわけである。

このようにマルクスが項目番号を誤ったのは，この前の部分である「2）利潤の分割。利子率。利子の自然的な率」のなかの「1）……2）……3）……」という小見出し番号のうちの「3）」(MEGA II/4.2, S. 473.23; 本書本巻240ページ6行)を項目番号と見誤り，それにつられて「4）」としたのではないかと推測される。

そうだったとすると，マルクスが「5）信用。架空資本」のところで正しい項

目番号に戻ったとき，なぜ彼は，誤記だったそのまえの「4)」と「5)」とをそれぞれ「3)」と「4)」とに訂正しなかったのか，という疑問が生じうる。この点については，項目番号だけだった「1)」および「4)」にあとから表題を書き込むことをしていないことからもわかるように，マルクスはこの第5章では推敲らしいこと（読み返しながら手入れをすること）をほとんどしていないことが想起されるべきであろう。

5 「3)」における「利子および企業利得」の考察の要点

このあと，第3部草稿第5章の「3)」の訳文を提示し，それにエンゲルス版での変更をできるだけ克明に注記するが，そのまえに，この「3)」で，マルクスが利子および企業利得について，どのような分析を行ない，どのような結果を得ているか，ということについて，拙著『図解 社会経済学』における記述 (352-353ページ) によって，筆者の理解を要約的に示しておこう。

＊

[利子と企業利得とへの利潤の分割] 借入資本を機能させる機能資本家が取得した利潤は，そこから借入資本にたいする利子が支払われるので，利子と利子を控除した残りの部分との二つの部分にわかれる。後者の部分は企業利得と呼ばれる。利子率が変動すれば，この分割の比率も変化する。利子率は，貸付可能な貨幣資本の量（供給）と機能資本のうちの，資本を借り入れようとする部分の大きさ（需要）との関係によって決まるのだから，この分割は利潤のまったく量的な分割でしかない。

[利子＝所有の果実，企業利得＝機能の果実，という虚偽の観念が確立する] ところがこのようにしていったん「利子」という範疇が成立すると，利子は資本の「所有」がもたらす果実だ，という観念が生まれ，他方，企業利得は資本を機能させたことにたいする報酬だ，資本の「機能」の果実だ，という観念が生まれる。その結果，自己資本だけからなる機能資本の大きさは利子率になんの影響も及ぼさないにもかかわらず，自己資本だけを充用する機能資本家も，自分が取得する利潤を，自分の資本「所有」にたいする利子と自分の資本「機

能」にたいする企業利得との二つの部分からなるものだと観念するようになる。こうして，利子＝「所有の果実」，企業利得＝「機能の果実」，という抜きがたい虚偽の観念が確立する。2種類の資本家のあいだでの，利子と企業利得とへの利潤の純粋に量的な分割が，それぞれまったく別々の源泉から生じる二つの別々の範疇への分割，つまり質的な分割に転化してしまう。機能資本が生産過程で取得した剰余価値の一部分である利子は，「資本の所有の果実」という観念のなかでは，生産過程とは，したがってまた労働者階級の剰余労働の搾取とはまったくかかわりのないものとして現われ，他方，同じく剰余価値の一部分である企業利得は，資本とはかかわりのないものとして，生産過程そのものから，しかも一切の社会的形態とはかかわりのない労働過程一般から生じるものとして現われる。

　[**さらに資本を機能させるのは労働者だという観念が確立する**]　こうして，資本家は貨幣資本家として生産過程の外部にあり，生産過程で機能する機能資本家はたんなる労働者だという観念が生まれてくる。

　さらに，生産過程における機能資本家の諸機能が，特殊な労働者種類である監督労働者に委ねられ，彼らに監督賃金が支払われるようになると，彼らの労働にあっては，結合された社会的労働の指揮者としての労働と労働者から剰余価値を搾取する監督者としての労働とが渾然一体となっているために，後者の労働が搾取される労働者の労働とまったく区別できないものになる。

　こうして，資本が機能する場面から資本家は消え去り，そこでは普通の労働者と彼らを指揮・監督する高級労働者とがともに労働してともに労賃を受け取っているのだ，ということになる。こうして，資本と労働との対立はまったく消し去られ，資本と労働という二つのまったく別々の所得源泉がそれぞれ利子と賃金とをもたらすのだ，という観念が確立する。

　[**株式会社では資本家が余計な人格であることが露呈する**]　しかし，株式会社では，機能資本家に属するいっさいの実質的な機能を，資本を占有していない管理者（managerすなわち雇われ重役）が遂行するのであり，生産過程にはもはやたんなる機能者しかおらず，資本家は生産過程から完全に消えてしまっている。こうして，株式会社の発展は，資本家が生産過程には必要でない余計な人格であることを明らかにし，資本の利潤とは他人の不払労働の固まり以外

のなにものでもないことを人びとの目にさらけ出すようになるのである[1]。

---

1) 資本のシステムは，株式会社という自己の新たな形態を生みだし，そこで自己の本性をみずからさらけ出すようになること，これがここでの指摘のかなめである。本書第2巻第7章で見る，エンゲルス版第27章に使われた草稿部分では，さらに進んで，株式会社でのこのさらけ出しが資本のシステムの行方にとってもつ意味が明らかにされる。これらの論点をきわめて厳密に，また全面的に解明したのは，有井行夫『株式会社の正当性と所有理論』(青木書店，1991年，新版：桜井書店，2011年)である。

第23章の草稿，それとエンゲルス版との相違

1) **441**　　　/300上/①3）2)〔利子と企業利得。監督賃金〕

　①〔訂正〕「3)」──草稿では「4)」と書かれている。

　利子はもともと，3)利潤すなわち剰余価値4)(資本によって取得された不払労働)のうちの，5)機能資本家つまり産業家または商人が，自分の資本ではなく借りた資本①を充用する②かぎり，③6)資本の所有者つまり貸し手に④支払ってしまわなければならない部分にほかならないものとして現われるのであり，7)そしてもともとそれにほかならない8)(また9)実際にどこまでもそれにほかならない)のである。もし彼が自分の資本だけしか充用しないのであれば，そのような利潤の分割は生じない。⑤利潤はそっくり彼のものである。じっさい，資本の⑥所有者たちが資本を自分で再生産過程で充用するかぎり，彼らは利子率10)，rate of interestを規定する競争には参加しないのであって，すでに⑦この点にも，利子の諸範疇──これらはなんらかの利子率の規定なしにはありえない──が11)生産的資本それ自体の運動にとっては外的なものであることが示

---

1) MEGA版の441ページでは，この前に「2)」の最後の部分(28行)がある。
2) 草稿では見出し番号の「4)」(MEGAの〔訂正〕にあるように「3)」の誤記)だけが書かれている。MEGA II/4.2では「利子と企業利得」という編集者による表題が挿入されているが，この部分の内容に即して，筆者による表題「利子と企業利得。監督賃金」をつけておく。
3) 〔E〕挿入──「すぐ前の二つの章で見たように，」
4) 〔E〕「(資本によって取得された不払労働)」──削除
5) 〔E〕「機能資本家」 functionirender Capitalist→fungierender Kapitalist
6) 〔E〕「資本の所有者つまり貸し手〔d. Eigenthümer d. Capitals, d. lender〕」→「この資本の所有者かつ貸し手〔den Eigentümer und Verleiher dieses Kapitals〕」
7) 〔E〕「そして〔und〕」──削除
8) 〔E〕「(」および「)」──削除
9) 〔E〕「実際に」 in reality→in Wirklichkeit
10) 〔E〕「，rate of interest」──削除
11) 〔E〕「生産的資本」→「産業資本」

されて442いるのである。

　①〔異文〕「を充用する」←「で仕事をする」
　②〔異文〕「かぎり」←「ときに」
　③〔異文〕「資本の所有者つまり貸し手」←「彼が充用する資本の所有者」
　④〔異文〕「支払ってしまわなければならない」←「支払わなければならない」
　⑤〔異文〕「彼はまった[く]……のままである〔bleibt ga[nz]〕」──という書きかけが消されている。
　⑥〔異文〕「所有者たち」←「所有者」
　⑦〔異文〕「この点からも」という書きかけが消されている。

　「利子率は，1年またはそれよりも長いかまたは短いある期間についてある金額のmonied capitalの使用の代償として貸し手が安んじて受け取り借り手が安んじて支払う比率額である，と定義してよいであろう。……資本の所有者が資本を積極的に再生産に使用する場合には，彼は，借り手の数にたいするその割合が利子率を決定するという資本家のうちにははいらない。」a)　じっさい，ただ貨幣資本家〔monied capitalist〕と産業資本家とへの資本家の①分離だけが，②利潤の一部分を利子に転化させるのであり，そもそも12)この範疇をつくりだすのである。そして，ただこの二つの種類の資本家のあいだの競争だけが利子率をつくりだすのである。/

　①〔異文〕「分離」←「分裂」
　②〔異文〕「利潤を」という書きかけが消されている。

|300下|〔原注〕a) 13) Th. トゥク『物価史』，第2巻，①ロンドン，1838年，355，356ページ〔藤塚知義訳『トゥック　物価史』，第2巻，東洋経済新報社，1979年，330-331ページ〕〔原注a) 終わり〕。/

　①〔訂正〕「ロンドン，1838年」──草稿では「(ニューマーチ編，ロンドン，1857年)と書かれている。マルクスは，1858年のロンドン抜粋ノートから取り入れるさいに誤ってこのように書いた。

---

12)〔E〕「この範疇」→「利子という範疇」
13)〔E〕エンゲルス版では，この出典は，引用の末尾につけられている。

/300上/[14] (資本が再生産過程で機能しているかぎり——[15] その資本が産業資本家[16]のものであり，したがって彼はそれをどんな貸し手にであれ返済するという制約が存在しないものと前提しても——，彼が[17] 私的個人として自由に処分できるのは，[18] ただ彼が収入として支出することのできる利潤だけである。彼の資本が資本として機能しているかぎり，それは再生産過程に属して[19]いる。彼はその資本の所有者ではあるが，しかし，この所有は，彼がそれを資本として労働の搾取に使用しているかぎり，別の仕方で彼がそれを処分することを許さないのである。貨幣資本家〔monied capitalist〕の場合もまったく同じことである。彼の資本が貸し出されている[20]——したがってまたmonied Capitalとして働いている[21]——あいだは，それは彼の手に利子を，つまり利潤の一部分をもってくるが，しかし①彼は元本を自由に処分することはできない。こういうことは，彼が資本をたとえば1年[22] (または[23]もっと長い期間) 貸し付けて，[24]それにたいしてある期間ごとに利子は受け取るが，<u>資本の返済〔return〕は受けない</u>という[25]場合に，現われる。しかし，返済〔return〕があってもこのことに違いはない。彼は資本を返して[26]もらうが，しかし，自分のためにそれに資本

---

14)〔E〕「（」——削除
　　これに対応する「）」は，本書本巻271ページ20行にある。なお，マルクスは草稿で通常，なんらかの意味で前後の文脈から区別されるべき部分を角括弧でくくっている（本稿では｛｝で示している）が，エンゲルスはこの角括弧を大部分単純に削除している。そのために，草稿では文脈が明瞭であるところが，エンゲルス版ではわかりにくくなっている場合がかなりある。ここでは角括弧でなくてパーレンであるが，やはり明らかに，前後から区別されるべき部分である。この部分を除いて読めば，この部分の直後の，「そこで生じるのは次のような疑問である」という文で始まるパラグラフのつながりが明瞭になる。
15)「——」に囲まれた，以下の部分は英文で書かれている。
16)〔E〕挿入——「自身」
17)〔E〕「私的個人〔private individual〕」→「私人〔Privatmann〕」
18)〔E〕挿入——「この資本そのものではなく」
19)〔E〕挿入——「おり，そこに固定されて」
20)〔E〕「——」——削除
21)〔E〕「——」——削除
22)〔E〕「（」および「）」——削除
23)〔E〕「もっと長い期間」→「数年」
24)〔E〕「それにたいして」→「そして」
25)〔E〕「場合に」 wenn→sobald
26)〔E〕「もらうが，しかし」→「もらえば」

[27)](ここでは monied capital) の働きをさせようとするかぎり、彼は絶えず繰り返しそれを貸し付けなければならない。それが彼の手のなかにある[28)]ときには、それは利子を生まず、[29)]だからまた資本として働かない。そして、それが利子を生み、資本として働いているかぎり、それは彼の手のなかにはない。ここから、資本を永‖301上|久に〔à perpétuité〕貸し付けておくという可能性も生じるのである。それゆえ、トゥクが[30)]次のように言っているのは、まったく間違いである。[31)]彼は言う。——

① 〔異文〕「資本としては」という書きかけが消されている。

[32)]ボウズンキト氏（『金属通貨，紙券通貨，信用通貨』）の考察によれば（73ページ）——

「かりに利子率が1％のような低率に引き下げられるとすれば、借入資本も自己資本とほとんど同等の位置に〔on a per〕置かれることになるであろう。」

これにたいしてトゥクは次のような評注をつけている。——

「このような利子率で、またはもっと低い利子率でさえも、借り入れた資本が所有資本〔capital possessed〕とほとんど同等の位置に〔on a par〕置かれているものとみなされるべきだというのは、まことに奇妙であって、もしそれがかくも賢明な、そして論題の若干の点ではかくも精通している著者の口から出たものでなかったならば、443 ほとんどまじめな注意に値しないであろう。前提によって、返済という条件があるはずだ、という事情を彼は見落したのであろうか、それとも、この事情をたいしたことではないと考えているのであろうか？」a) かりに利子がゼロだとすれば、資本を[33)]借りた[34)]生産的な資本家も、自

---

27)〔E〕「（」および「）」→「——」および「——」
28)〔E〕「ときには〔sobald〕」→「かぎり」
29)〔E〕「だから〔daher〕」——削除
30)〔E〕挿入——「ボウズンキトに反対して」
31)〔E〕「彼は言う。——／ボウズンキト氏（『金属通貨，紙券通貨，信用通貨』）の考察によれば（73ページ）」→「彼はボウズンキト（『金属通貨，紙券通貨，信用通貨』）から次の部分を引用する」
32) 草稿では、「ボウズンキト氏（『金属通貨，紙券通貨，信用通貨』）の考察によれば（73ページ）」の左欄外に縦線が引かれている。
33)〔E〕「借りた〔leihen〕」→「借り入れた〔aufnehmen〕」

分の資本で事業をする生産的資本家と同等だ〔on a par〕ということになるであろう。35)すなわち，両方とも同じ平均利潤を取り込むであろう。そして，借入資本であろうと所有資本であろうと，資本が資本として働くのは，ただ，それが利潤を生産するかぎりだけのことである。返済〔repayment〕という条件は少しもこのことを変えはしないであろう。利子率がゼロに近づけば近づくほど，つまりたとえば1％にでも下がれば，ますます借入資本は36)所有資本と同等な位置に〔on a par〕置かれることになる。monied capitalをmonied capitalとして存在させようとするかぎり，それは絶えず繰り返して貸し出されなければならない。しかも37)現行の利子率，たとえば1％の率で，38)しかも①絶えず繰り返し同じ産業資本家および商業資本家の階級に貸し出されなければならない。これらの資本家が資本家として機能しているかぎり，借入資本で機能する資本家と39)所有資本で機能する資本家との相違は，ただ，一方は利子を支払わなければならないが他方は支払わなくてもよいということ，一方は40)P（利潤）を全部取り込むが，他方は41)P－Z（利子）を取り込む，ということだけである。42)Zがゼロに近くなればなるほどますます43)P－Zは44)Pに等しくなって行き，したがってますます二つの資本は同等な位置に〔on a par〕置かれることになる。一方は資本を返済してまたあらためて借り入れ〔leihen〕なければならない。しかし，他方も，彼の資本を機能させようとするかぎり，やはりそれを絶えず繰り返し生産過程に前貸しなければならないのであって，それをこの過程にかかわりなく勝手に45)処分することはできない。46)）47)／

---

34)〔E〕「生産的資本家」→「産業資本家」
35)〔E〕「すなわち」——削除
36)〔E〕「所有資本」→「自己資本」
37)〔E〕「現行の」 existirend→bestehend
38)〔E〕「しかも〔und zwar〕」→「そして〔und〕」
39)〔E〕「所有資本〔possessed capital〕」→「自己資本」
40)〔E〕「P（利潤）」→「利潤p」
41)〔E〕「P－Z（利子）」→「p－z，利潤マイナス利子」
42)〔E〕「Z」→「z」
43)〔E〕「P－Z」→「p－z」
44)〔E〕「P」→「p」
45)〔E〕「処分すること」 Disposition→Verfügung
46)〔E〕「）」——削除。これに対応する「（」は，本書269ページ1行にある。

①〔異文〕「たえず繰り返し」——書き加えられている。

|301下|〔原注〕a) 48)Th. トゥク『通貨原理の研究，云々』，ロンドン，1844年（第2版），80ページ〔前出玉野井訳『通貨原理の研究』，139ページ〕。〔原注a) 終わり〕|

/301上/そこで生じるのは次のような疑問である。49)総利潤と利子とへの利潤のこの純粋に量的な分割が質的な分割に転回するということは，どうして起こるのか？　言い換えれば，自分自身の資本を充用するだけで借り入れた資本は充用しない資本家もまた自分の50)総利潤の一部分を利子という特別な範疇に繰り入れて，そういうものとして別個に計算するのは，どうしてなのか？　したがってさらに進んで言えば，いっさいの資本が，借りたものであろうとなかろうと，利子生み資本として，51)総利潤をもたらす資本としての自分自身から区別されるのは，どうしてなのか？

だれでもわかるように，①利潤のすべての②偶然的な量的な分割がこのようにして質的な分割に転回するのではない。たとえば，何人かの52)生産的資本家が事業の経営にさいして53)共同事業関係を形成し，その後，法律的に確定された54)取決めに従って互いに利潤を分配し合う。また，他の産業資本家たちは，自分の事業を55)個別的に，共同事業者なしで営んでいる。56)さて，このあとの

---

47)〔E〕挿入——「そのほかにまだ残っているただ一つの相違は，一方は彼の資本の所有者であり，他方はそうではないという自明な相違だけである。」
　　エンゲルスは，この挿入によって，パーレンで囲まれた部分から次のパラグラフへのつながりをつけようとしたのではないかと思われる。しかしこの処理は，かえって叙述の流れをわかりにくくしているように思われる。
48)〔E〕エンゲルス版では，この出典は引用の直後につけられている。
49)〔E〕「総利潤〔gross profit〕」→「純利潤〔Nettoprofit〕」
50)〔E〕「総利潤」　gross Profit→Bruttoprofit
　　マルクスはこの部分でgross Profitという語をしばしば用いているが，エンゲルスはこれをBruttoprofitと訳している。
51)〔E〕「総利潤〔gross profit〕」→「純利潤〔Nettoprofit〕」
　　このgrossはもともとnetとすべきところだったであろう。
52)〔E〕「生産的資本家」→「産業資本家」
53)〔E〕「共同事業関係を形成し〔partnership bilden〕」→「アソーシエイトし〔assoziieren〕」
54)〔E〕「取決め」　Conventionen→Abmachungen

ほうの資本家たちは，③彼らの利潤を二つの部類に分けて一部分を個人利潤として計算し他の部分を存在しない57)共同事業関係のための会社利潤として計算するようなことはしないの58)であって，それは，借りた資本だけで事業をする生産的資本家が〔利潤の〕一部分を，借りたのではない彼の資本にたいする利子として計算しないのと同様である。だから，この場合には，量的な分割が質的な分割に|444|転回することはない。分割が行なわれるのは，たまたま所有者が複数の法律上の人格から成っている場合であって，そうでない場合には分割は行なわれないのである。

①〔異文〕「利潤の」――書き加えられている。
②〔異文〕「偶然的な」――書き加えられている。
③〔異文〕「彼らの……を分ける」という書きかけが消されている。

この疑問に答えるためには，われわれはもうしばらく利子形成の現実の出発点に立ちどまらなければならない。すなわち，貨幣資本家〔monied capitalist〕と生産的資本家とが，たんに，法律上別な人格としてだけではなく，再生産過程でまったく違った役割を演じる人格として，または，その手のなかで①同じ資本が現実に二重のまったく違った運動を行なう人格として，現実に相対しているという想定から出発しなければならない。一方は資本を貸すだけであり，他方はそれを生産的に充用するのである。|

①〔異文〕「同じ」――書き加えられている。

|302上|借りた資本で事業をする生産的資本家たちにとっては，59)総利潤は二つの部分に分かれる。すなわち，彼が貸し手〔Verleiher (lender)〕に支払わなければならない利子と，60)総利潤①・マイナス・利子，すなわち，利潤のうち

---

55)〔E〕「個別的に，共同事業者なしで〔individuell, ohne Partner〕」→「それぞれ独立に，協同者なしで〔jeder für sich, ohne Associe〕」
56)〔E〕「さて」――削除
57)〔E〕「共同事業関係〔Partnership〕」→「共同事業者〔Gesellschafter〕」
58)〔E〕「あって，それは，借りた資本だけで事業をする生産的資本家が〔利潤の〕一部分を，借りたのではない彼の資本にたいする利子として計算しないのと同様で」――削除
59)〔E〕「総利潤」 gross profit→Bruttoprofit

彼自身の分けまえをなす，[61]総利潤のうちの利子を越える超過分とに分かれる。一般的利潤率が与えられていれば，[62]あとのほうの部分は利子率によって規定されている。利子率が与えられていれば，一般的利潤率によって規定されている。さらにまた，総利潤，つまり利潤総額の現実の[2]価値量が各個の場合にどれだけ平均利潤から偏倚しようとも，機能資本家の[63]ものになる部分は利子によって規定されている。というのは，利子は（特別な法的な取決めを別とすれば）一般的利子率によって[3]確定されていて，生産過程が始まる前から，したがって[64]生産過程の結果である総利潤が[65]得られる前から，先取り[66]されるのであり，前提されているからである。これまで見てきたように，資本の本来の独自な生産物は剰余価値であり，より詳しく規定すれば利潤である。ところが，借りた資本で事業をする資本家にとっては，資本の生産物は利潤ではなく，利潤・マイナス・利子であり，利子を支払ったあとに彼の手に残る利潤部分である。だから，利潤のうちのこの部分が彼にとって必然的に，機能するかぎりでの資本の生産物[4]として現われる[67]（彼にとっては現実にそうである）のであり，そして[68]彼は，ただ機能している資本としての資本だけを代表するのである。彼が資本の人格化であるのは，資本が機能しているかぎりでのことである。[69]資本が機能しているのは，それが産業や商業で[70]生産的に投下され，それを用いてその充用者が，[71]彼がそれを充用する事業部門の所定の諸操作を行なう

---

60) 〔E〕「総利潤〔Gross Profit〕・マイナス・利子，すなわち」――削除
61) 〔E〕「総利潤〔Gross Profit〕のうちの」――削除
62) 〔E〕挿入――「この」
63) 〔E〕「ものになる」 zufallen→gehören
64) 〔E〕「生産過程の結果である総利潤」 d. Gross Profit, sein Resultat→dessen Resultat, der Bruttoprofit
65) 〔E〕「得られる」 erhalten sein→erzielt sein
66) 〔E〕「されるのであり」→「されたものとして」
67) 〔E〕「（彼にとっては現実にそうである〔ist für ihn wirklich〕）」――削除
68) 〔E〕「彼は，ただ機能している資本としての資本だけを代表するのである」→「このことは彼にとっては現実的である。というのは，彼はただ機能資本としての資本だけを代表しているのだからである」
69) 〔E〕挿入――「そして」
70) 〔E〕「生産的に」→「利潤をもたらすように」
71) 〔E〕「彼がそれを充用する」→「そのときどきの」

かぎりでのことである。だから，彼が総利潤〔gross profit〕72)，粗利潤〔Rohprofit〕のうちから貸し手〔lender〕に支払ってしまわなければならない利子に対立して，利潤のうち73)彼のものになる部分は，必然的に産業利潤74)または商業利潤という形態をとる。あるいは，75)それを，この両方を包括するドイツ語の表現で名づければ，76)企業利得〔Unternehmungsgewinn〕という姿態をとるのである。もし77)粗利潤が平均利潤に等しければ，⑤この企業利得の大きさはもっぱら利子率によって規定78)されている。もし79)粗利潤が 445 平均利潤から偏倚する場合には，80)それと平均利潤マイナス利子との差額は，⑥81)ある特殊的生産部面での利潤率を一般的利潤率から82)一時的に偏倚させる市況にせよ，ある個別資本家がある83)部面であげる利潤を⑦この特殊的部面の平均利潤から偏倚させる市況にせよ，こうしたあらゆる市況によって規定されているのである。ところで，すでに見たように，84)利潤の率は，⑧生産過程そのもののなかで，ただ剰余価

---

72)〔E〕「，粗利潤〔Rohprofit〕」――削除
73)〔E〕挿入――「まだ残っていて」
74)〔E〕「または」 od.→resp.
75)〔E〕「それを」 es→ihn
76)〔E〕「企業利得〔Unternehmungsgewinn〕」→「企業者利得〔Unternehmergewinn〕」
　　エンゲルスは，前者を一貫して後者に変更している。以後，この変更はいちいち注記しない。
77)〔E〕「粗利潤」→「総利潤」
78)〔E〕「されている」→「される」
79)〔E〕「粗利潤」→「総利潤」
80)〔E〕「それと平均利潤マイナス利子との差額」→「それと平均利潤との差額（両方から利子を引き去ったあとの）」
81)〔E〕以下の部分は，文章の構造が次のように変えられている。――durch alle d. Conjuncturen bestimmt, durch die, sei es d. Profitrate in einer besondren Produktionssphäre temporär abweichen mag v. d. general profitrate, sei es d. Profit, den ein einzelner Capitalist innerhalb einer Sphäre macht, v. d. Durchschnittsprofit dieser besonderen Sphäre abweichen mag → durch alle die Konjunkturen bestimmt, welche eine zeitweilige Abweichung verursachen, sei es der Profitrate in einer besondren Produktionssphäre von der allgemeinen Profitrate, sei es des Profits, den ein einzelner Kapitalist in einer bestimmten Sphäre macht, vom Durchschnittsprofit dieser besondren Sphäre
82)〔E〕「一時的に」 temporär→zeitweilig
83)〔E〕挿入――「一定の」
84)〔E〕「利潤の率」→「利潤率」

値によって左右されるだけではなく，そのほかにも多くの事情によって，[85)] たとえば，[86)]生産手段を買うときの価格，[87)]平均的方法よりも生産的な方法，不変資本の節約，等々によって左右される。[88)] また，生産価格のことは別として，⑨資本家が[89)]流通過程のなかで[90)]売る価格が生産価格よりも高いか低いか，[91)][92)]総資本の剰余価値のなかで彼が取得する部分が大きいか小さいか[93)]は，特殊的市況にかかっており，また[94)]各個の場合には[95)][96)]ずるさの大小[97)]等々にかかっている[98)]，等々。しかし，いずれにせよ粗利潤の量的な分割はここでは質的な分割に転化する。そして，この量的な分割そのものは，[99)]なにが分配されるか，能動的資本家が資本を用いて[100)]どのように[101)]機能するか，また，その資本が[102)]機能資本として，すなわち能動的資本家としての彼の機能[103)]によっ

---

85) 〔E〕「たとえば，」→「すなわち〔：〕，」
86) 〔E〕「生産手段を買うときの価格」→「生産手段の購入価格」
87) 〔E〕「平均的方法よりも生産的な方法〔produktivere Methoden als d. Durchschnittsmethoden〕」→「平均よりも生産的な方法〔mehr als durchschnittlich produktive Methoden〕」
88) 以下の一文は草稿では次のようになっている。Und abgesehn vom Produktionspreiß, hängt es v. besondren Conjuncturen u. in jedem einzelnen Fall v. d. grössren od. mindren Schlauheit etc ab, *womit* d. Capitalist innerhalb d. Circulationsproceß über od. unter d. Produktionspreiß verkauft, sich einen grössren od. geringren Theil vom Mehrwerth d. Gesammtcapitals aneignet u. s. w. このなかのイタリックにした womit は，その前の Schlauheit に引きずられてのものと思われるが，そのままではこの文は読みにくい。エンゲルス版では，womit を ob und inwieweit に変更している。ここでは，womit を ob と読んで訳出しておく。
89) 〔E〕「流通過程のなかで」——削除
90) 〔E〕「売る」→「買い入れたり売ったりする」
91) 〔E〕挿入——「つまり流通過程のなかで」
92) 〔E〕「総資本の剰余価値」→「総剰余価値」
93) 〔E〕挿入——「，またどの程度までそうであるか」
94) 〔E〕「各個の場合には」→「各個の取引成立では」
95) 〔E〕挿入——「資本家の」
96) 〔E〕「ずるさの大小」 grössre od. mindre Schlauheit → größre oder geringere Schlauheit
97) 〔E〕「等々」→「ややる気」
98) 〔E〕「，等々」——削除
99) 〔E〕「なにが」——エンゲルス版では強調されている。
100) 〔E〕「どのように」——エンゲルス版では強調されている。
101) 〔E〕「機能する〔functioniren〕」→「経営する〔wirtschaften〕」
102) 〔E〕「機能〔functionirendes〕資本」——1894年のエンゲルス版では，fungirendem となっていた（このままでは「その資本が……機能資本としての彼のためにどれだけの……」と

て，彼のためにどれだけの粗利潤をあげるか，によって定まるのだから，ますますもってそれは質的な分割に転化するのである。機能資本家は，[104]想定されている場合では資本の非所有者[105]である。[106]逆に。資本の所有は彼に対立して，貸し手〔lender〕によって，貨幣資本家〔monied capitalist〕によって代表されている。[107]だからまた，彼が貨幣資本家〔monied capitalist〕に支払う利子は，粗利潤のうちの，資本所有そのものに帰属する部分として現われるのである。これに対立して，利潤のうち[108]彼のものになる部分は，[109]企業利得として現われるのであって，この利得は，もっぱら彼が再生産過程で⑩この資本を用いて[110]行なう諸操作や諸機能から，したがって，[111]彼が企業者として産業や商業で行なう諸機能[112]によって発生するのである。だから，彼にたいして利子は，資本所有の，再生産過程を捨象した資本それ自体〔Capital an sich〕の，[113]「働かず」機能していないかぎりでの資本の，⑪たんなる果実として，現われる。他方，彼にとって企業利得は，[114]資本それ自体〔Capital an sich〕の果実，資本所有の果実としてではなく，彼が資本を用いて行なう諸機能の[115]果実として，資本の[116]過程進行〔Processiren〕の果実として現われるのであり，この過程進行

読むほかはない）が，現行版ではfungierendesとなっており，脚注で「初版ではfungierendem，マルクスの草稿によって変更」と注記されている。
103）〔E〕「によって〔durch〕」→「の結果として〔infolge〕」
104）〔E〕「想定されている場合では」→「ここでは」
105）〔E〕「である」→「として想定されている」
106）〔E〕「逆に〔umgekehrt〕。」──削除
　　1語からなるこの文は，独立して読むと意味が取りにくい（だからエンゲルスはこれを削除したのであろう）が，おそらくは，これに続く文に続けて，次のように読むべきところなのであろう。「逆に，資本の所有は彼に対立して〔ihm gegenüber〕，貸し手によって，貨幣資本家〔monied capitalist〕によって代表されている。」
107）〔E〕「だからまた〔und ... also〕，」→「だから〔also〕」
108）〔E〕「彼」→「能動資本家」
109）〔E〕挿入──「いまでは」
110）〔E〕「行なう」　ausüben→vollführen
111）〔E〕挿入──「特に，」
112）〔E〕「によって」→「から」
113）〔E〕「「働かず」〔„nicht arbeitet"〕」→「「働か」ず〔nicht „arbeitet"〕」
114）〔E〕「資本それ自体の果実，資本所有の果実としてではなく，」──削除
115）〔E〕挿入──「専有の」
116）〔E〕挿入──「運動と」

は，彼にとって，[117]貨幣資本家〔monied capitalist〕に対立して，貨幣資本家〔monied capitalist〕の非活動，生産過程への[118]不介入に対立して，彼自身の活動として現われるのである。このように粗利潤の二つの部分が質的に分かれるということ，すなわち，利子は資本それ自体〔Capital an sich〕の‖303上|果実，生産過程を度外視した資本所有の果実であり，企業利得は，過程進行中の〔processirend〕[119]資本の果実であり，したがってまた資本の充用者が再生産過程で演じる能動的な役割の果実であるということ——**446** この質的な分割は，けっして[120]一方での貨幣資本家〔monied Capitalist〕の，[121]他方での[122]生産的資本家の，たんに主観的な見方ではない。それは客観的な事実にもとづいている。というのは，利子は貨幣資本家〔monied capitalist〕の手に，すなわち資本のたんなる所有者であり，したがって過程以前に生産過程の外でたんなる資本所有を代表する貸し手〔lender〕の手に流れ込み，企業利得はただ機能するだけの資本家すなわち資本の非所有者の手に流れ込むのだからである。

① 〔異文〕「・マイナス・」←「—」〔減算記号〕
② 〔異文〕「価値量」←「額」
③ 〔異文〕「確定されていて，」——書き加えられている。
④ 〔異文〕「として」——書き加えられている。
⑤ 〔異文〕「この企業利得は」という書きかけが消されている。
⑥ 〔異文〕「もろもろの偶然によって規〔定され〕〔bestim[mt]〕」という書きかけが消されている。
⑦ 〔異文〕「……率から」という書きかけが消されている。
⑧ 〔異文〕「……は別として」という書きかけが消されている。
⑨ 〔異文〕「個別資本家は……できる」という書きかけが消され，さらに「ある特殊的な……できる」という書きかけが消されている。
⑩ 〔異文〕「この資本を用いて」——書き加えられている。
⑪ 〔異文〕「たんなる」——書き加えられている。

---

117) 〔E〕挿入——「いまでは」
118) 〔E〕「不介入〔Nichteingreifen〕」→「不参加〔Nichtbeteiligung〕」
119) 〔E〕挿入——「，生産過程で働いている」
120) 〔E〕「一方での」 auf d. einen Seite→hier
121) 〔E〕「他方での」 auf d. andren→dort
122) 〔E〕「生産的資本家」→「産業資本家」

第23章の草稿, それとエンゲルス版との相違　279

¹²³⁾しかし, ひとたび, 借り入れた資本を用いて事業をする〔act〕かぎりでの①¹²⁴⁾生産的資本家¹²⁵⁾にとって, また, 自分の資本を自分では充用しないかぎりでの貨幣資本家〔monied capitalist〕にとって, 同じ資本にたいして, ②したがってまたその資本によって生みだされる利潤にたいして別々の権原をもつ二人の違った人格のあいだでの総利潤のたんに量的な分割が, 質的な分割に¹²⁶⁾転回し, ¹²⁷⁾その結果, 一方の部分¹²⁸⁾である利子が, ¹²⁹⁾一つの規定における資本の, それ自体として〔an u. für sich〕帰属する果実として¹³⁰⁾現われ, 他方の部分は, ③反対の一規定における資本の独自な果実として, だからまた企業利得として, 現われ, 一方は資本所有のたんなる果実として現われ, 他方は, たんに資本を用いて機能すること, ¹³¹⁾過程進行すること〔Processiren〕の果実として, 過程進行中の資本としての¹³²⁾過程進行中の資本の〔d. processirenden Capitals als processirenden〕果実として, または¹³³⁾生産的資本家が行なう諸機能の果実として¹³⁴⁾現われれば, このように, 粗利潤の二つの部分がまるで二つの④本質的に違った源泉から生じたかのように骨化し, 自立化するということが, ¹³⁵⁾総資本家階級にとっても総資本にとっても固定せざるをえない。¹³⁶⁾¹³⁷⁾生産的資本家によって充用される資本が借り入れたものであろうとなかろうと, あるいは, ¹³⁸⁾貨幣資本家〔monied Capitalist〕が所有する資本が彼自身によって充用

---

123)〔E〕「しかし, ひとたび,」→「このようにして,」
124)〔E〕「生産的資本家」→「産業資本家」
125)〔E〕「……にとって, また〔und〕, ……にとって」→「……にとっても, ……にとっても〔sowohl ... wie ...〕」
126)〔E〕「転回し,」→「転回する。」
127)〔E〕「その結果,」→「いまでは, 利潤の」
128)〔E〕「である利子」——削除
129)〔E〕「一つの」——エンゲルス版では強調されている。
130)〔E〕挿入——「, 利子として」
131)〔E〕「, 過程進行することの」——削除
132)〔E〕「過程進行中の」——削除
133)〔E〕「生産的資本家」→「産業資本家」
134)〔E〕「現われれば〔sobald ...〕,」→「現われる。そして」
135)〔E〕挿入——「いまや,」
136)〔E〕挿入——「しかも,」
137)〔E〕「生産的資本家」→「能動的資本家」
138)〔E〕「貨幣資本家が所有する〔vom monied Capitalist geeignet〕」→「貨幣資本家のもので

されようとされまいと，¹³⁹⁾そうである。どの資本の利潤も，したがってまた諸資本相互間の均等化にもとづく平均利潤も，二つの質的に違っていて互いに自立的で互いに依存していない部分に，すなわちそれぞれ特殊的な諸法則によって規定される利子と企業利得とに，分かれる，または，分解されるのである。自分の資本で事業をする資本家も，借りた資本で事業をする資本家と同じように，自分の¹⁴⁰⁾総利潤を，所有者としての自分，⑤自分自身への資本の自分自身の貸し手〔lender〕としての自分に帰属する利子と，¹⁴¹⁾機能資本家としての自分に帰属する企業利得とに分割する。¹⁴²⁾この分割（質的な分割としての）にとっては，資本家が現実に他の資本家と分け合わなければならないかどうかは，どうでもよいことになる。資本の充用者は，自分の資本で事業をする場合にも，二人の人格に，すなわち資本のたんなる所有者と資本の充用者とに，分裂し，¹⁴³⁾そして彼の資本そのものが，それがもたらす利潤の¹⁴⁴⁾二つの範疇との関連において，資本¹⁴⁵⁾所有，すなわちそれ自体として〔an sich〕利子をもたらす，生産過程¹⁴⁶⁾の外にある資本と，過程を進行するもの〔processirend〕として企業利得をもたらす，生産過程¹⁴⁷⁾のなかにある資本とに分裂するのである。

①〔異文〕「生産的資本にとって」という書きかけが消されている。
②〔異文〕「したがって」――書き加えられている。
③〔異文〕「反対の一規定」←「もう一つの規定」
④〔異文〕「違っ〔た〕〔versch[iednen]〕」という書きかけが消されている。
⑤〔異文〕「資本家としての」という書きかけが消されている。

447 ①だから¹⁴⁸⁾利子は，それが産業家が他人の資本で事業をする場合にだけ

ある〔dem Geldkapitalisten gehörend〕」
139)〔E〕「そうである。」→「どうでもよいのである。」
140)〔E〕「総利潤〔gross profit〕」→「粗利潤〔Rohprofit〕」
141)〔E〕挿入――「能動的な」
142)〔E〕挿入――「こうして，」
143)〔E〕「そして」――削除
144)〔E〕「二つの」――削除
145)〔E〕「所有」――エンゲルス版では強調されている。
146)〔E〕「の外にある〔außer〕」――エンゲルス版では強調されている。
147)〔E〕「のなかにある〔in〕」――エンゲルス版でも強調されている。
148)〔E〕挿入――「いまや」

149)「たまたま」生じるような，生産にとってはどうでもよい，総利潤の分割としては現われることはない，という150)ほどにまで固定化する。彼が自分の資本で事業をする場合でさえ，彼の利潤は利子と企業利得とに分かれるの151)であり，だからこれと同時に，産業家が自分の資本の所有者か非所有者かという偶然的な事情にかかわりなく，たんに量的な分割が質的な分割になる。それは，ただ，違った人格に分配される利潤の152)二つの分けまえであるだけではなく，利潤の二つの153)特殊的範疇なのであって，この二つの範疇はそれぞれ資本にたいして違った関係にあるのであり，つまり資本の違った規定性に関係しているのである。

①〔注解〕このパラグラフは，『経済学批判（1861-1863年草稿）』(MEGA II/3.4, S. 1493. 11-23) から，変更を加えて，取られている。

154)なぜ，利子と企業利得とへの分割という形態における総利潤の分割が，借りた資本を用いて事業をする生産的資本家にとっての質的な分割になると，そのような分割としての総利潤の分割が，総資本および総資本家階級にとっての質的な分割になるのか，ということの理由は，いまでは非常に簡単に明らかになる。|

---

149)〔E〕「「」および「」」——削除
150)〔E〕「ほどにまで」 so, daß → derart, daß
151)〔E〕「であり，だから」→「である。」
152)〔E〕「二つの」——削除
153)〔E〕「特殊的」→「違った」
154)〔E〕「なぜ，利子と企業利得とへの分割という形態における総利潤の分割が，借りた資本を用いて事業をする生産的資本家にとっての質的な分割になると，そのような分割としての総利潤の分割が，総資本および総資本家階級にとっての質的な分割になるのか」→「なぜ，このような利子と企業者利得とへの総利潤のこの分割がひとたび質的な分割になると，この分割が総資本および総資本家階級にとっての質的な分割というこの性格を受け取るのか」

このパラグラフの原文は次のとおりである。Die Gründe nun, warum, *sobald* d. Theilung d. gross profit als Theilung zwischen Zins u. Unternehmungsgewinn, sobald sie in d. letztern Form qualitative Theilung für d. productiven Capitalisten, die mit geborgtem Capital arbeiten, qualitative Theilung f. d. Gesammtcapital u. d. Gesammtklasse d. Capitalisten wird, ergeben sich sehr einfach. なお，イタリックにした〈, sobald〉は消し忘れとみなして訳出した。

|304上|このことは〔以下のことから〕でてくる。——

　第1に，[155)][156)]生産的資本家の多数が，さまざまの割合で[157)]自己資本と借入資本とで事業をするという，また[158)]彼らが事業をするのに用いる資本のうち自己のものと借り入れられているものとの割合は，時期によって①変動するという，簡単な経験的事情からもすでに〔でてくる〕。

　①〔異文〕「さまざまの割合で」という書きかけが消されている

　第2に，総利潤の一部分が利子という形態に転化することが，総利潤の他の部分を企業利得に転化させるのである。[159)]後者は，[160)]ただ，利子が独自な範疇として存在するようになるときに[161)]総利潤のうち利子を越える超過分がとるところの対立的な形態でしかない。どのようにして総利潤は利子と企業利得とに①分化するかという全研究は，[162)]どのようにして総利潤の一部分は一般的に〔generally〕利子として骨化し自立化するか，という研究に帰着するのである。ところが，歴史的には，資本主義的生産様式とそれに対応する資本および利潤の観念が存在するよりも②ずっと前から，利子生み資本は③完成した伝来の形態として[163)]——したがってまた利子は資本が[164)]生みだした剰余価値の完成した[165)]形態として[166)]——存在する。だからこそ，いまなお通俗観念〔Volks-

---

155)〔E〕挿入——「このことは」
156)〔E〕「生産的資本家」→「産業資本家」
157)〔E〕挿入——「ではあるにせよ」
158)〔E〕「彼らが事業をするのに用いる資本のうち自己のものと借り入れられているものとの割合は，時期によって変動する〔u. in verschiednen Perioden wechselnd mit Capital arbeiten, das in wechselnden Proportion[en] eigen u. geliehn ist〕」→「自己資本と借入資本との割合は時期によって変動する〔das Verhältnis zwischen eignem und erborgtem Kapital in verschiednen Perioden wechselt〕」。
159)〔E〕挿入——「この」
160)〔E〕挿入——「じっさい」
161)〔E〕「総利潤」→「粗利潤」
162)〔E〕挿入——「簡単に，」
163)〔E〕「——」——削除
164)〔E〕「生みだした」　setzen→erzeugen
165)〔E〕「形態」→「下位形態」
166)〔E〕「——」——削除

vorstellung〕ではmonied Capital，利子生み資本が，資本そのもの〔Capital als solches〕，167)「とりわけすぐれた意味での」資本〔Capital κατ' εξοχήν〕と見なされることになる。だからこそ，他方では，利子として支払われるものは貨幣としての貨幣だという168)観念——これはマッシーの時代まで優勢だった——が出てくるのである。④貸し付けられた資本は，それが現実に資本として使用されようとされまいと——169)もしかするとただ消費170)等々のために借りられただけかもしれない171)が——，利子を生むという事情は，この資本形態の自立性の観念を強固にする。資本主義的生産様式の最初の諸時期に利子が利潤にたいして⑤，また利子生み資本が 448 172)生産的資本にたいして自立性をもって現われる，ということの最良の証拠は，利子は総利潤のたんなる173)部分である174)ことが，18世紀の中葉になってやっと発見された（⑥マッシーによって，また⑦彼のあとに⑧ヒュームによって）ということであり，また，およそこのような発見が必要だったということである。

① 〔異文〕「分化する〔sich differenziren〕」←「分かたれる〔sich vertheilen〕」
② 〔異文〕「ずっと〔lange〕」——書き加えられている。
③ 〔異文〕「完成した伝来の」←「完成した」
④ 〔異文〕「貸し付けられた」←「借りられた」
⑤ 〔異文〕「生〔産的〕〔prod〔uctiv〕〕」という書きかけが消されている。
⑥ 〔注解〕〔ジョウジフ・マッシー〕『自然的利子率を支配する諸原因に関する一論……』，ロンドン，1750年〔，49ページ〕。
⑦ 〔異文〕「彼の後に」——書き加えられている。
⑧ 〔注解〕デイヴィド・ヒューム『利子について』。所収：『種々の主題についての小論および論文集』，第1巻，ロンドン，1764年〔，329-336ページ〕。〔田中敏弘訳「利子について」。所収：『ヒューム経済論集』，『初期イギリス経済学古典選書』8，東京大学

---

167) 〔E〕「「とりわけすぐれた意味での」資本」 Capital κατ' εξοχήν→Kapital par excellence
168) 〔E〕「観念——これはマッシーの時代まで優勢だった——」→「，マッシーの時代まで優勢だった観念」
169) 〔E〕「もしかすると」——削除
170) 〔E〕「等々」——削除
171) 〔E〕「が」→「にしても」
172) 〔E〕「生産的資本」→「産業資本」
173) 〔E〕「部分」→「一部分」
174) 〔E〕「こと」→「事実」

出版会，1967年，71-80ページ。〕

　第3に，[175)]生産的資本家が自分の資本で事業をするか借りた資本で事業をするかということは，彼に貨幣資本家〔monied Capitalist〕の階級が特殊的種類の資本家として対立し，monied Capitalが資本の一つの自立的[176)]形態として対立し，利子がこの独自な資本に対応する自立的な剰余価値形態として対立するという事情を少しも変えるものではない。[177)]質的に見れば，利子は剰余価値であって，この剰余価値は資本のたんなる所有が提供するのであり，資本の所有者は再生産過程の外にとどまっているにもかかわらず資本それ自体〔Capital an sich〕がもたらすのであり，したがって資本がそれの過程から分離されていながらもたらすのである。①[178)][179)]量的には，利潤のうち利子を形成する部分は[180)]生産的資本そのものに関連してではなく②monied Capitalに関連して現われるのであって，剰余価値のこの部分の率，すなわち利子率または利子歩合はこの関係を確立するのである。[181)]というのは，第1に，利子率は――それが一般的利潤率に依存するにもかかわらず――自立的に規定されるからであり，また第2に，利子率は，商品の市場価格と同様に，③補捉できない利潤率とは反対に，④[182)]確定した，一様な，明白な，つねに与えられている割合として現われるからである。もしもいっさいの資本が[183)]生産的資本家の手中にあるならば，[184)]利子率も，だからまた利子も存在しないであろう。[185)]総利潤の量的な分割がとる自立的な形態が，質的な分割を[186)]生みだすのである。[187)]生産

---

175)〔E〕「生産的資本家」→「産業資本家」
176)〔E〕「形態」→「種類」
177)〔E〕エンゲルス版ではここで改行されている。
178)〔E〕エンゲルス版ではここで改行されている。
179)〔E〕「量的には」→「量的に見れば」
180)〔E〕「生産的資本」→「産業資本および商業資本」
181)〔E〕「というのは」　da→denn
182)〔E〕挿入――「あらゆる変動にもかかわらず」
183)〔E〕「生産的資本家」→「産業資本家」
184)〔E〕「利子率も，だからまた利子も」→「利子も，また利子率も」
185)〔E〕「総利潤」→「粗利潤」
186)〔E〕「生みだす」　produciren→erzeugen
187)〔E〕「生産的資本家」→「産業資本家」

的資本家が自分を貨幣資本家〔monied capitalist〕と比べてみれば，彼を後者から区別するものは，ただ企業利得だけである。すなわち，[188]総利潤のうち，⑤⑥利子率[189]によって経験的に与えられた大きさとして現われる平均利子を越える超過分としての，それだけである。他方，彼が自分を自分の資本[190]ででなく借りた資本で事業をする[191]生産的資本家と比べてみれば，彼はただ貨幣資本家〔monied Capitalist〕として後者と区別されるだけである。というのは，後者は利子を払ってしまうのではなく自分のふところに入れるのだからである。どちらの面からも，彼にとっては，[192]総利潤のうちで利子と区別される部分は企業利得として現われるのであり，利子そのものは，資本がそれ自体として[193]もたらすところの，⑦したがってまた，かりに[194]資本が生産的に充用され‖305上｜なくてもそれがもたらすであろう剰余価値として現われるのである。[195][196]そして，個別資本家にとっては，このことは実際上正しい。⑧彼の資本が[197]投下の出発点でmonied Capitalとして存在していようと，[198]彼がそれをこれからやっとmonied capitalに転化させなければならないものであろうと，彼がそれを利子生み資本として貸し付けるか，それとも生産的資本として自分で増殖するかは，彼の勝手である。若干の俗流経済学者たちがやっているように，一般的にそうだと考えるならば，[199]しかもそれを利潤の根拠としてあげるならば，それはもちろん[200]ばかげたことである。449[201]大量の資本は[202]——貨幣として存在する[203]資本を別とすれば[204]すべての資本は[205]——，

---

188) 〔E〕「総利潤」→「粗利潤」
189) 〔E〕「によって」 durch→vermöge
190) 〔E〕「でではなく」→「のかわりに」
191) 〔E〕「生産的資本家」→「産業資本家」
192) 〔E〕「総利潤」→「粗利潤」
193) 〔E〕「もたらす」 setzen→abwerfen
194) 〔E〕「資本が」——削除
195) 〔E〕エンゲルス版ではここで改行されている。
196) 〔E〕「そして，」——削除
197) 〔E〕「投下の〔der Anlage〕」——削除
198) 〔E〕「彼がそれを……転化させなければならない」→「それが……転化させられるべき」
199) 〔E〕挿入——「すなわち，社会資本全体に適用するならば，」
200) 〔E〕「ばかげたこと」 Blödsinn→verrückt
201) 〔E〕「大量の資本〔d. grosse Masse d. Capitals〕」→「総資本〔das gesamte Kapital〕」

生産手段の形態で存在するのであって，⑨生産手段を買って206)それを資本として価値増殖する人びとがいないのに⑩総資本を monied Capital に転化するということ207)は，もちろん無意味である。これよりももっとひどく無意味なのは，資本主義的生産様式の基礎の上では，資本は，生産的資本として機能しなくても，すなわち⑪利子がたんにその一部分でしかない剰余価値を創造⑫しなくても，利子を生むはずだということ，つまり，資本主義的生産様式は資本主義的生産がなくても進行するはずだということである。もしも資本家のむやみに大きい部分が208)彼らの資本を monied Capital に転化させようとするならば，その結果は，209)ただ，⑬210)貨幣に転化されるべき彼らの資本のひどい減価と利子率のひどい低落だけであって，211)この低落はたちまち〔資本家の〕一部分を，それの利子で食っていくことができないようにし，したがって彼らに生産的資本家に逆戻りせざるをえなくさせるであろう。しかし，いま述べたように，個別資本家にとってはこれは事実である。それゆえ，必然的に彼は，自分の資本で事業をする場合でも，自分の平均利潤のうち平均利子に等しい部分を，過程を無視して，自分の資本そのもの〔Capitals als solches〕の212)所産とみなすのであり，また，利子として自立化させられたこの部分に対立させて，213)総利潤のうち利子を越える超過分をたんなる企業利得とみなすのである。a)／

　①〔異文〕「自分の資本の所有者〔Eigner〕である生産的資本家が自分を貨幣資本家

---

202)〔E〕「——」——削除
203)〔E〕「資本」→「，相対的に小さい部分」
204)〔E〕「すべての資本は」——削除
205)〔E〕「——」——削除
206)〔E〕「それを資本として」——削除
207)〔E〕挿入——「，——これ」
208)〔E〕「彼らの」→「この部分の」
209)〔E〕「ただ……だけ」——削除
210)〔E〕「貨幣に転化されるべき彼らの資本」→「貨幣資本」
211)〔E〕「この低落はたちまち〔資本家の〕一部分を，それの利子で食っていくことができないようにし，したがって彼らに生産的資本家に逆戻りせざるをえなくさせるであろう。」
　　　→「多くの資本家たちがたちまち彼らの利子で食っていくことができないようにされ，したがって産業資本家に逆戻りせざるをえなくさせられるであろう。」
212)〔E〕「所産〔offspring〕」→「果実」
213)〔E〕「総利潤」→「粗利潤」

〔monied Capitalist〕と比べてみれば」という書きかけが消されている。
② 〔異文〕「monied Capital」←「可能性から見ての資本〔Capital der Möglichkeit nach〕」
③ 〔異文〕「補捉できない」——書き加えられている。
④ 〔異文〕「確定していて……のかたちで〔in festen und〕」という書きかけが消されている。
⑤ 〔異文〕「平均的」と書き加えたのち，これを消している。
⑥ 〔異文〕「利子率によって経験的に与えられた大きさとして現われる」——書き加えられている。
⑦ 〔異文〕「したがって」——書き加えられている。
⑧ 〔異文〕「彼が自分の資本を mo[nied Capital] に……できる」という書きかけが消されている。
⑨ 〔異文〕「それを買う」という書きかけが消されている。
⑩ 〔異文〕「総資本を monied Capital に転化する」←「資本の総転化」
⑪ 〔異文〕「利子がたんにその一部分でしかない」——書き加えられている。
⑫ 〔異文〕「しなくても〔ohne〕」——この語を使わない表現を書きかけたが，消している。
⑬ 〔異文〕「貨幣に転化されるべき彼らの資本のひどい減価と」——書き加えられている。

|305下|〔原注〕[214]a) 利子と企業利得との対立についての浅薄な観念は次のとおり。——

①②[215]「利潤，イコール，貯蓄の生産的充用にたいする報償。正当に利潤と呼ばれるものは，この生産的充用のあいだの監督〔superintendence〕のための活動〔agency〕にたいする報償である。」(『ウェストミンスター・レヴュー』，1826年1月，③107ページ以下。) つまり，ここでは利子は，貨幣等々が資本として充用されることにたいする報償であり，したがって，資本としての資本から発

---

[214] 〔E〕エンゲルス版では，以下の原注の全体が削除されている。
[215] この引用は，『1861-1863年草稿』のノートXVの925ページ (MEGA II/3.4, S. 1505) から取られたものである。邦訳のこの箇所につけられた訳注も指摘しているように，この引用の冒頭の「利潤」は「利子」とあるべきところである。MEGAの注解注②に掲げられた『ウェストミンスター・レヴュー』での原文からも，またこのあとのマルクスの要約からもわかるように，これはマルクスの単純な誤記だったのであって，それを彼はこの草稿でもそのまま引き写してしまったのであった。エンゲルスがこの部分を彼の版に取り入れなかったのは，誤記と気づかなかったために，論旨が不分明だと感じたからではないかと思われる。

生するのであって，この資本は，資本としてのその属性にたいして報償を受けるのである。これに反して産業利潤は，「この生産的充用のあいだの」，すなわち生産過程そのものでの，資本としての資本の機能にたいするものである。〔原注a）終わり〕|

① 〔注解〕〔次の書への書評〕「『機械などの使用が労働階級の幸福に及ぼす影響』，ロンドン，1824年。」所収：『ウェストミンスター・レヴュー』，第5巻，1826年1月-4月，第9号，第4論説，101-130ページ。——筆者はたぶんウィリアム・エリスである。(MEGA IV/7, S. 35を見よ。〔MEGA IV/7のこのページには，マルクスの「ロンドン・ノート」のノートⅠの冒頭に書かれた文献リストが収められており，そこには，「1826年1月のための『ウェストミンスター・レヴュー』：機械の影響に関する論評（ウィリアム・エリス氏執筆）」という記載がある。〕）

② 〔注解〕『ウェストミンスター・レヴュー』では次のようになっている。——「誤解を避けるために，われわれはここで，われわれが利潤という語のなかに含意させているものを説明するにあたって，いくつか注意をしておきたい。ある個人が彼自身の貯蓄を生産的に充用する場合，彼が手に入れる利潤のなかに含まれるのは，彼の資本が彼の特定の事業で受けたかもしれない危険にたいする十分な引当金を控除したあと，彼の時間と技能とにたいする報酬であり，この報酬が監督のための活動と呼ばれうるのである。そして，彼の貯蓄の生産的使用にたいする報酬，それが利子と呼ばれるものである。この報酬全体をわれわれは総利潤と呼ぶことができる。」

③ 〔訂正〕「107」——草稿では「167」と書かれている。

/305上/[216)]第4に。|

|306上|つまり，以上で明らかになったように，①利潤のうち②機能資本家が③借入資本のたんなる所有者に支払わなければならない部分は，利潤のうちの，借入資本であろうとなかろうと④<u>いっさいの資本そのもの</u>〔Capital als solches〕が⑤<u>利子</u>という名のもとにもたらす部分にとっての自立的形態に⑥<u>転化する</u>のである。⑦この部分がどれだけの大きさになるかは，平均利子率の高さにかかっている。この部分の起源は，もはやただ，機能資本家は，彼が自分の資本の所有者であるかぎり，[217)]利子率を規定する競争に加わらない[218)]（少なくとも積

---

216) 〔E〕「第4に。」——エンゲルス版では「第4に。」のあとに「〔草稿では空所〕」と記されている。草稿では，305ページの上半部に書かれた「第4に。」というこの行のあと，上の原注a) が書かれている下半部とのあいだが約⅓ページの空白となっている。「第4に。」の内容をあとで埋めるために空けておいたのであろう。

極的には加わらない）ということに現われているだけである。利潤にたいして別々の権原をもっている二人の人格のあいだでの[219]利潤の<u>純粋に量的な</u>分割が，[220]こうして，<u>質的な分割</u>になるのであって，この分割が資本および利潤そのものの性質から生じているように見えるのである。というのは，すでに見たように，利潤の一方の部分が一般的に<u>利子</u>の形態をとるとき，平均利潤と利子との差額[8]，[221]利潤の他の部分は，利子に[9]<u>対立する</u>形態に，<u>企業利得</u>という形態に，転化するのだからである。この二つの形態，<u>利子</u>と<u>企業利得</u>とは，[222]——ただそれらの対立のうちに存在するだけである。|450| だから，それらは両方とも，<u>剰余価値</u>に関連しているのではなく，ただ別の範疇，項目または名称[10]に固定された剰余価値の諸部分であるだけであって，むしろそれらどうしが互いに関連しているのである。[11]利潤の一方の部分が<u>利子</u>に転化するので，[223]他方の部分が<u>企業利得</u>[224]の形態で現われるのである。

　①〔異文〕「利子が……たんなる部分から」という書きかけが消されている
　②〔異文〕「機能資本家が」←「所〔有者〕が〔Eigent[hümer]〕」
　③〔異文〕「利子という名のもとに」という書きかけが消されている。
　④〔異文〕「いっさいの」——書き加えられている。
　⑤〔異文〕「利子という名のもとに」——書き加えられている。
　⑥〔異文〕「すなわち，資本そのものがまた，……の場合にさえも，もたらすかのように見える部分に」という書きかけが消されている。
　⑦〔異文〕「この部分の起源は，ただ，……から見て，現われているだけである。」という書きかけが消されている。
　⑧〔異文〕「，利潤の他の部分」——書き加えられている。
　⑨〔異文〕「対立する」　gegensätzlich←entgegenge[setzte]

---

217)〔E〕「利子率を規定する」→「利子率の規定では」
218)〔E〕「（」および「）」→「——」および「——」
219)〔E〕「利潤の純粋に量的な分割が……質的な分割になる〔aus d. rein quantitativen Theilung d. Profits ... wird so eine qualitative Theilung〕」→「利潤の純粋に量的な分割が質的な分割に転化した」
220)〔E〕「こうして，」——削除
221)〔E〕「利潤の他の部分」→「すなわち利潤のうち利子を超える超過分」
222)〔E〕「——」——削除
223)〔E〕挿入——「そのために」
224)〔E〕「の形態で」→「として」

⑩〔異文〕「に」←「のもとで」
⑪〔異文〕「しかし，……ところでは」という書きかけが消されている。

225)(226)われわれがここで利潤①というときには，それはいつでも平均利潤のことである。というのは，いろいろな偏倚は，②個別的利潤の偏倚であろうとさまざまの生産部面の利潤の偏倚であろうと——つまり競争戦227)等々につれて平均利潤または剰余価値の分配が，228)個別資本家のあいだであろうと，さまざまの生産部面の資本家たちのあいだでであろうと，いろいろに変動することは——，われわれにとってここではまったくどうでもよいことだからである。このことは，総じて229)当面の研究において固持されなければならない。)

①〔異文〕「を云［々する］〔v[om]]」という書きかけが消されている。
②〔異文〕「個別的〔individuell〕」←「個々の〔einzeln〕」

ところで，利子は230)純利潤〔Nettoprofit〕a)であって，これは，①再生産過程の外にとどまっている②たんなる貸し手にであろうと，資本を自分で生産的に使用する231)資本の所有者にであろうと，とにかく③資本所有そのものがもたらすところのものである。しかし，後者のために資本所有がこの純利潤をもたらすのも，彼が機能資本家であるかぎりでのことではなく，彼が貨幣資本家〔monied Capitalist〕であり，④自分の資本を232)monied Capital, 233)利子生み資本として，機能資本家としての自分自身に貸し付ける貸し手〔lender〕であるかぎりでのことである。⑤234)貨幣（価値一般）の資本への転化が資本主義的生産過

---

225)〔E〕「（」および「）」——削除
226)〔E〕「われわれがここで利潤というときには，それはいつでも平均利潤のことである。」
　　Wir sprechen hier immer, wenn wir Profit sagen, vom Durchschnittsprofit→Unter Profit verstehn wir hier immer den Durchschnittsprofit
227)〔E〕「等々」→「やその他の事情」
228)〔E〕「個別資本家のあいだであろうと，さまざまの生産部面の資本家たちのあいだでであろうと，」——削除
229)〔E〕「当面の研究において固持されなければならない。」→「当面の研究の全体について言えることである。」
230)〔E〕挿入——「ラムジの名づける」
231)〔E〕「資本の」——削除
232)〔E〕「monied Capital,」——削除
233)〔E〕挿入——「一つの」

程の⑥恒常的な結果であるように，資本としての貨幣の⑦定在はまた⑧同様に資本主義的生産過程の235)恒常的な前提である。236)すなわち，貨幣は，237)生産手段へのその⑨転化能力によって，⑩つねに⑪不払労働を支配〔commandiren〕し，⑫したがってまた商品の生産過程および流通過程を貨幣の所持者のための剰余価値⑬の生産に転化させる。だから，利子はただ，価値一般——238)一般的社会的形態にある239)対象化された労働〔であって〕，現実の生産過程では生産手段の姿態をとる——が，⑭自立的な力〔Macht〕として，生きた240)労働能力（労働力）に対立しており，不払労働を取得するための手段になっているということの表現でしかない⑮のであり，また，価値がこのような力〔Macht〕であるのは価値が他人の所有として労働者に対立しているからだ，ということ⑯の表現でしかないのである。とはいえ，他方，利子という形態では，⑰賃労働にたいするこのような対立は消えてしまっている。というのは，利子生み資本はそのものとしては賃労働241)に対立しているのではなく，242)機能するかぎりでの資本に対立しているのだからであり，243)貸付資本家はそのものとしては244)賃労働者に対立しているのではなくて，再生産過程で現実に機能している資本家に対立しているのであり，他方では，まさに資本主義的生産様式の基礎の上では，賃労働者は生産手段とはなんのかかわりもない（彼らから収奪され

---

234)〔E〕「貨幣（価値一般〔Werth überhaupt〕）の」→「貨幣の，総じて〔überhaupt〕価値の」
235)〔E〕「恒常的な」 beständig→stet
236)〔E〕「すなわち，」——削除
237)〔E〕「生産手段へのその転化能力」→「生産手段に転化するというその能力」
238)〔E〕「一般的社会的形態にある」 in ihrer allgemeinen gesellschaftlichen Form→in ihrer allgemein gesellschaftlichen Form
239)〔E〕「対象化された労働〔であって〕，現実の生産過程では生産手段の姿態をとる——が，」→「対象化された労働——が，現実の生産過程では生産手段の姿態をとる価値が，」
240)〔E〕「労働能力〔Arbeitsvermögen〕（労働力〔Arbeitskraft〕）」→「労働力」
241)〔E〕「に対立している」→「を自己の対立物としている」
242)〔E〕「機能するかぎりでの資本〔d. Capital soweit es functionirt〕」→「機能資本」
243)〔E〕「貸付資本家」 d. ausleihende Capitalist→der verleihende Kapitalist
244)〔E〕「賃労働者に対立しているのではなくて，再生産過程で現実に機能している資本家に対立しているのであり，他方では，まさに資本主義的生産様式の基礎の上では，賃労働者は生産手段とはなんのかかわりもない（彼らから収奪されている）」→「再生産過程で現実に機能している資本家に対立しているのであって，まさに資本主義的生産の基礎の上では生産手段を収奪されている賃労働者に対立しているのではない」

て〔expropriirt〕いる）のだからである。⑱利子生み資本は，245)機能としての資本にたいする246)所有としての資本である。ところが，資本は，それが |451| 機能しないかぎり，労働者を搾取せず，また労働に対立しないのである。/

① 〔異文〕「再生産過程」←「生産過程」
② 〔異文〕「たんなる」――書き加えられている。
③ 〔異文〕「資本がそれの所有者に」という書きかけが消されている。
④ 〔異文〕「自分自身への貸〔し手〕〔V[erleiher]〕」という書きかけが消されている。
⑤ 〔異文〕「……〔資本としての〕貨幣の定在は」という書きかけが消されている。
⑥ 〔異文〕「恒常的な」――書き加えられている。
⑦ 〔異文〕「絶えざる」という書きかけが消されている。
⑧ 〔異文〕「同様に」――書き加えられている。
⑨ 〔異文〕「転化能力」←「転化」
⑩ 〔異文〕「絶えざる……である」という書きかけが消されている。
⑪ 〔異文〕「一部分を……に」という書きかけが消されている。
⑫ 〔異文〕「したがって」――書き加えられている。
⑬ 〔異文〕「すなわち……価値」という書きかけが消されている。
⑭ 〔異文〕「生〔きた〕……の自立的に……として」という書きかけが消され，さらに「生きた労働の自立的な力に対立するものとして」という書きかけが消されている。
⑮ 〔異文〕「のであり，また，価値がこのような力〔Macht〕であるのは価値が他人の所有として労働者に対立しているからだ」――書き加えられている。
⑯ 〔異文〕「の表現でしかない」←「を表現する」
⑰ 〔異文〕「賃労働にたいする」←「他人の労働にたいする」
⑱ 〔異文〕「利子生み資本は」←「利子は」

|306下|〔原注〕a) 247)ラムジは利子を「純利潤〔net profit〕」と①②呼んでいる。③248)（同前〔『富の分配に関する一論』，エディンバラ，1836年〕，193ページ。）〔原注a)終わり〕/

① 〔異文〕「企業利潤〔profit of enterprise〕」から区別し，また」という書きかけが消されている。

---

245) 〔E〕「機能としての」――エンゲルス版では強調されている。
246) 〔E〕「所有としての」――エンゲルス版では強調されている。
247) 〔E〕この注は，エンゲルス版では削除されている。その代わりに，脚注230に記載したように，本文に「ラムジの名づける」という句が挿入されている。
248) この出典指示は鉛筆で書かれているが，マルクスの手によるものと思われる。

②〔訂正〕「呼んでいる」——草稿では「区別している」と書かれている。すぐ上の異文注を見よ。
③〔異文〕「(同前，193ページ。)」——書き加えられている。

/306上/他方，<u>企業利得</u>は，<u>賃労働</u>にたいして対立物をなしているのではなく，ただ<u>利子</u>にたいして対立物をなしているだけである。

249)第1に，平均利潤を与えられたものとして前提すれば，企業利得の率は，労賃によってではなく<u>利子率</u>によって規定されている。250)企業利得の高低は利子率に<u>反比例する</u>。b)|

/306下/〔原注〕b) 251)<u>ラムジ</u>。①「企業の利潤が資本の純利潤によって定まるのであって，後者が前者によって定まるのではない。」(同前，214ページ。252))〔原注b) 終わり〕|

①〔注解〕カール・マルクス『経済学批判 (1861-1863年草稿)』(MEGA II/3.5, S. 1798. 10-11) を見よ。〔MEGA II/3.5のこの箇所には，ラムジの以下の文が引用されている。〕

|307上|第2に，機能資本家は，企業利得にたいする自分の253)権原 (請求権) を，①したがって企業利得そのものを，自分の資本所有から引き出すのではなく，②資本が怠惰な所有として存在しているさいのその規定性に対立する資本の機能から引き254)出すのであり，そしてこのことは，彼が借りた資本で255)操作し，したがって利子と企業利得とが二人の別な人格のものになる場合には，直接に256)存在する対立として現われる。企業利得は，再生産過程での資本の機能から発生する。つまり，257)彼が258)この機能を，生産的資本のそれであろ

---

249)〔E〕「第1に」 d'abord→erstens
250)〔E〕「企業利得〔er〕」→「企業利得の率〔sie〕」
251)〔E〕エンゲルス版では，この注は脚注とされている。
252)〔E〕挿入——「純利潤とは，ラムジではいつでも，イコール利子である。」
253)〔E〕「権原〔Titel〕(請求権〔Anspruch〕)」→「請求権」
254)〔E〕「出すのであり，そして」→「出す。」
255)〔E〕「操作し」→「操作するときには」
256)〔E〕「存在する〔existirend〕」→「現存する〔vorhanden〕」
257)〔E〕「彼が」→「機能資本家が」
258)〔E〕「この機能を，生産的資本のそれであろうと商業資本のそれであろうと，」→「産業資

うと商業資本のそれであろうと，媒介するために行なう操作，活動259)によって，発生する。260)機能資本の代表者③だということは，けっして利子生み資本を代表することのような閑職ではない。資本主義的261)生産様式の基礎の上では，資本家は生産過程をも流通過程をも指揮〔dirigiren〕する。④生産的労働の搾取は，⑤彼が自分でやるにしても，彼の名で他人にやらせるにしても，262)労働を要費する。だから，彼にとっては彼の企業利得は，利子に対立して，⑥資本所有にはかかわりのないものとして，むしろ非所有者としての――263)労働者としての――彼の機能の結果として，現われるのである。264)そこで，彼の⑦頭のなかでは必然的に次のような観念が発生してくる〔sich entwickeln〕。265)企業利得は――賃労働にたいしてなんらかの対立をなしていてただ他人の不払労働でしかないというようなものであるどころか――むしろそれ自身266)労賃であり，267)労働監督賃金〔wages of superintendence of labour〕であり，普通の賃労働者の賃金よりも高い賃金である。なぜかと言えば，1）その労働が複雑労働だからであり，2）彼は自分自身に労賃を支払うのだからである。彼の資本家としての機能は，剰余価値すなわち268)剰余労働を⑧，最も経済的な諸条件のもとで，生産することにあるということは，資本家が269)この機能をしないでたんなる資本所有者である場合にも利子は資本家のものになるのに，270)企業利得は，彼が自分が機能するための資本の非所有者である場合にも彼のものになる，という対立のために，完全に忘れられる。利潤つまり剰余価

　　　本や商業資本のこの機能を,」
259)〔E〕「によって〔durch〕」→「の結果〔infolge〕」
260)〔E〕挿入――「しかし,」
261)〔E〕「生産様式」→「生産」
262)〔E〕「労働」→「骨折り〔Anstrengung〕」
263)〔E〕「労働者」――エンゲルス版でも強調されている。
264)〔E〕エンゲルス版ではここで改行されている。
265)〔E〕「企業利得〔ein Unternehmungsgewinn〕」→「彼の企業者利得」
266)〔E〕「労賃」――エンゲルス版でも強調されている。
267)〔E〕「労働監督賃金〔wages of superintendence of labour〕」→「監督賃金〔Aufsichtslohn〕,wages of superintendence of labour」
268)〔E〕「剰余労働〔Surplus labour〕」→「不払労働」
269)〔E〕「この機能」→「資本家としての機能」
270)〔E〕挿入――「反対に」

値が 452 分かれる二つの部分の⁹⁾対立的な形態のために，両方とも剰余価値の部分でしかないということが忘れられ，また，剰余価値の分割は剰余価値の性質やその起源やその存在諸条件を少しも変えることはできないということが忘れられるのである。⁽¹⁰⁾²⁷¹⁾現実の過程では機能資本家は，賃労働者にたいして他人の所有としての資本を代表しており，⁽¹¹⁾貨幣資本家〔monied Capitalist〕は，機能資本家によって代表されたものとして，労働の搾取に参加している。ただ²⁷²⁾労働者に対立する生産手段の代表者としてのみ，²⁷³⁾能動的資本家は，労働者を自分のために労働させるという，またはこの生産手段を資本として機能させるという機能を行なうことができるということ，このことは，再生産過程のなかでの⁽¹²⁾資本の機能が再生産過程の外のたんなる資本所有にたいしてなす対立のために，忘れられるのである。²⁷⁴⁾じっさい，利潤すなわち剰余価値の二つの部分が利子と企業利得としてとる形態では，労働にたいする²⁷⁵⁾連関〔Beziehung〕，それにたいする関係〔Verhältniß〕はなにも表現されてはいない。なぜならば，この関係は，ただ，労働と利潤とのあいだに，またはむしろこれらの二つの部分の合計であり全体であり，統一体〔Einheit〕としての剰余価値とのあいだに，存在するだけだからである。利潤が分割される割合，また，この分割がそのもとで行なわれる別々の権原は⁽¹³⁾利潤を前提し，その定在を前提する。それゆえ，もしも資本家が自分が機能するための資本の所有者であるならば，彼は²⁷⁶⁾剰余価値または利潤を全部取り込むのであるが，これは労働者にとっては，²⁷⁷⁾資本家がそのうちの一部分を法律上の所有者としての第三者に支払ってしまわなければならないような場合と，まったく同じことである。こうして，二つの種類の資本家のあいだでの利潤²⁷⁸⁾（剰余価値）の分割根拠が，ひそ

271）〔E〕「現実の過程」→「再生産過程」
272）草稿では，「労働」が「労働者」に変更されている。
273）〔E〕「能動的」 agirend→aktiv
274）〔E〕エンゲルス版ではここで改行されている。
275）〔E〕「連関，それにたいする」──削除
276）〔E〕「剰余価値または利潤」→「利潤または剰余価値」
277）〔E〕「資本家がそのうちの一部分を法律上の所有者としての第三者に支払ってしまわなければならないような場合と，まったく同じことである」→「彼がそうするか，それとも一部分を法律上の所有者としての第三者に支払ってしまわなければならないかは，まったくどうでもよいのである」

かに，利潤の，⑭つまり分割されるべきものの存在根拠に，⑮あとでどのように分割されるか279)にかかわりなく資本がそのものとして⑯再生産過程から引き出す⑰剰余価値の存在根拠に，転化してしまうのである。利子は企業利得に対立し，企業利得は利子に対立し，つまり両者は互いに対立し合っているが，しかし労働には対立していないということからは，次のことが出てくる。——企業利得・プラス・利子，すなわち利潤は⑱，さらには剰余価値は，なににもとづいているのか？ それの二つの部分の対立的形態にだ！ ところが，利潤は，それのこのような分割がなされる前に，280)あるいはなされうる前に，生産されるのである。⑲281)++)｜

① 〔異文〕「したがって企業利得そのものを，」——書き加えられている。
② 〔異文〕「資本がただ……さいのその怠惰な形態に対立する」という書きかけが消されている。
③ 〔異文〕「だということ」——書き加えられている。
④ 〔異文〕「生産的」——書き加えられている。
⑤ 〔異文〕「彼が自分でやるにしても，彼の名で他人にやらせるにしても，」——書き加えられている。
⑥ 〔異文〕「……の結果として」という書きかけが消されている。
⑦ 〔異文〕「頭」　Hirnkasten ← Hirnschädel
⑧ 〔異文〕「取得〔する〕〔anzueign[en]〕」という書きかけが消されている。
⑨ 〔異文〕「対立的な形態」←「対立」
⑩ 〔異文〕「機能〔資本家〕が……ときには」という書きかけが消されている。
⑪ 〔異文〕「したがって，資本の労働者たちにたいして……として」と書いたのち，このうちの「資本の」を「資本が」と書きかえ，そのあとこれらのすべてを消している。
⑫ 〔異文〕「資本の」——書き加えられている。
⑬ 〔異文〕「もち〔ろん〕〔natü[rlich]〕……想定する」という書きかけが消され，さらに「もちろん，利潤の生産そのものへの連関を，また，それの発生原因との目に見える関連をもたずに，それ〔利潤〕を前提する」という書きかけが消されている。
⑭ 〔異文〕「つまり資本が……」という書きかけが消され，さらに「同じ資本が……」

278) 〔E〕「(剰余価値)」——削除
279) 〔E〕「にかかわりなく〔abgesehn von〕」——1894年版では，vonがvorとなっていた。現行版では，「初版ではvor，マルクスの草稿によって変更」と注記されている。しかしこれは，一見してわかる単純な誤植であった。
280) 〔E〕「あるいはなされうる前に，」→「また，このような分割が問題になりうる前に，」
281) 〔E〕エンゲルス版では，ここに次の「++)」以降の部分を，改行して続けている。

第23章の草稿，それとエンゲルス版との相違　297

という書きかけが消されている。
⑮〔異文〕「あとで」——書き加えられている。
⑯〔異文〕「，また，資本がどのようにしてこれ（剰余価値）を……」という書きかけが消されている。
⑰〔異文〕「剰余価値の」←「ものの」
⑱〔異文〕「まったく……もとづいていない」という書きかけが消されている。
⑲〔異文〕手稿ではここに，++）という標識がつけられた追補が続いている。〔本書本巻〕297ページ9行-301ページ4行を見よ。

|307下|++）①282)利子生み資本がそういうものとして実証されるのは，ただ貸し付けられた貨幣が現実に資本に転化され②て，利子を一部分とするある283)超過分が生産されるかぎりでのことである。とはいえ，このことは，利子生み資本には，284)利子が，あるいは利子を生むということが，285)過程にはかかわりなしに，属性として③生え込んでいるということをなくしてしまうものではない。286)労働能力もまた，たしかに，ただそれが287)労働の過程で288)実証され実現されるときにのみ，289)価値を創造するというそれの力を実証する。290)このことは，労働能力はそれ自体として，291)能力として，価値創造活動なのであって，そのようなものとして292)過程のなかではじめて生成するのではなくむしろ過程に前提されているのだということを，排除

---

282)　++）で指示された以下の部分は，307ページの下半に書かれているが，これは，このページの最後までの部分があとから追加的に書かれたことを示唆している。
283)　〔E〕「超過分」　surplus→Überschuß
284)　〔E〕「利子が，あるいは」——削除
285)　〔E〕「過程」→「生産過程」
286)　〔E〕「労働能力」→「労働力」
287)　〔E〕「労働の過程」→「労働過程」
288)　「実証され〔bethätigt〕」——旧拙稿ではこのbethätigtをbestätigtと読み誤っていた。
289)　〔E〕「価値を創造するというそれの力〔s. Kraft Werth zu schaffen〕」→「価値を創造するそれの力〔ihre wertschaffende Kraft〕」
　　前者でs.すなわちseineとなっており，後者でihreとなっているのは，前者では「労働能力」を，後者では「労働力」を指しているからである。
290)　〔E〕挿入——「しかし」
291)　〔E〕挿入——「潜勢的に〔potentiell〕，」
292)　〔E〕「過程のなかではじめて生成する〔werden〕」→「過程からはじめて発生する〔entstehen〕」

298　第1篇　利子生み資本

するものではない。293)そのようなものとして，労働能力は買われるのである。それを294)働453かせることなしに295)それを買うこともできる。資本にしてもそうである。借り手〔borrower〕がそれを資本として使うかどうか，つまり，296)価値を創造するというそれに固有な属性を過程で297)実証するかどうかは，借り手の勝手である。彼が代価を支払うのは，どちらの場合にも，④この商品に即自的に，可能性から見て298)含まれている剰余価値にたいしてなのである。

　①〔注解〕このパラグラフは，カール・マルクス『経済学批判（1861-1863年草稿）』（MEGA II/3.4, S. 1487.32-33 und 1488.39-1489.20）から取られている。
　②〔異文〕「るかぎりでの」という書きかけが消されている。
　③〔異文〕「生え込んでいる」 eingewachsen ← eingewachsen ist
　④〔異文〕「……という能力〔Vermögen〕」という書きかけが消されている。

　①299)資本主義的生産様式における資本の300)独自な社会的規定性の契機――301)資本所有――{他人の所有として労働を指揮する〔commandiren〕こと}――が固定され，したがってまた，利子が剰余価値のうち資本がこの302)規定性において生み出す部分として現われることによって，剰余価値の他方の部分――企業利得――は必然的に，資本としての資本から生じるのではなくて，303)資本―利子という表現においてすでにその特別な存在様式を受け取っている，資

---

293)〔E〕「そのようなものとして」→「価値を創造する能力として」
294)〔E〕挿入――「生産的に」
295)〔E〕挿入――「，たとえば純粋に個人的な目的，サービスなどのために，」
296)〔E〕「価値」→「剰余価値」
297)「実証する〔bethätigen〕」――旧拙稿ではこのbethätigenをbestätigenと読み誤っていた。
298)〔E〕挿入――「資本という」
299)〔E〕エンゲルス版では，ここに，これまでの部分との区切りを示す横線があり，続いて，次の一文がある。――「さて，もっと詳しく企業者利得に立ち入ろう。」
300)〔E〕「独自な社会的規定性」 d. specifisch gesellschaftliche Bestimmtheit→die spezifischen gesellschaftlichen Bestimmtheit
301)〔E〕「資本所有――{他人の所有〔fremdes Eigenthum〕として労働を指揮する〔commandiren〕こと}」→「他人の労働にたいする指揮権〔Kommando〕であるという属性をもつ資本所有」
302)〔E〕「規定性」→「連関」
303)〔E〕「資本―利子〔Capital - Zins〕」→「資本利子〔Kapitalzins〕」

本の[304]社会的規定性からは分離されて，生産過程から生じるものとして現われる。しかし，資本から分離されれば，生産過程は労働過程一般である。したがって産業資本家は，資本所有者から区別されたものとしては，機能する資本ではなく，資本を[305]度外視した機能者[306]であり，労働過程一般のたんなる担い手，労働者，しかも賃労働者[307]である。[308][309]つまり利子それ自体が，まさに，労働諸条件の資本としての定在，[310]社会的に対立するものとしての，また，労働に対立し[311]労働を支配する[312]人格的な諸力に変態したものとしての，労働諸条件の定在を表現しているのである。利子は，他人の労働の生産物を取得する手段としてのたんなる②資本所有を表わしている。しかし，利子はこの資本の性格を，生産過程[313]そのものの外で資本に属するあるもの，そしてけっしてこの生産過程そのものの[314]独自な規定性の結果ではないあるものとして，表わしている。利子は，このあるものを，労働にたいする[315]対立において表わすのではなく，反対に，労働にたいする関係なしに，ひとりの資本家の他の資本家にたいするたんなる関係として，表わす。つまり，労働そのものにたいする資本の関係にとっては外的でどうでもよい規定として，表わすのであ

---

304) 〔E〕挿入——「独自な」
305) 〔E〕挿入——「も」
306) 〔E〕「であり」→「として現われるのであり」
307) 〔E〕「である」→「として現われる」
308) 〔E〕エンゲルス版では，ここで改行されている。
309) 〔E〕「つまり」——削除
310) 〔E〕挿入——「労働に」
311) 〔E〕「労働を支配する〔über d. Arbeit〕」——1894年版ではd.はderとされていたが，文脈から見て明らかにdieとあるべきところ（したがって明らかに誤植と見なすべきところ）であって，現行版ではdieと訂正されている。現行版では脚注で「初版ではder，マルクスの草稿によって変更」と記しているが，この注記によってはしなくも明るみにでたのは，現行版の編集者が——草稿そのものとの照合は行なわず——草稿の解読文との照合を「マルクスの草稿」との照合と見なしていたということである。というのも，解読文ではすべてのd.が解読者によってder, das, dieなどに読み替えられているのであって，現行版の編集者は解読者による読み替え「によって変更」したとしか考えられないからである。
312) 〔E〕「人格的な諸力に変態したもの〔Metamorphose als persönliche Mächte〕」→「人格的な諸力に転化したもの〔Verwandlung in persönliche Mächte〕」
313) 〔E〕「そのもの〔selbst〕」——削除
314) 〔E〕「独自な〔specifische〕」→「独自な資本主義的〔spezifisch kapitalistische〕」
315) 〔E〕挿入——「直接の」

る。こうして，利子にあっては，すなわち資本の対立的な性格が一つの自立的な表現を自分に与えるところの，利潤の[316]姿態にあっては，この性格は自分にこの表現を次のような仕方で与える。すなわち，この対立がこの表現では完全に消し去られすっかり捨象されてしまうという仕方で与える。利子は[317]資本家のあいだの[318]関係であって，資本家と労働者とのあいだの関係ではないのである。[319]他方，この利子という形態は，利潤の他方の部分に，企業利得という，さらに進んで[320]監督賃金〔wages of superintendence〕という質的な形態を与える。資本家が資本家として果たさなければならない，そしてまさに労働者と区別され労働者に対立するものとして資本家に属する，特殊的な諸機能が，たんなる労働諸機能として表わされるのである。彼が剰余価値を創造するのは，彼が[321]資本家として労働するからではなくて，彼の資本家としての属性から離れて見ても彼が[322]労働をもするからである。だから，剰余価値のこの部分は，もはやけっして剰余価値ではなく，[323]その反対物であり，遂行された労働の等価である。資本の疎外された性格，労働にたいする資本の対立が，|454|現実の搾取過程のかなたに[324]移されるので，この搾取過程そのものはたんなる労働過程として現われるのであって，ここでは機能資本家はただ労働者がするのとは別の労働をするだけで[325]あり，したがって，搾取するという労働も搾取される労働も[326]労働としては同じだということになる。[327]搾取するとい

---

316)〔E〕挿入――「特殊的な」
317)〔E〕挿入――「二つの」
318)〔E〕「関係」 Verhältniß → ein Verhältnis
319)〔E〕エンゲルス版ではここで改行されている。
320)〔E〕「監督賃金」 wages of superintendence → Aufsichtslohn
　　本稿で取り扱っている草稿部分の以下のところで，マルクスは「監督賃金」をすべてwages of superintendenceという英語で表現している。エンゲルスは，これをAufsichtslohnあるいはVerwaltungslohnとしている。なお，さきの『ウェストミンスター・レヴュー』からの引用（本書本巻287ページ）をも参照されたい。
321)〔E〕「資本家として」――エンゲルス版でも強調されている。
322)〔E〕「労働をもする〔auch arbeitet〕」――エンゲルス版では，auchだけが強調されている。
323)〔E〕「その反対物」 d. Gegentheil → sein Gegenteil
324)〔E〕挿入――「，すなわち利子生み資本のなかに」
325)〔E〕「あり，」→「ある。」
326)〔E〕挿入――「どちらも」

う労働が搾取される労働と同一視される。利子には資本の社会的形態が属するが，しかしそれは中立的かつ無差別な形態で表現されている。企業利得には資本の経済的機能が属するが，しかしこの機能の特定な，資本主義的な性格は捨象されている。〔(++) による追記部分終わり〕|

　①〔注解〕このパラグラフのうち，冒頭から，ほぼ末尾にある，「搾取するという労働が搾取される労働と同一視される。」という文の直前までは，カール・マルクス『経済学批判 (1861-1863年草稿)』(MEGA II/3.4, S. 1492.22-39 und 1494.13-1495.20) から，変更を加えて，取られている。
　②〔異文〕「資本所有」←「資本の所有」←「資本としての所有」

|308上|ここで資本家の意識のなかでは，①328)以前に（第3部第2章で）示唆した，平均利潤への均等化におけるもろもろの補償理由の場合とまったく同じことが行なわれる。剰余価値の分配に規定的にはいりこむこれらの補償理由が，資本家的な考え方のなかでねじ曲げられて，利潤そのものの発生根拠〔Entstehungsgründe〕にされ，その（主観的な）正当化理由〔Rechtfertigungsgründe〕にされるのである。

　①〔注解〕「以前に（第3部第2章で）」——MEGA II/4.2, S. 278.25-281.6〔MEW 25, S. 218-220〕を見よ。

　329)労働監督賃金〔wages of superintendence of labour〕としての企業利得という観念は利子にたいする企業利得の対立から生じるのであるが，この観念はそれ以上のよりどころを次のことのうちに見いだす。すなわち，実際に利潤の一部分は労賃として区分されることができるし，また現実に区分されてもいるということ，またはむしろ逆に，労賃の一部分は資本主義的生産様式の基礎の上では，利潤の不可欠な構成部分として現われるということがそれである。この部分が純粋に，自立して，また330)〔一方では〕利潤（利子と企業利得との合計としての）

---

327)〔E〕「搾取するという労働が搾取される労働と同一視される。」→「搾取するという労働も，搾取される労働とまったく同様に，労働である。」
328)〔E〕「以前に（第3部第2章で）」→「この部の第2篇で」
329)〔E〕「労働監督賃金」 wages of superintendence of labour → Aufsichtslohn der Arbeit
330)〔E〕挿入——「一方では」

から，他方では利潤のうち³³¹⁾企業利得に帰着する部分から完全に分離されて現われるのは，すでに①A. スミスが正しく見つけだしたように，②³³²⁾ジェネラル・マネジャーに特別な労賃を³³³⁾与えるのに十分な分業を許すだけの規模などをもつ事業部門の³³⁴⁾³³⁵⁾ジェネラル・マネジャーの賃金〔wages d. general manager〕においてである。

① 〔注解〕アダム・スミス『諸国民の富……』，パリ，1802年，第1巻，94-97ページ〔Adam Smith, "An Inquiry into the Nature and Causes of the Wealth of Nations", Cannan-Edition, vol. 1, London 1950, pp. 50-51. 大内兵衛・松川七郎訳『諸国民の富』，I，岩波書店，1969年，132-133ページ〕。——³³⁶⁾カール・マルクス『経済学批判（1861-1863年草稿）』(MEGA II/3.2, S. 370-373) を見よ。
② 〔異文〕「それらの……の結果……の事業部門」という書きかけが消されている。

³³⁷⁾この点についてさらに立入るまえに，なお次のことを述べておかなければならない。

³³⁸⁾かりに，一つの特殊的①種類の資本家が利子だけで生活し，②現実の再生産過程の外部にとどまっているということによって，利子生み資本が③資本の一つの特殊的形態という自立的姿態を④受け取る，ということがなかったならば，利子率はないであろう。すなわち，利潤の一部が利子という形態のもとで量的な規定性と固定した大きさとを受け取ることはないであろう。また，もっ

---

331) 〔E〕「企業利得に帰着する」→「利潤から利子を引き去ったあとにいわゆる企業者利得として残る」
332) 〔E〕「ジェネラル・マネジャー〔general manager〕」→「管理者〔Dirigent〕」
　　エンゲルス版でDirigentとされているのは草稿ではすべてmanagerである。本書ではこの語を「管理者」ないし「支配人」とせず，「マネジャー」としておく。general manager の場合も「総支配人」とせず，「ジェネラル・マネジャー」としておく。
333) 〔E〕「与えるのに十分な」um ... zu erlauben → um ... zu gestatten
334) 〔E〕「ジェネラル・マネジャーの賃金〔wages d. general manager〕」→「管理者の俸給〔Gehalt des Dirigenten〕」
335) 「ジェネラル・マネジャーの賃金において〔in d. wages d. general manager〕」——MEGA版はin d. wagesをin die wagesと読んでいるが，エンゲルス版〔in dem Gehalt〕と同じく，in den wagesと読んで訳出している。
336) この『1861-1863年草稿』への参照指示は適切ではない。
337) 〔E〕エンゲルス版では，このパラグラフは削除されている。
338) 〔E〕エンゲルス版では，このパラグラフは削除されている。

ぱら量的な分離として発生することを以前に示したあの質的な区別が，この量的な規定性とともに発展することはないであろう。339) 利潤のうちの，資本所有――すなわち，対象的富の，労働にたいするたんなる対立――のたんなる価値実現〔Verwerthung〕としての一部分を測る，そのための基準はないであろう。それゆえ，利潤が二つの部分に分離することはないであろうし，だからまた，この二つの部分が互いに対立して，利子および企業利得という自立的姿態をとることもないであろう。けれども，この二つの部分が互いに対立して骨化し自立 455 化することによって，現実の事態〔Sachverhältniß〕が観念のなかで歪められる〔sich umdrehen〕。利潤（これ自身がすでに剰余価値の転化された形態である）が，前提された統一体〔Einheit〕として，利子と企業利得とに分れていく不払労働の総額として現われるのではなくて，利子と企業利得とが，加算の結果として利潤⑤，粗利潤を形成する，自立した量として現われる。いまでは自立

---

339)「利潤のうちの，資本所有――すなわち，対象的富の，労働にたいするたんなる対立――のたんなる価値実現〔Verwerthung〕としての一部分を測る，そのための基準はないであろう。」
　原文は，„Es wäre kein Maaßstab da, um einen Theil d. Profits als blosse Verwerthung d. Capitaleigenthums‐i.e. d. blossen Gegensatz d. gegenständlichen Reichthums gegen d. Arbeit‐zu messen." であるが，GegensatzはGegensatzesと読むべきであろう。
　このなかの「資本所有のたんなる価値実現〔Verwerthung〕」という表現は，第3部第6章（エンゲルス版第6篇）の「超過利潤の地代への転化」のなかでの次の記述に照応するものである。「土地所有は，ある人びとがいっさいの他人を排除して地球の一定の部分を彼らの私的意志の専有領域として自由に処理するという，彼らの独占を前提する。これを前提すれば，問題は，資本主義的生産様式の土台の上でのこの独占の経済的価値を，すなわちその価値実現を説明すること〔d. ökonomischen Werth, oder d. Verwerthung dieses Monopols auf Basis d. capitalistischen Produktionsweise zu entwickeln〕である。」（MEGA II/4.2, S. 668-669.〔現行版対応箇所：MEW 25, S. 628-629.〕）「この借地農業者‐資本家は，この特殊的生産場面で自分の資本を充用することを許される代償として，土地所有者に，すなわち自分が利用する土地の所有者に，一定の期限ごとに，たとえば1年ごとに，契約で確定されている貨幣額を支払う（moneyed Capitalの借り手が一定の利子を支払うのとまったく同様に）。この貨幣額は（それが耕作地や建設用地や鉱山や漁場や森林などのどれに支払われるかにかかわりなく）地代と呼ばれる。それは，契約によって土地所有者が土地を借地農業者に貸した，賃貸した全期間にわたって支払われる。つまり，地代は，この場合には，土地所有が経済的に価値実現され，〔貨幣として〕実現される形態〔d. Form, worin sich d. Grundeigenthum ökonomisch verwerthet, realisirt〕なのである。」（MEGA II/4.2, S. 671.〔現行版対応箇所：MEW 25, S. 631-632.〕傍点―引用者。）

的に見られたこの二つの部分のどちらにあっても，剰余価値への連関は，だからまた賃労働にたいする資本の現実的関係は，拭い去られているので，利潤そのものにあっても，それがたんなる加算として表わされるという意味で〔so weit〕，すなわち自立的に規定された，また外見上それに前提された，それ以前に与えられていたこれらの量の，あとから得られた和として表わされるという意味で〔so weit〕，同じことが言えるのである。

① 〔異文〕「種類」←「階級」
② 〔異文〕「同時に……ない」という書きかけが消されている。
③ 〔異文〕「資本の一つの特殊的形態という」——書き加えられている。
④ 〔異文〕「受け取る」 erhielte←würde〔... erhalten〕
⑤ 〔異文〕「，粗利潤」——書き加えられている。

340) 監督および指揮の労働は，直接的生産過程が社会的に結合した〔combinirt〕過程の姿態をとっていて，自立した生産者たちの孤立した労働としては 341) 現われない①ところでは，どこでも必ず発生する。a) ②しかし，この労働は二重の性質のものである。342) 一面では，およそ，多数の個人の協力によって行なわれる労働では，③必然的に過程の関連と統一とは一つの指揮する〔commandirend〕意志に表わされ，また，④ちょうどオーケストラの指揮者〔Direktor〕の場合のように，部分労働に関するのではなく 343) 作業場の総過程に関する諸機能に表わされる。⑤これは，⑥どんな結合的生産様式〔combinirte Productionsweise〕でも行なわれなければならないような生産的労働である。/

① 〔異文〕「ところでは，どこでも」←「すべての形態のもとでは」←「諸形態のもとでは」
② 〔異文〕「この労働は」という書きかけが消され，さらに「それは……労働である」という書きかけが消されている。

---

340)「監督および指揮の労働〔d. Arbeit d. Oberaufsicht u. Leitung〕」——この表現は，さきに紹介したスミスの文章にある「監督および指揮の労働〔the labour of inspection and direction〕」に対応している。
341)〔E〕「現われる」 erscheinen→auftreten
342)〔E〕エンゲルス版では，ここで改行されている。
343)〔E〕「作業場の総過程〔d. Gesammtproceß d. Ateliers〕」→「作業場の総活動〔die Gesamttätigkeit der Werkstatt〕」

③〔異文〕「統一は」という書きかけが消されている。
④〔異文〕「ちょうどオーケストラの指揮者の場合のように,」——書き加えられている。
⑤〔異文〕「さらに……」という書きかけが消され，さらに「さらに，生産手段の管理〔management〕のいっさいが……に属する」という書きかけが消されている。
⑥〔異文〕「すべての社会……でも」という書きかけが消され，さらに「すべての社会的……でも」という書きかけが消されている。

|308下|〔原注〕a) 344)①「監督〔superintendence〕は，ここでは（農民所有者〔peasant proprietor〕の場合には）まったく②なくてもよい。」（J. E. ケアンズ『奴隷力』，ロンドン，1862年，48 [, 49] ページ。)〔原注a) 終わり〕|

①〔注解〕この引用での括弧〔パーレン〕をつけた挿入はマルクスによるもの。
②〔注解〕「なくてもよい」——草稿では compensed with となっているが，ケアンズの原文では dispenced with である。

/308上/他面では345){商業的部門はまったく別として}①このような監督労働〔Arbeit d. Oberaufsicht〕は，直接生産者346)と生産手段の所有者との対立にもとづくすべての生産様式のもとで，必然的に発生する。この対立が大きければ大きいほど，347)この348)監督労働〔Arbeit d. Oberaufsicht〕は||309上|それだけ大きな役割を演じる。②それゆえ，それは奴隷制度のもとでその最高限に達する。a) しかしそれは349)必然的に，資本主義的生産様式350)に③も内在的なものである。351)ここでは生産過程が同時に資本家による352)労働能力の消費過程だからであ

---

344)〔E〕エンゲルス版では，この注は脚注に収められている。
345)〔E〕「{」および「}」→「——」および「——」
346)〔E〕挿入——「としての労働者」
347)〔E〕「この監督労働はそれだけ大きな役割を演じる」→「この監督労働が演じる役割はそれだけ大きい」
348)〔E〕「監督労働〔Arbeit d. Oberaufsicht〕」——1894年のエンゲルス版では，Arbeiter-Oberaufsicht（労働者監督）となっていた。現行版では，Arbeit d. Oberaufsicht に訂正し，「初版ではArbeiter-Oberaufsicht，マルクスの草稿によって変更」と注記している。
349)〔E〕「必然的に」——削除
350)〔E〕「にも内在的なもの」→「でも欠くことのできないもの」
351)〔E〕「ここでは……だからである」 wo ... → da hier ...
352)〔E〕「労働能力」→「労働力」

る。それは，ちょうど，専制国家では政府が行なう監督〔Oberaufsicht〕や全面的干渉の労働が二つのものを，すなわちすべての共同体組織〔Gemeinwesen〕の性質から生じる353)一般的事務の354)遂行と，民衆にたいする政府の対立から生じる独自な諸機能との両方と，355)そのうちに含んでいるようなものである。/

① 〔異文〕「geht」という書きかけが消され，さらに「ist」という書きかけが消されている。
② 〔異文〕「それゆえ，」——書き加えられている。
③ 〔異文〕「も」——書き加えられている。

|309下|〔原注〕a) 356)「労働〔work〕の性質が，労働者〔workman〕を①(すなわち奴隷を)広い場所に分散させることを必要とするならば，監督者〔overseer〕の数は，したがってまたこの監督〔supervision〕に必要な労働の費用は，それに比例して増大するであろう。」(ケアンズ，同前，44ページ。)〔原注a)終わり〕/

① 〔注解〕パーレンでくくられた挿入はマルクスによるもの。

/309上/奴隷制度を目の前に見ている古代の著述家たちにあっては，実際的にそうであったように，理論のなかで監督 456 労働〔labour of superintendence〕の両面が不可分に結びついているのが見いだされるのであって，それは資本主義的生産様式を絶対的な生産様式とみなす現代の経済学者たちの場合とまったく同様である。他方，すぐ次に一つの例で示すことであるが，現代の奴隷制度の弁護論者たちが監督労働〔labour of superintendence〕を奴隷制度の根拠として弁護することを心得ていることは，357)現代の経済学者たちがそれを賃労働制度の358)根拠として正当化しようとするのとまったく同様である。

　　カトーの時代の農場管理人〔Vilicus〕。——

---

353) 〔E〕「一般的〔allgemein〕」→「共同の〔gemeinsam〕」
354) 〔E〕「遂行」 Verrichten→Verrichtung
355) 〔E〕「そのうちに含んでいる〔in sich enthalten〕」→「包括している〔einbegreifen〕」
356) 〔E〕エンゲルス版では，この注は脚注として収められている。
357) 〔E〕「現代の〔modern〕」→「他の〔ander〕」
358) 〔E〕「根拠として正当化し〔als Grund rechtfertigen〕」→「正当化理由として利用し〔als Rechtfertigungsgrund vernutzen〕」

「①農場奴隷経済〔Gutssklavenwirthschaft〕(familia rustica)の頂点には管理人〔Wirthschafter〕(vilicus, von villa)が立っていて，受け払いや売買を行ない，主人の指図を受け取り，主人が不在のときには命令も処罰もする。……管理人はもちろん他の奴隷よりも自由だった。②マゴの諸書は，彼に結婚や産児や財産所有を許すことをすすめ，カトーは彼を女管理人と結婚させることを③すすめた。管理人だけは，行状がよければ主人から自由を与えられる見込があったであろう。その他の点では全員が一つの共同世帯をなしていた。……どの奴隷も，管理人自身も，自分の必要品を主人の計算で或る期間ごとに固定された率で支給され，それで暮らして行かなければならなかった。……その量は労働を基準にしていたので，たとえば，奴隷よりも軽い労働をする管理人は，奴隷よりもわずかな量を受け取った。」b)/

①〔注解〕「農場奴隷経済〔Gutsklavenwirthschaft〕」——モムゼンでは「農場奴隷制〔Gutssclavenschaft〕」となっている。

②〔注解〕「マゴの諸書」——カルタゴで隆盛をきわめた奴隷制を基礎とする農業についての，とりわけプランテーションについての，カルタゴの著述家マゴの著作。この著作の成立時期はわかっていない。この著作は，類似の構造をもったローマの農業に適合的だったので，紀元前146年のカルタゴの滅亡後まもなく，ローマの元老院の決定にもとづいてラテン語に翻訳された。この著作から伝存しているのはばらばらのもろもろの断片だけである。

③〔注解〕「すすめた」——草稿ではrathenとなっているが，モムゼンではriethenである。

/309下/〔原注〕b) 359)モムゼン『ローマ史』，第1巻，第2版，1856年，①360)809-810ページ。〔原注b) 終わり〕/

①〔訂正〕「809-810」——草稿では「808-810」と書かれている。

/309上/①アリストテレス：②„ὁ γὰρ δεσπότης οὐκ ἐν τῷ κτᾶσθαι τοὺς δούλους, ἀλλ' ἐν τῷ χρῆσθαι δούλοις."（というのは，主人361)(資本家)が主人としての実を示す

---

359)〔E〕エンゲルス版では，この出典表示は引用の末尾につけられている。
360)〔E〕「809-810ページ」——1894年版ではこれと同じとなっているが，現行版では「809, 810ページ」とされている。
361)〔E〕「（」および「）」→「——」および「——」

のは，奴隷の獲得³⁶²⁾ {⟨③363⟩賃労働を買う力〔Macht〕を与える資本所有} におい
てではなく，奴隷の利用³⁶⁴⁾ {生産過程での³⁶⁵⁾賃労働者の使用} においてだから
である。)„ἔστι δὲ αὕτη ἡ ἐπιστήμη οὐδὲν μέγα ἔχουσα οὐδὲ σεμνόν.（だが，この知識は
重大なものでも高尚なものでもない。）ἃ γὰρ τὸν δοῦλον ἐπίστασθαι δεῖ ποιεῖν, ἐκεῖνον
δεῖ ταῦτα ἐπίστασθαι ἐπιτάττειν.（すなわち，奴隷が仕方を心得ていなければならな
いこと，主人はそれを命令することを心得ているべきである。）διὸ ὅσοις ἐξουσία
μὴ αὑτοὺς κακοπαθεῖν, ἐπίτροπος λαμβάνει ταύτην τὴν τιμήν, αὐτοὶ δὲ πολιτεύονται ἢ
φιλοσοφοῦσιν."⁽³⁶⁶⁾それゆえ，主人が自分で骨を折る必要がない場合には監督者
〔Aufseher〕が³⁶⁷⁾この名誉を引き受けるのであって，主人自身は国務に従事した
り哲学したりするのである。）c)/

① 〔注解〕マルクスは，すでに1858年の一冊のロンドン・ノート〔Exzerpte zur poli-
tischen Ökonomie. Sommer 1858. Original: IISG, Marx-Engels-Nachlaß, Sign. B 46; MEGA
IV/15（未刊）所収予定〕でアリストテレスの『政治学』(De republica) からの抜粋を
行なったが，そののちあらためてこの著作の第1部を「ノートVII」，ロンドン，1859-
1863年〔Heft VII. "Political Economy Criticism of". Begonnen am 28. Februar 1859 bis Mai
1863. Original: IISG, Marx-Engels-Nachlaß, Sign. A 49 u. B 91a; MEGA IV/15（未刊）所収
予定〕の抜粋部分のなかで抜粋した（238-241ページ）。この抜粋にマルクスが使っ
たのは，アドルフ・シュタールの2か国語版，ライプツィヒ，1839年である。シュ
タールのギリシア語のテキストは，イマヌエル・ベッカー編の標準版（ベルリン，
1831年；オックスフォード，1837年）とはごくわずかしか異なっていない。通常マ
ルクスは，原典テキストを1行または数行抜粋し，それからそのあとそれぞれに
シュタールのドイツ語訳をつけた。彼はときとしてテキストを要約して短縮し，また
部分的には原典のテキストを置き換えたりした。シュタールは自分の章番号および
パラグラフ番号をつけたが，また，ベッカーの章番号をも欄外につけている。マル
クスは，引用することを容易にするために自分の抜粋ノートにこれらの番号を取り
入れた。

② 〔注解〕このパラグラフでの引用は，アリストテレス『政治学』1，7，11，シュター

---

362) 〔E〕「{」および「}」→「──」および「──」
363) 〔E〕「賃労働」→「労働」
364) 〔E〕「{」および「}」→「──」および「──」
365) 〔E〕「賃労働者の使用」→「労働者の──今日では賃労働者の──使用」
366) 〔E〕「それゆえ〔daher〕，」──削除
367) 〔E〕「この名誉」──エンゲルス版でも強調されている。

ル版，1，2，13，を解釈して要約したものである．
③〔異文〕「賃労働」←「労働」

/309下/〔原注〕c) 368)①アリスト〔テレス〕『政治学』，ベッカー編，第1巻，第7章〔山本光雄訳『政治学』，『アリストテレス全集』15，岩波書店，1969年，19ページ〕．〔原注c) 終わり〕|

①〔注解〕アリスト〔テレス〕『政治学．全8巻』および『経済学』．（政治学．）オックスフォード，1837年．（イマーヌエル・ベッカー編『著作集』第10巻．）――アリストテレスについての前パラグラフへの注解①をも見よ．

/309上/支配〔Herrschaft〕は，政治の領域でと同じように，経済の領域でも 369)支配者たち（権力者たち）に支配することの諸機能〔Functionen des Herrschens〕を課するということ，370)――この諸機能は経済の領域では，（農場管理人〔vilicus〕が行なう売買のほかに）371)労働能力を消費することを心得ていることに関連している――，このことを 457 アリストテレスはそっけない言葉で述べてから，さらに付け加えて，この監督労働〔labour of superintendence〕はたいしたことでもない，それゆえに主人は，十分な資力ができさえすれば，このような骨折りをする「名誉」を監督者〔Aufseher〕に任せてしまう，と言っているのである．|
|310上|すべての結合した〔combinirt〕社会的労働の性質から生じる特殊的機能ではなくて，生産手段の所有者とたんなる372)労働能力の所有者との対立――奴隷制度のもとでのように373)労働能力が労働者そのものといっしょに買われるのであろうと，労働者自身が自分の374)労働能力を売るのであってした

---

368)〔E〕エンゲルス版では，この出典表示は引用の末尾につけられている．
369)〔E〕「支配者たち〔Herrscher〕（権力者たち〔Gewalthaber〕）」→「権力者たち」
370)〔E〕「――この諸機能は……労働能力を消費することを心得ていることに関連している〔die sich ... darauf beziehn ... d. Arbeitsvermögen zu consumiren zu verstehn〕――」→「すなわち，したがって彼らが労働力を消費することを心得ていなければならないということ，」
371)〔E〕「労働能力」→「労働力」
372)〔E〕「労働能力」→「労働力」
373)〔E〕「労働能力」→「労働力」
374)〔E〕「労働能力」→「労働力」

がって³⁷⁵⁾彼の生産過程が同時に資本による彼の労働の消費過程として現われるのであろうと——³⁷⁶⁾から〔生じる機能〕であるかぎりでの，³⁷⁷⁾監督および指揮の労働〔labour of superintendence u. direction〕を，こうした，直接生産者の従属から生じる機能を，この関係そのものの正当化理由として描きだし，直接生産者の搾取，すなわち彼の不払労働の取得を，資本の所有者に当然与えられるべき労賃として描きだすこと，このことは，1859年12月19日にニューヨークの一集会で，①合衆国における奴隷制の一擁護者によって，すなわち②オコナなる弁護士によって（「南部に正義を」という旗じるしのもとで）行なわれたのにまさるものはない。³⁷⁸⁾「さて，皆さん」，彼は盛んな拍手のなかで言った。「黒人が奴隷というこの状態に委ねられているのは，自然によってなのであります。黒人には体力があり，労働をするだけの力があります。ところが，この体力を

---

375) 〔E〕「彼の」——削除
376) 〔E〕「から〔生じる機能〕である」→「から生じる」
377) 〔E〕「監督および指揮の労働〔labour of superintendence u. direction〕を，こうした，直接生産者の従属から生じる機能を，この関係そのものの正当化理由として描きだし，直接生産者の搾取，すなわち彼の不払労働の取得を，資本の所有者に当然与えられるべき労賃として描きだすこと，」→「指揮および監督の労働〔Arbeit der Leitung und Oberaufsicht〕は，こうした，直接生産者の従属から生じる機能は，非常にしばしばこの関係そのものの正当化理由とされ，搾取，すなわち他人の不払労働の取得も，同様にしばしば，資本の所有者に当然与えられるべき労賃として描きだされてきた。」
　草稿でのこの文の以上の部分は，daßで始まる名詞的副文として書き始めながら，のちにzu不定詞になってしまうという，前後不一致の破格構文となっている。エンゲルスはこの部分を一つの文に独立させた。これに続く部分を含めた原文は次のとおり。——Daß d. labour of superintendence u. direction, so weit sie nicht eine besondre aus d. Natur aller combinirten gesellschaftlichen Arbeit hervorgehende Function ist, sondern aus d. Gegensatz zwischen d. Eigenthümer d. Productionsmittel u. dem Eigenthümer d. blossen Arbeitsvermögens, - sei es nun, daß d. letztre mit d. Arbeiter selbst gekauft wird, wie in d. Sklavensystem, od. daß d. Arbeiter selbst s. Arbeitsvermögen verkauft u. s. Produktionsprozeß daher zugleich als der Consumtionsprozeß seiner Arbeit durch d. Capital erscheint - diese aus d. Knechtschaft d. unmittelbaren Producenten entspringende Function als Rechtsfertigungsgrund dieses Verhältnisses selbst u. d. Exploitation desselben, d. Aneignung seiner unbezahlten Arbeit als der dem Eigenthümer d. Capitals gebührende Arbeitslohn darzustellen, ist nie besser geschehn, als von einem Vertheidiger d. Sklaverei in d. U. States, v. einem Advokaten O'Connor, auf einem Meeting zu New York, 19. Dec. 1859 (under the banner of: „Justice to the South.")
378) 〔E〕挿入——「——」

創造した自然は，統御する〔govern〕ための知能をも，労働しようとする意志をも，彼に与えることを拒んだのであります。(拍手) 黒人にはこのどちらも与えられていないのであります！ そして彼に労働の意志を与えなかったその自然自身が，この意志を強制する主人を彼に授けたのであり，彼が暮らしてこれた〔in which he was capable of living〕風土〔Clima〕のなかで，彼自身のためにも彼を統御する主人のためにも彼を有用な召使いにする主人を授けたのであります。私は，黒人を自然によっておかれた状態のままにしておくということ，彼に自分を統御する主人を与えるということ，これはけっして不正なことではない，と断言します。……また，黒人に強制して，お返しとして労働させること，彼を統御するため，また彼自身にとっても彼が暮らす社会にとっても彼を有用にするために使用される労働や才能にたいする正当な代償を主人に提供させること，――このことも，いささかたりとも彼の権利を奪うものではないのであります。」

① 〔異文〕「ア〔メリカ〕」という書きかけが消されている。
② 〔注解〕チャールズ・オコナ [1859年12月20日の合衆国救済大集会での演説] 所収：『ニューヨーク・デイリ・トリビュン』第5822号，1859年12月20日付，5ページ第6欄，および，8ページ第1欄。〔MEGAはこの引用への注解で，『ニューヨーク・デイリ・トリビュン』によってオコナの演説の「原文」を掲げているが，それはマルクスによる引用とはあちこちで違っている。しかし，マルクスの引用でのそれらの箇所はいずれもマルクスが原文をわざわざ変更する必要があったとは考えられない。この演説は「ノートⅦ」(ロンドン，1859-1863年) に他人の筆跡で抜粋されているとのことであり (MEGAでは未刊)，この抜粋が別の掲載紙からのものであった可能性がある。〕

[379] 第1に，賃労働者[380]は，奴隷と同様に，自分に労働をさせ自分を統御する〔governiren〕ために，主人〔master〕をもたなければならない。そして，この支配・隷属関係を前提すれば，①賃労働者が，彼自身の賃金を生産したうえに，[381]監督賃金〔wages of superintendence〕，すなわち自分を支配し監督する労働にたいする代償を生産することを強制され，「彼を統御するため，また彼自身にと

---

379) 〔E〕「第1に，」→「そこで〔nun〕，」
380) 〔E〕「は，」→「もまた，」
381) 〔E〕「監督賃金」 wages of superintendence → Aufsichtslohn

っても彼が暮らす社会にとっても彼を有用にするために使用される労働や才能にたいする正当な代償を主人に提供させること」を強制されるということは，当然のことなのである！

　①〔異文〕「奴隷が」という書きかけが消されている。

　資本の³⁸²⁾対立的性格から，資本の労働支配から発生するかぎりでの，³⁸³⁾(だからまた，³⁸⁴⁾対立にもとづくすべての生産 458 様式と資本主義的生産様式とに共通であるかぎりでの)，³⁸⁵⁾監督および指揮の労働〔labour of superintendence u. direction〕は，³⁸⁶⁾資本主義的生産様式の基礎上では，すべての結合した〔combinirt〕社会的労働が個々の個人に特殊的労働として課する生産的な諸機能と直接に不可分に³⁸⁷⁾結び合わされ，混ぜ合わされている。そのような①エピトロポス〔ἐπίτροπος〕，³⁸⁸⁾あるいはマネジャー，あるいは³⁸⁹⁾(封建時代のフランスでそう呼ばれた) レジスール〔regisseur〕の労賃は，このような³⁹⁰⁾マネジャーに支払うことができるほど事業が大規模に営まれるようになれば，利潤からは完全に分離して，熟練労働〔skilled labour〕にたいする労賃というかたちをとることもある。とはいえ，だからといって，³⁹¹⁾生産的資本家たちが〔「」国務

---

382) 「対立的〔gegensätzlich〕性格」——MEW版と異なっている草稿での記述を示すのに拙稿をよく利用してくださっている『資本論』第3部の新訳が，この「対立的」については，「草稿では「社会的性格」となって」いる，とされているが，草稿での筆跡は明らかに gegensätzlich であって gesellschaftlich ではないから，訳者がなぜそのように読まれたのか，不可思議である。
383) 〔E〕「(」および「)」——削除
384) 〔E〕「対立」→「階級対立」
385) 〔E〕「監督および指揮の労働」　labour of superintendence u. direction → Arbeit der Oberaufsicht und Leitung
386) 〔E〕「資本主義的生産様式の基礎上では，」→「資本主義的体制〔System〕においても，」
387) 〔E〕「結び合わされ〔verknüpft〕，」——削除
388) 〔E〕「あるいはマネジャー」——削除
389) 〔E〕「(」および「)」——削除
390) 〔E〕「マネジャー〔manager〕」→「管理者〔Dirigent (manager)〕」
391) 〔E〕「生産的資本家たちが〔「」国務や哲学に従事」しているわけではないのであるが。」→「わが産業資本家たちはまだまだ「国務に従事したり哲学したり」というわけにはいかないのであるが。」
　ここでの「国務や哲学に従事」という言葉は，さきのアリストテレスからの引用のなか

や哲学に従事」しているわけではないのであるが。

　①〔注解〕「エピトロポス〔ἐπίτροπος〕」——監督者，管理人。

①(産業資本家たちではなくて)³⁹²⁾産業マネジャーたち〔d. industriellen managers〕こそ「われらが³⁹³⁾工場制度の魂」であるa)とは，②すでにユア氏が言っていることである。事業の商業的部分について言えば，³⁹⁴⁾商業利潤の性質は前の章で論じたので，ここで述べることは不必要である。/

　①〔異文〕「(産業資本家たちではなくて)」——書き加えられている。
　②〔注解〕ユアでは次のようになっている。——「おそらく，工場主の商業的観点を補佐するのにふさわしい見識，知識，廉潔さをもち，産業の専門家として工場主の利益のために尽くす，多数の工場マネジャー〔directeurs de factories〕が存在するであろう。実務に携わるこれらの人びとこそ，われらが工場制度の魂なのである。」

|310下|〔原注〕a) ³⁹⁵⁾①A. ユア，³⁹⁶⁾医学博士，『工場哲学』，パリ，1836年，第1巻，³⁹⁷⁾68ページ。そこでは，工場主たちのこのピンダロス³⁹⁸⁾(同ページ，

にあるものである。
392)〔E〕「産業マネジャーたち〔d. industriellen managers〕」——ここは，エンゲルス版でもまったく同様に，die industriellen managersとされている。
393)〔E〕「工場制度〔Manufaktursystem〕」→「産業制度〔Industriesystem〕」
394)〔E〕「商業利潤の性質は前の章で論じたので，ここで述べることは不必要である。」→「それについての必要なことはすでに前の篇で述べられている。」
395)〔E〕エンゲルス版では，この注は脚注とされている。
396)〔E〕「医学博士〔D. M.〕」——削除
397)〔E〕「68ページ」——1894年版でもこうなっているが，現行版では「67, 68ページ」とされている。
　この後者のページが正しいこと，そしてまたマルクスがユアの著書のそれらのページのどのような箇所に注目していたかは，『1861-1863年草稿』のなかの次の記述から読み取ることができる。
　「ユア氏自身，「イギリスの工場主たち〔die Factory Eigenthümer〕は，どんなに知識があっても」，彼らは「事業〔industrie〕の生産活動の領域については，商業活動の領域ほどには」(66ページ)明るくないことを認めている。/67ページの同所でユアは，「すぐれた機械の構造」について工場主が「無知」であることを語っている。(67ページ。)(そのため彼らは「マネジャー〔manager〕」に依存するのである。)ちなみに言えば，これらの「マネジャー」は，工場の「所有主〔proprietor〕」とは異なり，ユアのことばによれば，「われらが工場制度の魂」(68ページ)である。/さきほどは，ユアは，工場労働者は適用されている機械学や物理学の本質に深い洞察を獲得する，とわれわれに語ったのであるが，いま，

およびそれ以降）は同時に工場主たちに，彼らの大部分は自分たちが使っている機構について②少しも理解していないという証明書を与えている。〔原注a）終わり〕/

①〔注解〕ユアでは次のようになっている。——「この種の教育は，もろもろの機械のまっただなかで身につけるのがいちばんやさしいと考えるかもしれないが，それが間違いであることは，経験が証明している。」——カール・マルクス『経済学批判(1861-1863年草稿)』(MEGA II/3.6, S. 2036.1-13 und 2162.24-25) を見よ。

②〔異文〕「……までさえも……ない〔nicht soviel〕」という書きかけが消されている。

/310上/[399][400]監督賃金〔wages of superintendence〕は[401]（商業[402]マネジャーにとっても産業[403]マネジャーにとっても），‖311上｜労働者の①協同組合工場でも[404]ブルジョア的株式企業でも，[405]利潤（利子とは区別されたものとしての）からまったく分離されて現われるb）。[406]監督賃金〔wages of superintendence〕の[407]利潤からの分離は，他の場合には偶然的に現われるが，ここでは恒常的である。協同組合工場の場合には[408]監督労働〔labour of superintendence〕の対立的な性格はなくなっている。というのは，[409]マネジャーは労働者たちから支払

　　工場主について語るところでは，「この種の教育は，もろもろの機械のまっただなかで身につけるのがいちばん易しいと考えるかもしれないが，それが間違いであることは，経験が証明している」(67ページ)と告げるのである。/彼は，「工場主〔proprietaire〕の商業的な観点〔les vues commerciales〕」（技術的な観点〔vues mecaniques〕と対立する）(67ページ) について，非常に正確に語っている。」(MEGA II/3.6, S. 2036)。
398)〔E〕「(同ページ，およびそれ以降)」——削除
399)〔E〕エンゲルス版では，この前に，草稿で本パラグラフの冒頭の文につけられた原注b) を本文として組み込んでいる。
400)〔E〕「監督賃金〔wages of superintendence〕」→「管理賃金〔Verwaltungslohn〕」
　　エンゲルス版ではここではじめて，wages of superintendence に，これまでの Aufsichtslohn に代えて，Verwaltungslohn という語をあてる。これ以降，両者が登場するので注意されたい。
401)〔E〕「(」および「)」——削除
402)〔E〕「マネジャー〔manager〕」→「管理者〔Dirigent〕」
403)〔E〕「マネジャー〔manager〕」→「管理者〔Dirigent〕」
404)〔E〕「ブルジョア的」→「資本主義的」
405)〔E〕「利潤（利子とは区別されたものとしての）」→「企業者利得」
406)〔E〕「監督賃金〔wages of superintendence〕」→「管理賃金〔Verwaltungslohn〕」
407)〔E〕「利潤」→「企業者利得」
408)〔E〕「監督労働」 labour of superintendence → Aufsichtsarbeit

われるのであって，労働者たちに対立して資本を代表するのではないからである。②株式企業一 459 般——信用制度とともに発展する——は，機能としてのこの410)監督労働〔labour of superintendence〕を，自己資本であろうと借入資本であろうと資本の占有〔Besitz〕から③ますます分離していく傾向がある。それは，ブルジョア社会の発展につれて，411)たとえば裁判官，行政官，等々の機能が，封建時代にこれらの機能を412)自分に結びつけていた④土地所有から分離していくのとまったく同様である。しかし，一方では，⑤たんなる資本の所有者である貨幣資本家〔monied Capitalist〕に機能資本家が相対する413)（また414)信用制度とともに，このmonied capitalそのものが社会的な性格を受け取り，415)そして416)それの直接的所有者以外の他の諸人格から貸されるようになる）ことによって，417)他方では，借入れによってであろうとその他の方法によってであろうとどんな権原によっても資本を占有〔besitzen〕していないたんなる418)マネジャーが，419)機能資本家としての機能資本家に属する⑥すべての実質的な〔real〕機能を行なうことによって，残るのはただ機能者だけになり，資本家は余計な人格として生産過程から消えてしまうのである。/

420)①〔注解〕「協同組合工場」——カール・マルクス『国際労働者協会創立宣言』〈暫定宣言〉（MEGA I/20, S. 10/11〔MEW 16, S. 11-12〕）を見よ。

---

409)〔E〕「マネジャー〔manager〕」→「管理者〔Dirigent〕」
410)〔E〕「監督労働〔labour of superintendence〕」→「管理労働〔Verwaltungsarbeit〕」
411)〔E〕「たとえば裁判官，行政官，等々の機能〔d. Function des Richters z. B., d. Administrators etc.〕」→「裁判や行政の機能〔die richterlichen und Verwaltungsfunktionen〕」
412)〔E〕「自分に結びつけていた」→「自分の属性としていた」
413)〔E〕「（」および「）」——削除
414)〔E〕「信用制度とともに」→「信用の発展につれて」
415)〔E〕挿入——「銀行に集積され，」
416)〔E〕「それの直接的所有者以外の他の諸人格から」→「もはやその直接的所有者からではなく銀行から」
417)〔E〕挿入——「しかし〔aber〕」
418)〔E〕「マネジャー〔manager〕」→「管理者〔Dirigent〕」
419)〔E〕「機能資本家としての機能資本家」 der fuctionirende Capitalist als functionirender→ der fungierende Kapitalist als solcher
420) MEGAではこの注解は次パラグラフのなかの「協同組合工場」（本書本巻316ページ14-15行）につけられているが，指示する位置を誤ったものと考えられるので，ここにもってきた。

②〔異文〕「アソシエーションに〔もとづく〕すべての〔企業〕では」という書きかけが消されている。

③〔異文〕「ますます」 mehr und mehr ← immer mehr

④〔異文〕「占〔有〕〔Bes〔itz〕〕から」という書きかけが消されている。

⑤〔異文〕「たんなる資本の所有者である貨幣資本家〔monied Capitalist〕に機能資本家が」←「たんなる資本の所有者である貨幣資本家〔monied Capitalist〕が機能資本家に」←「たんなる所有者である貨幣資本家〔monied Capitalist〕が機能資本家に」

⑥〔異文〕「すべての」 alle ← der die

458/310下/〔原注〕b) 421)①②資本主義的生産それ自身が，422)指揮労働〔labour of direction〕がまったく資本所有から分離して街頭をさまようまでにした。だから，この423)指揮労働〔labour of direction〕が資本家によって行なわれることは無用になった。音楽指揮者〔Musikdirektor〕がオーケストラの楽器の所有者であることは少しも必要ではないし，彼が他の楽士たちの「賃金」になにかのかかわりをもつということも指揮者〔Dirigent〕としての彼の機能には属しない。協同組合工場は，資本家が生産の機能者としては余計になったということを証明しているが，それは，資本家自身が，最高の完成に達すれば，424)地主を余計だと思うのと同様である。資本家の労働が，425)資本主義的な過程としての過程から生じるものでなく，したがって資本とともにおのずからなくなるもの426)ないかぎりでは，それが他人の労働を搾取するという機能427)の別名でないかぎりでは，つまり，それが428)労働，流通，等々の社会的形態から生じるかぎりでは，この労働は資本とはかかわりがないのであって，それは，ちょうど

---

421)〔E〕エンゲルス版では，以下の原注は，この注がつけられているパラグラフの前に，本文として組み込まれている。

422)〔E〕「指揮労働」 labour of direction → Arbeit der Oberleitung

423)〔E〕「指揮労働」 labour of direction → Arbeit der Oberleitung

424)〔E〕「地主〔landlord〕」→「大土地所有者〔großgrundbesitzer〕」

425)〔E〕「資本主義的な過程としての過程」→「たんに資本主義的な生産過程としての生産過程」

426)〔E〕「ない」——現行版では，文意を明確にするためにnichtという語が〔 〕をつけて挿入されている。このnichtがなくても，誤解なく読めるのであって，1894年版でも入れられていない。

427)〔E〕「の別名でない」→「に限られるものではない」

428)〔E〕「労働，流通，等々の社会的形態から」→「社会的労働としての労働の形態から生じ，ある共同の結果を得るための多数人の結合と協業とから」

429)これらの形態そのものが，資本主義的な外被を破ってしまえば，資本とはかかわりがないのとまったく同様である。この労働は，資本家的労働として，資本家の機能として必要だ，と言うならば，その意味するところは，資本主義的生産様式の胎内で発展した諸形態を430)俗物はそれらの対立的な431)性格から分離し解放して考えることができない，ということにほかならない。貨幣資本家〔monied Capitalist〕にたいしては432)生産的資本家は労働者ではあるが，しかし資本家としての，すなわち他人の労働の搾取者としての，労働者である。433)この労働の賃金〔wages dieser labour〕は，取得した〔appropriated〕他人の労働の量と正確に同じであり，434)言い換えればそれは，435)直接に436)搾取の程度によって定まるのであって，437)この搾取のために資本家にとって必要な骨折りの程度〔degree of exertion〕によって，そして438)彼がジェネラル・マネジャーにたいして（その骨折り〔the exertion〕にたいして）代償として支払いをするかもしれない，その骨折りの程度によって定まるのではないのである。439)〔原注b〕

---

429)〔E〕「これらの形態」→「この形態」
430)〔E〕「俗物〔vulgarien〕」→「俗衆〔Vulgus〕」
431)〔E〕挿入──「資本主義的」
432)〔E〕「生産的資本家」→「産業資本家」
433)〔E〕「この労働の賃金〔d. wages dieser labour〕」→「この労働の代償として彼が要求し収得する賃金」
434)〔E〕「言い換えれば〔oder〕」→「また〔und〕」
435)〔E〕挿入──「彼が搾取に必要な骨折りを自分で引き受けるかぎりでは，」
436)〔E〕挿入──「この労働の」
437)〔E〕挿入──「しかし〔aber〕」
438)〔E〕「彼がジェネラル・マネジャーにたいして（その骨折りにたいして）代償として支払いをするかもしれない，その骨折りの程度〔d. degree of exertion ... which he may pay to a general manager. (the exertion.)〕」→「彼が適当な支払と引き換えに管理者〔Dirigent〕に転嫁することができる骨折りの程度」
439)〔E〕挿入──「どの恐慌のあとでもイギリスの工場地帯でよく見受けられるのは，以前の工場主たちが前には自分のものだった工場を，いまでは，しばしば自分の債権者でもある新しい所有者の管理人〔Dirigent〕として，安い賃金を受け取って監督しているということである。」
　エンゲルスは，この挿入部分のなかの「債権者」という語に次の脚注をつけている。
──「私が知っている一つの場合には，1868年の恐慌のあとで，ある破産した工場主は，彼自身の以前の労働者たちに雇われた賃労働者になった。すなわち，その工場は，破産してから一つの労働者協同組合によって引き継がれ，以前の所有者〔Besitzer〕は管理者

終わり〕|

①〔注解〕ここから，「この労働は，資本家的労働として，資本家の機能として必要だ，と言うならば，その意味するところは，資本主義的生産様式の胎内で発展した諸形態を俗物はそれらの対立的な性格から分離し解放して考えることができない，ということにほかならない。」という文までは，カール・マルクス『経済学批判（1861-1863年草稿）』（MEGA II/3.4, S. 1496.38-1497.20）から，変更を加えて，取られている。
②〔異文〕「協同組合工場は，資本が……ということを証明している」という書きかけが消されている。

|459|/311上/①イギリスの協同組合工場の公開の440)収支計算書によって見れば，②これらの工場は441)私的工場主よりも③442)場合によってはずっと高い利子を支払ったにもかかわらず，その利潤——他の労働者の賃金とまったく同じに投下可変資本の一部分をなしている443)マネジャーの賃金〔wages d. managers〕を引き去ったあとの④利潤——は⑤444)平均利潤よりも大きかった。⑥445)前に（第3部第1章）見たように，剰余価値を与えられたものと前提すれば，利潤率は，剰余価値にはかかわりのない事情から上昇下落しうるのであって，利潤がより高かったことの原因は，これらのどの場合にも不変資本の充用上の節約がより大きかったということだった。⑦しかし，ここで446)興味を引くのは，ここでは平均利潤（＝利子・プラス・企業利得）が，実際に，そして明瞭に，447)監督賃金〔wages of superintendence〕には全然かかわりのない大きさとして448)現わ

〔Dirigent〕として雇われたのである。——F. エンゲルス」
440)〔E〕エンゲルス版では，ここに次の脚注がつけられている。——「この本文は1865年に書かれたのだから，ここに引用された収支計算書もせいぜい1864年までのものである。——F. エンゲルス」
441)〔E〕挿入——「あちこちで」
442)〔E〕「場合によっては」——削除
443)〔E〕「マネジャー〔managers〕」→「管理者〔Dirigenten〕」
444)〔E〕「平均利潤よりも」——原文は，als in d. Durchschnittsprofitであるが，このなかのinという語は，エンゲルス版では削除されているように，もともと消し忘れだったのであろう。
445)〔E〕「前に（第3部第1章）見たように，剰余価値を与えられたものと前提すれば，利潤率は，剰余価値にはかかわりのない事情から上昇下落しうるのであって，」——削除
446)〔E〕挿入——「われわれの」
447)〔E〕「監督賃金〔wages of superintendence〕」→「管理賃金〔Verwaltungslohn〕」
448)「現われている〔sich darstellen〕」——この文には，誤ってsichが2箇所に書かれている。

第23章の草稿，それとエンゲルス版との相違　319

れているという[449]事情だけである。ここでは利潤が平均利潤よりも大きかったので，企業利得も他の場合よりも大きかったのである。

> ①〔注解〕「イギリスの協同組合工場の公開の収支計算書」——マルクスがここで使った原典はつきとめることができなかった。
> ②〔異文〕「これらの工場によって実現された」という書きかけが消されている。
> ③〔異文〕「いくらか高い」という書きかけが消されている。
> ④〔異文〕「利潤」←「利潤率」←「利潤」
> ⑤〔異文〕「私有〔工場〕での」という書きかけが消されている。
> ⑥〔注解〕「前に（第3部第1章）見たように」——MEGA II/4.2, S. 94-118〔MEW 25, S. 80-98〕を見よ。
> ⑦〔異文〕「しかし，……なので」という書きかけが消され，さらに「そのように通常のままだった企業利得が」という書きかけが消されている。

同じ事実は，いくつかの[450]ブルジョア的株式企業，たとえば[451]株式銀行でも見られる。たとえば，①ロンドン・アンド・ウェストミンスター・バンクは1863年には30％の年間配当を支払い，[452]ユニオン・バンク・オヴ・ロンドンは15％，ロンドン・フィナンシャルは15％を支払った[453]，等々。a)/

> ①〔注解〕「ロンドン・アンド・ウェストミンスター・バンクは1863年には30％の年間配当を支払い，ユニオン・バンク・オヴ・ロンドンは15％，ロンドン・フィナンシャルは15％を支払った」——マルクスがここで使った原典はつきとめることができなかった。

|311下|〔原注〕a) ①[454][455][456] この利潤のうちから，[457]しかし，[458]マネジャ

---

449)〔E〕「事情」→「こと」
450)〔E〕「ブルジョア的」→「資本主義的」
451)〔E〕「株式銀行」 joint stock banks→Aktienbanken (Joint Stock Banks)
452)〔E〕「ユニオン・バンク・オヴ・ロンドンは15％，ロンドン・フィナンシャルは15％を」
　　→「ユニオン・バンク・オヴ・ロンドンやその他の銀行は15％を」
453)〔E〕「，等々」——削除
454)〔E〕エンゲルス版では，以下の注は，この注がつけられた本文の直後に，本文の一部として組み込まれている。
455)〔E〕挿入——「ここでは」
456)〔E〕「この利潤」→「総利潤〔Bruttoprofit〕」
457)〔E〕「しかし，」——削除
458)〔E〕「マネジャー〔manager〕」→「管理者〔Dirigent〕」

一の賃金459)，等々のほかに，預金者に支払われる利子が出て行く。高い利潤は，ここでは，預金にたいする払込資本の割合が小さいことから説明される。たとえば，ロンドン・アンド・ウェストミンスター・バンクでは1863年に払込資本は1,000,000ポンド・スターリング，預金は14,540,275ポンド・スターリングだった。ユニオン・バンク・オヴ・ロンドンでは460)(1863年に) 払込資本は600,000ポンド・スターリング，預金は12,384,173ポンド・スターリングだった461)，等々。〔原注a)終わり〕/

　①〔注解〕マルクスがここで使った原典はつきとめることができなかった。

/311上/企業利得と462)監督賃金〔wages of superintendence〕との混同は，①もともとは，利潤のうち利子を越える超過分が利子にたいしてとる②対立的な形態から463)生じた。それはさらに，利潤を，460 剰余価値として——不払労働として——464)ではなく，465)資本家自身の労賃として説明しようとする弁護論的な意図によって，発展させられた。これにたいしては，ついで社会主義者たちの側から，利潤を，理論的にこれが利潤だと称されたものに，すなわちたんなる466)監督賃金〔wages of superintendence〕に，実際に縮小すべきだという要求が出された。そしてこの467)賃金が一方では，多数の468)商業マネジャーや産業マネジャーからなっている一つの階級が469)発展するにつれて，他のすべての470)賃金と同様にその一定の水準とその一定の市場価格とを見いだすよう471)に

---

459)〔E〕「，等々」——削除
460)〔E〕「（」および「）」——削除
461)〔E〕「，等々」——削除
462)〔E〕「監督賃金〔wages of superintendence〕」→「監督賃金または管理賃金〔Aufsichts- oder Verwaltungslohn〕」
463)〔E〕「生じた」　entsprang→entstand
464)〔E〕「ではなく」　statt→nicht …, sondern
465)〔E〕挿入——「遂行した労働にたいする」
466)〔E〕「監督賃金」　wages of superintendence→Aufsichtslohn
467)〔E〕「賃金〔wages〕」→「監督賃金〔Aufsichtslohn〕」
468)〔E〕「商業マネジャーや産業マネジャー〔commercial u. industrial managers〕」→「商業的管理人や産業的管理人〔industrielle und kommerzielle Dirigenten〕」
469)〔E〕「発展する」→「形成される」
470)〔E〕「賃金〔wages〕」→「労賃」

なると,b) それが他方では,③独自に⁴⁷²⁾発展した労働力の生産費を低下させる一般的な発展につれて,すべての⁴⁷³⁾熟練労働の賃金と同様に下がって⁴⁷⁴⁾くると,c) この要求は,理論的なごまかしにたいして⁴⁷⁵⁾まったく不愉快に相対するようになった。⁴⁷⁶⁾しかし,労働者の側での協同組合の発展,ブルジョアジーの側での株式企業の発展につれて,企業利得と⁴⁷⁷⁾監督賃金〔wages of superintendence〕との混同の最後の口実も足場を取られてしまって,利潤は,④実際にも⁴⁷⁸⁾――理論的にはこのことは否定できないものだったのであるが――たんなる剰余価値⁴⁷⁹⁾(なんの等価も支払われていない価値,実現された不払労働)として,⁴⁸⁰⁾現われてきたのであり,こうして,機能資本家は労働を現実に搾取し,そして,彼の搾取の果実は,彼が借りた資本で事業をする場合には,利子と,企業利得すなわち利潤のうち利子を越える超過分とに,分かれる,ということが現われてきたのである。d) ⁴⁸¹⁾ |

① 〔異文〕「もちろん……から」という書きかけが消されている。
② 〔異文〕「対立的な形態から」←「対立から」
③ 〔異文〕「独自に発展した」←「この独自な」
④ 〔異文〕「実際に……〔現われて〕きた〔stellte sich praktisch〕」という書きかけが消されている。〔stellte sich ... dar と書こうとしたのであろう。〕

/311下/〔原注〕b) ⁴⁸²⁾⁴⁸³⁾ホヂスキン。①「親方も彼らの職人と同じに労働者で

---

471) 〔E〕「になると」→「になればなるほど」
472) 〔E〕「発展した」→「訓練された」
473) 〔E〕「熟練労働の賃金」 wages of skilled labour→Lohn für geschickte Arbeit
474) 〔E〕「くると」→「くればくるほど」
475) 〔E〕「まったく〔durchaus〕」→「それだけますます」
476) 〔E〕「しかし,」――削除
477) 〔E〕「監督賃金〔wages of superintendence〕」→「管理賃金〔Verwaltungslohn〕」
478) 〔E〕「――理論的にはこのことは否定できないものだったのであるが〔was theoretisch unleugbar war〕――」→「理論的には利潤がそれであることを否定できなかったところのものとして〔als was er theoretisch unleugbar war〕」
479) 〔E〕「(」および「)」――削除
480) 「現われてきたのであり〔erschien〕」――はじめ stellte sich ... dar と書いたが,これを erschien に変更した。そのさいの消し忘れで dar が残っている。
481) 〔E〕エンゲルス版では,このあとに原注d) を本文として組み込んでいる。
482) 〔E〕エンゲルス版では,この注は脚注とされている。

ある。この性格からすれば彼らの利害は，彼らの職人の利害とまったく同じである。しかし，彼らはまた資本家または資本家の代理人でもあるのであって，この点では彼らの利害は，職人の利害と決定的に反対である。」(27ページ〔安川悦子訳『労働擁護論』，『世界の思想』5，河出書房新社，1966年，381ページ〕。)「この国の職人たち〔journeymen mechanics〕のあいだでの教育の普及は，特殊な知識をもつ人びとの数をふやすことによって，ほとんどすべての親方や雇い主の労働や熟練の価値を，毎日減らしている。」(30ページ〔同前訳，386ページ〕。)『<u>資本の要求にたいする労働の防衛，云々</u>』，<u>ロンドン，1825年</u>。〔原注b)終わり〕

①〔注解〕この引用は，カール・マルクス『経済学批判（1861-1863年草稿）』（MEGA II/3.4, S. 1449.29-36）から取られている。

〔原注〕c) 484)485)ミル（J. St.）『経済学原理』，第2版，<u>ロンドン，1849年</u>，第1巻，①479ページ。「因習的な障害の一般的な緩和や教育の便宜の増加は，不熟練労働者の賃金を引き上げるのではなく，<u>熟練労働者の賃金を引き下げる</u>傾向がある。」〔末永茂喜訳『経済学原理』，岩波文庫，(2)，1960年，368ページ〕〔原注c)終わり〕

①〔訂正〕「479」──草稿では「463」と書かれている。

〔原注〕d) 486)資本主義的生産の基礎の上では，487)488)<u>監督賃金</u>〔wages of superintendence〕をもってする新手のいかさまが発展する。というのは，現実の489)マネジャー490)のほかにも，491)たくさんの重役が現われるのであって，492)彼らは

---

483)〔E〕「ホヂスキン。」──エンゲルス版では，引用のあとの出典のところにまわされている。
484)〔E〕エンゲルス版では，この注は脚注とされいる。
485)〔E〕エンゲルス版では，この出典指示は引用のあとにつけられている。
486)〔E〕この注は，エンゲルス版では，本文に組み込まれ，本章の最後のパラグラフとなっている。
487)〔E〕挿入──「株式企業において，」
488)〔E〕「監督賃金〔wages of superintendence〕」→「管理賃金〔Verwaltungslohn〕」
489)〔E〕「マネジャー〔manager〕」→「管理者〔Dirigent〕」
490)〔E〕「のほかにも〔außer〕」→「の横にも上にも〔neben und über〕」
491)〔E〕「たくさんの重役〔eine lot v. Directoren〕」→「何人かの管理・監督役員〔eine Anzahl

第23章の草稿，それとエンゲルス版との相違　323

実際には，493)監督〔superintendence〕を，株主から巻き上げて自分の儲けにするためのたんなる口実にするからである。これについては，〔デイヴィド・モーリア・エヴァンズ〕『ザ・シティ，またはロンドン実業界の生理学。494)取引所やコーヒー店でのスケッチ』，ロンドン，1845年，のなかにおもしろい話が出ている。

　銀行家や商人が，八つも九つもの違った会社の役員会〔Direction〕に参加することによって，どんなに儲けるかは，次の例を見ればわかるであろう。「ティモシー・エイブラハム・カーティス氏が破産したとき，①破産裁判所に提出された彼の個人貸借対照表には重役職の項に800-900ポンド・スターリングの年収が記載されていた。カーティス氏はイングランド銀行や東インド会社の役員会〔Courts〕に加わっていた〔be associated mit〕ので，株式公開会社〔public company〕にとっては，彼に重役室〔board room〕でお勤めをしてもらうことはまったく好都合だと考えられたのである。」（同前，495)82ページ。）496)「重役〔Directors〕の椅子は，毎週の役員会議に出席するだけで，少なくとも1ポンド・スターリングを生むのである。」（同前，81ページ。）②破産裁判所の審理が示しているところでは，497)この498)監督賃金〔wages of superintendence〕は，これらの名目上の重役たち〔Directoren〕によって行なわれる現実の499)監督〔superintendence〕に反比

　　　Verwaltungs- und Aufsichtsrate〕」
492)〔E〕「彼らは……を……口実にする」→「彼らにあっては……は……口実になる」
493)〔E〕「監督〔superintendence〕」→「管理と監督〔Verwaltung und Aufsicht〕」
494)〔E〕「取引所やコーヒー店でのスケッチ〔Sketches on Change, and at the Coffee Houses〕」
　　→「取引所スケッチとコーヒー店〔Sketches on Change, and the Coffee Houses〕」
495)〔E〕「82ページ」──1894年版でもMEGA版でもこうなっているが，現行版では「81, 82ページ」とされている。
496)〔E〕「「重役〔Directors〕の椅子は，毎週の役員会議に出席するだけで，少なくとも1ポンド・スターリングを生むのである。」（同前，81ページ。）」→「そのような会社の重役が毎週の会議に出席して受け取る報酬は，少なくとも1ギニー（21マルク）である。」
　　エンゲルス版では，このように引用符をはずしているわけである。なお，1ギニーは21シリングであるから，エンゲルス版（および現行版）での「マルク」は「シリング」の誤記であろう。
497)〔E〕挿入──「通例」
498)〔E〕「監督賃金」 wages of superintendence→Aufsichtslohn
499)〔E〕「監督」 superintendence→Aufsicht

例している。〔原注d）終わり〕｜

① 〔注解〕「破産裁判所に提出された彼の個人貸借対照表には<u>重役職の項に〔under the head of directoryships〕</u>800-900ポンド・スターリングの年収」――『ザ・シティ……』では次のようになっている。――「あの紳士が破産をしたとき，破産裁判所は彼が重役職から入手した所得のサンプルを提示したが，それはけっしてわずかな額ではなかった。われわれが記憶しているかぎりでは，この項にあげられていた彼の年収は800-900ポンド・スターリングであった。」

② 〔注解〕ここでマルクスが言及しているのは，『タイムズ』紙の「破産裁判所」の項に定期的に（たいてい毎日）掲載される，個々の商会，会社などが破産するまでの状況の調査である。

第4章
「利子生み資本の形態での資本関係の外面化」
(エンゲルス版第24章)
に使われたマルクス草稿について

　本章に収めるのは，1989年5月に書き上げた拙稿「「資本関係の外面化」(『資本論』第3部第24章)の草稿について」(所収：『経済志林』第57巻第2号，1989年7月)である。マルクスは，草稿のこの部分を書くさい，『1861-1863年草稿』で利子生み資本について論じた部分をかなり——第21-23章に利用された部分でよりもはるかに大きく——利用した。そこで本章では，草稿の訳文のなかの『1861-1863年草稿』を利用したとみられる箇所に『1861-1863年草稿』での記述を注記した。『1861-1863年草稿』への言及についての前章までての同様の注記の程度とややバランスを欠くことになっているが，そのままにしておく。

はじめに

　『資本論』第3部のエンゲルス版(現行版)第5篇第24章「利子生み資本の形態での資本関係の外面化」は，マルクスの第3部用の草稿のうちの「第1稿」すなわちいわゆる「主要原稿」の312-316ページからまとめられたものである。草稿では，この部分は第5章の六つの項目のうちの第4の項目にあたるが，ここにはその冒頭に「5) 利子生み資本の形態での剰余価値および資本関係一般の外面化」(「5)」は明らかに「4)」の誤記である)という項目番号および表題がある。エンゲルス版のこの章の内容は，先行する第21-23章と同じく，マルクスの草稿とほぼ一致している。ここでのエンゲルスの作業の大半は，それまで彼が第3部の草稿の整理をするのにとってきた仕方で個々の文章を手入れすることと，草稿での注や追記を印刷用に整理・配置することとであった。

　本章では，エンゲルス版第24章にあたる草稿第5章の「5) 利子生み資本の形態での剰余価値および資本関係一般の外面化」を調べ，それとエンゲルス版

との相違を示す。

　ただし，本章で取り扱う草稿部分はあまり大きなものではないので，今回にかぎって，マルクスがこの部分を執筆するときに利用した『1861-1863年草稿』との関係を，また多くの場合に，利用された記述そのものを注記することにした。これによって，この部分を執筆するときにマルクスがどのように『1861-1863年草稿』を利用したかが読み取れるはずであり，また，本草稿でのマルクスの簡潔な記述の意味を一歩掘り下げて理解するための一助となるものと考えている。

　マルクスが本稿部分を執筆するときに『1861-1863年草稿』によったその依存の程度はきわめて大きく，しかもそれは，第5章のこれ以前の三つの節に比べてはるかに高い。大きく利用されたのは，第1に，『1861-1863年草稿』のノートXVのなかの「収入とその諸源泉」（MEGA編集者が与えたこの表題が不適切であることには本書本巻の74-75ページで触れた）の部分である。マルクスは，ノートで50ページを超えるこの部分の全体を見返しながら本章収録部分を執筆したのであり，とくに，第2パラグラフは，「収入とその諸源泉」のなかに散在する7箇所の記述を，大きく手を加えることをしないままで一つに集めたものとなっている。第2に，本章収録部分の約3分の1を占める，プライスとミュラーとについての記述は，『1861-1863年草稿』のノートXVIIIに，「資本主義的生産における貨幣の還流運動」を中断して書かれた「複利」に関するまとまった記述によっている。そのほか，この二つの部分以外に『1861-1863年草稿』から取られたものが若干あり，この草稿ではじめて書き下ろされたと見なすことができる箇所はわずかである。

「4）」における，「利子生み資本の形態での剰余価値および資本関係一般の外面化」の考察の要点

　このあと，第3部草稿第5章の「4）利子生み資本の形態での剰余価値および資本関係一般の外面化」の訳文を提示し，それにエンゲルス版での変更をできるだけ克明に注記するが，そのまえに，この「4）」で，マルクスがこの点について，どのようなことを述べているのか，ということについて，拙著『図解

社会経済学』における記述（353-355ページ）によって，筆者の理解を要約的に示しておこう。

*

　[利子生み資本における資本の物神性の完成]　利子生み資本の運動 G―G′ では，一定額の貨幣は一定期間に一定額の果実をもたらすものだ，という資本の増殖がまったく無内容に現われている。貸し付けられる資本であろうと自己資本であろうと，資本であるかぎりは自ずから子を産み，増殖するのだ，という観念が完成している。これこそ資本関係の物象化，資本の物神性の完成である。資本主義的生産の本質的な内面的関係はすっかり隠蔽され，転倒したかたちで現われる。

　[生産関係の発展と物神性の発展]　労働が私的に行なわれ，社会的分業が自然発生的に行なわれる社会で，労働生産物が必然的にとる商品という形態は，人びとの社会的関係を物象的におおい隠すものだった。すなわち，商品＝価値をもたなければ社会から財貨を受け取れないという事実（商品＝物による人間支配）から，商品＝物こそが人間にとって最も大事なものであるという観念（物神崇拝）が生じた。

　さらに，商品形態の発展は，ある特定の商品（金）を貨幣にする。貨幣は，私的労働と社会的分業の社会でのみそれに与えられる形態であり，その力（一般的等価物としての力）はまったく社会的なものである。ところが，貨幣（価値のかたまり）なしには社会からなにひとつ受け取ることができず，逆に貨幣さえあればなんでも入手できるという事実（貨幣による人間支配）から，およそ人間社会では貨幣こそが最も肝心なものだという観念（貨幣物神崇拝，黄金崇拝，拝金思想）が生じた。

　労働する諸個人が生産手段から完全に切り離され，自己の労働力を売らなければ生きていくことができないという社会的関係のもとで，貨幣と生産手段は資本に転化する。そして，この資本主義的生産の発展のなかで，資本家の機能資本家と貨幣資本家とへの分離が生じると，利潤は利子と企業利得とに分裂する。だから，利子はこのような社会的な関係＝生産関係の産物にほかならない。ところが，これらの形態が確立すると，物としての貨幣は自動的に増殖し，自

分の子を産むのだ,という観念が確立し,はては,「世の中」で肝心なことは,最も有利な「金融商品」に貨幣資本を投下して利殖させることだ,という観念(完成した資本物神崇拝)ができあがる。「利子生み資本一般がすべての狂った形態の母であって,たとえば債務〔預金〕が銀行業者の観念では彼の売る商品として現われる」(『資本論』第3部第1稿,MEGA II/4.2, S. 522; 本書第3巻168ページ)のである。

　経済的な諸範疇・諸観念はすべて,特定の歴史的な生産関係のもとで物に与えられた形態にすぎないのに,商品の物神性,貨幣の物神性,そして資本の物神性は,このことをおおい隠すのである。

　[資本の諸形態の発展は資本の自己矛盾を顕わにする]　このように利子生み資本形態において資本物神は完成するが,しかし資本はその発展のなかで同時に所有と労働との分離を推し進め,株式会社形態において,資本による剰余価値の取得を正当化できる根拠をもたないことを露呈するようになる。このように資本主義的生産の発展は,一方では生産関係の物象化を推し進め,資本物神を完成させると同時に,他方で,自己自身の正当性を否定するような諸形態を生み出さないではいない。このことは,資本の発展とは資本そのものの矛盾の発展にほかならないということをはっきりと示しているのである。

第24章の草稿,それとエンゲルス版との相違

|461|　　　|312上|①4) 利子生み資本の形態での
　　　　　　1)剰余価値および資本関係2)一般の外面化。

　①〔訂正〕「4)」――草稿では「5)」と書かれている。

　①3)利子生み資本において,資本関係はその最も外面的で最も物神的な形態

---

1)〔E〕「剰余価値および」――削除
2)〔E〕「一般〔überhaupt〕」――削除
3) この一文については『1861-1863年草稿』の次の諸記述を参照されたい。
　【資本の純粋な物神形態】「利子生み資本において――利子と利潤〔すなわち企業利得〕とへの利潤の分裂において――,資本はその最も物的な形態を,純粋な物神形態を受け取ったのであり,剰余価値の本性がまったく失われてしまったことが示されているのである。ここでは資本が――物としての資本が――,価値の自立的な源泉として現われる……。」(MEGA II/3.4, S. 1497.)
　【物神崇拝の完成】「剰余価値のこの二つの形態〔利子と産業利潤（企業利得）〕においては,資本の本性が,つまり資本の本質および資本主義的生産の性格が,完全に消し去られているだけではなく,反対物に転倒されている。しかし,諸物象の主体化,諸主体の物象化,原因と結果との転倒,宗教的な取り違え〔quid pro quo〕,資本の純粋な形態 G_G' が,無意味に,いっさいの媒介なしに,表示され表現されるかぎりでは,資本の性格および姿態もまた完成されている。同様に,諸関係の骨化も,この諸関係を特定の社会的性格をもつ諸物象にたいする人間たちの関係として表示することも,商品の単純な神秘化と貨幣のすでにより複雑化された神秘化とにおけるのとはまったく違った仕方でつくりあげられている。化体は,物神崇拝は,完成されている。」(MEGA II/3.4, S. 1494.)
　【資本関係の外面化】「非合理的なものは,地代の形態においては,資本そのものの関係がそれを表現しているようには,表明されていない,または形象化〔gestalten〕されていない。……利子生み資本についてはそうではない。ここで問題なのは,資本に疎遠な関係ではなくて,資本関係そのものであり,資本主義的生産から生じる,またこの生産に独自な,資本そのものの本質を表現する関係であり,資本が資本として現われるような資本の姿態である。利潤は,過程進行中の資本にたいする連関を,剰余価値（利潤そのもの）が生産される過程にたいする連関を依然として含んでいる。利子生み資本においては,利潤におけるのとは違って,剰余価値の姿態は疎外されて異様なものになっており,直接にその単純な姿態を,したがってまたその実体とその発生原因とを認識させなくなっている。

に到達する。ここでは、われわれは、G─G′、より多くの貨幣を4)生む貨幣、自分自身を増殖する価値を、②5)これらの極を媒介する過程なしにもつのである。商人資本、6)G─W─G′では、少なくとも資本主義的運動の一般的な形態が7)ある。といっても、この形態は8)純粋に流通部面にとどまっており、したがって利潤も③9)収奪利潤〔Profit upon expropriation〕として現われるのであるが。10)11)いずれにせよ、12)この形態は一つの過程を、反対の段階の統一を、13)だか

利子では、むしろ明示的に、この疎外された形態が本質的なものとして定立されており、現存するものとして表明されている。それは、剰余価値の真の本性に対立するものとして──自立化され、固定されている。利子生み資本においては、労働にたいする資本の関係は消し去られているのである。」(MEGA II/3.4, S. 1489-1490.)

【資本の絶対的な外面化の形態】「一方で、利潤が資本主義的生産において与えられたものとして前提されて現われるところの最終の姿態では、利潤がへてくる多くの転化、媒介が消し去られており、認識できなくなっており、したがってまた資本の本性もそうなっているとすれば、また、この姿態に最後の一筆を加えるその同じ過程が利潤の一部分を地代として利潤に対立させ、したがって利潤を剰余価値の一つの特殊的形態──この形態は、地代が土地に連関させられるのとまったく同様に、素材的に弁別される生産用具としての資本に連関させられる──にする、ということによって、この最後の姿態がさらにいっそう固定されるとすれば、他方では、数多くの目に見えない中間項によってその内的な本質から分離されたこの姿態が、さらにいっそう外面化された形態に、あるいはむしろ、絶対的な外面化の形態に到達するのは、利子生み資本において、利潤と利子との分裂において、資本の単純な姿態としての、つまり資本がそれ自身の再生産過程に前提されている場合の姿態としての利子生み資本においてである。それにおいては、一方では資本の絶対的な形態、つまりG─G′が表現されている。〔つまり〕自己を増殖する価値〔である〕。他方では、純粋な商業資本ではまだ存在している中間項が、つまりG─W─G′〔の〕Wが脱落した。それは、ただ、Gの自分自身にたいする関係、Gが自分自身で測られるという関係にすぎない。それは、過程の外に──過程の前提として、しかも、それがこの過程の結果であり、ただこの過程のなかでのみ、ただこの過程によってのみ資本だという、そのような過程の前提として──明示的に取りだされ、分離された資本である。」(MEGA II/3.4, S. 1487.)

4)〔E〕「生む」 setzen→erzeugen
5)〔E〕「これらの極」→「両極」
6)草稿では「G─W─G′」の中間の「W」の上部にvを二つ並べたようなものが書かれている。
7)〔E〕「ある〔sein〕」→「存在している〔vorhanden sein〕」
8)〔E〕「純粋に〔rein〕」→「ただ……だけ〔nur〕」
9)〔E〕「収奪利潤〔Profit upon expropriation〕」→「譲渡利潤〔Veräußerungsprofit〕」
10)〔E〕「いずれにせよ、」──削除
11)〔E〕挿入──「しかし、とにかく、利潤は一つの社会的な関係の所産として表わされているのであって、たんなる物の所産として表わされているのではない。」

らまた，商品の買いと売りという二つの反対の[14]段階に分かれる運動を，表わしている。[15]このことは，G―G′，すなわち利子生み資本の形態では消えてしまっている。たとえば，1000 ポンド・スターリングが[16]貨幣資本家〔monied Capitalist〕によって貸し出され，利子率が 5 % だとすれば，1000 ポンド・スターリングという価値は，[17]資本としては[18]1050 ポンド・スターリング（= C + $\frac{C}{i}$，ここで C は資本であり，i は利子率である）である。[19)20]1000 ポンド・スターリングの価値は，資本としては 1050 ポンド・スターリングである。すなわち，資本はけっして単純な量ではないのである。それは，[21]量関係であり，[22]剰余価値としての自分自身にたいする元本，与えられた価値という関係である。そして，すでに見たように，すべての[23]生産的資本家にとっては，彼らが自分の資本で機能しようと借りた資本で機能しようと，資本そのものが，このような直接に自分を増殖する価値として，[24]現われるのである。

---

12)〔E〕「この形態は」→「商人資本の形態は，依然として」
13)〔E〕「だからまた，」――削除
14)〔E〕「段階〔Phasen〕」→「過程〔Vorgänge〕」
15)『1861-1863 年草稿』には次の記述がある。――「G―W―G′にはまだ媒介が含まれている。G―G′では，われわれは資本の無概念的な形態，生産関係の最高の展相における〔in der höchsten Potenz〕転倒および物象化をもつのである。」(MEGA II/3.4, S. 1460.)
16)〔E〕「貨幣資本家〔monied Capitalist〕」→「資本家」
17)〔E〕挿入――「1 年間の」
18)〔E〕「1050 ポンド・スターリング（= C + $\frac{C}{i}$，ここで C は資本であり，i は利子率である）」→「C + Cz′――この C は資本であり z′ は利子率つまりここでは 5 % = 5/100 = 1/20 である――であって，1000 + 1000 × 1/20 = 1050 ポンド・スターリング」
19)〔E〕「1000 ポンド・スターリングの価値は，資本としては」→「資本としての 1000 ポンド・スターリングの価値は」
20)『1861-1863 年草稿』には次の記述がある。――「1000 ポンド・スターリングの価値のある商品の価値は，資本としては 1050 ポンド・スターリングである。すなわち，資本はけっして単純な数〔Zahl〕ではない。それは単純な商品ではなくて，力能を高められた〔potenzirt〕商品である。単純な量ではなくて，量関係である。それは，剰余価値としての自分自身にたいする元本，与えられた価値という関係である。」(MEGA II/3.4, S. 1476.)
21)〔E〕「量関係」――エンゲルス版では，「関係」が強調されている。
22)〔E〕「剰余価値としての」→「自己を増殖する価値としての，剰余価値を生産した元本としての」
23)〔E〕「生産的資本家」→「能動的資本家」
24)「現われる」――草稿では，stellt sich となっているが，エンゲルス版でのように stellt sich … dar とあるべきところであり，dar の単純な書き落しであろう。MEGA 版では編集者

① 〔注解〕ここから本書339ページ3行目までは，もろもろの変更を加えて，『経済学批判（1861-1863年草稿）』（MEGA II/3.4, S. 1451.1-1464.34）から取られている。
② 〔異文〕「……における媒介なしに」という書きかけが消されている。
③ 〔注解〕「収奪利潤〔Profit upon expropriation〕」──〔MEGA II/4.2の〕320ページ5行への注解を見よ。〔この注解は次のとおり。──「「譲渡利潤〔Profit upon alienation〕」──マルクスはこの表現をジェイムズ・ステュアトから取った。『1861-1863年草稿』でマルクスは「収奪利潤〔Profit upon expropriation〕」という概念も使った。──MEGA II/3.2, S. 334.12-13 und 345.28を見よ。〕

G_G'。──ここに見られるのは，資本の本源的な出発点である貨幣であり，[25)] また，[26)] 両極 G_G' に短縮された定式 G_W_G'，より多くの貨幣をつくりだす貨幣である[27)]（つまり，$G\_\overbrace{G+\varDelta G}$）。それは，一つの無意味な要約に収縮させられた，資本の本源的かつ一般的な定式である[28)]（短縮された定式）。[29)] それは，完成した資本，生産過程と流通過程との統一，したがって[30)] 一定の期間に一定の剰余価値を[31)] 生むものである。利子生み資本の形態では，これが直接に，生産過程および流通過程[32)] の媒介なしに現われている。[33)] 商人資本では，利潤は交換〔exchange〕から出てくる{だからまた，①収奪利潤}ように見え，し

がdarを補っている。

25) 〔E〕「また〔und〕」──削除
26) 〔E〕「両極 G_G' に短縮された定式 G_W_G'」→「両極 G_G' に短縮された，定式 G_W_G' のなかの貨幣」
27) 〔E〕「（つまり，$G\_G+\varDelta G$）」──削除
　このうちの「$G+\varDelta G$」の上には，スラーのような線がかけられている。
28) 〔E〕「（短縮された〔verkürzt〕定式）」──削除
29) 『1861-1863年草稿』には次の記述がある。──「これこそは，完成した資本──これによれば資本は生産過程と流通過程との統一〔である〕──，したがって一定の期間に一定の利潤をもたらすものである。利子生み資本の形態では，この規定が，生産過程および流通過程の媒介なしに，残っているだけである。」（MEGA II/3.4, S. 1454.）
30) 〔E〕挿入──「また〔und〕」
31) 「生むもの」──草稿ではabwirftとなっているが，エンゲルス版でのようにabwerfendとあるべきところである。
32) 〔E〕「の媒介なしに〔ohne d. Vermittlung von〕」→「に媒介されないで〔unvermittelt durch〕」
33) 〔E〕「商人資本では，利潤は交換から出てくる{だからまた，収奪利潤〔profit upon expropriation〕}ように見え，したがっていずれにせよ，物からではなくて社会的な関係から出てくるように見える。」──削除

たがっていずれにせよ，物からではなくて社会的な関係から出てくるように見える。34)35) 資本および利子では，資本が，利子の，自分自身の増加の，神秘的かつ自己創造的な源泉として現われている。36)37) 物（貨幣，商品，価値）がいままでは38) 物として39) 資本であり，また資本はたんなる物として現われ，40) 生産過程および流通過|462|程の総結果が，41) 物に内在する属性として現われる。42) そして，貨幣を貨幣として支出しようとするか，それとも資本として賃貸ししようとするかは，貨幣の所持者，すなわちいつでも交換できる形態にある商品の所持者しだいである。それゆえ，43) 利子生み資本では，この自動的な〔automatisch〕物神，自分自身を増殖する価値，貨幣を44) もたらす（生む）貨幣が45) 完成されているのであって，それはこの形態ではもはやその発生の痕跡を

---

34)〔E〕「資本および利子では，」——削除
35)『1861-1863年草稿』には次の記述がある。——「とにかく，資本および利子では，資本が，利子の，自分の増加の，神秘的かつ自己創造的な源泉として完成されている，ということだけは明らかである。」(MEGA II/3.4, S. 1454.)
36)〔E〕「物」——エンゲルス版では強調されている。
37)『1861-1863年草稿』には次の記述がある。——「だが，いずれにせよこの形態は，それ自体として見るならば（じっさいには，貨幣は周期的に，労働を搾取し，剰余価値を生む手段として譲渡されるのである），物がいままでは物として現われ，また資本がたんなる物として現われ，資本主義的生産過程および流通過程の総結果が，物に内在する属性として現われる，という形態である。そして，貨幣を貨幣として支出しようとするか，それとも資本として賃貸ししようとするかは，貨幣の所持者，すなわちいつでも交換できる形態にある商品の所持者しだいである。」(MEGA II/3.4, S. 1455.)
38)〔E〕挿入——「たんなる」
39)〔E〕挿入——「すでに」
40)〔E〕「生産過程および流通過程の総結果」→「総再生産過程の結果」
41)〔E〕「物に内在する〔d. Ding inhärent〕」→「物に自ずからそなわっている〔einem Ding von selbst zukommend〕」
42)〔E〕「そして，」——削除
43)『1861-1863年草稿』には次の記述がある。——「利子生み資本では，この自動的な物神，自分自身を価値増殖する価値，貨幣をもたらす貨幣が完成されているのであって，それはこの形態ではもはやその発生の痕跡を少しも帯びてはいないのである。社会的関係が，物（貨幣，商品）のそれ自身にたいする関係として完成されているのである。」(MEGA II/3.4, S. 1454.)
44)〔E〕「もたらす（生む）〔machend (heckend)〕」→「生む〔heckend〕」
45)〔E〕「完成されている〔vollendet sein〕」→「純粋につくりあげられている〔rein herausgearbeitet sein〕」

少しも帯びてはいないのである。社会的関係が，46)物の（貨幣の）それ47)自身にたいする関係として完成されているのである。48)

①〔注解〕「収奪利潤〔profit upon expropriation〕」──前パラグラフへの注解③を見よ。

49)貨幣の資本への現実の転化に代わって，ここではただ，この転化の無内容な形態だけが現われている。50)労働能力の場合と同じように，ここでは貨幣の使用価値は，51)交換価値を創造するという，しかも貨幣自身に52)含まれる53)交換価値よりも大きい交換価値を創造する54)ことになる。55)貨幣は可能的に〔δυνάμει〕，このような自己を増殖する価値として存在するのであり，そのようなものとして貸し付けられる56)（これがこの独特な商品にとっての販売の形式なのである）。57)価値を創造するということ，利子を生むということが貨幣の属性58)であるのは，梨の実を59)生産することが梨の木の属性であるのとまった

---

46)〔E〕「物」　d. Ding → ein Ding
47)〔E〕「自身」　selber → selbst
48)〔E〕エンゲルス版は改行していない。
49)『1861-1863年草稿』には次の記述がある。──「貨幣の資本への現実の転化に代わって，ここではただ，この転化の無内容な形態だけが現われている。労働能力の場合と同じように，ここでは貨幣の使用価値は，交換価値を創造するという，しかも貨幣自身に含まれる交換価値よりも大きい交換価値を創造することになる。貨幣は自己を増殖する価値として貸し付けられる。〔それは〕商品，だがまさにこの属性によって商品としての商品から区別され，したがってまた独自な譲渡形式をもつところの商品〔なのである〕。」（MEGA II/3.4, S. 1457.）
50)〔E〕「労働能力」→「労働力」
51)〔E〕「交換価値」→「価値」
52)〔E〕「含まれる」→「含まれている」
53)〔E〕「交換価値」→「価値」
54)〔E〕「こと」→「という使用価値」
55)〔E〕「貨幣は可能的に〔δυνάμει〕，このような自己を増殖する価値として存在するのであり」→「貨幣そのものがすでに潜勢的に〔potentiell〕，自己を増殖する価値なのであり」
56)〔E〕「（」および「）」──削除
57)『1861-1863年草稿』には次の記述がある。──「価値を創造するということ，利子を生むということがそれら〔貨幣または商品〕の内在的な属性であることは，梨の実を生産することが梨の木の属性であるのとまったく同じである。そして，このような利子を生む物として，貨幣の貸し手は自分の貨幣を産業資本家に売るのである。」（MEGA II/3.4, S. 1459.）
58)〔E〕「である」→「となる」
59)〔E〕「生産する」→「結ぶ」

く同じである。そして，このような利子を生む物として，[60]貨幣の貸し手は自分の貨幣を売るのである。[61]そしてさらにそれ以上である。すでに見たように，現実に[62]機能する資本そのものが，機能資本としてではなく，<u>資本それ自体</u>として[63]（[64]moneyed capital として）<u>利子</u>を<u>生</u>むのだ，というように現われるのである。

　[65]次のこともねじ曲げられる。——[66]利子は<u>利潤の一部</u>，すなわち機能資本が労働者から搾り取る剰余価値の，[67]一部でしかないのに，いまでは反対に，<u>利子</u>が資本の本来の果実，[68]本源的な果実として現われ，利潤はいまでは<u>企業利得</u>という形態に転化して，[69]たんに[70]生産過程および流通過程でつけ加わるだけの附属品，[71]付加物として現われる。[72]ここでは資本の<u>物神姿態</u>と<u>資本物神</u>の観念とが完成している。[73]われわれがG—G′で見るのは，資本の無概念的な形態，最高の展相〔Potenz〕における，生産諸関係の転倒と物象化である[74]。利子を生む姿態は，資本自身の再生産過程に前提されている資本の単純な姿態

60）〔E〕「貨幣の貸し手」　money lender→Geldverleiher
61）〔E〕「そしてさらにそれ以上である。」→「それだけではまだ十分ではない。」
62）〔E〕「機能する」　functionirend→fungierend
63）〔E〕「（」および「）」——削除
64）〔E〕「moneyed capital」→「貨幣資本」
65）「次のこともねじ曲げられる。〔Es verdreht sich auch dies:〕」——岡崎訳では「これもまたねじ曲げられる」，長谷部訳では「このこともねじ歪められる」とされているが，diesはこれに続く部分を指すものと考えられる。
66）〔E〕「利子」　Zins→der Zins
67）〔E〕「一部〔Theil〕」→「一部分〔ein Teil〕」
68）〔E〕「本源的な果実〔d. primitive〕」→「本源的なもの〔das Ursprüngliche〕」
69）〔E〕「たんに〔bloss〕」→「たんなる〔blosses〕，」
　　なお，草稿では，はじめblossesと書いたのち，esを消してblossにしている。
70）〔E〕「生産過程および流通過程」→「再生産過程」
71）〔E〕挿入——「および」
72）『1861-1863年草稿』には次の記述がある。——「この形態では，いっさいの媒介が消え去っており，資本の<u>物神姿態</u>は，<u>資本物神</u>の観念と同様に，完成している。」(MEGA II/3.4, S. 1460.)
73）『1861-1863年草稿』には次の記述がある。——「われわれがG—G′で見るのは，資本の無概念的な形態，最高の展相〔Potenz〕における，生産諸関係の転倒と物象化である。」(MEGA II/3.4, S. 1460.)
74）〔E〕草稿では，ピリオドで切られているが，エンゲルス版ではコロンに変えられている。

である75)。76)自分自身の価値を増殖するという，貨幣の，77)商品の能力——最もまばゆい形態での資本神秘化。|

|313上|78)資本を価値，価値創造の自立した源泉として説明しようとする俗流経済学にとっては，もちろんこの形態はお誂え向きであって，この形態では，利潤の源泉はもはや認識できなくなっており，資本主義的生産過程の結果が——過程そのものからは切り離されて——自立的な定在を得ているのである。

moneyed Capitalにおいてはじめて資本は商品になったのであって，この商品の自分自身を増殖するという質は，そのつどの利子率で値づけされた確定価格をもっているのである。

79)利子生み資本として，しかも利子生み貨幣資本としてのその直接的形態に

---

75)〔E〕草稿では，ピリオドで切られているが，エンゲルス版ではセミコロンに変えられている。
76)〔E〕挿入——「再生産にはかかわりなく」
77)〔E〕挿入——「または〔resp.〕」
78)『1861-1863年草稿』には次の記述がある。——「資本を価値，価値創造の自立した源泉として説明しようとする俗流経済学にとっては，もちろんこの形態はお誂え向きであって，この形態では，利潤の源泉はもはや認識できなくなっており，資本主義的過程の結果が——過程からは切り離されて——自立的な定在を得ているのである。」(MEGA II/3.4, S. 1460.)
79)『1861-1863年草稿』には次の記述がある。——「それゆえ，利子生み資本として，しかも利子生み貨幣資本としてのその直接的形態において（ここではわれわれにかかわりのない他の利子生み資本諸形態はこの形態からさらに派生したものであってこの形態を前提するものである），資本は，その純粋な物神形態G—G′を得たのである。それは，第1には，資本が絶えず貨幣として存在することによってであって，この貨幣という形態では，資本のすべての規定性は消えてしまって資本の実体的な諸要素は目に見えなくなっており，資本は自立的な交換価値のたんなる定在として，自立化された価値として存在するのである。資本の実体的な過程では，貨幣形態は，すぐに消えてしまう形態である。貨幣市場では，資本はつねにこの形態で存在するのである。第2に，資本によって生み出される剰余価値も，ふたたび貨幣の形態にあって，資本そのものに属するものとして現われ，それゆえ貨幣資本の，すなわち資本の過程から分離された資本の，たんなる所有者に属するものとして現われる。G—W—GはここではG—Gになり，しかも，資本の形態がここでは無区別な貨幣形態であるように——じつに貨幣こそは，使用価値としての諸商品の相違が消え去っている形態であり，したがってまた，これらの商品の存在条件から成っている生産的諸資本の相違，生産的諸資本の特殊的な形態そのものも消え去っている形態である——，この資本が生み出す剰余価値も，つまり剰余貨幣も，なにがそれになるのか，またはなにがそれであるのかを問わず，貨幣額そのものの大きさで測られた特定の率において現われる

おいて（ここではわれわれに関係のない他の利子生み資本諸形態はこの形態からさらに派生したものであってこの形態を |463| 前提するものである），資本は，その純粋な物神形態G__G′を，主体として，売ることのできる物として，得るのである。それは，第1には，資本が絶えず貨幣として存在することによってであって，この貨幣という形態では，資本のすべての規定性は消えてしまって資本の実体的な諸要素は目に見えなくなっているのである。じつに貨幣こそは，そこではもろもろの使用価値としてのもろもろの商品の区別が消え去っており，したがってまたこれらの商品やその80)存在諸条件から成っているもろもろの81)生産的資本の区別も消え去っている形態82)83)，資本が〔es〕自立的な交換価値として存在する形態なのである。資本の84)実体的な過程では，貨幣形態は，すぐに消えてしまう形態85)である。86)貨幣市場では，資本はつねにこの形態で存在するのである。第2に，資本によって生み出される剰余価値も，87)ふたたび貨幣の形態にあって，資本そのものに属するものとして現われる。生長が88)樹木に固有であるように，貨幣を生むこと（①トーコス〔τόκος〕）が貨幣資本と

のである。利子が5％〔ならば〕，資本としての100は105である。このように〔それは〕，自己を増殖する価値の，または貨幣を創造する貨幣の，まったく明白な形態〔である〕。同時に，まったく無思想な形態〔である〕。不可解な，神秘化された形態〔である〕。資本の展開では，われわれはG__W__Gから出発したが，G__G′はこのG__W__Gの結果でしかなかった。いまやわれわれは，G__G′を主体として見いだす。生長が樹木に固有であるように，貨幣を生むこと（トーコス〔τόκος〕）が貨幣というこの純粋な形態にある資本に固有なことなのである。われわれが表面で眼前に見いだす，だからまたわれわれが分析において出発点とした，不可解な形態を，われわれはふたたび過程の結果として見いだすのであって，この過程では，資本の姿態は次第にますます疎外されたものになり，資本の内的な本質への連関がますますないものになっていくのである。」（MEGA II/3.4, S. 1464.）

80)〔E〕「存在諸条件〔Existenzbedingungen〕」→「生産諸条件」
81)〔E〕「生産的資本」→「産業資本」
82) 草稿ではここに「）」があるが，対応する「（」は見当たらない。
83)〔E〕「，資本が〔es〕自立的な交換価値として存在する形態なのである。」→「なのである。貨幣は，価値が——そしてここでは資本が——自立的な交換価値として存在する形態である。」
84)〔E〕「実体的な〔real〕過程」→「再生産過程」
85)〔E〕挿入——「であり，たんなる通過契機」
86)〔E〕挿入——「これに反して，」
87)〔E〕挿入——「ここでは」
88)〔E〕「樹木」 Baum→Bäume

してこの形態にある資本に固有なこと[89]なのである。

① 〔注解〕「トーコス〔τόκος〕」——生み出されたもの，利子。

[90]利子生み資本では，資本の運動が短いものに縮約されている。媒介過程は省略されており，こうして[91]たとえば[92]1000という資本は，それ自体として①[93]1000であるが，ある期間のうちに1100に転化する一つの物として，固定されている。それは，ちょうど，葡萄酒を穴蔵に入れておけば，ある時間ののちにはその使用価値もよくなる，というようなものである。資本はいまでは物であるが，しかし，物として資本である。貨幣は②いまでは胸に恋を抱いている。貨幣が貸し付けられさえすれば，または再生産過程のなかに[94]ありさえすれば（それが，[95]産業利潤とは別に，[96]所有者としての機能資本家のために利子をもたらす[97]かぎりでは），それが寝ていようと起きていようと，家にいようと旅をしていようと，夜であろうと昼であろうと，それには利子が生える。

---

89) 〔E〕「なのである〔so das Geldzeugen ... eigen.〕」→「として現われる〔so scheint das Geldzeugen ... eigen.〕」
90) 『1861-1863年草稿』には次の記述がある。——「利子生み資本では，資本の運動が短いものに縮約されている。媒介過程は省略されており，こうしてたとえば1000という資本は，それ自体として1000であるが，ある期間のうちに1100に転化する一つの物として，固定されている。それは，ちょうど，葡萄酒を穴蔵に入れておけば，ある時間ののちにはその使用価値もよくなるというようなものである。資本はいまでは物であるが，しかし，物として資本である。だから，それは他のすべての商品と並んで特殊な商品として売られることができる。あるいはむしろ，いまでは貨幣，商品が資本として売られることができるのである。これは，最も自立化された形態における資本の現象である。貨幣はいまでは胸に恋を抱いている。貨幣が貸し付けられさえすれば，——または生産過程のなかにありさえすれば（すなわち，それが，利潤とは別に，産業家のために利子をもたらすかぎりでは）——，それが寝ていようと起きていようと，夜であろうと昼であろうと，それには利子が生える。」（MEGA II/3.4, S. 1521-1522.）
91) 〔E〕「たとえば」——削除
92) 〔E〕「1000という資本」 d. Capital 1000→ein Kapital＝1000
93) 〔E〕草稿では1100と誤記されており，1894年版でもそのままであったが，現行版では訂正されている。
94) 〔E〕「あり〔vorhanden〔sein〕〕」→「投下されてい〔angelegt〔sein〕〕」
95) 〔E〕「産業利潤」→「企業者利得」
96) 〔E〕挿入——「それの」
97) 〔E〕「かぎりでは」 so weit→insofern

第24章の草稿，それとエンゲルス版との相違　339

　こうして，98)利子生み貨幣資本では｛そしてすべて資本はその価値表現から見れば貨幣資本であり，言い換えれば，いまでは貨幣資本の表現として意義をもつ｝，貨幣蓄蔵者の敬虔な願望が実現されているのである。

　①〔訂正〕「1000」――草稿では「1100」と書かれている。
　②〔注解〕「いまでは胸に恋を抱いている」――ゲーテの『ファウスト　悲劇第1部』，「ライプツィヒのアウエルバハ酒場」での一節〔池内紀訳『ファウスト　第1部』，集英社，1999年，99-100ページ〕の言い換え。

　99)このように，利子が①100)物としての貨幣資本に②生え込んでいること (101)ここでは資本による剰余価値の102)産出がこういうものとして現われる)，これこそが，ルターを忙しく，高利にたいして③103)素朴にがみがみ言わせているものである。ルターは，定めた期日104)に105)返済されないために，自分でも支払いをしなければならない貸し手にとって出費が生じる場合とか，あるいは106)（かりに貨幣が適時に返済されたとすれば）買うこと④107)（たとえば畑などを）によって貸し手があげることができたはずの利潤が108)借り手の咎(とが)によって失われたような場合には，⑤利子を要求してもよいということを述べたあとで，次のように続けている。――⑥109)「私があなたにそれ⑦（100グルデン）

---

98)『1861-1863年草稿』には次の記述がある。――「利子生み貨幣資本では，貨幣蓄蔵者の敬虔な願望が実現されている。」(MEGA II/3.4, S. 1522.)
99)『1861-1863年草稿』には次の記述がある。――「このように利子がじかに資本に生え込んでいることに反対する，ルターの素朴な論争。」(MEGA II/3.4, S. 1522.)
100)〔E〕「物としての貨幣資本に生え込んでいること〔Eingewachsen ... in d. Geldcapital als ein Ding〕」→「物に生え込むように貨幣資本に生え込んでいること〔Eingewachsensein ... in das Geldkapital als in ein Ding〕」
101)〔E〕「ここでは……〔worin〕」→「……ように〔wie〕」
102)〔E〕「産出〔Setzen〕」→「生産〔Produktion〕」
103)〔E〕挿入――「あのように〔so〕」
104)〔E〕「に」　zu→an
105)〔E〕「返済されないために」　aus d. Nichtzahlen→aus der nichterfolgten Rückzahlung
106)〔E〕「（かりに貨幣が適時に返済されたとすれば）」――削除
107)〔E〕「（」および「）」――削除
108)〔E〕「借り手の咎によって〔durch d. Schuld des Borgers〕」→「いま述べた理由から〔aus diesem Grunde〕」
109)以下の引用は，マルティン・ルターの『牧師諸氏へ，高利に反対して……』，ヴィッテン

を貸したとき，あなたは，110)私がこちらでは支払いができず，あちらでは買うことができず，したがって両方で損をしなければならないという双子の損害〔⑧Schadewacht〕を私に与えている。これが，111)生じた損害と逃げた利得〔damni

---

ベルク，1540年，からのものであるが，『1861-1863年草稿』のノートⅩⅤの「収入とその諸源泉」のなかに，「損害賠償としての利子〔Zins als Schadenersatz〕」という表題のもとに同書からのかなり長い引用（MEGA II/3.4, S. 1534-1537）があり，その前半に，ここで引用されている部分が含まれている。なお，ルターからの後出の引用（本書本巻353-354ページ）も，その後半から取られている。

110)「私がこちらでは支払ができず，あちらでは買うことができず，したがって両方で損をしなければならないという双子の損害〔einen Zwilling aus dem Schadewacht〕」――「支払ができない」ことから生じる損害については，これより前のところでマルクスが「借り手自身が支払ができなかったために生じた裁判費用等々のこと」という説明を与えている。「買うことができない」ことから生じる損害とは，買いたいものを買うことを断念しなければならないことから損害が生じるということである。貨幣を貸した結果，貸し手にこのような二重の損害が生じたというのである。

ここで，『1861-1863年草稿』の『資本論草稿集』での訳語にならって「損害」としたSchadewachtは，GrimmのDeutsches Wörterbuchでは，Schade（Schade（＝Schaden）にはかつては「利子」という意味もあった）のWacht（監視）というところからきた，「ある高利貸の名として」使われた語だ，とされている。ルターのここでの用法は，その原義を完全には失わないながらも，もっと一般的な概念として，だから普通名詞として使われている。このあとで二度，solche zween Schadewacht（そのような二重の損害）と言い換えているこの「双子の損害」を，ルターがそのあとでさらに二度zween Schadenと呼んでいることからもわかるように，ここでは事実上，SchadewachtはSchadeとほとんど同じ意味で使われているのである。

111)「生じた損害と逃げた利得〔damni emergentis et lucri cessantis〕という二重の差損〔duplex interesse〕」――ルターはこの前のところで，「あなたが元金もSchade〔前注に述べたように，Schadeには「損害」の意味のほかに「利子」の意味があったが，ここではその両者の意味が込められている〕もいっさいを私に返済するのが，理性からも自然の法からも正当である。……このようなSchadewachtを法律書はラテン語でInteresseと呼んでいる。」と書いていた。このinteresseおよび「生じた損害と逃げた利得〔damni emergentise et lucri cessantis〕」については，次の記述を参照されたい。――「ローマの法律家やその考えを継承した初期の教会法学者たちは，差額という意味をもつinteresseをusura（利子）とは質的に異なるものと考えていた。usuraは貸付金に対する特別な支払いとして禁止されたが，interesseのほうは，何らかの契約で被害を受けた側の損害賠償（金）という意味で許された。すなわち，なにか補償的なものとされたのである。今日理解されている意味での，すなわち，貸付金に対して当然に支払われるべきものとしてのinteresse（利子）は，14世紀の若干の教会法学者や神学者たちによって，きわめて徐々にdamnum emergens（蒙った損害の賠償）とか，lucrum cessans（失われた利益）という名前で弁護されるようになった。この新しい変化は，主としてイタリアの諸都市で営まれた金融業務を正当化する必要から起こ

emergentis et lucri cessantis〕という二重の差損〔duplex interesse〕と呼ばれるのである。……ハンスが100グルデンを貸して損害を受けたのでその損害の正当な賠償を求めるということを聞くと，彼らは飛び込んできて，どの100グルデンにもこのような二重の損害〔zween Schadewacht〕，すなわち支払いのための出費としそこなった畑の購入という損害をかぶせるのである。それは，ちょうど，100

464 グルデンには[112]自然にこのような二重の損失〔zween Schadewacht〕が生え込んでいるかのようである。こうして，100グルデンがあれば，彼らはこれを貸して，それにたいして，彼らがこうむってもいないこの二重の損害〔zween Schaden〕を計算するのである。……それゆえ，だれがあなたに加えたのでもなく，したがって証明も計算もできないあなたの偽りの損害を隣人の貨幣で償うあなたこそは，高利貸なのである。このような損害を法律家たちは，真実のではない架空の損害〔non verum, sed fantasticum interesse〕と呼んでいる。各人が自分に加えられたと想像する損害……。⑨それゆえ，私が支払うことも買うこともできなかったという損害が‖314上｜生じるかもしれない，と言ってもむだである。それは，偶然事を必然事にし〔Ex contingente necessarium〕，存在しないものを存在しなければならないものにし，不確実なものをまったく確実にすることである。このような高利はわずかな年月で世界を食い尽くすのではないだろうか？ ……貸し手の意志によらないで彼をおそった偶然の不幸ならば，彼はその償いをうけなければならない。しかし，商業では逆であり正反対であって，そこでは，貧しい隣人を相手に損害をでっちあげ，こうしてなんの心配も危険も損害もなしに他の人びとの労働によって，生活し，金持になり，自分はなにもしないでぜいたくをしようとする。私が炉辺に座っていて私の100グルデンに国中で私のために稼がせ，しかもそれが貸した貨幣であるために，なんの危険も心配もなしにそれを財布のなかに確保するとすれば，友よ，だれかこれを望まない人があるだろうか？」a)／

った。interest正式認可への第一歩は1516年，ラテラノ公会議における教皇レオ10世の大教書であった。この大教書はmontes pietatis（敬虔の山）という公共の質屋を認可し，そこにおいて低利の利子が課せられることを容認した。」（ルター『商業と高利』，魚住昌良訳，『世界の名著』第18巻「ルター」，中央公論社，1969年，所収。同書369ページの訳者による注。）
112) 〔E〕「自然にこのような二重の損失が生え込んでいる」——エンゲルス版でも強調されている。

① 〔異文〕「物としての」——書き加えられている。
② 〔訂正〕「生え込んでいること〔Eingewachsensein〕」——草稿では「生え込むこと〔Eingewachsen〕」と書かれている。1894年のエンゲルス版にならって訂正した。
③ 〔異文〕「非常に」という書きかけが消されている。
④ 〔異文〕「(たとえば畑などを)」——書き加えられている。
⑤ 〔異文〕「利子を要求しても」←「利子が支払われても」
⑥ 〔注解〕マルクスは、ルターから抜粋するさい、つねにルターの表記法を使うことはしないで、高地ドイツ語の正書法も使っている。——『経済学批判 (1861-1863年草稿)』(MEGA II/3.4, S. 1534.28-1535.16) から取られている。
⑦ 〔注解〕「(100グルデン)」——この挿入はマルクスによるもの。
⑧ 〔注解〕「Schadewacht」——高利を意味する古い呼称。
⑨ 〔注解〕以下の部分は、ルターの原文では、次のようになっている。——「私が支払うことも買うこともできないので損害が生じるかもしれない。むしろ言い換えれば、損害が生じているであろう、と言ってもだめであろう。」

|314下|〔原注〕a) 113)M. ルター『牧師諸氏へ、高利に反対して、云々』、ヴィッテンベルク、1540年。〔原注a) 終わり〕/

/314上/①②③114)資本とは、115)永続し116)増大する価値としてのその生来の質117)——118)スコラ学の隠れた質——によって自分自身を再生産119)する価値であ

---

113) 〔E〕エンゲルス版では、この出典は上の引用箇所の末尾に組み込まれている。
114) ここから、本書本巻357ページ1行目までは、『1861-1863年草稿』のノートXVIIIの最初のところに書かれた部分 (草稿1066-1068ページ、MEGA II/3.5, S. 1746-1749. 編集者によって「複利」という表題がつけられている) とほぼ一致している。以下の注記ではその部分との相違も記載しておく。この部分の最初にあるプライスについての記述に、MEGAは次のような「注解」をつけている。「マルクスは、ノートXIVで複利を論じたさいに、「プライスの幻想には、収入とその諸源泉とに関する項目〔Abschnitt〕のなかで立ち返ること」と書いている ([MEGA II/3.4,] 1372ページを見よ)。ここではじめて、彼はそれに立ち返っており、『要綱』(MEGA II/1.2, S. 707) から、わずかな言葉上の変更を加えて、複利についてのプライスの見解の自分の評価を取り入れている。」(MEGA II/3.4, S. 3026.) じっさい、本書本巻347ページ16行目までは、『要綱』のその箇所に、ほとんどそのままのかたちで見ることができる。なお『1861-1863年草稿』では、冒頭に「複利に関する事柄についてはさらに次のことを——」と書かれている。
115) 〔E〕「永続し増大する価値としてのその生来の質」 its innate quality as a perennial and growing value→seine eingeborne Eigenschaft als ewig währender und wachsender Wert
116) 『1861-1863年草稿』ではここに「年々」と書かれている。
117) 〔E〕「——スコラ学の隠れた質——」——『1861-1863年草稿』にはない。

る，という観念は，錬金術師たちの空想も遠く及ばない作り話的なドクター・プライスの思いつきを生みださせたが，その思いつきをピットは本気で信用して，減債基金に関する彼の法律のなかで彼の[120]財政の支柱にした。

① 〔注解〕ここから，草稿315ページの終わり〔本書本巻357ページ1行目〕までは，変更を加えて，カール・マルクス『経済学批判 (1861-1863年草稿)』(MEGA II/3.5, S. 1746.12-1749.39) から取られている。
② 〔注解〕複利についてのプライスの見解の以下の評価はすでに『経済学批判要綱』のなかにある (MEGA II/1.2, S. 707.3-35 を見よ)。マルクスはそこからこの部分を『1861-1863年草稿』のノートXVIIIに取った (MEGA II/3.5, S. 1746-1747を見よ)。
③ 〔注解〕国家の負債の増大に対応するために，イギリスの首相ウィリアム・ピット（小ピット）は，1786年にいわゆる国債償却基金 (sinking fund) を導入した。年々の国家収入の一定額が国債証書の償還に充てられた。しかし，フランスとの戦争 (1793-1802年) のあいだに，国債は，さまざまな国に支出される補助金や貸付のためにさらに増加した。それは銀行の為替相場を悪化させ，1797年には，イングランド銀行を銀行券回収義務から解除する法律が制定された。——マルクスは，ピットの国債償却基金について『ニューヨーク・デイリ・トリビュン』，1856年5月7日付の5318号に掲載された論文『ディズレイリ氏の予算』のなかで詳細に論じている。

「複利を生む貨幣ははじめはゆっくり増えていく。しかし，増える率はだんだん速くなっていくので，ある期間がたてば，どんな想像力でもあざ笑うような速さになる。われわれの救世主が生まれたときに5％の複利で貸し出された1ペニーは，いままでに，すべて純金から成っている1億5千万個の地球に①含まれているよりももっと大きな額に増大しているであろう。しかし，単利で貸し出されたとすれば，同じ期間にたった7シリング4¼ペンスにしか増えていないであろう。今日までわが国の政府は，これらの方法のうちの前者よりも後者によって貨幣を利用する〔improve money〕ことを選んできたのである。」b)／

① 〔注解〕「含まれている」——草稿では「得られている〔obtained〕」と書かれているが，

---

118) 〔E〕「スコラ学の隠れた質」→「つまりスコラ学者の言う隠れた質」
119) 〔E〕挿入——「し再生産のなかで自己を増殖」
120) 「財政〔Finanzwirthschaft〕」——『要綱』でも，『1861-1863年草稿』でも，「財政の知恵〔Finanzweisheit〕」となっていた。もしかすると，本草稿に転記するさい，『1861-1863年草稿』のweisheitをwirthschaftと読み誤ったのかもしれない。

プライスでは「含まれている〔contained〕」となっている。〔『要綱』でも『1861-1863年草稿』でも contained となっている。明らかにマルクスの誤記なので，テキストを訂正しておく。エンゲルス版も「含まれている〔enthalten〕」としている。〕

/314下/〔原注〕121)b) リチャド・プライス『国債問題について公衆に訴える』，ロンドン，1772年，第2版。122) 彼の素朴な機知はこうである，──「要は，貨幣を単利で借りて，複利で利用することだ。〔It is borrowing money at simple interest, in order to improve it at compound interest.〕」(R. ハミルトン『大ブリテンの国債の起源と発達云々に関する研究』，第2版，エディンバラ，1814年，133ページ。) これによれば，およそ借金は私人にとっても最も確実な致富手段であろう。しかし，もし私がたとえば100ポンド・スターリングを年利5％で123)借りるとすれば，私は年末には124)5％を支払わなければならないのであって，かりにこの125)借りが1億年続くとしても，そのあいだ私は126)毎年末にはいつでもただ100ポンド・スターリングだけしか127)貸すことができないのであり，やはり128)毎年末には5％を支払わなければならないのである。このやり方では，私はいつまでたっても100ポンド・スターリングを129)借りることによって105ポンド・スターリングを130)貸すことができるようにはならない。しかも，いったいなにからこの5％を131)支払うのか？ 132)借金によってであり，あるいはもし133)国家なら，租税によってである。しかし，産業資本家が134)借りる場

---

121)〔E〕エンゲルス版では，この注は脚注とされている。
122)「彼の素朴な機知はこうである」──『1861-1863年草稿』では，「(彼の機知〔は次の通り〕──政府は，単利で借りて，借りた貨幣を複利で投下すべきだというのだ。)」となっている。このうちの「投下する〔auslegen〕」は，『要綱』では「貸し出す〔ausborgen〕」となっていた。なお，本注のこれ以下の部分は『要綱』にも『1861-1863年草稿』にもない。
123)〔E〕「借りる」 pumpen→aufnehmen
124)〔E〕「5％」→「5ポンド・スターリング」
125)〔E〕「借り〔Pump〕」→「前貸〔Vorschuß〕」
126)〔E〕「毎年末には」→「毎年」
127)〔E〕「貸す」 verpumpen→ausleihen
128)〔E〕「毎年末には5％を」→「毎年5ポンド・スターリングを」
129)〔E〕「借りる」 pumpen→aufnehmen
130)〔E〕「貸す」 verpumpen→ausleihen
131)〔E〕「支払う」→「支払えばよい」
132)〔E〕「借金〔Pumpen〕」→「新しい借金〔neue Anleihen〕」

第24章の草稿，それとエンゲルス版との相違　345

合には，彼は，利潤がたとえば15％ならば，5％を利子として支払い，5％を 135)食い尽くし136)——といっても彼の137)食い物の質は収入につれて成長するのであるが138)——，5％を資本化しなければならない。だから，つねに5％①の利子を支払っていくためにも，すでに15％の利潤が前提されているのである。もしこの過程が続けば，139)可変資本が不変資本に対立して減少し，したがって利潤が下落するがゆえに，利潤率は，たとえば15％から10％に下がる。ところが，プライスは，5％の利子が15％の利潤率を前提することをすっかり忘れてしまって，この利潤率が資本の蓄積といっしょに続くものとしているのである。貨幣が複利で140)還流するためには，彼は現実の蓄積過程にはまったくなんの関係もないのであって，ただ貨幣を貸し出すことにだけ関係があるのである。141)どこから，ということは，彼にとってはまったくどうでもよい。というのは，142)このことは利子生み資本の143)生来の質なのだからである。〔原注b)終わり〕/

　①〔異文〕「の利子」——書き加えられている。

|465|/314上/彼はその著『生残年金についての考察，云々』，ロンドン，①144)1782年，のなかではもっと空高く飛んでいる。「われわれの救世主が生まれた年に〔」〕145)(というのだから，たぶんエルサレムの聖堂のなかで)〔「〕6％の複利で

---

133)〔E〕挿入——「私が」
134)〔E〕「借りる」　pumpen→aufnehmen
135)〔E〕「食い尽くし〔auffressen〕」→「消費し〔verzehren〕」
136)〔E〕「——」→「(」
137)〔E〕「食い物の質〔Fressqualität〕」→「食欲」
138)〔E〕「——」→「)」
139)〔E〕「可変資本が不変資本に対立して減少し，したがって利潤が下落するがゆえに」→「すでに述べた理由によって」
140)〔E〕「還流する」　returniren→zurückfließen
141)〔E〕「どこから，ということ〔woher〕」→「貨幣がどうして複利で還流し始めるか」
142)〔E〕挿入——「なにしろ〔ja〕」
143)〔E〕「生来の質」　d. innate quality→die eingeborne Qualität
144)「1782年」——エンゲルスの1894年版でもこうなっていたが，現行版では「1772年」に訂正されている。この誤りは，『要綱』から『1861-1863年草稿』に書き写すさいに生じたものだった。

貸された1シリングは，全太陽系を土星の軌道の直径に等しい直径をもつ一つの球にした場合に包含できるであろうよりも，もっと大きい金額に増大しているであろう。」c)「だからといって国家が財政困難の状態にある必要はけっしてない。というのは国家は，最小の貯蓄で最大の負債を，国家の利益が要求しうるかぎりの短い期間で皆済できるのだからである。」d) 146)なんというけっこうな，イギリス国債への理論的手引きであろう！／

 ①〔注解〕「1782年」——1782年の版は見つからなかった。マルクスが使ったのは明らかに1772年刊行の第2版であり，この第2版からの抜粋が「ロンドン・ノート1850-1853年」のなかに見られる。マルクスは，すでにこのなかで，誤って1782年の版を指示している。1783年に第4版が刊行された。

／314下／〔原注〕147)c) 同前。[XIII 注。]

〔原注〕d) 同前，[XIII/XIV,] 149)136ページ。

①148)ノートで確かめること。

〔原注c) およびd) 終わり〕／

---

145)「(というのだから，たぶんエルサレムの聖堂のなかで)」——これは『要綱』にも『1861-1863年草稿』にもない。
146)「なんというけっこうな，イギリス国債への理論的手引きであろう！」——『1861-1863年草稿』では，「ここから，なんというけっこうな諸原理が信心深いピットにとって明らかになったことであろう！」となっている。『要綱』にはこの部分はない。
147)〔E〕エンゲルス版では，この注は削られている。なお，草稿ではここに「注〔Notes〕」と書いたのち，消している。
148)「ノートで確かめること〔Nachzusehen im Hefte〕。」——MEGAのテキストでは，編集者が，注c)にあたるところに「XIII, Note」(これはプライスの原典ページの正しい指示である)，注d)にあたるところに「XIII/XIV」(プライスの原典では，『1861-1863年草稿』でのマルクスの記載のとおり，xivページである) とページを補っているが，手稿では，注d)にあたるところに「p. 136」とあるだけである。おそらくマルクスは，このc)とd)との原典ページを，彼がプライスから最初に抜粋した「ロンドン・ノート」のノートXVI (MEGA IV/10に所収予定)によって確かめたうえで，ここに書き込む必要があると考えたのであろう。なお，『要綱』以来の「p. 136」(『要綱』のテキストでの「p. XIII-XIV」は手稿での「XIV, p. 136」を編集者が訂正したものである) というページ番号がなにのページ番号なのか，不明である(『要綱』の編集者がこれを削ったのも，現行版で削っているのもそのためであろう)。ひょっとすると，ハミルトンの『大ブリテンの国債の起源と発達云々に関する研究』のページ番号だったのかもしれない。
149)〔E〕「136ページ」——1894年版では，引用のあとに「136ページ」と書かれていたが，現行版では，同じく引用のあとに「p. XIII, XIV」と書かれている。

①〔注解〕「ノートで確かめること。」——マルクスが考えているのは「ロンドン・ノート 1850-1853年」のノートXVIのことで,彼はこのノートから抜粋を取り入れた。MEGA II/4.2, S. 464.21-465.20への注解〔本書本巻343ページの注解②〕を見よ。

/314上/プライスは,幾何級数から生じる[150]巨大な数に簡単に眩惑されてしまったのである。彼は資本を,[151]再生産と労働との諸条件を顧慮することなく,[152]自動的に動く自動機構〔a self acting automaton〕とみなし,たんなる自己増殖する数とみなした(①マルサスが人間を幾何級数的に増えるものとみなしたのとまったく同様に)ので,資本の増大の[153]諸法則を[154]$S=c(1+i)^n$という定式において発見したと妄想することができたのである。この[155]Sは資本・プラス・複利の合計,cは前貸資本,[156]iは利子率(100の可除部分[157]),nはこの過程が続く年数である。

①〔注解〕「マルサスが人間を幾何級数的に増えるものとみなした」——〔トマス・ロバト・〕マルサス『人口の原理に関する一論……』,ロンドン,1798年,25-26ページ〔高野岩三郎・大内兵衛訳『初版 人口の原理』,岩波文庫,1935年,37ページ〕。

①ピットは,[158]1792年に,減債基金に充てる金額の増額を提案した演説のなかで,ドクター・プライスのごまかしをすっかり真に受けている。[159]

①〔注解〕「……ウィリアム・ピット閣下の演説」,ロンドン,1792年。——ピットの演説は,ジェイムズ・メイトランド・ローダデイルの著書『公の富の性質と起源

---

[150] 「巨大な数〔the enormous numbers〕」→「数の巨大さ」——『要綱』および『1861-1863年草稿』では,「数」は「量〔quantities〕」となっている。
[151] 「再生産と労働との諸条件〔the conditions of reproduction and labour〕」——『要綱』でも『1861-1863年草稿』でも,「労働の再生産の諸条件〔the conditions of reproduction of labour〕」となっている。
[152] 「自動的に動く自動機構〔a self acting automaton〕」——『要綱』でも『1861-1863年草稿』でも,「自動的に動くもの〔a self-acting thing〕」となっている。
[153] 〔E〕「諸法則〔d. Gesetze〕」→「法則〔das Gesetz〕」
[154] 〔E〕「$S=c(1+i)^n$」→「$s=c(1+z)^n$」
[155] 〔E〕「S」→「s」
[156] 〔E〕「i」→「z」
[157] 〔E〕挿入——「で表わしたもの」
[158] 〔E〕「1792年に,減債基金にあてる金額の増額を提案した演説のなかで,」——削除
[159] 〔E〕エンゲルス版は改行していない。

……』，パリ，1808年，176-178ページに，その要点が収録されている。——減債基金〔sinking fund〕を設けるというピットの計画は，政府の収入超過から資金を得ることを見込んでいた。この計画は，その諸源泉と総額の高さとを確定していた。1786年にこの計画は法律として成立した。減債基金は「整理基金〔consolidated fund〕」と呼ばれた。

①160)「1786年に161)下院で，公益のために100万ポンド・スターリングが徴税されるべきことが全会一致で決議された。」e) ピットが信じていたプライスの説によれば，人民に課税し，162)この税金によって取り立てられた金額を「蓄積する」ことにまさる，163)だからまた国債を複利の秘法によってすばやく退治してしまうのにまさる上策は，もちろんなかったのである。164)165) ここから減債基金または償却基金のための徴税が生まれた。②166)「167)前述の決議に続いて，まもなく168)一つの法律——起草者はピット——が制定されたが，それは，169)満期になった年金を含めて，基金が年額400万ポンド・スターリングに増大するまで170)，25万ポンド・スターリングを蓄積することを命じていた。」(466 ③171)ジョージ3世治下第26年〔1786年〕の法律第22号) ピットは，減債基金にあてる金額を増額することを提案した彼の1792年の演説のなか

---

160)〔E〕「「」および「」」——削除
161)〔E〕「下院で……が……決議された」→「下院が……を……決議した」
162)〔E〕「この税金によって」→「こうして」
163)〔E〕「だからまた〔u. daher〕」→「こうして〔und so〕」
　　『1861-1863年草稿』では「これによってまた〔und damit〕」となっている。
164)「ここから減債基金または償却基金のための徴税が生まれた〔Daher Steuern f. d. sinking funds od. Amortissement funds.〕」——『1861-1863年草稿』では，たんに「減債基金または償却基金のための徴税」となっている。
165)〔E〕「ここから減債基金または償却基金のための徴税が生まれた。」——削除
166)〔E〕「「」および「」」——削除
167)〔E〕挿入——「下院の」
168)〔E〕「一つの法律——起草者はピット——」→「ピットの発議による一つの法律」
169)〔E〕挿入——「「」
170)〔E〕挿入——「」」
171)〔E〕「ジョージ3世治下第26年の法律第22号」——草稿では，ch. XXII Act 26 Georg III となっている。エンゲルス版でも，Act 26, Georg III. Kap. 22. となっているが，現行版では，Kap. 22がKap. 31に訂正されている。『1861-1863年草稿』では，ch. XXXI となっていた。マルクスの転記ミスであろう。

第24章の草稿，それとエンゲルス版との相違　349

で，イギリスの商業的優越の原因として機械や信用などをあげたが，しかし，④「[172]最も広範囲で最も永続的な原因は蓄積である。[173]ところで，この原理はあの天才スミスの著作〔『諸国民の富』〕のなかで完全に展開され十分に説明されている[174]，云々。……このような‖315上｜資本蓄積は，少なくとも年間利潤の一部分を蓄えて元本を増やし，この元本を次の年にも同じ仕方で利用し，こうして継続的な利潤をあげるようにすることによって，もたらされる。」〔178，179ページ〕[175]ピットは，ドクター・プライスの仲介によって，スミスの蓄積理論を負債の蓄積による人民の致富に転化させ，借金，借金を払うための借金，[176]等々という，楽しい[177]無限進行に到達するのである。/

① 〔注解〕〔ジェイムズ・メイトランド・〕ローダデイル『公の富の性質と起源に関する研究』，パリ，1808年，では次のようになっている。──「それは1786年に復活させられた。ただちに，100万ポンド・スターリングが公益のために起債され蓄積されることが満場一致の承諾をもって，下院で決議された。」
② 〔注解〕ローダデイルでは次のようになっている。──「この決議に続いて，まもなく一つの法律が制定されたが，それは，満期になった年金を含めて基金が年額400万ポンド・スターリングに増大するまで，25万ポンド・スターリングの蓄積を規定している^1。この法案の起草者である大臣……」──脚注1でローダデイルは，「ジョージ3世治世下第26年に発布された法律第31号」を挙げている。」
③ 〔注解〕「ジョージ3世治世下第26年〔1786年〕の法律第22号」──ジョージ3世治下第26年の法律第31号（毎年毎四半期末に国債償却にあてられるべき一定金額を管理官に付与する法律（Anno vicesimo sexto Georgii III. regis.））とあるべきところである。MEGA II/4.2, S. 124.32への注解を見よ。〔エンゲルス版でも同じく「第22号」となっていたが，現行版では「第31号」に訂正されている。『1861-1863年草稿』では「第31号」となっていたのであり，明らかにマルクスの転記ミスである。〕〔MEGA II/4.2, S.

---

172) 〔E〕「最も広範囲で最も永続的な原因は蓄積である。」→「最も広範囲で最も永続的な原因」として「蓄積」をあげた。」
173) 「ところで〔nun〕」──MEGAによれば，『1861-1863年草稿』ではnurとなっているとされているが，これは解読の誤りで，ここでのようにnunとなっているのではないかと思われる。
174) 〔E〕「，云々」──削除
175) この一文は，『1861-1863年草稿』では，「ピットはプライスの，利子からの利子，つまり複利計算を，A.スミスの蓄積論と同一視した。このことは重要である。」となっている。
176) 〔E〕「等々」──削除
177) 〔E〕「無限進行」　Progress in infinitum→Progreß ins Unendliche

124.32への注解は次のとおりである。──「法〔Act〕または法令〔Statute〕はイギリスにおける議会で議決された法律である。法は法令集〔Statutes〕に記載されたときに法令となる。法律の草案は法案〔Bill〕である。議会のある会期に議決されたもろもろの法律には通し番号がつけられ，さらに国王の名前とその統治年とをつけて〔たとえば「ジョージ3世治下第26年〔1786年〕の法律第22号」のように〕呼ばれる。ある議会会期に採択された法令の全体が一つのまとまりをなす。それらの一つひとつが号 (chapter, cap., c.) として区別され，もろもろの節 (sect., s.) に下位区分される。〕

④〔注解〕ローダデイルでは次のようになっている。──「要するにこの繁栄は……その性質上，もっと広がり，もっと永続するものなのである。蓄積がわれわれに示しているのは，この不断の増大傾向である。……この原理がどんなに単純で，どんなに明白であろうと，……現代の一著者は彼の諸国民の富に関する論考によって，あまりにも早く終わった彼の生涯を不滅にしたが，彼の著作以外の場所でこの原理がかつて完全に展開され十分に説明されていたかどうかははなはだ疑わしい。……この天才は……私が思うに，あらゆる問題の最善の解決を与えたのである。……このような資本蓄積は，少なくとも年間利潤の一部分を貯えて元本を増やすことによって行なわれるが，この元本は次の年にも同じ仕方で充用され，こうして継続的な利潤をあげなければならないのである。」この箇所はローダデイルでは179ページの「ピット氏の演説，政府の命によって刊行された印刷物。1782年」への注記である。──『……ウィリアム・ピット閣下の演説』，ロンドン，1792年，38-39ページを見よ。

/314下/〔原注〕e) ①178)ローダデイル（フランス語訳），175ページ。〔原注e) 終わり〕|

①〔注解〕〔ジェイムズ・メイトランド・〕ローダデイル『公の富の性質と起源……に関する研究』，パリ，1808年。

/315上/179) われわれはすでに180)現代の銀行業の父ジョサイア・チャイルド

---

178)〔E〕エンゲルス版では，この出典は（したがってこの注は）削除されている。
　なお，この原注の引用はすべてローダデイルの上の書からのものであることが，『1861-1863年草稿』のMEGA版で確定されている。これらの引用は，カウツキー版が「出所を確認できず」とし，現行版も出典およびそのページを挙げていなかった。マルクスの引用は要約であり，原文とは異なっているところがある。ローダデイルの原文はMEGAの「注解」に記載されている。
179)『1861-1863年草稿』では，この前に，次のパラグラフがあとから書き加えられている。
　──「ちなみに，ロンドンの銀行業の祖〔Urvater des Londoner Banquierthums〕チャイ

の言葉のうちに次のことを見いだす。①「100ポンド・スターリングは複利で増やせば，70年で102,400ポンド・スターリングを生むであろう。」181)a)/

①〔注解〕チャイルドでは次のようになっている。――「100リーヴルは10％では……利子を加算すれば……70年で102,400リーヴルを生むであろう。」/

|315下|〔原注〕a) ①182)『商業に関する論考および金利引下げから生じる利益に関する論考，Jos. チャイルド著……訳』，アムステルダムおよびベルリン，1754年。（1669年執筆。）（115ページ以下〔杉山忠平訳『新交易論』，『初期イギリス経済学古典選集』3，東京大学出版会，1967年，78ページ以下〕。）〔原注a) 終わり〕/

①〔注解〕ジョサイア・チャイルドが1669年に執筆したこの労作は，20年後に，『交易，とくに東インドとの交易に関する一論』という書名の匿名書として刊行された。

/315上/ドクター・プライスの見解が183)現代の経済学に無思慮に紛れ込んで

ルドは高利貸の「独占」の敵対者であったが，それはモーゼス・アンド・サンがその報告書のなかで，自分たちは小裁縫業者たちの「独占価格」の反対者だ，と宣言しているのとまったく同じ意味においてであった。」
180)「現代の銀行業の父〔Vater d. modernen Bankierthums〕」――『1861-1863年草稿』では，「ロンドンの銀行業の父〔Vater des Londoner Banquierthums〕」となっている。
181)『1861-1863年草稿』では，この引用のあとに次の記述がある。――「蓄積の最初の理解は貨幣蓄蔵のそれであって，ちょうど資本の最初の理解が商業資本としてのそれであるのと同様である。第2の理解は複利のそれであって，利子生み資本または利子生み貨幣の貸付が資本の第2の歴史的形態であるのと同様である。経済学がときどき当惑するのは，資本の蓄積にとっての複利の場合がそうであるように，資本主義的生産に特有な諸関係の洪水前期的な諸表現が資本主義的生産に特有な諸関係の諸表現としてふたたび通用する場合である。」
　なお，三宅義夫氏は，マルクスがここで，ジョサイア・チャイルドを「ロンドンの銀行業の祖」または「ロンドンの銀行業の父」および「現代の銀行業の父」と呼んでいることについて，マルクスはジョサイア・チャイルドをフランシス・チャイルドと「とりちがえたものと考えられる」とされている（『マルクス信用論体系』，日本評論社，1970年，124-125ページ）。
182)〔E〕エンゲルス版では，この出典は引用の末尾につけられている。
183)「現代の経済学に」――マルクスは，はじめbei modernen Oekonomist[en]（経済学者たち）と書きかけたのち，Oekonomistの末尾のstをeに直してOekonomieとした。そのさい同時にmodernenをmodernerに変更すべきところを忘れたために，bei modernen Oekonomieとなっている。なお，『1861-1863年草稿』では，「現代の相対的に批判的な経

いる様子は，①184)『エコノミスト』からの次の箇所が示している。——

> ①〔注解〕「地代は盗みではない……」，所収：『エコノミスト』，ロンドン，第413号，1851年7月19日，796ページ。——『経済学批判（1861-1863年草稿）』(MEGA II/3.5, S. 1748.15-20) から取られている。

「185)資本は，貯蓄された資本のすべての部分にたいする複利によって，あらゆるものを独り占めにしていくものなのであって，人びとが所得を引き出してくる世界の富はすべてずっと前から資本の利子になっているほどである。186)……すべての地代①②187)（土地の）は，いまでは，以前に土地に投下された資本にたいする利子の支払いである。」188)b) 189)/

①〔異文〕「（土地の）」——書き加えられている。

済学者たちに〔bei modernen, und relativ kritischen Oekonomen〕」となっている。
184)〔E〕『エコノミスト』からの次の箇所が」→「『エコノミスト』が次の箇所で」
185)『1861-1863年草稿』では，このまえに次の部分が引用されている。——「イギリスで，土地がその権利や特権のすべてとともに何度も何度も繰り返し売買された（だからまた，彼が非常にお利口に結論しているように，「それにたいして支払われる貨幣に代わるたんなる代表物となった」）ことがなかった事例がある——こういうことは信じかねるが——とすれば，われわれは……地代として支払われるそれぞれの6ペンスが，土地が売られることのなかったそのような場合に地主によって貯蓄されそして土地に再投下された資本の代表物であることを……疑うものではない。……」
186)『1861-1863年草稿』では，この「……」にあたる部分，つまり「土地は或る場所では他の場所でよりも価値があるとしても」が書かれている。
187)〔E〕「（土地の）」——削除
これは，すぐまえのrentが「地代」の意味であることを明示するために挿入されたものであろう。
188)『1861-1863年草稿』では，このあとに次のように書かれている。——「同じ作り話的な観念をもってすれば，『エコノミスト』は，無数の年月のあいだに実現されうる労働はすべて，これまでに蓄積された資本に支払われるべき利子を代表するにすぎない，と言うこともできたであろう。私がこの箇所を引用するのは，ただ，蓄積＝複利という作り話的な観念のためにすぎない。それとは別に，ついでながら，『エコノミスト』の同号は次のように述べている。すなわち，「共同団体〔a corporate body〕としての」社会それ自体〔the community as such〕は「……土地（共同財産としての）への権利を主張するのであって，その権利をけっして手放さない」。資本を土地の購入に支出する人は「じつは，狭義かつ固有の動産に属する利益のうちのいくらかを，社会〔the community〕に没収され引き渡すのである。」（同前）」
189)〔E〕1894年版では，ここで改行されていない。

② 〔注解〕「(土地の)」——括弧でくくった挿入はマルクスによるもの。

/315下/〔原注〕b) 190)『エコノミスト』、①191)1851年7月19日。192)193)194)この箇所と②次のルターとを比べてみられたい。③同前。195)「つまりこの地上には、悪魔に次いでは、守銭奴の高利貸にまさる人類の大敵はいない。なぜなら、彼は、万人の上に神として君臨したがっているのだからである。トルコ人や戦争屋や暴君も悪人ではあるが、それでも彼らは、人びとを生かしておかなければならないし、自分が悪人であり敵であることを認めないわけにはいかない。また彼らはおそらく、時にはいくらかの人びとを憐れむこともあろう。いやむしろ、そうせざるをえない。しかし、高利貸の欲張りめとなると、こいつが望むのは、いっさいを独り占めにできるように、彼の力の及ぶかぎり、全世界④(「世界中のすべての富〔all the wealth in the world〕」)を飢餓と渇きと苦境と窮乏のうちに滅びさせることであり、また、だれもが自分を神として受け入れて、永遠に自分の奴僕であればいい、ということなのである。そこで彼の心ははずみ、それで彼の血は沸き立つ。同時に、貂の毛皮襟の上着、金の鎖や指輪や衣服を身につけ、口もとをぬぐい、自分を高貴な信心深い人に、すなわち神自身よりもはるかに慈悲深く、聖母やすべての聖徒よりもはるかに親切な人に見せかけて、

---

190)〔E〕エンゲルス版では、この出典は引用のあとにつけられている。
191)〔E〕「1851年」——『1861-1863年草稿』でも1894年のエンゲルス版でも、「1859年」と誤記されていたが、現行版では「1851年」に訂正されている。
192)〔E〕エンゲルス版では、この注のこれ以下の部分は削除されている。
193) ここに太い鉛筆で「(」が書かれている。
194) この注の以下の部分は、『1861-1863年草稿』にはない。
195) この引用には出典がつけられていないが、前出のルターからの引用と同様に、ルターの『牧師諸氏へ、高利に反対して……』、ヴィッテンベルク、1540年、からのものであり、『1861-1863年草稿』の「損害賠償としての利子」という表題のもとに同書からなされている引用の後半に、ここで引用されている部分が含まれている (MEGA II/3.4, S. 1536)。なお、そこでマルクスは、ルターからのこの引用のあとに、次のようにコメントしている。——「きわめて生彩に富んだ仕方で、同時に一方では古風な高利の性格、他方では資本一般〔Capital überhaupt〕の性格が、次のような言葉で適切に表現されている。——「架空の差損〔Interesse Phantasticum〕」、貨幣や商品に「生まれながらに生え込んだ損害〔Schadewacht〕」、一般的な有益な文句、「他の人びととは同じ」ではない高利貸の「信心深い」外貌、奪われるのに与えるかのような外観、引き入れられるのに出て行かせるかのような、外観、等々!」(l. c., S. 1537.)

賞賛されようとするのである。」196)〔原注b) 終わり〕/

① 〔訂正〕「1851年」——草稿では「1859年」と書かれている。
② 〔注解〕マルティン・ルター『牧師諸氏へ，高利に反対して，戒め』，ヴィッテンベルク，1540年。——『経済学批判（1861-1863年草稿）』（MEGA II/3.4, S. 1536.6-19）から取られている。
③ 〔異文〕「同前。」——書き加えられている。
④ 〔注解〕「（「世界中のすべての富」）」——括弧でくくった挿入はマルクスによるもの。

/315上/197)利子生み資本というその属性において，資本には，およそ生産されることのできるいっさいの富が属するのであって，資本がこれまでに受け取ったものは，すべて，ただ，198)「あらゆるものを独り占めにする」，資本の食欲199)への分割払いでしかない。資本の生来の諸法則に従って，資本には，およそ人類が供給することのできるいっさいの剰余労働が属するのである。〔まさに〕200)モロク〔である〕。

最後になお「ロマン派の」ミュラーの次のたわごとを。——

201)「ドクター・プライスの言う複利の，または人間の自己加速的な諸力の，非常な増大は，この202)巨大な**467**作用を生みだすためには，何世紀にもわた

---

196) ここに太い鉛筆で「）」が書かれている。
197) 『1861-1863年草稿』には，このパラグラフはない。
198) 〔E〕「「」および「」」——削除
199) 〔E〕「への」 auf→an
200) モロクについては，『1861-1863年草稿』に次の記述がある。——「利子生み資本としての，資本の完全な物象化，転倒，狂妄状態〔Verrücktheit〕——といっても，ここにはただ，資本主義的生産の内的な本性，その狂妄状態が，最も明瞭な形態で現われているにすぎない——は，「複利」を生むものとしての資本であり，そこでは資本は一個のモロクとして現われるのであって，このモロクは，全世界を自分のための当然の犠牲として要求するとはいえ，不可思議な運命によって，彼の本性そのものから生じる彼の正当な諸要求がけっして充たされることなく絶えず妨害されるのを見るのである。」（MEGA II/3.4, S. 1455-1456.)
　「ヘブライ語ではMolek。旧約聖書に登場するフェニキアおよびパレスチナで崇拝されたセム族の神。名は「王」を意味する。子供を人身御供として焼き殺す残忍な犠牲式によって祀られたという。」（『ブリタニカ国際大百科事典』から。）
201) 以下のマルクスの引用にはミュラーの原文と異なるところがあるが，ミュラーの原文は，『1861-1863年草稿』の MEGA 版での「注解」に記載されている（MEGA II/3.5, S. 1748-1749 und 3028）。

って分割も中断もされない一様な秩序を前提する。資本が分割されて，203)それぞれ別々に成長を続けるいくつもの枝に細分されれば，諸力の蓄積の総過程はふたたび新たに始まることになる。自然は，力の累進を，平均的にほぼ<u>各個の労働者に</u>204)分配される約20年ないし25年の行路に分割した。この期間が過ぎれば，労働者は彼の行路を去るのであって，いまや彼は労働の複利によって得られた資本を新たな1人の労働者の手に渡すか，たいていの場合には何人かの労働者または子供たちのあいだに分配するかしなければならない。これらの人びとは，自分たちの手にはいる資本から本来の複利を引き出せるようになる前に，まずこれを生かすこと，または充用することを学ばなければならない。さらに，市民社会が獲得する巨額の資本は，どんなに激しく動く共同体のなかでも，多年にわたってしだいに堆積していき，労働の直接的拡張のためには充用されないで，むしろ，相当の額が集積したときに他の個人や労働者や銀行や国家に<u>借入金</u>という名で引き渡され，ついでその受領者は，この資本を現実に運用することによって，<u>そこから複利を引き出すのであって，その提供者に単利を支払うことをたやすく引き受けることができるのである</u>。最後に，205)もしもただ生産または節約の法則だけが妥当するのであれば人間の諸力やその生産物があのように大きく累進的に増えていくかもしれないというその累進にたいしては，消費や欲求や浪費の法則が反作用するのである。」c)／

／315下／〔原注〕c) 206) <u>A. ミュラー『政治学要論』，ベルリン，1809年，</u>①207)第3

---

202)「巨大な〔ungeheuer〕」──『1861-1863年草稿』では，「法外な〔unermeßlich〕」となっている。
203)〔E〕「それぞれ別々に成長を続けるいくつもの枝に」──原文は in mehrere einzelne, für sich fortwachsende Ableger であるが，エンゲルス版では für が in となっている。ミュラーの原文では für であり，エンゲルスの誤記と思われる。
204)〔E〕挿入──「（！）」
205)「もしもただ生産または節約の法則だけが妥当するのであれば」──原文は wenn d. Gesetz d. Production od. d. Sparsamkeit allein gelten sollte であるが，エンゲルス版では最後の sollte が sollen となっている。ミュラーの原文では sollte であり，エンゲルスの誤記と思われる。
206)〔E〕エンゲルス版では，この出典は引用の末尾につけられている。
207)「第3部〔Th. III〕」──1894年版でも「第2巻」となっていたが，現行版では「第3部〔III.〕」に訂正されている。『1861-1863年草稿』でも，「第2巻〔Bd. II〕」と誤記されていた。

部，147-149ページ。〔原注c〕終わり〕|

① 〔訂正〕「第3部」——草稿では「第2巻」と書かれている。

/315上/これよりももっと身の毛がよだつような[208]たわごとをわずかばかりの行数でまとめることは不可能である。労働者と資本家，[209]労働能力の価値と資本の利子，等々のこっけいな混同は別としても，複利の受け入れは，なかんずく，資本が「貸し出され」てそれが「次に複利を」生むということから説明されると言うのである。[210][211]

わがミュラーのやり方は，どの分野でもロマン主義に特徴的なものである。ロマン主義の内容は，[212]事物の最も表面的な外観から汲み取ってきたもろもろのありふれた偏見から成っている。次いで，この間違った陳腐な内容が，それをごまかす表現の仕方によって「高め」られ，詩化されることになるので

---

[208] 『1861-1863年草稿』では，ここに「またわれとわが身を食い尽くすような」という句がある。

[209] 〔E〕「労働能力」→「労働力」

[210] 〔E〕エンゲルス版では，ここで改行されていない。

[211] 『1861-1863年草稿』では，このあとに次の記述がある。——「この「洞察力」，というよりはむしろこの「たわごと」の並外れた浅薄さは，たとえば〔次のとおりである〕。「諸物の価格の決定では時間は問題にならない。利子の決定では時間がおもに計算にはいる」（同前，137-138ページ）。ミュラーがここで述べているのは流通時間のことである。彼は利子では流通時間を規定的なものと見ており，商品の価格ではこれをそのようなものとは見ていないのだから，その洞察力たるや，外観にしがみついて，これの基礎から推論するのはご免，ということにあるのである。この同じ男はわれわれにこう言っている。「都市の生産は，1日1日の巡回〔Turnus〕に縛りつけられているが，これにたいして田舎の生産は1年1年の巡回に縛りつけられている。」（同前，179ページ。）彼が「都市の生産」と言っているのは，農業と対立している工業〔Manufactur〕のことである。資本主義的に経営されていない農業——彼が言っているのはこのことだ——は，もちろん，1年の巡回に縛りつけられている。これに反して大工業は（固定資本の充用の結果として）12-15年という巡回に，運輸産業のいくつかの部門（鉄道，等々）では20年という巡回に縛りつけられている。」（MEGA II/3.5, S. 1749.）

[212] 「事物の最も表面的な外観から汲み取ってきたもろもろのありふれた偏見から〔aus Alltagsvorurtheilen, abgeschöpft v. d. oberflächlichsten Schein d. Dinge〕」——『1861-1863年草稿』では，「きわめて通俗的なもろもろのありふれた偏見から，もろもろの表面の外観から汲み取ってきた陳腐なものから〔aus den vulgärsten Alltagsvorurtheilen, aus dem Schein der Oberfläche geschöpften Trivialitäten〕」となっている。

ある。|

|316上|²¹³⁾資本の蓄積過程を複利の蓄積と考えることができるのは、利潤（剰余価値）のうちの資本に再転化させられる部分、すなわち新たな²¹⁴⁾剰余労働の吸上げに役立つ部分を利子と呼ぶことができる²¹⁵⁾かぎりでのことである。だが、——

1）すべての²¹⁶⁾偶然的な攪乱を無視しても、再生 468 産過程の進行中に絶えず既存資本の一大部分は多かれ少なかれ減価する。なぜならば、諸商品の価値は、²¹⁷⁾再生産過程においては、それらの生産に最初に費やされる労働時間によってではなく、それらの再生産に費やされる労働時間によって規定されており、しかも、この労働時間は労働の社会的²¹⁸⁾生産力の発展の結果、絶えず減少していくからである。それゆえ、社会的生産力のより高い発展段階では、すべての既存資本は、²¹⁹⁾「貯蓄された資本」²²⁰⁾（なんというばかげた表現だ！）の長い過程の結果としてではなく、相対的に非常に短い再生産期間の結果として現われるのである。a)／

／316下／〔原注〕²²¹⁾a）①ミルと②ケアリ、また彼らの所説への③ロッシャーの、人を誤らす注釈を見よ。〔原注a）終わり〕／

① 〔注解〕ジョン・ステューアート・ミル『経済学原理……』、第1巻、ロンドン、1849年、91-92ページ〔末永茂喜訳『経済学原理』、岩波文庫、(1)、1959年、151-153ページ〕。

② 〔注解〕ヘンリ・チャールズ・ケアリ『社会科学の諸原理』、第3巻、フィラデルフ

---

213) 草稿ではここに「L」という記号が書かれている。
214) 〔E〕「剰余労働」 Surplusarbeit→Mehrarbeit
215) 〔E〕「かぎり」 so weit ... als ...→insofern ... als ...
216) 〔E〕「偶然的な」 accidentell→zufällig
217) 〔E〕「再生産過程においては、」——削除
218) 〔E〕「生産力」→「生産性」
219) 〔E〕「「貯蓄された資本〔Capital saved〕」」→「資本節約〔Kapitalaufsparung〕」
　　なお、「貯蓄された資本」という表現は、前出の『エコノミスト』からの引用のなかにあったものである。
220) 〔E〕「（なんというばかげた表現だ！）」——削除
221) 〔E〕エンゲルス版では、この注は脚注とされている。

ィア，ロンドン，パリ，1859年，71-73ページ．
③〔注解〕ヴィルヘルム・ロッシャー『国民経済学原理』，第3版，シュトゥットガルト，アウクスブルク，1858年，77-79ページ．

/316上/2) 222)第3部第3章が論証したように，利潤率は，資本の蓄積223)とこれに対応する社会的労働の生産力とに比例して低下し，この生産力は，まさに不変資本224)に比べての可変資本225)の相対的減少の進展に表わされる。226)もし1人の労働者が10倍の量の資本を運動させるとすれば，同じ利潤率をあげるためには，227)剰余価値も10倍にならなければならないであろう。そして，やがては，全労働時間が，①じつに1日24時間が全部資本によって取得されても，まだそれには足りなくなるであろう。しかし，228)この観念がプライス的な累増の根底にはあるのであり，またおよそ「複利であらゆるものを独り占めする資本」の根底にはそれがあるのである．b)/

①〔異文〕「労働者が」という書きかけが消されている．

/316下/〔原注〕229)b) ①230)「どんな労働も，どんな生産力も，どんな明知も，どんな技術も複利の圧倒的な要求に応じることはできないということは明らか

---

222)〔E〕「第3部第3章が論証した」→「この部の第3篇で論証された」
223)〔E〕挿入——「の上昇」
224)〔E〕挿入——「部分」
225)〔E〕挿入——「部分」
226)〔E〕「もし1人の労働者が10倍の量の資本を運動させるとすれば〔wenn ein Arbeiter 10× dieselbe Masse Capital in Bewegung setzt als wenn einmal〕」→「もし一人の労働者によって運動させられる不変資本が10倍になれば」
227)〔E〕「剰余価値」→「剰余労働時間」
228)〔E〕「この観念」→「利潤率は減少しないという観念」
229)〔E〕エンゲルス版では，この注は脚注とされている．
230)『1861-1863年草稿』のノートXVのホヂスキンに関する項目のなかに，以下の引用を含む引用があり，その直前に「複利．」と書かれている．そこでは，ここでの引用の前に次の部分が引用されている．——「だれでもちょっと見ただけで納得するにちがいないのは，単純な利潤は社会の進歩につれて減少するのではなく増加するのだということ，すなわち，以前のある時代に100クォーターの小麦とか100台の蒸気機関とかを生産したのと同じ労働量が，今日ではいくらか，より多くを生産するであろうということである．……また，じっさい，以前よりもはるかに多数の人びとが今日この国で利潤によって豊かに生活しているのが見られるのである．しかしながら，」(MEGA II/3.4, S. 1434.)

である。しかし，すべての貯蓄は資本家の収入からなされるのであり，したがって現実に絶えずこの要求がなされるのであるが，それと同様に絶えず労働の生産力はこの要求を充たすことを拒むのである。それゆえ，絶えず一種の差引勘定が行なわれるのである231)。」(②『資本の要求にたいする労働の防衛』，23ページ〔前出安川訳『労働擁護論』，375ページ〕。232)〔 〕〔原注b) 終わり〕|

①〔注解〕この引用は『経済学批判 (1861-1863年草稿)』(MEGA II/3.4, S. 1437.25-30) から取られている。
②〔注解〕著者はトマス・ホヂスキン。

/316上/233)剰余価値と234)剰余労働との同一性によって，資本の蓄積には一つの質的な限界がおかれている。235)――236)総労働日がそれであり，生産諸力と人口との237)そのときどきに見られる発展がそれであって，この人口は同時に搾取できる労働日の数の238)限界となるのである。これに反して，剰余価値が利子という無概念的な形態でとらえられるならば，限界はただ量的なものであって，239)どんな想像力でもあざ笑うようなものになるのである。240)

---

231)『1861-1863年草稿』のこの箇所に，MEGAの編集者は次の「注解」をつけている。――「ホヂスキンは彼の著書で，「一種の差引勘定が……なされている」ということで彼がなにを言おうとしているかを，続けて次のように説明している。「資本家が労働者に生計手段をもつことを許すのは，資本家は労働なしではやっていけないからであって，他方，資本家は，まったく寛大にも，この目的のために必要でないものは生産物中のどんな小さな断片でも取り上げてしまうことで満足するのである。」」(MEGA II/3.4, S. 3004.)
232)〔E〕挿入――「――ホヂスキン著」
233)〔E〕「剰余価値」 Surplus value→Mehrwert
234)〔E〕「剰余労働」 Surplusarbeit→Mehrarbeit
235)〔E〕「――」→「すなわち〔：〕」
236)〔E〕「総労働日」――エンゲルス版でも強調されている。
237)〔E〕「そのときどきに」 jedesmalich→jedesmal
238)〔E〕「限界となる」 limitiren→begrenzen
239)〔E〕「どんな想像力でも〔all the powers of imagination〕」→「どんな想像をも〔jede Phantasie〕」
  なお，「どんな想像力でもあざ笑う」という表現は，前出のプライスからの最初の引用のなかにあるものである。
240)『1861-1863年草稿』には次の記述がある。――「剰余価値と剰余労働との同一性によって，資本の蓄積には一つの質的な限界がおかれている。――総労働日 (24時間のうちで労働能力が活動していることのできる時間) がそれであり，生産諸力と人口とのそのときど

しかし，利子生み資本では資本物神の観念が完成されているのであって，241)この資本物神は，自動機関〔Automat〕として或る生来の質によって対象的な富に，そのうえ貨幣として固定されたそれに，幾何級数的に剰余価値を生みだす力を付与するのであり，242)それゆえにまたこの資本物神は，『エコノミスト』誌が言っているように，あらゆる時代の世界のいっさいの富を正当に自分に帰属し与えられるものとして243)すでに長いあいだ割引してきたのである。244)過去の労働245)が，ここではそれ自体として現在または未来の生きた246)剰余労働の一片をはらんでいるのである。①ところが，だれでも知っているように，|469| じつは過去の労働の生産物の価値の維持は，そしてそのかぎりではこの価値の再生産247)は，248)ただ，それらの生産物と生きた労働との接触の結果でしかないのであり，また第2に，過去の労働の生産物が249)剰余労働に命令するということ〔Commando〕が続くのは，まさにただ，資本関係，すなわち，過去

きに見られる発展の段階がそれであって，この人口は同時に搾取できる労働日の数の限界となるのである。これに反して，剰余利得が利子という無概念的な形態でとらえられるならば——すなわち，資本が不思議な手品によって増えていく割合としてとらえられるならば——，限界はただ量的なものにすぎないのであって，資本はなぜ，いつでも翌朝に利子を，資本としてふたたび自分につけ加え，こうして無限級数的に利子から利子をつくりだす，ということをしないのかは，絶対にわからないのである。」(MEGA II/3.4, S. 1538-1539.)

241)〔E〕「この資本物神は，自動機関として或る生来の質によって対象的な富に，そのうえ貨幣として固定されたそれに，幾何級数的に剰余価値を生みだす力を付与するのであり〔der als Automat, durch some innate quality dem gegenständlichen Reichthum, dazu fixirt als Geld, d. Kraft zuschreibt in geometrischer Progression Mehrwerth zu erzeugen〕」→「この観念によれば，積み上げられた，しかもそのうえに貨幣として固定された労働生産物には，生まれつきの秘密な質によって純粋な自動機関として幾何級数的に剰余価値を生みだす力がそなわっているのであり」

242)〔E〕「それゆえにまたこの資本物神は〔u. der daher〕」→「したがってこの積み上げられた労働生産物は」

243)〔E〕「すでに長いあいだ〔bereits lange〕」→「すでに久しい以前から〔schon längst〕」

244)〔E〕挿入——「過去の労働の生産物が，」

245)〔E〕挿入——「そのもの」

246)〔E〕「剰余労働」 Surplusarbeit→Mehrarbeit

247)〔E〕「は」→「もまた」

248)〔E〕「ただ……でしかない」——エンゲルス版でも強調されている。

249)〔E〕「剰余労働」 Surplusarbeit→Mehrarbeit

の労働が生きた労働に[250]対立しているという一定の社会的関係が存続するあいだだけなのである。|

　①〔異文〕改行したのちの,「この点に到着したので,われわれは資本主義的〔capit.〕……への回顧を……しよう」という書きかけが消されている。

---

250)〔E〕挿入──「自立的かつ優勢に」

補章 1
「資本の一般的分析」としての『資本論』の成立

　筆者は，2014年3月に拙稿「「資本の一般的分析」としての『資本論』の成立」(所収：経済理論学会編『季刊 経済理論』第51巻第2号，2014年7月)を執筆し，さらにその後，2015年1月に同稿に加筆して，拙稿 „Zur Entstehung des *Kapital* als ‚allgemeine Analyse des Kapitals'―Vom Gesichtspunkt der Methode aus―" („Marx-Engels-Jahrbuch 2014", Berlin 2015)を発表した。本章は，前者に後者での加筆や変更箇所を反映させ，それにさらに手を加えたものである。ここでは，方法との関連において，『資本論』が「資本の一般的分析」ないし「資本主義的生産の一般的研究」と特徴づけられるべきものであることを立ち入って論じたので，本書の序章Bでのこの問題への言及を詳述するものとなっている。

はじめに

　マルクスが1857年に執筆を始めた著作『経済学批判のために〔Zur Kritik der Politischen Oekonomie〕』は，前半3部，すなわち，資本，土地所有，賃労働，および，後半3部，すなわち，国家，対外貿易，世界市場，の全6部からなるべきものであり，このプランは日本でも「六部作プラン」と呼ばれてきた[1]。マ

---

1) この「六部作プラン」は，従来，マルクスが自らの執筆プランとして本気で構想したものとして扱われてきているが，じつはそのようなものではまったくなかったのだ，と異議を唱えているのはカール＝エーリッヒ・フォルグラーフである (Carl-Erich Vollgraf: Nun also wieder der Sechs-Bücher-Plan? Über die Perspektivlosigkeit einer Legende. In: Beiträge zur Marx-Engels-Forschung. Neue Folge 2013. Berlin 2015, S. 7-22.)。フォルグラーフによれば，「いわゆる六部作プランなるものは」，出版者などとの交渉を有利に進めるためにマルクスがもっともらしく案出した「たんなる戦術的な構想と考えられる」べきものなのである (ebenda, S. 21)。彼のこの見解は，主として，マルクスからの，またマルクスへの，もろもろの書簡の内容をあれこれと穿鑿することによって得られたものである。しかし，たしかに外交的な配慮を伴うことがありうるマルクスの往復書簡をいったん度外視して，そのような配慮が入り込む余地のない彼のノートのなかに，すなわち「『経済学批判要綱』への序説」および『経済学批判要綱』のなかに書き込まれた，彼の著作の「編制」についての四つの構想 (MEGA II/1, S. 43, 151-152, 187 und 199-203) を見るなら，そ

ルクスは1858年までに7冊のノートにこのプランの最初の部分を書いた。『経済学批判要綱』と呼ばれているこの草稿は，プランの第1部第1篇「資本一般」にあてられるはずのものであり，この第1篇には二つの篇が，すなわち「競争」と「信用」[2]の篇が続くことになっていた。

けれどもマルクスは，1862年末に，『経済学批判のために』という大著ではなく，独立の著作『資本』（通称：『資本論』）を刊行しようとしていることを表明した。それは，第1部「資本の生産過程」，第2部「資本の流通過程」，第3部「総過程の諸形象化」の三つの部からなるべきものだった[3]。しかしマルクスは，このうちの第1部を第1巻として刊行できただけで，第2部と第3部とのためには多くの未完結草稿を遺すことしかできなかったのであり，彼の死後，エンゲルスがそれらから第2部および第3部を編集し，刊行したのであった。

そこで，当然に，次のことが疑問になる。すなわち，『資本論』は六部作プランとどのような関係にあるのか。『資本論』は六部作プランの初めのほうの

のなかから，資本，土地所有，賃労働という前半3部と国家，対外貿易，世界市場という後半3部とからなる六つの「項目」が，彼による「ブルジョア経済のシステム」の考察に真に内在的なものであったことを読み取ることは容易である。とりわけ注目すべきは，そのさいにマルクスが「土地所有から賃労働への移行はどのようにして生じるのか」について詳細に論じていた（MEGA II/I, S. 200-203）ことである。ここでの記述を念頭に置けば，のちの1858年4月2日付エンゲルスあての手紙でのマルクスの言明，すなわち「資本から土地所有への移行は同時に歴史的でもある。……同様に土地所有から賃労働への移行も，たんに弁証法的であるだけではなく，歴史的でもある」（MEGA III/9, S. 122; MEW 29, S. 312）という言明も，およそ戦術的な動機によって捻り出されたものだなどと見ることができないのは明らかである。なお本章の主題は，全体としてのこの六部作プランの行方を追うところにはなく，このプランのうちの最初の項目である「資本一般」と『資本論』との関係を，主として方法論的な見地から論じるところにある。

2) 当初のプランで「信用」に続くものとして構想されていた「株式資本」の篇は，のちに「信用」の篇に吸収されていったように思われる。のちに見る1862年末のクーゲルマンあての手紙でマルクスは，独立に刊行するつもりの『資本』には「競争と信用制度は含まれていません」（1862年12月28日付クーゲルマンあての手紙。MEGA III/12, S. 296; MEW 30, S. 639）と言い，また，「続き，すなわち資本の叙述の結び，競争と信用」（MEGA III/12, S. 297; MEW 30, S. 640）と言っていたが，ここでの「信用制度」ないし「信用」には当初プランでの「株式資本」も含まれていたと見てよいであろう。

3) 厳密に言えば，「理論的な部分（初めの三つの部）」には「第4部，歴史的・文献的な部」が続くことになっていた（1865年7月31日付エンゲルスあての手紙。MEGA III/13, S. 510; MEW 31, S. 132）。しかし本章では，この学説史的な部分の取扱いの変遷は取り扱わない。

補章1 「資本の一般的分析」としての『資本論』の成立　365

一部分だけにあたるものなのか。そうだとした場合，その一部分とはプランの第1部「資本」なのか，この第1部の第1篇「資本一般」なのか，それとも，「資本」，「土地所有」，「賃労働」からなる前半3部にあたるのか。それとも，『資本論』は六部作プランとは区別されるべき新たなプランないし部分的に変更されたプランによって書かれたものなのであろうか。

　言うまでもなく，これは，マルクスがその完成に生涯をかけていた著作をどのようなものと見るか，ということにかかわるきわめて重い問いである。日本でも，このいわゆる「プラン問題」はすでに第二次世界大戦以前に論じられており，戦後はさらに，さかんに論じられるテーマとなった。

　この論争は，いつでも，そのときどきに利用できる原資料によって制約されていたから，新たが資料が公開され，利用できるようになると，それによって論争が一時期活発化することがあった。とりわけ，1953年に復刻版が刊行された『経済学批判要綱』は，この問題についてのいくつもの新たな見解を生むことになり，それらをめぐって活発な論争が行われた。しかしその後，日本での論争はしだいに沈静化して，現在にいたっているように思われる。

　2012年に，「『資本論』と準備草稿」を収めるMEGA第II部門が完結し，著書『経済学批判のために』の執筆から始まったのちの，『資本論』第2部および第3部とを仕上げる作業のなかで生まれたもろもろの未完成草稿にいたる，すべての草稿が活字で読めるようになった。こうして『資本論』形成史の研究に必要な第1次資料のほとんどがでそろった。「プラン問題」についても，考証を支えるべきマルクスの文言は，エンゲルス版『資本論』によることなくすべて正確にマルクス自身のものによって読めるようになったのであって，いまやこの問題を再検するための資料は完全に整った。

　そこで本章では，『経済学批判要綱』から『1861-1863年草稿』をへて『資本論』にいたる「経済学批判」の執筆を進めるなかで，マルクスが「資本一般」という語をまったく使わなくなり，それに代わって「資本の一般的分析」ないし「資本主義的生産の一般的研究」という語で『資本論』の性格を特徴づけるようになった転回を，「経済学の方法」との関連のなかで，跡づけてみたい。というのも，この転回をどのように理解するかに「プラン問題」の生産的な解答を獲得するためのカギがあると考えられるからである。

1 『要綱』での「資本一般」と1862/63年の「資本一般」

　まず確認しておきたいのは，マルクスが「資本一般」という語を使い始めた1857/58年の時期にこの語が意味していたものと，ほぼ5年後の1862/63年の時期に同じこの語が意味していたものとでは，明らかにその内容に変化が生じていた，ということである。

　かつていわゆる「プラン論争」で『資本論』＝「資本一般」説の代表者と目されていた久留間鮫造氏は，「マルクスの経済学批判の体系の本来の構想と『資本論』との関係についての考証的研究」を含む論稿「マルクスの恐慌論の確認のために」[4]を『増補新版 恐慌論研究』(大月書店，1965年) に収めるにあたって，「はしがき」で次のように書かれている。

　「これを書いた1930年には，この考証にとって決定的な重要さをもつマルクスの遺稿――『経済学批判要綱』――の大部分はまだ発表されておらず，右の論文はそれの知見なしに書かれたものである。その意味において欠陥があり，改訂の必要がある……。」[5]

　そして，「『要綱』を読んださいに，この問題について何よりもまず感じたことは，それを書いた1857-9年ごろの「資本一般」についてのマルクスの考え方が，かつてわたくしが想像していたものと非常にちがっていたということである」[6]と言われる。

---

4) 久留間鮫造「マルクスの恐慌論の確認のために」，『大原社会問題研究所雑誌』第7巻第2号，1930年。所収：『増補新版 恐慌論研究』，大月書店，1965年，43-71ページ。久留間氏はこの論稿で，ヘンリュク・グロスマン (グロスマンも，久留間氏同様，『経済学批判要綱』をまだ読むことができなかった) の見解，すなわち，1863年7月から8月のあいだにマルクスの当初の六部作プランは新たな『資本論』プランによってとって代わられたという見解 (Henryk Grossmann: Die Änderung des ursprünglichen Aufbauplans des Marxschen „Kapital" und ihre Ursachen. In: Archiv für die Geschichte des Sozialismus und der Arbeiterbewegung. Jg. 14. 1929. Heft 2. S. 305-338) を論拠薄弱として退けたのち，当初プランが変更されたと見ることを許すような根拠は存在せず，『資本論』はプランの「資本一般」にあたるものだ，と主張された。

5) 同前，Iページ。
6) 同前，IIページ。

『要綱』をまだ読むことができなかった久留間氏が依拠したのは、「主として、1862年末ないし1863年1月のあいだにマルクスが書いた二つの文献」[7]、すなわち1862年12月28日付のクーゲルマンあての手紙[8]、および、『1861-1863年草稿』のノートXVIIIの1139ページに書かれている『資本論』第3部のプラン[9]であった。

クーゲルマンあての手紙でマルクスは、「『資本』の表題のもとに独立したかたちで〔selbstständig〕刊行される」著作は「本来第1篇の第3章をなすはずだったもの」すなわち「資本一般」を含むだけだ、と明記している[10]が、ほぼ同じ時期に書かれた第3部プランでは、第3部には「2. 利潤の平均利潤への転化。一般的利潤率の形成。価値の生産価格への転化」が含まれることになっている[11]。

だから久留間氏は、手紙で「資本一般」と書かれているものは当然にこの「2」の内容を含むものだと考えておられたのであり、氏の『資本論』＝「資本一般」説における「資本一般」とは、1862年末のクーゲルマンあての手紙でマルクスが書いていた「資本一般」だったのである。

ところが、「資本一般」のために書かれた『要綱』を見ると、当初の「資本一般」は、そうした「2」の内容を含みようがないものであった。氏は次のように言われる。

「『要綱』によると、「資本を一般的に考察する」ということは、「一国民の総資本を、たとえば総賃労働（あるいは土地所有）と区別して考察」すること、「あるいは、資本を他の諸階級と区別された一階級の一般的経済的基礎として考察」することであり、そこでは「諸資本の差異等はまだ問題にならない」ことになっている。／だがそうだとすると、たとえば異種部門の資本のあいだの利潤率の差異を前提する利潤率の均等化——一般的利潤率の形成——の問題、したがってまた価値の生産価格への転化の問題は、「資本一般」の考察

---

7) 同前、同ページ。
8) 1862年12月28日付クーゲルマンあての手紙。MEGA III/12, S. 296-298; MEW 30, S. 639-641.
9) 『1861-1863年草稿』。MEGA II/3, S. 1861.
10) 1862年12月28日付クーゲルマンあての手紙。MEGA III/12, S. 296; MEW 30, S. 639.
11) 『1861-1863年草稿』。MEGA II/3, S. 1861.

範囲には属しえず，その圏外（競争）に属するものとしなければならぬことになる。そして現に『要綱』にはそのことが明記されてもいるのである。」[12]

久留間氏はこの「はしがき」で，『資本論』=「資本一般」というかつての自説は，「資本一般」をクーゲルマンあての手紙における「資本一般」と解するかぎりで妥当するものだったのであって，それを『要綱』における「資本一般」と解する場合には妥当しない，ということを，事実上，承認された[13]のである。

佐藤金三郎氏は，『要綱』復刻版の刊行後まもなく，『要綱』の記述を克明に博捜されたうえで，『要綱』段階の六部作プランと『資本論』プランとの関係を詳細に論じられた。そのさい氏は，当然に，氏が当時の「支配的な見解」とみていた久留間説を批判の主たる対象とされたが，氏は，「久留間さんと私との最大の違いは，一言でいえば，『要綱』が読めたか，読めなかったかということに尽きるんだろう」[14]と言われた。佐藤氏のこの発言は，さきの久留間氏の言明に完全に対応している。久留間説に対置された佐藤氏自身の当時の見解は，「シンポジウム『資本論』成立史」における氏自身の発言によれば，次のようなものであった。

「現在の『資本論』というのは，当初のプランの「資本一般」を母胎としており，それのいわば完成された形態だということ，私は，それをたしか『資本論』は「範疇的な意味」での「資本一般」だというような言いかたをしていたと思います。それと同時に，「資本一般」だといっても，『要綱』執筆当時にマルクスが考えていた「資本一般」と，現在の『資本論』とを比べてみると，『資本論』の場合には，それの含んでいる考察範囲が非常に拡大されたものになっているということ，すなわち，当初の「資本一般」の範囲には予定されていなかった諸問題，たとえば，競争や，信用や，土地所有や，賃労働などの諸テーマについても，それらの基本的な規定にかんするかぎりでは，すでに『資本論』のなかに含まれているということ，しかし他方では，それらのテーマについての特殊研究や細目研究は，依然として『資本論』の考察範囲外に留保されたままになっているということ，そういう結論になったわけ

---

12) 久留間，前掲書，IIページ。
13) 同前，I-Vページ。
14) 佐藤金三郎『『資本論』研究序説』，岩波書店，1992年，337ページ。

補章 1 「資本の一般的分析」としての『資本論』の成立　369

なのです。つまり，競争や信用など，最初のプランの「資本一般」の範囲をこえる諸問題は，『資本論』のなかに編入された基本的規定と，依然として『資本論』の範囲外に留保されたままになっている特殊研究とに，いわば「両極分解」をとげるにいたったのだというわけです。」15)

このように，佐藤氏は当初，『要綱』も『資本論』も「範疇的な意味」での「資本一般」ではあるが，『資本論』での「資本一般」は，『要綱』での「資本一般」を母胎として生まれた「資本一般の完成された形態」だ，と考えられていたのである。

とりあえず以上のところから明確に読み取られるべきことは，マルクス自身が「資本一般」という語を使っていても，1857-59年の時期の「資本一般」と1862年12月の手紙における「資本一般」とのあいだには，明らかに意味内容の違いが生じていた，ということである。

ところで筆者は，1985年から，『資本論』は六部作プランの「資本一般」にあたるものではなく，それはむしろ，マルクス自身が『資本論』第3部第1稿のなかで行なっているように，「資本の一般的分析」と特徴づけられるべきだ，と主張していた16)。そのさいに筆者が重視していたのは次の事実であった。すなわちマルクスは，上記の手紙に「資本一般」という語を書いたあと，それから数か月後の1863年3月-5月に使われたノートXXの1288ページにこの「資本一般」という語を記した17)のちは，もはやどこででも『資本論』を「資本一般」と特徴づけていないばかりか，そもそも，「資本一般〔Capital im allgemeinen, capital

---

15) 高須賀義博編『シンポジウム『資本論』成立史〔佐藤金三郎氏を囲んで〕』，新評論，1989年，339-340ページ。
16) 本書の序章Bを見られたい。
17) 「……商品の概念それ自体を問題にするときには，過程としての労働は問題にならない……。過程としての，活動している労働は，価値の実体であり尺度ではあるが，価値ではない。労働は，ただ対象化した労働として価値なのである。それだから，資本一般の考察——そこでは諸商品はそれらの価値どおりに交換されるということが前提されている——の場合には，労働もまた，およそそれ自身が労働の対象化した姿である労働能力であるかぎりで機能することができるのである。」（『1861-1863年草稿』。MEGA II/3, S. 2099.）なお，1861年12月から1862年1月にかけて書かれたノートXVIでも「資本一般」という語が次のように使われている。「われわれは資本一般を考察しているのであって，諸資本の現実の運動すなわち競争を考察しているのではない……。」（『1861-1863年草稿』。MEGA II/3, S. 1640.）

en général)」という語をまったく使っていない,という事実である。
　のちに,筆者と同じく「この事実を重視する立場」[18]に立たれるようになった佐藤氏は,次のように考えるようになった。

　「マルクスは,『要綱』のときからずっと「資本一般」の考察ということで仕事をつづけてきていたわけです。しかし,その間に彼自身の経済学研究上の革新がつぎつぎに起こってきて,それらの成果があいついで「資本一般」のなかに採り入れられてきた。その結果,事実上,「資本一般」の「概念規定の変更」が生じてきていたにもかかわらず,マルクス自身は方法論的に十分自覚しないままに,やはり無理というんでしょうか,『要綱』以来の「資本一般」という同じ言葉を使いつづけてきた。しかし,彼自身もだんだんとそういう無理に気がついてきつつあったのではないかと思うのです。……／そのことが結局,「資本一般」が言葉としても以後使われなくなった理由ではないかと思うのです。要するに『要綱』の「資本一般」と1861-1863年草稿における「資本一般」の最後の使用例とは,言葉は同じでも,考察範囲や概念規定が違うということです。私が最近では,『資本論』は「資本一般」であるというよりも,むしろマルクス自身が『資本論』のなかで書いているように,「資本の一般的分析」であるといったほうがよいと考えるようになったのも,そういった事実を考慮したからなのです。つまり,『要綱』の「資本一般」と『資本論』の「資本の一般的分析」とは同じではないということです。」[19]

　佐藤氏のこの言明は,さきに見た氏の当初の見解,すなわち『資本論』は「範疇的な意味での資本一般」であり,このような意味での資本一般の「完成された形態」である,とする見解とは明らかに大きく異なっている。佐藤氏はこのあと,「『資本論』の「資本の一般的分析」は『要綱』の「資本一般」とは異なる,とする解釈を支持したい」[20]と明言されたが,この見解はまさに,筆者が1985年から主張していたものであった。つまりは,氏も「『資本論』は「資本の一般的分析」であるといったほうがよいと考えるようになった」[21]のである。

---

18) 佐藤,前掲書,347ページ。
19) 同前,344-346ページ。
20) 同前,347ページ。
21) 同前,346ページ。

補章1 「資本の一般的分析」としての『資本論』の成立 371

　それでは,1862年末の手紙でマルクスが,『要綱』のときとは意味内容が異なるものを「資本一般」と呼んだことをどのように考えるべきであろうか。佐藤氏はこの点について,「ここで「資本一般」の「概念規定の変更」が生じていることはだれの目にも明らか」[22]だ,と言われたのであるが,マルクスは「資本一般」の「概念規定」を変更し,そのうえで,変更された新たな概念を使ったのであろうか。

　筆者は別稿で,『資本論』第2部第2稿の直後に書かれた第2部のプランで第3章のタイトルを「流通過程および再生産過程の実体的諸条件」と書いた[23]にもかかわらず,それに先行する,同じタイトルをもった第2稿の第3章[24]の内容が,もはやこのタイトルには収まりきらないものになっていたことについて,次のように書いた。

　「このことが示唆しているのは,新たなより深い認識は,それが得られたときにいつでもただちにそれに相応しい概念や枠組みを獲得できるわけではなく,多くの場合,とりあえずそれ以前の概念や枠組みを使って表現されるのだ,ということである。このようなずれは,マルクスにかぎったことではない。それは,偉大な思想家たち,理論家たちの認識の深化の過程でつねに見られるものである。彼らの思想や理論の形成の過程を解明するさいには,一方で,生まれ育まれた新たな認識やそれまでの認識の刷新を旧来の概念や枠組みのなかでの叙述のなかに発見することが必要であり,他方では,その新たなものが古い枠組みや概念によって受けている制約を見抜き,理論家たち自身によって古い概念や枠組みがついに脱ぎすてられていく過程をリアルに見ることが必要である。」[25]

　筆者は,マルクスが1862年末の手紙で使った「資本一般」という語についても,まったく同じことが言えると考える。佐藤氏自身が,「事実上,「資本一般」の「概念規定の変更」が生じてきていたにもかかわらず,マルクス自身は

---

22) 同前,344ページ。
23) 『資本論』第2部第2稿。MEGA II/11, S. 4.
24) 『資本論』第2部第2稿。MEGA II/11, S. 340-522.
25) 拙稿「「流通過程および再生産過程の実体的諸条件」とはなにか――『資本論』第2部形成史の一齣――」。所収:『立教経済学研究』第66巻第4号,2013年,22ページ。

方法論的に十分自覚しないままに，……『要綱』以来の「資本一般」という同じ言葉を使いつづけてきた」と言われたように，マルクスはまだ，『資本論』というタイトルで書こうとしていた独立の著作の性格を，かつての「資本一般」と異なるしかたでどのように特徴づけるべきかを，まだ意識的につきつめていなかったので，とりあえず，以前のプランで使っていたタイトルである「資本一般」という語を使っておいたのである。

さて，佐藤氏は，「考察範囲」が拡大されていった『資本論』の性格を「資本一般」という語で表現するのに「無理」を感じるようになったマルクスは，「資本一般」という語を使うのをやめたと見られ，マルクスがのちに使った「資本の一般的分析」と「いったほうがいい」と考えるようになった，と述べられたのだったが，では「資本一般」と「資本の一般的分析」とはどこがどのように異なり，なぜ後者の「ほうがいい」のか。氏はなぜ「いい」と考えられたのか。残念ながら氏は，これについてはまったくなにも説明されないまま，1989年に逝去された。「資本一般」と「資本の一般的分析」とでは，この両者の「一般」は，いったい，どのように違うのであろうか。

2 「資本一般」と「資本の一般的分析」

「資本の一般的分析」という語は，『資本論』第3部第1稿の「第3章　資本主義的生産が進歩していくなかでの一般的利潤率の傾向的低下の法則」のなかで，この低下傾向を阻止する原因の第2として「労働力の価値以下への労賃の引下げ」を挙げたさいに書かれたものである。

　「労働力の価値以下への労賃の引下げ。これはこの研究〔Untersuchung〕ではただ経験的事実として挙げておくだけである。なぜならば，それは，じっさい，ここに挙げてよいかもしれない他のいくつかのことと同様に，資本の一般的分析〔die allgemeine Analyse des Capitals〕には関係のないことで，この著作でわれわれが取り扱わない競争等々の叙述に属することだからである。とはいえ，ここに挙げたものは，利潤率の低下への傾向を阻止する最も重要な原因の一つである。」[26]

筆者は，同じく第3部第1稿の「第2章　利潤の平均利潤への転化」の第1節

の冒頭におかれた次のパラグラフにおける「資本主義的生産の一般的研究」という語も，上の「資本の一般的分析」という語とほとんど同義であると考える。

　「……このような摩擦の研究〔Untersuchung〕は，労賃に関するそれぞれの特殊研究〔Spezialuntersuchung〕にとっては重要だとはいえ，このような摩擦は資本主義的生産の一般的な研究〔die allgemeine Untersuchung der capitalistischen Production〕にとっては偶然的な非本質的なものとして取り除かれる（無視される）べきものである。このような一般的な研究では，一般にいつでも，現実の諸関係はそれらの概念に一致するということが前提されるのであり，または，同じことであるが，現実の諸関係は，ただそれら自身の一般的な型を表現している（表わしている）かぎりでのみ，叙述されるのである。」[27]

　筆者はさらに，このなかで「資本主義的生産の一般的研究」について，「このような一般的な研究では，一般にいつでも，現実の諸関係はそれらの概念に一致するということが前提されるのであり，または，同じことであるが，現実の諸関係は，ただそれら自身の一般的な型を表現している（表わしている）かぎりでのみ，叙述されるのである」，と書いているところは，同じく第3部第1稿の「第7章　諸収入（所得）とそれらの諸源泉」の「1）三位一体的定式」のなかでの次の箇所での「資本主義的生産様式の内的編制の，いわばその理想的平均における叙述」と同じことを，別様に表現しているものと考える。

　「生産関係の物象化の叙述や生産当事者たち自身にたいする生産関係の自立化の叙述では，われわれは，もろもろの関連が世界市場，その景気変動，市場価格の運動，信用の期間，産業や商業の循環，繁栄と恐慌等々のさまざまの時期をつうじて生産当事者たちにたいして，圧倒的な，彼らを無意志的に支配する自然法則および盲目的な必然性として現われ，彼らに対立してかかるものとして力をふるうしかたには立ち入らない。なぜ立ち入らないかと言えば，競争等々の現実の運動はわれわれの計画の範囲外にあるものであって，われわれはただ資本主義的生産様式の内的編制を，いわばその理想的平均において叙述し〔die innere Organisation der capitalistischen Productionsweise, so zu sagen

---

26）『資本論』第3部第1稿。MEGA II/4.2, S. 305; MEW 25, S. 245.
27）『資本論』第3部第1稿。MEGA II/4.2, S. 215; MEW 25, S. 151-152.

in ihrem idealen Durchschnitt darstellen〕さえすればよいのだからである。」[28]

　「資本の一般的分析」,「資本主義的生産の一般的研究」,「資本主義的生産様式の内的編制の, いわばその理想的平均における叙述」というこれら三つの語句は, いずれも資本についての一般であるにはちがいない。それでは, これらの語句によって言い表わされているものは,『要綱』での項目名「資本一般」で考えられていたもの, すなわち「資本一般」という, 同じく資本についての一般と同一視することができるであろうか。筆者は, できない, 両者を峻別しなければならない, と考える。

　『要綱』における「資本一般」(すなわち刊行された『経済学批判。第1分冊』に明記された,「第1部　資本について」の「第1篇　資本一般」) とはどのような特殊および個別にたいする一般であったか。明らかに特殊的諸資本という特殊, および, 個別的諸資本という個別にたいする一般であった。「資本一般」という「一般」の叙述のあとに, はじめて特殊的資本, さらに個別的資本が論じられるはずであって,「資本一般」は, 特殊的資本および個別的資本を捨象して得られた資本であり, 要するに, さまざまの区別をもつ「多数の資本」を捨象した, したがって一個の資本 (国民的資本, 社会的総資本, 賃労働に対立する資本) であって, 刊行された『経済学批判。第1分冊』の「第1部　資本について」の「第1篇　資本一般」とは, 資本に関するそのような「資本一般」を対象とする項目であった。つまり,「資本一般」という項目の「一般性」とは, 対象を厳しく「一般的なもの」に限定するという意味のそれであった。資本の具体的な現象形態は, それぞれ異なる特殊性をもつ諸資本およびそれぞれ異なる個別性をもつ諸資本を前提しないでは展開することができないことは明らかだから,『要綱』における項目「資本一般」は, それに続く項目「競争」(特殊性) および項目「信用」(個別性) へと上昇してはじめて資本の具体的な現象形態に辿りつき, 論じることができる, そのように限定されたものであった。別の言いかたをすれば,『要綱』での「資本一般」とは, 資本の最深の本質を明らかにするところにとどまるものであって, この本質からこの本質の現象形態を展開するには, それに続く「競争」および「信用」に進まなければならないもの

---

[28]『資本論』第3部第1稿。MEGA II/4.2, S. 852-853; MEW 25, S. 839.

だったのである[29]。一言にして言えば，項目名の「資本一般」は，この項目のもとでの叙述の対象を「資本一般」に限定するという意味をもつものであった[30]。

　これにたいして，「資本の一般的分析」，「資本主義的生産の一般的研究」，「資本主義的生産様式の内的編制の，いわばその理想的平均における叙述」における一般にたいする特殊および個別は，対象としての資本そのものの特殊および個別ではない。そうではなくて，資本の研究，分析，考察が，そしてその結果の叙述が一般的なものだ，という意味での一般である。これにたいする特殊とは，さきの「資本主義的生産の一般的研究」に対置されていた「労賃に関する特殊研究」に見られるように，特殊研究，特殊的分析，特殊的考察であり，またその結果の叙述である。つまり，「資本一般」が考察・分析・研究・叙述の対象の限定であったのにたいして，「資本の一般的分析」等々は，考察・分析・研究・叙述そのものの限定であり，特徴づけである[31]。

　『要綱』の六部作プランにおける「資本一般」の方法的な核心は，もちろん，資本を体系的に叙述するさいに，まず資本の「一般」を解明したのちに，次に資本の「特殊」の分析に進み，それからさらに資本の「個別」の分析に進む，という，その分析の進め方[32]にあり，「一般」は，明らかに「特殊」および「個別」

---

29) だからこそ，1862年末のクーゲルマンあての手紙でマルクスは，『経済学批判』の「第2の部分」は「独立に『資本』という表題で出る」と言いながら，続く仕事の一つの選択肢として「続き，すなわち資本の叙述の結び，競争と信用」を書くことを挙げたのである（1862年12月28日付クーゲルマンあての手紙。MEGA III/12, S. 297; MEW 30, S. 640）。しかし，第3篇プランでのように『資本』ですでに生産価格と一般的利潤率との成立が論じられるのであれば，続く「競争」も『要綱』の時点での「競争」とは異なるものになっていたはずである。

30) 前出の注17で見た『1861-1863年草稿』からの引用での二つの「資本一般」が，いずれも「資本一般の考察」ないし「資本一般を考察する」とされていたことに注目されたい。「資本一般」は「考察」の対象なのである。

31) ミヒャエル・ハインリヒは，マルクスが1861-1863年に「資本一般」という構想を「突破〔sprengen〕」しなければならなかったいくつかの根拠を挙げている（Michael Heinrich: Marx' Ökonomiekritik nach der MEGA. Eine Zwischenbilanz nach dem Abschluss der II. Abteilung. In: Marx-Engels Jahrbuch 2012/2013. Berlin 2013. S. 150-154.）。しかしそのさい彼は，マルクスが『資本論』でこの著作を「資本の一般的分析」または「資本主義的生産の一般的研究」と特徴づけたこと，そしてこの特徴づけが当の問題にとって決定的に重要であることに，気づかなかったようである。

があっての「一般」である。「資本一般」だけでは資本の分析・考察・研究はけっして完結しない。

　これにたいして，「資本の一般的分析」は，そもそも『資本論』という「一つの芸術的な全体」[33]の性格づけであり，独立に刊行される著作の特徴づけであって，それのあとに執筆されるべきさまざまの特殊分析・研究・考察がなくても，それ自体として完結した性格をもつものである。そのような「一般的分析」の完結性はどういうところにあるのであろうか。この点について決定的な示唆を与えるのが，マルクスの「経済学の方法」についての論述である。

---

[32] 本章では方法のこの側面の意義について立ち入ることをしていないが，マルクスが『経済学批判要綱』の執筆過程で資本の本質を概念的に深く鋭く把握することができたのは，対象を「資本一般」にきびしく限定し，まずもって「多数の資本」を度外視して資本の「一般」を解明することに集中する，という方法をとったからである。この意味では，対象を「資本一般」に限定するという方法が『経済学批判要綱』での資本の解明においてきわめて重要な役割を果たした。しかし，この同じ方法が同時に，「資本一般」での分析を資本の本質の概念的把握にとどめて，現象としての資本の形象化の叙述に前進することを許さない，その意味で，ここにとどまるかぎり認識を完結させることができないという固有の限界を含んでいたのである。ローマン・ロスドルスキーはこの方法の積極的な役割を独特な仕方で次のように表現した。「しかし，このことがわれわれに示しているのは，『草案』〔『経済学批判要綱』〕の基礎にあった「資本一般」と「多数の資本」との区別が，じつは，なによりもまず一つの研究モデルであって，それなしにはマルクスの経済学説体系はけっしてできあがらなかったであろうということであり，しかも，それは——あらゆる研究仮説と同様に——ただ一定の限界内でのみ十分な妥当性を主張しうるということである。」(Roman Rosdolsky: Zur Entstehungsgeschichte des Marxschen *„Kapital"*. Der Rohentwurf des *„Kapital"* 1857-1858. Frankfurt a. M., Wien 1968. S. 74. 時永・平林・安田訳『資本論成立史』1，法政大学出版局，1973年，83ページ。）ロスドルスキーはこのように，『経済学批判要綱』における「資本一般」と「多数の資本」との「方法的区別」に最大の意義を見いだし，だからまたマルクスがこの区別を放棄したことに，「旧プランから新プランへの移行」の根拠を見ている (ebenda, S. 43-78. 邦訳，42-89ページ)。しかし，彼の考えるところでは，この「移行」が生じたのは1864-1865年よりも前のことではなく，マルクスがまさに『資本論』第3部第1稿を執筆しているときのことであった (ebenda, S. 39. 邦訳，37ページ)。だから彼はこの第3部第1稿のなかに書き込まれた「資本の一般的分析」という概念に言及はする (ebenda, S. 74. 邦訳，83ページ) のだが，それにもかかわらず『資本論』のこの性格づけがもつ重要な方法的意義にはまったく気づいていない。

[33] 1865年7月31日付エンゲルスあての手紙。MEGA III/13, S. 510; MEW 31, S. 132.

3 「学的に正しい方法」または「理論的な方法」

　のちに『経済学批判要綱』と名づけられることになった7冊のノートをマルクスが書き始めたのは1857年10月であったが，その前の8月末に彼はいわゆる「『要綱』序説」を書いた。このなかに含まれている「3　経済学の方法」は，マルクスが「方法」をタイトルに掲げて書いた唯一の文書であり，「方法」についての彼の考えを伝えるきわめて重要な記述を含んでいる。そして，「上昇する方法」および「上昇する体系」についての記述としてよく知られている，この「序説」の冒頭2パラグラフ[34]に，「資本の一般的分析」としての『資本論』を「一つの芸術的全体」にするマルクスの方法が凝縮的に述べられていると考えられるのである。この点について，やや立ち入って述べよう。

　マルクスはここでまず，たとえば人口のような「全体についての混沌とした表象」から始めて，「分析的」に「表象された具体的なもの」から「抽象的なもの」に進んでいって最も単純な諸規定に到達する「第1の道」と，到達したところからこんどは「後戻り〔rückwärts〕」の旅を始めて，「最後にふたたび人口に到達する」「第2の道」という二つの道を示す。前者は，「経済学がその成立のころに歴史的に歩んできた道」であり，後者は，そのあとに始まった，「労働，分業，欲求，交換価値のような単純なものから，国家，諸国民の交換，そして世界市場にまで上昇していく経済学の諸体系」である。マルクスはこの後者が「学的に〔wissenschaftlich〕正しい方法」だと言っているが，ここで決定的に重要であるのは，第2の道が，第1の道を経たあとの「後戻り」の旅であって，第1の道を前提していることを見逃さないことである。前者を抜きにした後者はありえない[35]。

---

34) 『経済学批判要綱』。MEGA II/1, S. 35-37.
35) ロスドルスキーは「序説」での経済学の方法についての記述をプラン問題の理解にとって重要なものだとして要約している（Rosdolsky: Zur Entstehungsgeschichte des Marxschen „Kapital". S. 43-46. ロスドルスキー，前掲書，42-46ページ）。しかし彼がそうするのは，もっぱら，「マルクスの最初の構成プランの真の意味に関する最初の解明を求める」(ebenda, S. 43. 邦訳，42ページ) ためにだけである。つまり彼は，この記述が『資本論』プランの理解にとっても決定的に重要であることには気づいていないのである。そういうことにな

またマルクスは,「具体的なもの」は「現実の出発点」であり「直感と表象との出発点」ではあっても, 思考における「出発点」ではない, とも言っているが,「抽象的諸規定が思考の道を経て具体的なものの再生産に向かっていく」という「第2の道」は,「豊満な表象が蒸発させられて抽象的な規定となる」という「第1の道」を経たのちのことである。だからこそマルクスは, ヘーゲルを批判しながら, この「第2の道」について,「抽象的なものから具体的なものへ上昇する方法は, 具体的なものをわがものとし, それを一つの精神的に具体的なものとして再生産するための, 思考にとっての方式にすぎないのであって, それは具体的なものそれ自体の成立過程ではけっしてない」, と言うことができたのである。「第2の道」すなわち「思考の道を経て」獲得された「思想の総体〔Gedankentotalität〕」としての「具体的な総体」は,「直観と表象とを諸概念へと仕上げていく行為の産物」である。「思考する頭脳」は,「第1の道」を「後戻り」して「第2の道」を進むという「自分に唯一可能なしかたで世界を自己のものとする」。だから,「直観と表象とを諸概念へと仕上げていく」この道を進んでいくときにも,「実在的な主体は, あいかわらず頭脳の外で, その自立性を保って存立し続ける」のである。

　マルクスはこのパラグラフを,「それゆえ理論的方法の場合も, 主体である社会が, 前提としていつでも表象に思い浮かべられていなければならない」, と締めくくった。ここで言う「理論的方法」が,「直観と表象とを諸概念へと仕上げていく行為」としての「第2の道」すなわち「学的に正しい方法」を意味することは明らかであろう。

　以上のところから読み取られるべきは, 次の諸点である。

　①「理論的方法」とは,「思考する頭脳」が「頭脳の外で自立性を保って存立」している「実在的な主体」を「自己のものとする」ための方法であり, 言い換えれば, 外的な対象にたいする認識主体のかかわり (das Verhalten) の「正しい〔richtig〕」しかた (Weise) である。

　② この方法では, まずもって,「実在する主体」という対象についての「直

らざるをえなかったのは, 彼は, 第2の道には第1の道の先行が不可欠であることを見逃したからである。

感と表象と」をもたねばならず,そこから「分析的」に下向して対象を概念的に把握したのちに,「抽象的諸規定が思考の道をへて具体的なものの再生産に向かっていく」のであり,対象を「具体的な総体」として頭脳のなかに「再生産」する。

③ そのさい,「前提としていつでも表象に思い浮かべられて」いる「主体としての社会」は「総括〔Zusammenfassung〕の過程」のなかで一歩一歩「概念的把握〔das Begreifen〕の産物」に転化していくのである。

だから,「実在的な主体」である「社会」の「概念的把握」は,出発点で「表象に思い浮かべられて」いた「社会」が,「具体的な総体」として頭脳のなかに「再生産」され終えたところで完了するのである[36]。

4 『資本論』第1部での資本の「概念的把握」

さて,以上のようなマルクスの「方法」は,『資本論』ではどのようなかたち

---

[36] 念のために付言するが,「『要綱』序説」での以上のような「方法」についての把握と,マルクスが『資本論』第1部の第2版後記のなかで,「研究の仕方」と「叙述の仕方」との区別について次のように言っていることとは,強調点がやや異なるだけで,基本的に同じ見地に立って言われているものである。

「もちろん,叙述の仕方は,形式的には,研究の仕方とは区別されなければならない。研究は,素材を細部にわたってわがものとし,素材のさまざまな発展形態を分析し,これらの発展形態の内的な紐帯〔inneres Band〕を探りださなければならない。この仕事をすっかり済ませてから,はじめて現実の運動をそれに応じて叙述することができるのである。」(MEGA II/6, S. 709; MEW 23, S. 27.)

ここでは,対象についての表象を分析してそれを概念的に把握するさいに,「素材を細部にわたってわがものにする」こと,「素材のさまざまな発展形態を分析し,これらの発展形態の内的な紐帯を探りだす」ことの重要性が強調されている。しかし,これに続いてマルクスが,「これがうまくいって,素材の生命が観念的に反映することになれば,まるである先験的な構成がなされているかのように見えるかもしれない」(MEGA II/6, S. 709; MEW 23, S. 27.)と言っているところから明らかなように,「この仕事をすっかり済ませる」というのは,下降の道を踏まえて進むべき上昇の道を思考のなかですべて辿り終えておくことを指している(すなわち,研究は下降と上昇とを含むのである)。だから,ここでは,叙述で全体として上昇していく道を進むさいにも,絶えず表象を分析して概念に変え,そのようにして得られた概念相互間の関連をつかみだす必要があることが述べられているのである。ここに第2版後記でのこの文章の貴重な独自性があるが,このことは「『要綱』序説」でのさきの記述と対立するものではまったくない。

で用いられているのであろうか。

　『資本論』全体の冒頭のパラグラフは次のとおりである。

　　「資本主義的生産様式が優勢である諸社会の富は，厖大な商品の集まりとして現われ，個々の商品は，この富の基素形態〔Elementarform〕として現われる。だからわれわれの研究は商品の分析をもって始まる。」[37]

　「富」すなわち人びとの生活と生産とを支えている生活手段と生産手段とのいっさいが商品という形態をとっており，なんらかの商品を提供しないではどんな「富」のかけらも手にすることができない社会，――これが資本主義社会についての最初の表象である。マルクスはここで，「実在する主体」としての資本主義社会について，「富」がここで必然的にとらないではいない商品という物象的形態を読者に示し，読者とこの表象を共有することから叙述を始めている。読者の頭脳には，これに触発されて，この社会についてのさまざまの表象が飛び交うであろう。生産の三要素としての，資本・土地・労働。商品としてのそれらと交換される，利子・地代・労賃。したがってまた，三位一体的定式である，資本―利子，土地―地代，労働―労賃。人口の構成部分であり，それぞれの商品を市場にもってくる当事者としての，資本家・地主・賃労働者，等々。あるいは読者は，いわゆる「金融商品」のことを想起するかもしれず，マー君の何億という年俸を連想するかもしれない。それはそれでよいのである。これらいっさいを包み込んだ，この社会についての混沌とした表象を，マルクスは冒頭の一文によって読者と共有した。

　そこでマルクスは一歩を進めて，そのような交換される商品とはどういうものか，調べて見ようではないか，と読者に提案する。以上が冒頭のパラグラフのもつ意味である。

　そこで，読者とこのように共有した表象が，まず『資本論』の第1部でどのように概念化されていくのか，見ていくことにしよう。

　ここで読者と共有された資本主義社会についての表象は，まずもって，『資本論』第1部の――第2版での篇別では――「第1篇　商品と貨幣」で徹底的に分析され，研究され，考察される。「それらの発展諸形態の内的な紐帯」[38]が明

---

[37] 『資本論』第1部初版。MEGA II/5, S. 17; MEW 23, S. 49.

らかにされ，上昇的に展開される。こうして，読者と共有していた資本主義社会の表象のなかにあった「商品」と「貨幣」が概念的に把握されて，この部分だけは整然とした「具体的総体」に転化した。

ところが，この獲得された商品と貨幣の概念をもって，資本主義社会の表象の総体のなかで統括的な位置を占めているように見えている「資本」の表象を整理し，分析してみると，資本の現象——資本の一般的定式——は商品の価値どおりの売買とは矛盾していることが明らかとなり，ここに解かれなければならない「資本の謎」が浮かび上がる。分析によって，これを解くカギが商品としての労働力の売買にあり，しかも資本主義社会では労働者は，労働諸条件から完全に分離されているがゆえに労働市場で労働力を売らざるをえない存在であることがつきとめられるが，しかし，このカギによって「謎」を解くためには，これまでの流通過程から離れて，労働力が消費される生産過程に足を踏み入れなければならない。ここまでが，「第2篇　貨幣の資本への転化」の内容である。

そこで，資本の生産過程の分析にとりかかる。「第3篇　絶対的剰余価値の生産」以降，「第1部　資本の生産過程」の本格的な分析と展開が進められ，価値増殖過程とそのもとでの資本による労働の包摂，独自な資本主義的生産様式としての大工業の成立，労賃形態が概念的に把握される。そして「第7篇　資本の蓄積過程」では，資本主義的生産自身がこの生産の存立諸条件を絶えず拡大再生産していることが明らかにされる。こうして，読者と共有していた資本主義社会の表象は，すでに資本の最深部にある内的関連ないし本質を読者に十分に理解させるだけの整然とした像に転化した。

第7篇の「第24章　いわゆる本源的蓄積」では，以上のような理論的展開——マルクスは『経済学批判。原初稿』ではこれを「弁証法的形態で叙述すること」[39]と呼んでいる——によって概念的に把握された自立的に運動する生産有機体としての資本主義社会がどのようにして歴史的に生成したのか，ということを論じ，この生産の生成・発展・消滅の「傾向」を述べて，第1部を閉じた。

---

38)『資本論』第1部第2版。MEGA II/6, S. 709; MEW 23, S. 27. 前出の注36をも参照されたい。
39)『経済学批判要綱』。MEGA II/1, S. 91.

5 「資本の一般的分析」を完結させる「弁証法的な展開方法」

マルクスは第3部第1稿を書きつつあった1865年7月31日にエンゲルスに次のように書いた。

「ぼくは，全体が目の前にできあがっていないうちに，どれかを送り出してしまう決心がつきかねる。たとえどんな欠陥があろうとも，ぼくの著書の長所は，それが一つの芸術的な全体〔ein artistisches Ganzes〕をなしているということだ。そして，それはただ，全体が目の前にできあがっていないうちはけっして印刷させない，というぼくのやりかたによってのみ，達成できるのだ。」[40]

実際にはマルクスはその後1867年に第1部だけをまず刊行したのだったが，それでもこの第1部が，続く第2部の刊行を予定していたことは，そのなかに「第2部　資本の流通過程」への橋渡しとなる1パラグラフを置いて，読者に第2部を予告していた[41]ことからも明らかである。だが，第2部および第3部を近い将来に刊行できそうもないと判断したマルクスは，第1部の第2版では第2部へのこの橋渡しの記述を削り，とりあえず第1部がそれなりの「一つのまとまった全体」[42]として，多くの読者に読まれることを期待したのであった。

しかし，第2部への橋渡しの記述が削られても，第1部の多くの箇所に，第2部および第3部に進んではじめて分析されることになる多くの論点や課題が示唆されており，その意味では明らかに第1部での叙述自体が，そのあとに第2部および第3部が続くこと，読まれることを予定し，必要としていた。というのも，第1部のいろいろな箇所で，マルクスは読者にいわば「謎かけ」をしていたのであり，それらの謎を，続くべき両部のなかでみごとに解いてみせよ

---

40) 1865年7月31日付エンゲルスあての手紙。MEGA III/13, S. 510; MEW 31, S. 132.
41) 『資本論』第1部初版。MEGA II/5, S. 619.
42) 「第2巻をお待ちにならないでください。それの刊行はもしかするとさらに半年は遅れるかもしれません。フランスや合衆国やイギリスでの昨年（および1866年）のいくつかの公的調査が行なわれ，完了または公表されるまでは，第2巻を完成することができないのです。なお，第1巻は一つのまとまった全体〔ein abgeschloßnes Ganzes〕をなしています。」
（1868年10月7日付ダニエリソンあての手紙。MEW 32, S. 563.）

うと彼は考えていたのだからである。初版の校正を行なっていた1867年6月27日に，マルクスはエンゲルスに次のように書いた。

「商品の価値はどのようにして商品の生産価格に転化するのか。……この問題に答えることは次のことを前提する。……II　利潤への剰余価値の転化，平均利潤への利潤の転化，等々が述べられていること。これはまた，資本の流通過程が前もって述べられていることを想定する。というのは，そこでは資本の回転等々がある役割を演じるのだからだ。だから，この問題は第3部ではじめて述べることができる。……ところで，もしぼくが，〔俗物や俗流経済学者が第1部だけを見て不可避的に抱くであろう〕この種の疑念のすべてを前もって刈り取ってしまおうと思ったら，弁証法的な展開方法の全体〔die ganze dialektische Entwicklungsmethode〕をだめにすることになるだろう。反対に，この方法がもっている利点は，あいつらに絶えずわなを仕掛けて，それが彼らの愚かさの時ならぬ告白を挑発する，ということなのだ。」[43]

そのような「わな」としてさらに挙げることができるのは，生産過程での価値増殖および蓄積の一般的運動が解明された資本が，自立的な個別的諸資本としてどのように絡み合って社会的な総再生産過程を形成するのか，ということ，剰余価値がどのようにして商業利潤や利子や，そしてとくに地代という姿態をとるのか，ということ，そして最後に，第1部および第2部での分析によって，外観とはまったく異なる本質に還元された資本の運動が，どのようにして三位一体的定式に括られる転倒した外観を生みだすのか，ということなどである。

『資本論』の第1部では，資本の生産過程の分析によって資本の最深部にある本質が明らかにされるが，これは第2部での資本の流通過程の分析によって補足されなければならない。第2部ではじめて資本の総再生産過程の内的な関連が明らかにされるが，しかしこれとてもまだ，現象の奥に潜んでいる本質の把握に属する。第1部および第2部で把握された本質から，人びとの目に映じている資本の諸姿態を展開して，人びとの転倒的な意識をも本質の現象が生みだすものとして明らかにするのが第3部の仕事である。これによって，すでに概念的に把握されていた資本という現実が人びとの目に見えているそれの諸姿態

---

[43] 1867年6月27日付エンゲルスあての手紙。MEW 31, S. 313.

にまで展開されることによって，本質の現象としての認識が完了することになるのである。いま見たように，マルクスはこのような展開の進め方を「弁証法的な展開方法」と呼んだ。

上のエンゲルスあての手紙での言明からわかるように，マルクスは，第1部にとって第2部が，そしてとりわけ第3部がもつ方法的な意義を，第1部では意図的に隠した。そしてマルクスは，『資本論』の理論的部分を締めくくることになる「第3部　総過程の諸形象化〔Die Gestaltungen des Gesammtprocesses〕」の独自の課題を第3部の冒頭ではじめて述べたのである。そこでマルクスは次のように言う。

「すでに見たように，全体として考察された生産過程は，生産過程と流通過程との統一である。このことは，流通過程を再生産過程として考察したさいに……詳しく論じた。この部で問題になるのは，この「統一」について一般的反省を行なうことではありえない。問題はむしろ，資本の過程——全体として考察されたそれ——から生じてくる具体的諸形態を見つけだして叙述することである。｛諸資本の現実的運動においては，諸資本は次のような具体的諸形態で，すなわち，それらにとっては直接的生産過程における資本の姿態〔Gestalt〕も流通過程における資本の姿態〔Gestalt〕もただ特殊的諸契機として現われるにすぎない，そのような具体的諸形態で対し合う。だから，われわれがこの部で展開する，資本のもろもろの形象化〔die Gestaltungen des Capitals〕は，それらが社会の表面で，生産当事者たち自身の日常の意識のなかで，そして最後にさまざまの資本の相互の行動である競争のなかで生じるときの形態に，一歩一歩近づいていくのである。｝」[44]

ここから読み取れるように，第3部のタイトルの「総過程の諸形象化」とは，「資本の過程——全体として考察されたそれ——から生じてくる具体的な諸形態」を見つけだして，それらが「社会の表面で，生産当事者たち自身の日常の意識のなかで，そして最後にさまざまの資本の相互の行動である競争のなかで生じるときの形態に，一歩一歩近づいていく」，そのような過程を「展開する」こと，「叙述する」ことなのである。第3部がこの課題を果たし終えたとき，

---

[44] 『資本論』第3部第1稿。MEGA II/4.2, S. 7; MEW 25, S. 33.

『資本論』は「一つの芸術的な全体」として完成するはずであった。そしてマルクスは、まさに当のこの第3部のなかに、さきに見た『資本論』の特徴づけ、すなわち「資本の一般的分析」または「資本主義的生産の一般的研究」または「資本主義的生産様式の内的編制の、いわばその理想的平均における叙述」という、この「一つの芸術的な全体」の三つの特徴づけを書きつけたのであった。

この点からあらためて六部作プランにおける「資本一般」との違いを見れば、対象を「資本一般」に限定して行なわれる当初の「資本一般」の叙述では、資本という「具体的総体」の頭脳における「再生産」は、少なくとも「特殊性」(競争)および「個別性」(信用)まで上昇しなければ完了できないものであったのにたいして、「資本の一般的分析」としての『資本論』では、「総過程の諸形象化」の叙述によって、「資本」という対象の「再生産」は、いまだ一般的なものにとどまるとはいえ、完了するのである。

6 「資本一般」では論じられえなかったが、「資本の一般的分析」に含まれることになった諸論点

それでは、そのような「資本の一般的分析」としての『資本論』がその展開のなかで解明すべき対象は、『経済学批判。第1分冊』における「第1篇　資本一般」に含めることができた厳しく限定されていた対象——すなわち「資本一般」の具体的内容——とは、どのように異なることになったのであろうか。これは、言い換えれば、六部作プランの項目「資本一般」に含まれるべきであった内容と『資本論』全3部が含むことになった内容とは、具体的にはどのような点で異なることになったのか、という問題である。この点については、最重要のポイントだけを列挙しよう。

① 商品の価格の価値からの乖離は度外視され、商品は価値で売買されるという前提を置いていた「資本一般」では、労働力の価値の労働の価値または価格への転化は論じることができず、これは「賃労働」ではじめて論じられるべき問題であった。また、『1861-1863年草稿』での1863年1月に書かれた第1篇「資本の生産過程」のためのプラン[45]でも、労賃についての項目はまだなかった。しかし『資本論』第1部の初版では、「第5章　絶対的剰余価値および相対

的剰余価値の生産についてのさらに進んだ研究」のなかで「第4節　労賃という転化した形態における労働力の価値または価格」が論じられることになり[46]，さらにこの節が第2版では独立した篇である「第6篇　労賃」に格上げされた[47]。これによって，マルクスが第3部第7章で論じることにしていた「三位一体的定式」のうちの〈労働—労賃〉という一項が理論的に準備された。

②　それぞれ異なる使用価値を生産する諸生産部門とそれを構成する個別的諸資本とを前提するがゆえに，「多数の資本」を度外視した「資本一般」では論じることができなかった，社会的総資本を構成する生産部門を異にするもろもろの社会資本が互いに絡み合って進行する「社会的総資本の再生産と流通」の過程が，「第2部　資本の流通過程」の最後の章で論じられることになった[48]。これは，第3部での「総過程の諸形象化」の展開の理論的な準備であった。

③　マルクスに「資本一般」という対象限定の方法を実質的に放棄させる出発点になったのは，「資本一般」と名づけていた項目のなかで，平均利潤率と生産価格との成立を論じることにしたことだった。資本構成の異なる諸資本，したがって利潤率を異にする諸資本の，競争に強制されて行なう部門間の資本移動によって成立する平均利潤率および生産価格は，「多数の資本」をきびしく排除する「資本一般」で論じることができず，異なる諸資本を前提する「競争」ではじめて論じることができる事柄のはずであったが，『1861-1863年草稿』の執筆中にマルクスは，「資本一般」の「3. 資本と利潤」のなかで「2. 利潤の平均利潤への転化。一般的利潤率の形成。価値の生産価格への転化。……4. 地代（価値と生産価格との相違の例証）」を論じることを決めた[49]。そして実際に，

---

45)　『1861-1863年草稿』。MEGA II/3, S. 1861-1862.
46)　『資本論』第1部初版。MEGA II/5, S. 433-456.
47)　『資本論』第1部第2版。MEGA II/6, S. 498-520; MEW 23, S. 537-588.
48)　『資本論』第2部第1稿。MEGA II/4.1, S. 301-381.
49)　『1861-1863年草稿』。MEGA II/3, S. 1861. これによって，「資本一般」というタイトルは，そのもとでじっさいに論じられる内容とは一致しないことになった。しかしこの時点では，マルクスはまだこうした齟齬に気づいていなかったのではないかと思われる。たとえば彼は，『経済学批判要綱』のなかで，「特殊的諸資本から区別される資本一般」(MEGA II/1, S. 359) に言及するちょっとまえのところで，「われわれがいま立っているこの地点，すなわち資本が一般的にだけ考察されているこの地点」(MEGA II/1, S. 357) と書いている。おそらくマルクスはここでは，「特殊的諸資本から区別される資本一般」を論じることと「資

『1861-1863年草稿』のノートⅩⅥに書いた「第3章　資本と利潤」のなかの「6. 生産費」という項目で，マルクスは一般的利潤率の形成と価値の生産価格への転化を論じた[50]。ただしその内容は，のちの第3部第1稿のうちの，エンゲルス版「第9章　一般的利潤率（平均利潤率）の生成と商品価値の生産価格への転化」に利用された部分[51]で述べられている範囲であった。

『資本論』の第3部第1稿では，さらに大きな一歩が記されることになる。すなわち，『1861-1863年草稿』ではまだのちの「競争」の項目に留保されていた，諸資本の競争がいかにして一般的利潤率と生産価格とを成立させるのか，という問題を，エンゲルス版「第10章　競争による一般的利潤率の均等化。市場価格と市場価値。超過利潤」に利用された草稿部分[52]で立ち入って論じることになったのである。もちろん，ここでの競争は，価値法則の具体的な貫徹形態としての生産価格の法則を成立させるものであって，均衡をもたらすかぎりでのものである。マルクスはすでに『要綱』のなかで，のちに取り扱われるべき「競争」での理論的な基礎規定となる「競争の基本法則」を予告していた[53]が，第3部第1稿のエンゲルス版第10章に利用された草稿部分は，まさにこの「基本法則」を明らかにしたのであり，六部作プランのなかの「競争」のかなめの部分が『資本論』に採り入れらたことを示すものであった。

また，言うまでもなく，この考察は，地代——絶対地代および差額地代——

本を一般的にだけ考察する」こととを同じことと考えていたのであろう。本章の冒頭のところで引用した，『要綱』での「資本一般」についての久留間氏の要約でも，「『要綱』によると，「資本を一般的に考察する」ということは，「一国民の総資本を，たとえば総賃労働……と区別して考察」すること……であり，そこでは「諸資本の差異等はまだ問題にならない」ことになっている」，とされていたが，久留間氏はおそらく，マルクスのこの箇所での記述を念頭に置いて書かれたのであろう。しかし，「資本一般」という考察対象の限定と，「資本を一般的に考察する」こととは区別される必要があるのであり，マルクスはおそらくのちにこの二つのことをはっきりと区別するようになって，「資本一般」という語を使わなくなっていくのである。

50) 『1861-1863年草稿』。MEGA II/3, S. 1609-1632.
51) 『資本論』第3部第1稿でのタイトルは「2）一般的利潤率（平均利潤）の成立と商品価値の生産価格への転化」である。（『資本論』第3部第1稿。MEGA II/4.2, S. 230-248.）
52) 『資本論』第3部第1稿でのタイトルは「3）一般的利潤率の均等化のための競争。市場価格と市場価値。超過利潤」である。（『資本論』第3部第1稿。MEGA II/4.2, S. 248-273.）
53) 『経済学批判要綱』。MEGA II/1, S. 541.

の考察を準備する（可能にする）ものであると同時に，諸資本の部門間移動を媒介する一般的資本——銀行制度によるmonied capital——の形成の考察を要求するものであった。

④ しかも，『資本論』に取り入れられた競争は，上記の均衡をもたらす競争だけではなかった。さらに，「第3章 資本主義的生産が進歩するなかで生じる一般的利潤率の傾向的低下の法則」のなかの，エンゲルス版「第15章 この法則の内的諸矛盾の展開」に利用された草稿部分[54]では，利潤率の低下法則が貫徹し，これによって諸資本が蓄積を強制されるなかで，大きさの異なる諸資本が展開しないではいない競争戦が取り上げられている。これは，均衡をもたらす役割を果たすものではなく，不均衡を拡大させることによって均衡の強力的な回復を強制するものである。このような競争への論究によって，時間的経過のなかで行なわれる資本の運動が必然的にとることになる運動形態，すなわち産業循環[55]を論じることが可能となったのである。

⑤ 『要綱』では利子生み資本は，「資本と利潤」を締めくくるものとして項目「資本一般」に含まれることになっていたが，「信用」は，「I. 一般性」（資本一般）および「II. 特殊性」（蓄積，競争，集中）に続く「III. 個別性」に属するものとされていた[56]。これにたいして，『資本論』の第3部第1稿では，「第5章 利子と企業利得（産業利潤または商業利潤）とへの利潤の分裂。利子生み資本」のなかの「5. 信用。架空資本」で，信用制度のもとでの利子生み資本，すなわちmonied capitalが取り扱われることになり，その冒頭に信用制度そのものについての概説が置かれることになった。こうして，かつての「競争」の基礎的諸規定だけでなく，かつては「信用」にはいってはじめて論じることができた，信用制度にかかわる諸問題が「資本の一般的分析」に取り入れられた[57]。

---

54) 『資本論』第3部第1稿。MEGA II/4.2, S. 309-340; MEW 25, S. 251-277.
55) 『資本論』第3部第1稿。MEGA II/4.2, S. 323-324 und 330-332; MEW 25, S. 259-260 und 266-269.
56) 『経済学批判要綱』。MEGA II/1, S. 199.
57) 『資本論』における利子生み資本と信用制度との取り扱いについては，本書の各所で詳論しているので，ここでは立ち入らない。六部作プランにおけるそれらの取り扱いがどのような変遷を経て『資本論』でのそれにいたるかについては，さしあたり序章Bを参照されたい。

⑥　マルクスは，1858年4月2日付のエンゲルスあての手紙では，「第1篇　資本一般」では「土地所有はイコール・ゼロとおかれる，すなわち，特殊的な経済的関係としての土地所有はここではまだ問題にならない」[58]と書き，さらに『1861-1863年草稿』の執筆中だった1862年6月18日にエンゲルスに，「地代野郎〔絶対地代〕にもかたをつけた」けれども，「資本一般」ではこれには「触れることさえしないつもりだ」[59]と言っていた。しかし，それからまもなくの8月2日付のエンゲルスあての手紙では，「資本一般」のなかに「地代理論を挿論的な章として，すなわち以前に打ちたてた一つの命題の「例証」として持ち込もうと思っている」[60]と伝え，翌年早々に書かれた「第3篇　資本と利潤」のプランでは，実際に，「4. 地代。(価値と生産価格との相違の例証)」という項目が置かれることになった[61]。ところが，『資本論』第3部第1稿では地代は，「挿論的な章」ではなくて「超過利潤の地代への転化」というタイトルをもつ独立した第6章でかなり立ち入って叙述されている[62]。これによって，労賃・利潤ないし利子・地代というブルジョア社会の三大階級の所得の源泉がすべて明らかにされることになった。

⑦　以上のように，「資本の一般的分析」としての『資本論』の第3部では，「資本一般」という対象限定のもとにあった項目「資本と利潤」では論じることのできなかった多くの対象が取り上げられ，展開されてきた。そして，資本の総過程から生じてくる具体的な諸形態が，「社会の表面で，生産当事者たち自身の日常の意識のなかで」資本がとっている諸姿態に「一歩一歩近づいて」きた。そして最後に，それらが「第7章　諸収入とそれらの諸源泉」[63]で総括されることになった。この章では，当事者たちの転倒的意識の極致である「三位一体的定式」が，なぜ，どのようにして必然的に生じるのかが，資本主義的生産のもとで進行する物象化の過程を踏まえて明らかにされている[64]。

---

58) 1858年4月2日付エンゲルスあての手紙。MEGA III/9, S. 122; MEW 29, S. 315.
59) 1862年6月18日付エンゲルスあての手紙。MEGA III/12, S. 136; MEW 30, S. 248.
60) 1862年8月2日付エンゲルスあての手紙。MEGA III/12, S. 178; MEW 30, S. 263.
61) 『1861-1863年草稿』。MEGA II/3, S. 1861.
62) 『資本論』第3部第1稿。MEGA II/4.2, S. 667-833; MEW 25, S. 627-821.
63) 『資本論』第3部第1稿。MEGA II/4.2, S. 834-902; MEW 25, S. 823-893.
64) マルクスは『1861-1863年草稿』で次のように書いている。「収入という形態および収入の

マルクスと読者はここで，『資本論』の叙述が始まるときにまず冒頭パラグラフで共有した資本主義社会についての表象にふたたび立ち戻っているのである。ただし，当初の，いたるところに混沌がある全体像は，いまや，その内部の基幹をなす諸関連，諸形態，諸運動が透き通るように見えている—全体の像に転化した。これによって，資本主義社会という対象の一般的な認識，すなわち「資本の一般的分析」または「資本主義的生産の一般的研究」が完了した。その完了は，六部作プランでの「第1部　資本」(『経済学批判。第1分冊』での「第1部　資本について」)の叙述が，「一般的分析」としては完結したのだ，と言うこともできるであろう[65]。

　第7章は，そのタイトルにあるように，資本主義社会の基本的階級である資本家・土地所有者・賃労働者のそれぞれの収入が，どこからどのようにしてそれぞれの階級のものとなるのかを，ここまでの理論的分析・展開を踏まえて総括する。そのかぎりでは，マルクスが『経済学批判。第1分冊』の「序言」で，前半の「資本」，「土地所有」，「賃労働」の三つの項目で行なうとしていた，「現代ブルジョア社会が分かれている三大階級の経済的生活諸条件」の研究を「資本の一般的分析」の枠内で完了したと言うことができる[66]。

　しかし，マルクスは『資本論』でもあちこちで，ここでの「一般的分析」，「一般的研究」を踏まえてなされるべき，したがって『資本論』ではいまだ留保されている「特殊的分析」，「特殊的研究」に言及している。賃労働，競争，信用，土地所有などについてのいわゆる留保文言は，一見すると，『要綱』での「資本一般」での留保文言と同じように見えるが，しかし，かつては「資本一般」という限定された対象に含められることができなかったすべての事柄が留

諸源泉は，資本主義的生産の諸関係を最も物神的な形態で表わしている。」(MEGA II/3, S. 1450.)

[65] 念のために付言する。マルクスは第3部の草稿でさえも完成することができなかったのだから，この意味で言えば，マルクスの「資本の一般的分析」は未完結だったことは確かである。けれども同時に確かであるのは，マルクスが第3部を「資本の一般的分析」としての『資本論』(の理論的部分)を完結させるものと見なしていたことである。

[66] この判断は，すでに1954年に，佐藤氏によってはっきりと示されていた。佐藤，前掲書，60ページ(このページを含む同書第1章に収められた論稿は1954年に発表された)。同前，339ページをも見よ。

補章1 「資本の一般的分析」としての『資本論』の成立　391

保されていたのにたいして、『資本論』で留保されているのは、「資本の一般的分析」を基礎にしてさらに行なわれるべきもろもろの特殊的分析なのである。

　かくして、「資本」(「資本一般」・「競争」・「信用」)・「土地所有」・「賃労働」という六部作の前半3部は、いまや、「資本の一般的分析」と、これを基礎にしてさらに立ち入って資本の現実的運動を分析するさまざまの特殊研究とに大きく編制替えされたのであった。

　だから、1862年末に「資本一般」という同じ語が当初のプランでとは異なった意味で使われたのは、「資本一般」の「概念規定」の変更だったのではなく、マルクスの著作が、身体の一部だけを窮屈に締め上げる「資本一般」というコルセットを脱ぎ捨てて、「資本の一般的分析」という、「一つの芸術的全体」としての全身体を包み込む、そして必要とあればどんな対象でも取り込めるような、ゆったりとしたウエアを身につける先駆けだったのであり、その前兆だったのである。

むすび

　1881年の春に第2部第8稿を擱筆するまで、マルクスが第2部および第3部の仕上げに取り組んでいたのは、第1部で「謎かけ」をしたままになっていた「謎」を解いてみせることで、読者に負っていた「借り」を返すためであり、「弁証法的な展開方法」が要求する「一つの芸術的な全体」の最後までの提示をなしとげるためであった。しかし彼はついに、第2部および第3部の厖大な草稿を遺すことしかできなかった。

　エンゲルスはこれらの草稿から、第2部および第3部を編集して刊行した。これによって、『資本論』はともかくも「一つの芸術的な全体」となることができ、マルクスが草稿のなかですでに行なっていたもろもろの「謎解き」が読者に示されることになった。しかし、エンゲルスの編集した第2部および第3部は、未完成の草稿を使って完成したかたちをもつ著作に仕上げようとする困難きわまる作業の産物であり、しかも、彼が大小さまざまの無数の手入れを行ないながら、そのことをきちんと述べなかったために、彼の版がマルクスの草稿といたるところで異なっていることが読者にはわからなかった。

MEGA第II部門の完結によって，マルクスが執筆・刊行し，エンゲルスが編集・刊行した『資本論』のいっさいの版本と，マルクスが『資本論』のために執筆したいっさいの文書とを読むことができるようになった。これによっていまや，マルクスが巨大な，しかし荒削りの彫像として遺した「資本の一般的分析」を，細部にわたって仕上げるための，またこれの外部に残されているもろもろの特殊研究を推し進めるための，十分な材料が整えられた。いまやわれわれのなすべきことは，この材料を使いこなすことである。

補章2
『資本論』第3部第1稿について

　本章に収めるのは，1982年9月に書き上げた拙稿「『資本論』第3部第1稿について——オリジナルの調査にもとづいて——」(所収：『経済志林』第50巻第2号，1982年10月）である。同稿は，筆者が1980-1982年に社会史国際研究所およびモスクワのマルクス＝レーニン主義研究所で行なった『資本論』草稿の調査にもとづいて，第3部第1稿について，またこの草稿と第2部の諸草稿との関連について執筆したものであった。このときには，『資本論』第2部および第3部の草稿を収めたMEGA第Ⅱ部門「『資本論』と準備草稿」の諸巻はまだまったく刊行されていなかった。筆者は，同稿で述べた，主として第3部第1稿と第2部諸草稿との執筆時期についての拙見を，MEGA第Ⅱ部門に収めるマルクスの諸草稿の編集に携わっていたモスクワの研究所の所員たちに，数度の拙簡と社会史国際研究所の機関誌"International Review of Social History"に掲載された拙稿とによって知らせた。時間がかかったが，最終的に，拙見の個々の考証のほとんどすべてがMEGA編集者たちに受け入れられ，その後に刊行されたMEGA諸巻のためのさまざまの考証に反映された。本書第2巻に収める，「信用と架空資本」に利用された草稿部分についての第5章には，筆者とモスクワの所員たちとのやりとりを前提にした論述が含まれているので，上記同稿を本巻に補章として収めることにした。そのような経緯をもつものなので，本章では，散在する不要な記述を削るほかは，できるだけ同稿の当時の原形を保存するようにし，それに，のちに刊行されたMEGA第Ⅱ部門の諸巻に収められた第3部および第2部の諸草稿によって確認できるようになった事実や情報などを——括弧【　】でくくって——補っておく。

はじめに

　エンゲルス編の現行『資本論』第2部および第3部にはエンゲルスの手がかなり加えられていること，したがって，マルクスによる『資本論』執筆の過程，つまり彼の経済学研究とその叙述との過程を正確に知るためには両部の草稿そのものを調べる必要があること，——このことはすでに一般に認められている

と言ってよいであろう。

　両部の草稿のすべてがいずれは新 MEGA 第 II 部門（『資本論』と準備労作）に収められるはずであり[1]，これまで【1982年まで】のところでも『資本論』第2部の「第1稿」がロシア語および日本語で[2]，「第2稿」全3章のうちの第1章および第3章がロシア語で[3]，「第8稿」のうちの現行版第21章相当部分が原文および日本語で[4]，それぞれ読むことができるようになっている。けれども，第2部のその他の草稿[5]と第3部の諸草稿[6]とは，その発表までにまだかなりの

[1]【MEGA 第 II 部門は2012年に完結し，これによって，『資本論』第2部および第3部の伝存するすべての草稿が同部門の諸巻に収められ，公表された。】

[2] К. Маркс и Ф. Энгерс, *Сочинения*, т. 49, Москва, 1974, стр. 234-498. マルクス『資本の流通過程——『資本論』第2部第1稿——』，中峯照悦・大谷禎之介他訳，大月書店，1982年。

[3] К. Маркс и Ф. Энгерс, *Сочинения*, т. 49, Москва, 1974, стр. 1-302.

[4] 拙稿「「蓄積と拡大再生産」（『資本論』第2部第21章）の草稿について——『資本論』第2部第8稿から——」（『経済志林』第49巻第1号および第2号，1981年）。

[5] 現在残されている第2部の草稿は，マルクスが番号をつけた「第1稿」-「第4稿」とエンゲルスが番号をつけた「第5稿」-「第8稿」とそのほかいくつかのごく小さい断稿とである。このなかで第1稿と第6稿とのオリジナル，それにもしかするとごく小さい断稿の一つ二つがモスクワの ML 研にあるだけで，残りはすべてアムステルダムの IISG に保存されている【MEGA 第 II 部門に収録された第2部草稿のうち，オリジナルがモスクワ（現在はロシア国立政治・社会史アルヒーフ）にあるのは，「資本論。第2部　資本の流通過程。以前の叙述（第1-4稿）のうちの利用すべきテキスト諸箇所」（MEGA II/11, S. 525-548），「資本論。第2部　資本の流通過程。第1篇。書き出し（断稿 I）」（MEGA II/11, S. 549），「資本論。第2部　資本の流通過程。第1篇（第6稿）」（MEGA II/11, S. 665-678）の三つだけで，あとはすべて IISG に所蔵されている】。アムステルダムの現行の目録で「第6稿」とされている草稿（A 67: Das Kapital, Bd. II, Manuskript VI: „Der Kreislaufprocess des Kapitals", ab 20. X. 1877, deutsch, 7. S.; Marx-Aufschrift: 20 Okt. 1877 begonnen）は，じつは「第6稿」ではなく，草稿番号のある八つの草稿以外のものである【A 67は，MEGA II/11で，「第2部。資本の流通過程。第1篇（断稿 III）」としてはじめて公表された。Siehe: MEGA II/11, S. 663-664.】。このことをアムステルダムでのフォトコピー調査で確認していたので，モスクワの ML 研を訪れたさい，ヴィゴツキー氏に，第6稿はモスクワにあるのかとたずねたら，アムステルダムにあるはずだという答えが返ってきた。そこで，アムステルダムの目録での A 67 が別物であることを説明すると，それでは第6稿はなくなってしまったのだろうか，という話になり，私は，「これで，どうしてももう一度アムステルダムで調べ直す用事ができたわけだ」と軽口をたたいて別れたのであるが，数時間してヴィゴツキー氏があたふたとやってきて，「第6稿がここのアルヒーフにあることがわかった」，と言うのであった。

　なお，グリゴリヤーンの論文（С. М. Григорьян, *К Вопросу о рукописях II. тома "Каритала" К. Маркса*, 《Научно-информационный буллетень сектора К. Маркса и Ф.

時間がかかるものと思われる。たしかに，草稿の調査にもとづいて草稿の状態や内容を紹介したり，かなり立ち入った考証を行なったりしている労作もしだいに増えてきているので，それらにもとづいて未発表の草稿についてもいろいろなことを知ることができるようになってきた。しかし，なかには，全体として，あるいはその一部に，信頼を置くことができないものもあって，そうしたものにもとづいて行なわれる考証には限界があるだけではなくて，それらが誤りを誘いだすことさえある。たとえば，リュベールの『資本論第2巻資料』[7]——『資本論』第2部および第3部のリュベール版と言いうるもの——は，テキストの一部に未発表の草稿を利用しているほか，テキストへの編者注のなかで，草稿の状態や彼が編集したテキストと草稿との関係やエンゲルスの編集作業などについてかなり詳しく述べているので，草稿が発表されるまでは貴重な資料として利用されることであろうが，しかしその記述はしばしば正確さを欠き，また不十分，不完全であって，全面的に信頼してしまうのは危険だと言わざるをえない。したがって，まだしばらくのあいだは，未発表の草稿の場合，その現物にあたって調べる必要が消えない。幸いなことに，第2部および第3部の未発表の草稿の大部分がアムステルダムの社会史国際研究所（以下，IISGと略す）にあって，そのフォトコピーを見ることができるので，これまでも多くの研究

Энгельса》, № 19, Институт Марксизма-Ленинизма при ЦК КПСС, 1970）のなかで，草稿番号のある八つの草稿のほかに五つの草稿の存在を記しているが，このうち三つはほとんど確実に，アムステルダムにあるものを指しており，残る二つのうちの一つも，アムステルダムにあるものである可能性がある。ちなみに，グリゴリヤーン論文には不十分な点が多く，ML研でもすでに過去のものとして扱われている様子が見えた。また，そのなかで各草稿の大きさを示すのに使われているл.（лист）という単位は，各草稿の解読文のページ数であって，草稿そのものの全紙の数ないしページ数とは別物である。【これらの第2部草稿のすべてが，のちに，MEGA II/4.1, II/4.3, II/11の三つの巻に収められた。】

6）現在残されている第3部の草稿は，まったくの準備稿を含めるとかなりの数（IISGの目録で11項目12点）にのぼるが，そのうち，第3部のテキストとして書き始められたものは四つで，そのうちエンゲルスによって現行版の編集に使用された三つの草稿にはエンゲルスによって「第1稿」，「第2稿」，「第3稿」と書き込まれており，残りの一つには「不使用〔nicht benutzt〕」と書かれている。この四つの草稿はすべてIISGに所蔵されている。【のちに，第3部の第1稿がMEGA II/4.2に，その他の第3部草稿がII/4.3に収められた。】

7）*Matériaux pour le deuxième volume du Capital*. Oeuvres de Karl Marx, Économie II. Édition établie par Maximilien Rubel, Paris 1978, p. 499-1488. 以下，*Matériaux*と略記する。

者がここでさまざまな草稿を調べており，これからも大いに利用されることであろう。

　私も，1980年4月から1982年3月までの2年間，法政大学在外研究員として滞欧したさい，1980年11月-1981年3月に通算45日，1981年12月-1982年3月に通算60日，IISGで『資本論』第2部および第3部の草稿を調べることができた。前者の期間にはもっぱら第2部の草稿を調べた。そのうち，「第8稿」のなかの，現行版第2部第21章にあたる部分については，その調査結果を別稿[8]で発表した。後者の期間には，第2部について補足的な作業もしたが，主として第3部の草稿を調べた。そのさい，1981年11月-12月，ソ連科学アカデミー東洋学研究所との交換協定にもとづく法政大学交換研究員としてモスクワに滞在中，マルクス＝レーニン主義研究所 (以下，ML研と略す) で第3部の「主要原稿」の解読文[9]に接しえたことが，IISGでの仕事を大いに楽にしてくれた。

　第3部の草稿のうち，エンゲルスが「主要原稿〔Hauptmanuskript〕」と呼んだ最も大部な草稿[10]については，すでに佐藤金三郎氏が，1970年の調査にもとづいて1971-72年に，紹介を含む詳細な考証を発表されており[11]，その内容はそれから10年をへた現在の時点でも，その間にこの草稿について若干の新たな情報がつけ加えられた[12]にもかかわらず，それについての最も重要な情報源た

---

8) 前出拙稿「「「蓄積と拡大再生産」(『資本論』第2部第21章) の草稿について」。
9) ЦПА ИМЛ, ф. 1, оп. 1, ед. хр. 1848.
10)【この第3部第1稿を収録したMEGA II/4.2は1993年 (扉の記載は1992年) に刊行された。】
11) 佐藤金三郎「『資本論』第3部原稿について」(1)，『思想』561号 (1971年4月)；(2)，同564号 (同年6月)；(3)，同580号 (1972年10月)。氏の没後に刊行された『『資本論』研究序説』(岩波書店，1992年) に収められた。
12) 私の知るかぎりでは，第3部第1稿 (「主要原稿」) の草稿そのものについて新たな情報をもたらしたものはごくわずかである。── В. Выгодский, Л. Мыськевич, М. Терновский, А. Чепуренко, О периодизации работы К. Маркса над《Капиталом》в 1863-1867 гг., 《Вопросы экономики》, No. 8, 1981. (邦訳：ヴェ・ヴィゴツキー，エリ・ミシケヴィチ，エム・チェルノフスキー，ア・チェプレンコ「1863-1867年におけるマルクスの『資本論』執筆の時期区分について」，中野雄策訳，『世界経済と国際関係』第56号，1982年。) 田中菊次編著『経済原論』(青木書店，1980年) 299-307ページ。谷川宗隆「『資本論』第3巻・第4篇・第17章「商業利潤」の「原稿」についての調査ノート」(『愛媛法学会雑誌』第7巻第1号，1980年；同巻第2号，1981年)。大村泉・黒滝正昭「「剰余価値の利潤への転化」をめぐって──現行版第2章「利潤率」と原草稿との関連を中心に──」(北海学園大学

ることをやめていない。佐藤氏のこの論稿は私の調査のさいにもしばしばガイドの役をしてくれたのであるが，今回の私の調査は，結果的には，佐藤氏がそのなかで，時間切れで十分に調べることができなかったとされているところに力点を置いたものとなったように思われる。

今回の調査では，第3部については，次の三つがまとまった結果として残った。

(1) 現行版の「第1章　費用価格と利潤」に用いられた「第2稿」および「第3稿」，それに，エンゲルスは利用しなかったがこの両稿のあとに書かれたとみられる断稿，この三つの草稿[13]を解読し，この3稿相互間の関係，それらの現行版第1章との関係を，ほぼ把握できた。

(2) 現行版「第5篇　利子と企業者利得とへの利潤の分裂。利子生み資本」のための草稿のほとんど全文を掌握することができた。また，これに関連して現行版「第19章　貨幣取扱資本」にあたる部分の全文も把握できた。

(3) 現行版「第7篇　収入とその源泉」のための草稿を，解読不能の箇所を若干残してはいるが，ほぼすべて掌握することができた。

以上の調査結果は，整理を済ませたのち，折を見て順次発表していくつもりである。

ところで，IISGの所蔵する「マルクス＝エンゲルス遺稿」の諸資料は，原則として，それらのフォトコピーだけが一般に公開されているのであるが，私は好運にも，第2部および第3部の草稿のうちIISGに所蔵されているもののすべてについて，そのオリジナルをも調べることができた。といっても，もちろんIISGでの仕事の全期間にわたってそれを利用できたわけではない。オリジナルでしか判断できない疑問点を溜めておいて，それを調べるというかぎりで，特定の日に数時間ずつ見せてもらったわけである。便宜をはかってくれたランカウ (Götz Langkau) 氏も，オリジナル閲覧時に世話をしてくれたバルツァー (Ursula Balzer) 女史も，繰り返して，「MEGA編集に必要なかぎりで両ML研の関係者に見せているだけだから，あなたの場合は例外であることを忘れないで

『開発論集』第30号，1981年)。

[13]【これらの第3部草稿はMEGA II/4.3に収められている。MEGAのこの巻では，第3部第2-4稿という呼び方をしないで，これらを「第3部第1章。剰余価値の利潤への転化」の「第1草案」-「第4草案」と呼んでいる。Siehe: MEGA II/4.3, S. 7-31 und 383-396.】

ほしい」と言っていたが，じっさいオリジナルに接してみて，オリジナル保存の見地からすると，たった1回の通覧でも危険きわまりないものであることを痛感した。たとえば，フォトコピーには写っているのにオリジナルでは欠けているページ番号がある。これは明らかに，フォトコピーの作成後にくずれ落ちてしまったものである。また，二つ折り全紙の折り目が切れかかっていて，2枚になってしまう寸前のところがある。また，2時間ほどの調査のあとで草稿を片づけると，机の上に細かい紙の屑がかなり落ちている。人類のかけがえのない遺産を損うという思いは，その閲覧をたびたび逡巡させた。しかしながら，フォトコピーの写りが悪くて見にくいというようなものは我慢するとしても，草稿の紙の状態や各ページのつながりかた，使用筆記具の色など，フォトコピーでは調べようもないことで，しかもどうしても知りたいことも多く，自ら閲覧の可能性を返上することがついにできなかった。結局，オリジナル調査は，通算7回に及んだ。

　本章では，第3部第1稿[14]について，そのオリジナルの調査で知りえた草稿の外的状態を主とし，それに草稿の諸部分の内容や構成にかかわる若干の考証を加えて，概要をまとめておきたい。その内容は，あるいはまことに末梢的，好事家的な穿鑿と見えるかもしれないが，実際には，このような外形的な手がかりが，草稿執筆の時期の考証や各草稿のあいだ，さらに各ページのあいだの執筆の順序の推定にとって，意外に重要な意味をもってくるのであり，またそのことを通じて，『資本論』の理論的内容や性格の理解にも一定の役割を果たしうるのである。オリジナルに接することは，通常容易にできる，という事柄ではないので，それによって得た知識はなるべく詳しく紹介するのが私の義務であろう。

　言うまでもないことであるが，本稿は私のノートにもとづいて帰国後まとめたものであって，いま疑問の点（たとえば記載もれや誤記かとも思われるような箇所）が出てきても，もういちど原典にあたって確認することができない。そういうところも，ノートのままに記しておく。

---

14)【第3部第1稿を収める MEGA II/4.2 の付属資料では，この第1稿についての書誌的事実がかなり詳細に記載されている。この部分の邦訳は，第2巻の補章5に収める。本章での筆者の記述と相違する部分もあるが，いちいち断ることはしない。】

本書では，第3部の「主要原稿」を「第1稿」と呼んでいる。この第1稿はきわめて浩瀚であるばかりでなく，第3部の全篇の原稿を含んでいる点でも，まさに「主要原稿」と呼ばれるのにふさわしい。ごく簡単に「第3部草稿」とさえ呼ばれている[15]ほどである。実体がわかれば呼び名はどうでもよいことであるが，ここではさしあたり，あとの3草稿を「第2稿」，「第3稿」，「第4稿」と呼んで，この四つの草稿の全体が第3部の草稿を成している，という気持を込めて，浩瀚な最初のものを「第1稿」と呼ぶ。

1　第3部第1稿の外装について

　第3部第1稿[16]は，ほぼ40×30 cmのサイズの紙（全紙Bogen）を二つ折りにしてつくられた4ページ（2紙葉）の用紙（つまりフォリオ）を，綴じることなく1枚ずつ使い，それらに表紙および中表紙をのせた（あるいは挿入した）だけのものである。全紙を二つ折りにしたものが基本であるが，すぐ見るように，ほぼ同じ大きさの全紙を二つに切って，これを2ページとして使っている部分もある。これが全部で五つの束（Konvolut）に分けられているが，このうち第2の束と第3の束は一つのファイルに入れられており，IISGでは全部で四つのファイルに分けて保存されている[17]。五つの束のうち第1束は第1章の途中，116ページまで，第2束は第1章の終わりまで，第3束は第2章と第3章，第4束は第4章，第5章，第6章の三つの章，第5束は第7章，を含んでいる。このように五つの束にたばねたのがだれか，またいつか，ということは不明である。

　現在残っている表紙は7枚ある。

---

[15] たとえば，前出の脚注12に挙げた4筆者による共同稿では，とくに断り書きをすることもなく，「『資本論』第3部の草稿」という言葉で第1稿をさしている。
[16] 念のため，IISGの新目録でのこの第1稿についての記載を掲げておこう。
　　A 80
　　Das Kapital, Bd. III, 1864-1866, deutsch, englisch, französisch, 373¼ S.
　　NB: Ökonomische Manuskripte 1863/1865; Kapital III, Manuskript I, S. i/iii; 1/575.
　　Siehe Dietz-Edition 1956, S. 47, 61-73, 75, 77, 79, 88, 96-942.
[17] 【本章は第3部第1稿について，所蔵しているIISGでの草稿の状態にもとづいて報告する。MEGA II/4.2の付属資料はこの状態についてはまったく触れていない。】

(1) 草稿全体の一番上に2ページの1紙葉がある。これがかつて，後述の表紙 (3) の紙葉とつながっていて，1全紙をなしていたことは，紙質，サイズ，左端の切れ口からみて明らかである。

　サイズは325×198 mm[18]で，無罫，やや黄色でふちはひどく褪色している。透かしは，図柄のほか，E TOWGOOD FINE，それに26.5 mm間隔の平行線である[19]。(なお，以下，透かしについて「平行線」と言う場合には，例外なくつねに，全紙の短辺，つまり各ページの長辺に平行なものである。)

　表側の上方に，「第3部〔Drittes Buch〕」[20]と書かれている。この書体は，第1稿執筆時の書体とは異なっている。それは，1870年代の後半の諸草稿にみられる，ラテン書体がはいったものである。この表紙そのものがのちにつけられたのか，あるいはこの「第3部」だけがあとから書かれたのかはわからないが，いずれにしても，第1稿執筆時に書かれたものではない。

　このページにはそのほかに，さまざまの時期にさまざまの人によって書かれたものと思われるさまざまな記載がある。上の Drittes Buch. のすこし下に，赤鉛筆で大きく1と書いてある。これはマルクスによるものかエンゲルスによるものか不明であるが，「第2稿」，「第3稿」にマルクス自身はノート番号をつけていないところからみて，エンゲルスのものではないかと思われる。

　その下方に鉛筆でNL18 (囲みがつけてある) とあるが，これは，かつてモスクワML研のためのフォトコピーをつくるさいにつけられた整理番号であろう。この番号は，ときとして，資料相互間の関係をつきとめるのに役立つことがある。というのは，この番号が現在の保存状態ないし現在の分類と一致していない場合には，かつて草稿の状態が現在とは違うものであった時期があることを示唆しているからである。このNL18の場合もその一例であって，次の表

---

18) 【以下，使用用紙についてサイズを記載しているが，MEGA II/4.2の付属資料での記載と合致しないところが多い。これは，使用した物差しと測り方の違いから生じているものと考えられるが，その違いはいちいち述べない。】

19) 【本書第2巻補章5所収のMEGA II/4.2付属資料の「典拠文書の記録」(II/4.2, S. 927; 本書第2巻418ページ) では「第14紙種」として記録されているものである。】

20) マルクスは，区分番号と表題ないし見出しとにはほとんど例外なく——ごくまれに引き忘れの部分があったりするが——下線を引いている。以下，わずらわしいので，この種の下線はいっさい省くことにする。

紙(2)がNO, 第1稿の本文がNMであることを考えると，上のフォトコピー（これは現在IISGで使われているフォトコピーとは別物である）をとるときには，この三者がみな別のところにあったこと，したがってそのあとでこれらが現在のように合体されたことを示唆しているのである。

さらに下方には，鉛筆でausgelassen 64/65, 87/88 (64/65, 87/88ページは飛ばされている)，さらに同じくS. 1-116 + Titelbl. (2. S.) とある。これは第1束についてのものであって，じっさい第1束では，64および65ページ，87および88ページが，誤って飛ばされてしまって，存在しない。116ページは第1束の最後のページである。Titelbl〔att〕（表題とびら）として「2ページ」を数えているのは，おそらくBlatt（紙葉）が2枚ある，という意味であろうと思われる。というのは，以上の鉛筆書きはIISGの旧目録[21]の記載と照応しているのであって，おそらくは旧目録作成時に書かれたものと思われるのであるが，旧目録ではこの部分は„Titelblatt 2"となっており，これが正しいものと考えられるからである。

このほか，青鉛筆でA54とあるが，これはIISGでの旧目録での第1稿の整

---

21) 旧目録での記載は次のとおりである。
    A 54 Drittes Buch. Die Gestaltungen des Gesamtprocesses.
    von Engels bezeichnet als: Ms. I.
    571 S. fol. Titelblatt 2 und S. 1-575. Paginierung von Marx.
    5 Konvolute: 1) 1-116, 2) 117-154, 3) 155-242, 4) 243-527, 5) 528-575.
    Ausgelassen: S. 64, 65, 87, 88, 138, 141-149, 386, 389, 399, 479.
    Nicht beschrieben: S. 118, 139, 140, 150, 265, 266, 405.
    Ausser dem vorhanden: S. 202a, 202b, 283a, 325a, 325b, 340a, 352a, b, c, d, e, f, g, h, i, j,
       417a, 417b, 513a, 531a, b.
この記載の不十分な点は，行論のなかで明らかになるのであるが，あらかじめここにまとめておこう。(1) „Ausgelassen"（飛ばされている）ページは，上記のほかに387, 388ページがある。(2) „Nicht beschrieben"（書かれていない）ページは，上記のほかに528ページがある。(3) „Ausser dem vorhanden"（そのほかにある）ページは，上記のほかに528ページ（これは(2)での528ページとは別で，書かれている）がある。(4) したがって，ページ番号以外になにかが書かれているページは569ページ (575+22-20-8) であって，上記の571ページ (575+21-18-7) は誤りである。なお，後述するが，上に記載されているほかにページ番号がない空白ページが3ページあり，草稿本文の物理的総ページは580ページ (575-20+22+3) である。なお，本文で述べたように，„Titelblatt 2"というのは，扉が2枚あるということであって，表紙での記載，„Titelbl. (2 S.)"のほうが，誤解を生むものとなっているわけである。

理番号であり，右肩には鉛筆でiと書かれているが，これは次葉の(2)のⅱおよびⅲに対応するもので，表題が書かれている表紙をi, ⅱ, ⅲと数えたものであろう。この表紙の裏側（白）にはこれに続く数字は書かれていない。これもマルクスおよびエンゲルス以外の手によるものであろう。ほかに左肩近くにインクでT19A1とあるが，これはどういう種類の整理番号なのかわからない。マルクスのDrittes Buch.のインクとは明らかに違うインクである。裏面はまったくのブランクである。右側（小口側）の縁はところどころ欠け落ちているが，しかしまだ直線の切り口がはっきりと残っている。これにたいして左側（のど側）の縁は完全にぼろぼろになっており，もとの縁（つまりもとの折り目）はほとんどわからなくなっている。

(2) 2枚目の表紙（中表紙）も，2ページの全紙半切りである。これもかつては対応する2ページの1紙葉とつながっていたのではないかと思われるが，それにあたる紙葉は見あたらない。

サイズは336×198mmで，無罫，紫色で周囲は変色している。透かしは，26.5mm間隔の平行線である[22]。つまり，(1)とは違う紙である。

2ページの1紙葉ではあるが，どちらが表であるかは，いくつかの点からみて明らかである。第1に，まえの(1)と同様に，しっかりしている（ほとんどいたんでいない）縁を小口（表では右，裏では左）側，いたんでいる（完全にぼろぼろになっている）縁をのど（表では左，裏では右）側，とみることができる。第2に，片面には，マルクスの手によって，インクでDrittes Buch.その下にDie Gestaltungen des Gesammtprocesses.とあり，その裏面には，マルクスの手によって同じものと思われるインクで，Drittes Buch.その下にErstes Capitel. Verwandlung v. Mehrwerth in Profit.さらにその下にMehrwerth u. Profit.とある[23]。前者が第3部全体の表題，後者がそのうちの第1章およびさらにそれより下位の表題であることは明らかである。とすれば，前者が表，後

---

22) 【本書第2巻補章5所収のMEGA II/4.2付属資料の「典拠文書の記録」(II/4.2, S. 927; 本書第2巻418ページ) では「第15紙種」として記録されているものである。】

23) これらの記載の書体は，前の表紙(1)とは異なり，本文の書体と同じものである。ただし，このことがただちに，この表紙と本文とが同時に書かれたことを意味するものでないことはもちろんである。

者が裏に位置するのが自然であり，その逆は考えられない．第3に，ソ連ML研のためのフォトコピーをとるときにそのような順序になっていたであろうことは，いま述べた表側にNO28，裏側にNO29と書いてあることから確かであると思われる．第4に，だれの手によるものかわからないが，まえの(1)の表の右肩につけられたiに続くiiが表の右肩に，iiiが裏の左肩につけられている．番号の順序も，その左右の位置も，iiが表，iiiが裏と見るべきことを示している．以上の四つの理由から，表裏がいずれかは明白である．私がオリジナルを見たさいには，表裏は正しく置かれていた．ただ，閲覧者に公開されているフォトコピーでは，この表裏が逆の順序に置かれており，しかも，A54/2という記号が裏に，A54/3という記号が表に，それぞれ鉛筆で——ただしフォトコピーにのみ——記入されている．さきの(1)には——これもフォトコピーにのみ——A54/1と記されており，これは旧目録による整理のさいにフォトコピーがこの順序になっていたことを示している．しかしこの順序は，明らかにフォトコピーの整理のさいに生じた誤りである．この種のフォトコピー番号は，第1稿のフォトコピーのその他の箇所でも，いくつも単純な誤ちを犯している[24]．

以上に記したもののほか，表側に旧目録番号のA54がインクで書かれている．

なお，この紙葉表裏でマルクスが書いているインクの字の太さは，まえの(1)での太さとは明らかに異なっている．この点からみても，(1)と(2)とは違う時点でつくられたものだと推定できる．

(3) 第1束の終わりに，つまり草稿116ページのあとに，2ページの1紙葉がはいっている．これはその紙質とサイズとからみて明らかに，前記の(1)とともに1全紙をなしていたものである．ただし，マルクスがこの全紙を表紙としてつけたときに，裏表紙にあたるこの(3)がいまの場所，つまり第1束の最後にあったのかどうかは不明である．

(4) 第4束のまえ(243ページのまえ)に，2ページの全紙半切りが2枚はい

---

[24] たとえば，草稿297, 298, 423の各ページのフォトコピーがそれぞれ2枚ずつあり，それに誤って別々の整理番号をつけている．その結果，この整理番号はあるべきものよりも3ページ多くなってしまっている．

っているが，この両者はまったく別の紙であって，つながっていた可能性はない。まず第1のものは，表にはなんの書き込みもない白で，裏には，ひげ文字でan……という記入欄とin……という記入欄と，さらに右上方には切手を貼る箇所のしるしかと思われるような点線での枠がつくってある。かなり厚い紙であるが，これは第1稿がSPDのアルヒーフにあったときに，なにかの用紙をここに流用したものではないかと思われる。いずれにせよ，マルクス，エンゲルスのものでないことは確かであろう。

(5) 第2のものは，黄色っぽく変色した1紙葉である。これは，上述の(2)に対応するものでないことが，その紙質から明らかである。だれが挿入したものか，まったく不明である。透かしははいっていない。

(6) 第5束のまえに，2枚の表紙がはいっている。どちらも2紙葉4ページのもので，裏表紙となる側は，どちらも第5束の末尾のところに挿入されている。言い換えれば第5束はこの2枚の表紙のなかに挟み込まれているわけである。そのうちの1枚目は，きわめて新しい紙で，29 mm間隔の平行線の透かしがはいっている。その表には，Marx blz. 528-575 + pp. 531a + b と書かれている。エンゲルスのものでないことは明らかである。この第5束には第7章が含まれているのであるが，マルクスによるページづけがなく，エンゲルスがほぼ1ページおきにページづけをしている。その1ページ目には，エンゲルスによって，528というページ番号が打たれている。そしてこの章の末尾（したがってまた第1稿の末尾）は575ページである。上のBl[att]z[ahl] 528-575はそのことを表わしている。また531ページと532ページとのあいだに——後述するように——2ページの1紙葉が挿入されており，これには，マルクス，エンゲルス以外の者の手で531a，531bというページづけがなされているが，上のpp. 531a + bはそれをさしている。なお，第4束は，528ページとその次の白紙のページとで終わっているので，じつは，第5束冒頭の528, 529ページは重複ページとなっているものである。

(7) 2枚目は，裏側にひげ文字での印刷がある比較的新しい紙である。表には，Kapital Buch III Revenue u. ihre Quellen VII. Kapitel S. 528-575と書かれている。これもSPDのアルヒーフにあったときのものなのであろう。

表紙と見なしうるものは以上の7枚である。そこで次に，各束の状態を，外形的なことを主にしながら，しかし同時に，内容にわたることもいくらかつけ加えて，見ていくことにするが，そのまえになおいくつかのことを付言しておく。

　本文に用いられている二つ折りにした大部分の全紙は，その大部分が，もう一度折って紙の中央に折り目をつけてある。これは明らかに，上半部を本文に用い，下半部を注のために空けておく，という，マルクスの多くの草稿でのやりかたをこの第1稿でもとろうとしているからである。このようなページの使いかたが多いのであるが，しかし，本文が下半部まで続けて書かれている場合も多いし，また，上半部は空けたままにして，下半部に延々と続く長い注を書き続けたりもしている[25]。

　使われている紙はどれもかなり変色し，縁はくずれかかっていて，おそらく折れ目がついていたところから取れたのだろうと思われるような角の欠落が生じ，ページ番号がなくなってしまっているページもある。しみも，執筆時のインクのしみと見られるもの以外にもかなり生じている。

　使用筆記具は，黒インクで書いていき，いったん書いてしまったものにのちに手を加えたり，線を引いたりするときに，鉛筆や赤鉛筆を使う，というのが原則となっている。おそらくエンゲルスのものと思われる筆跡で局部的な訂正や，ごくわずかであるが欄外書き込みがなされている。赤鉛筆による記入は，多くエンゲルスのものと思われる。本文中の注番号と注との対応を点検した赤鉛筆によるマークがほとんどの注につけられているが，これはエンゲルスによるものであろう。フォトコピーで太く写っている線はまず赤鉛筆とみて間違いないようであり，フォトコピーでもかなりの程度まで使用筆記具を見わけることができるわけである。

　なお，第1稿本文に使われている全紙を，以下では通して第1全紙，第2全紙のように呼ぶことにする。現在二つに切れていても当初つながって1枚の全紙をなしていたことが明らかな場合には，当初のものを1全紙と数え，前後か

---

[25]【マルクスが，紙に折り目をつけたうえでページの上半部と下半部とをどのように使ったか，ということについては，MEGA II/4.2の「典拠文書の記録」が触れている（MEGA II/4.2, S. 928; 本書第2巻419-420ページ）。】

ら完全に独立した半切れ（2ページ）の全紙も1全紙と数える。もちろんこれは草稿の状態把握の便宜のためのものであって，オリジナルでもフォトコピーでも，この種の番号づけは——後述のように第2章でやや似たものが見られるほかは——行なわれていない。

2　第1束と第2束とについて

　第1束は，すでに触れたように，第1章の中途116ページまでを含み，第2束は，第1章の残り，117-154ページを含んでいる。まず，第1章の草稿を成すこの二つの束を見ることにしよう。

　第1束は，全部で28枚の全紙から成っていて，つねに各ページの小口側の肩にページ番号がつけられている。この番号は，1全紙について4ページで進んでいくことになるが，第16全紙の途中で，64，65ページを誤って飛ばしたために，この全紙は61，62，63，66ページとなっており，また，第22全紙は87ページから始まるべきところを，87，88ページを誤って飛ばしたために，89ページから始まっている。そのため4ページのずれが生じ，第28全紙の最後のページが，112ページではなくて116ページとなっている。

　この束の紙は全部同じものである。サイズ400×316mmの二つ折り，無罫，やや薄い青色で褪色している。透かしはなく，紙質は中質とでも表現すべきものである[26]。

　1ページは，MEW版第3部の35ページにその複写がある[27]ので，その様子がわかる。この複写には写っていないが，右肩に1）というページ番号がつけられている。右上方には，エンゲルスによる——筆跡から彼のものであることがわかる——「第1稿〔Ms. 1〕」というインクでの書き入れがあるが，これにはその上下に赤鉛筆で線が引かれている。

　この1ページの表題と本文とはすでにしばしば取り上げられてきているが，そのなかのいくつかの部分について述べておきたいことがあるので，煩を厭わ

26）【本書第2巻補章5所収のMEGA II/4.2付属資料の「典拠文書の記録」（II/4.2, S. 926; 本書第2巻416ページ）では「第1紙種」として記録されているものである。】

27）【MEGA II/4.2もこのページの写真を9ページに収めている。】

ず，ここでも見ておくことにしよう。

まず，左右の中央に第3部の表題，次行に第1章の表題，続いて左端から第1節の表題が書かれている。【MEGA II/4.2, S. 7.1-5.】

第3部。総過程の諸形象化。

第1章。剰余価値の利潤への転化。

1）剰余価値と利潤。

Drittes Buch. Die Gestaltungen des Gesammtprozesses.

Erstes Kapitel. Verwandlung v. Mehrwerth in Profit.

1）Mehrwerth u. Proft.

第1パラグラフは次のようである。【MEGA II/4.2, S. 7.6-20.】

「すでにみたように，全体として考察された生産過程は，生産過程と流通過程との統一である。このことは，流通過程を再生産過程として考察したさいに（第2部第4章）詳しく論じた。この部で問題になるのは，この「統一」について一般的反省を行なうことではありえない。問題はむしろ，資本の過程──全体として考察されたそれ──から生じてくる具体的諸形態を見つけだして叙述することである。{(28)諸資本の現実的運動においては，諸資本は次のような具体的諸形態で，すなわち，それらにとっては直接的生産過程における資本の姿態も流通過程における資本の姿態もただ特殊的諸契機として現われるにすぎない，そのような具体的諸形態で対し合う。だから，われわれがこの部で展開する資本のもろもろの形象化は，それらが社会の表面で，生産当事者たち自身の日常の意識のなかで，そして最後にさまざまな資本の相互の行動である競争のなかで生じるときの形態に，一歩一歩近づいていくのである。〔Wir haben gesehn, daß d. Productionsprozeß im Ganzen betrachtet Einheit v. Productions- u. Circulationsprozeß ist. Bei d. Betrachtung d. Circulationsprozesses als Reproductionsprozess (ch. IV Buch II) wurde dieß näher erörtert. Worum es sich in diesem Buch handelt, kann nicht sein allgemeine Reflexionen über diese „Einheit "anzustellen. Es gilt vielmehr d. konkreten Formen aufzufinden u. darzustellen, welche aus d. Proceß d. Capitals -

---

28）【マルクスがなんらかの意味で前後の記述から区切っておきたいと感じた箇所をくくっている大きめの角括弧は，本書では，原文でも訳文でも｛ ｝に置き換えている。】

408　第1篇　利子生み資本

　als Ganzes betrachtet - hervorwachsen. {In d. wirklichen Bewegung d. Capitalien treten sie sich in solchen konkreten Formen gegenüber, für die die Gestalt d. Capitals im unmittelbaren Productionsprozeß, wie s. Gestalt im Circulationsprozeß nur als besondre Momente erscheinen. D. Gestaltungen d. Capitals, wie wir sie in diesem Buch entwickeln, nähern sich also schrittweis d. Form, worin sie auf d. Oberfläche d. Gesellschaft, im gewöhnlichen Bewußtsein d. Productionsagenten selbst, u. endlich in d. Action d. verschiednen Capitalien aufeinander, der Concurrenz auftreten.]}」[29]

　MEW版【およびMEGA版】にある複写でもわかるように、このパラグラフの全体が大きな角括弧でくくられており、またこのパラグラフの左側には、縦線が引かれている[30]。フォトコピーではこの角括弧と縦線のどちらも、ほかの部分よりやや太いことがはっきりわかるが、じつはこの両者は赤鉛筆で書かれているのである。これは、第3部編集のためにエンゲルスが書いたものであろう。したがって、このパラグラフのなかでマルクス自身が書いた角括弧は、第5番目の文章からこのパラグラフの末尾までを囲む角括弧だけということになる。このあとの方の括弧がマルクスによって、しかもはじめから書かれたことは、ほとんど間違いないと思われる。この括弧の存在は、このパラグラフの内容の理解にとってきわめて重要な意味をもっている。エンゲルスの手がはいった現行版冒頭のパラグラフとの微妙な違いも、この括弧の処理——エンゲルスはこれを省いた——と深くかかわっている。

　上のパラグラフのなかで、やはりひとことふれておく必要があるのは、「流通過程を再生産過程として考察したさいに（第2部第4章）」と書かれている点である。原文中の (ch. IV Buch II) のなかの「IV」は、どうみてもIVであって、IIIとはみえない[31]。そこから、マルクス自身が第3章に続く第4章なるものを構想していた可能性を考えられるむきもあるようであるが、私は「IV」は「III」の誤記、つまり「第3章」であるとみるほかはないと考える。

　なお、上でGestaltをふつう訳されているように「姿態」（岡崎訳ではしばしば「姿」）としたが、Gestaltungの方は「形象化」と訳した。ここでは、内容的

---

29)【MEGA II/4.2, S. 7.】
30)【この縦線は、MEGA II/4.2, S. 9の写真で確認できる。】
31)【MEGA II/4.2も「Ch. 4」と読んでいる。Siehe: MEGA II/4.2, S. 7.】

には「人びとの目に見える具体的な姿態をとること」といった意味で使われており，GestaltおよびFormとは区別されるべきだと考えたからである。しかも，そのような「形象化」が幾重にも積み重なり，進行していくという意味で，「諸形象化」ないし「もろもろの形象化」とした。

以上の第1パラグラフは，明らかに第3部の全体にかかわるものであって，次の第2パラグラフから，第1章第1節「剰余価値と利潤」の本来の叙述が始まることになる。

さて，「1）剰余価値と利潤」の次にでてくる表題は，「3）不変資本充用上の節約〔3）Oekonomie in Anwendung d. constanten Capitals〕」である[32]。つまり，2）の番号と表題はないのである[33]。おそらく，注を含む第1節の全体を，のちに第1節「剰余価値と利潤」と第2節「利潤率」に再編成するつもりだったのであろう。

この部分は，ノートの使いかたがやや異例なものとなっている。1ページの第2パラグラフで始まった本文は，2ページの上半部，3ページの上半部，4ページと続き，4ページの上方9行目でひとくぎりとなる。これに続いて，このページの3行目にある××の注記号につく注が始まり，このページの上半が終わったところで，次の5ページに続き，5ページの上半，下半両方を埋めたあと，6ページの下半部につながり，以下，7-30ページの下半部を埋め，31ページの下半部の6行目で終わる。4ページの下半部には，3行目の××の直前にある注記号c）につく注と，注××の5行目にある注記号d）につく注とが書かれている。6ページの上半部は，4ページ9行目までの本文に続く本文が書かれ，これは8ページの上半部まで続き，このページは20行ほどで終わる。以下，9ページから30ページまでは，上半部は空白であり，31ページからふたたび上半部に本文が書き始められている[34]。

71ページ【MEGA II/4.2, S. 110.25】から上述の「3）不変資本充用上の節約」が始

---

32)【Siehe: MEGA II/4.2, S. 110.】
33)【MEGA II/4.2でも，マルクス自身による見出しはなく，編集者が二つの見出しを挿入している。】
34)【草稿の錯綜した状態をMEGA編集者がどのように処理したのかは，MEGA II/4.2, S. 7-50で見ることができる。】

まり，109ページ【MEGA II/4.2, S. 164.9】から「4) 原料の価格変動〔4) Preiß-schwankungen d. Rohmaterials〕」にはいる。第1束はその途中，116ページ【MEGA II/4.2, S. 172.36】で終わっている。

次に，第2束について見よう。

「4) 原料の価格変動」の途中から，次の「(5)〕資本の遊離と拘束，減価と増価，価値上昇と価値減少」の終わり【MEGA II/4.2, S. 702.38】までを含んでいる第2束は，7枚の全紙から成っている。第34全紙では，正しくは137-140の4ページがくるところを，137, 139, 140, 150と誤ったページ番号が与えられている。つまり，138, 141-149のページ番号が飛ばされてしまっている。このため，この束だけで実際より10ページ分のページ番号が増えてしまっている。

他方，118ページと，上の第34全紙のなかの139, 140, 150の各ページとは，ページ番号があるだけで，あとはなにも書かれていない。フォトコピーにはとられていないので，フォトコピーの枚数はそれだけオリジナルのページ数より少なくなっている。

紙は，はじめの6枚の全紙が同じもの，最後の1枚は，次の束のはじめの部分と共通のものである。

はじめの6枚は，サイズは408×325 mmの二つ折り，8.5 mm間隔の罫が35本引かれていて，紫色の厚い上質紙である。透かしはE TOWGOOD 1863のほか，草稿全体の一番上につけられた表紙――既述の表紙 (1) ――の透かしの図柄と同じ図柄がはいっている[35]。

第35全紙は，サイズと紙質は上と同じ，ただ無罫で，透かしはE TOWGOOD 1864である[36]。

なお，この束の最初のページにあたる117ページの左肩には104というページ番号がつけられている。

---

[35] 【本書第2巻補章5所収のMEGA II/4.2付属資料の「典拠文書の記録」(II/4.2, S. 926; 本書第2巻416ページ) では「第2紙種」として記録されているものである。】

[36] 【本書第2巻補章5所収のMEGA II/4.2付属資料の「典拠文書の記録」(II/4.2, S. 926; 本書第2巻416ページ) では「第3紙種」として記録されているものである。】

3　第3束について

　この束には,「第2章。利潤の平均利潤への転化〔Zweites Kapitel. Die Verwandlung des Profits in Durchschnittsprofit〕」【MEGA II/4.2, S. 212-284】と「第3章。資本主義的生産が進行していくなかで一般的利潤率が傾向的に低下していくという法則〔Drittes Kapitel. Gesetz des tendentiellen Falls der Allgemeinen Profitrate im Fortschritt d. capitalistischen Production〕」【MEGA II/4.2, S. 285-340】との二つの章が含まれている。23枚の全紙から成っている。最初の全紙である第36全紙から第47全紙までは,155ページから202ページまできちんとページづけがなされているが,これらの全紙はいずれもその1ページ目の左肩に,鉛筆でアルファベットによるページ番号が記されている。a)から始まって1)までであるが,このうちh)が2ページある一方,j)がない。したがって,155ページ―a, 159―b, 163―c, 167―d, 171―e, 175―f, 179―g, 183―h, 187―h, 191―i, 195―k, 199―1,となっているわけである。この番号についてはまたすぐに触れる。これらに続く第48全紙は,1ページ目が202aとマルクスによって書かれており,次のページには,マルクスおよびエンゲルス以外の手で202bと書かれている。これに続く2ページは,ページ番号もない白紙となっている。この全紙が,次の第49全紙がすでに書き始められたのちに挿入されたものであることは,確かである。その第49全紙から第58全紙までは,203ページから242ページまできちんとページづけがなされている。なお,上記の白紙の2ページは,もちろんフォトコピーには存在しない。こうしてこの束では,実際に残っているページ数によった数よりも4ページ少ないページ番号が最後のページにつくことになっている。しかし他方で,202a, 202bという追加のページがあるわけである。

　さて,この束で用いられている紙は2種類である。第1は,さきに述べたa-1の番号がつけられた12枚の全紙であって,これは,前の束の最後の全紙(第35全紙)と同じものである。この紙については前の束のところですでに見た。第2は,それに続く,第48全紙(あとから挿入されたもの)から最後の第58全紙までの11枚である。サイズは第1のものと同じ408×325 mmの二つ折り,無罫,濃い目の紫色で厚みはすこし薄目の感じである。透かしはS Thomas

1864である[37]。

　この束は,「第2章。利潤の平均利潤への転化」から始まっている。まず，1ページ目の155ページ【MEGA II/4.2, S. 212.1】から「1）生産部門の相違による資本構成の相違とその結果である利潤率の相違〔1）Verschiedne Zusammensetzung d. Capitalien in verschiednen Productionszweigen u. daher folgende Verschiedenheit der Profitraten〕」，167ページ【MEGA II/4.2, S. 230.21】から「2）一般的利潤率の形成（平均利潤）と商品価値の生産価格への転化〔2）Bildung einer allgemeinen Profitrate (Durchschnittsprofit) u. Verwandlung d. Waarenwerthe in Productionspreisse〕」，178ページ【MEGA II/4.2, S. 248.16】から,「3）一般的利潤率の均等化のための競争。市場価格と市場価値。超過利潤〔3）Concurrenz zur Ausgleichung d. allgemeinen Profitrate. Marktpreisse u. Marktwerth. Surplusprofit〕」，196ページ【MEGA II/4.2, S. 273.6】から「5）賃金の一般的騰貴または低下（下落）が商品の生産価格に及ぼす影響〔5）Wirkungen einer allgemeinen Erhöhung od. Erniedrigung (Falls) d. Salaire auf d. Productionspreisse der Waaren〕」，201ページ【MEGA II/4.2, S. 278.25】から「4）資本家の補償理由〔4）Compensationsgründe d. Capitalisten〕」が，それぞれ始まり，4）は202bページ【MEGA II/4.2, S. 283.7】で終わっている。

　第3章は203ページ【MEGA II/4.2, S. 285.1】から242ページ【MEGA II/4.2, S. 340.14】までを占めており，節への区分けも，したがってまた下位の表題も存在しない。上に述べたところから知られるように，第3章は全ページが同じ紙質の紙に書かれているが，第2章は，左肩にa-lのページづけがなされた12枚の同質の全紙に，第3章で使われているのと同じ全紙1枚（202aおよび202bページを含む）を加えたものとなっている。マルクスは，左肩に1）と書いた全紙の途中または末行——といっても内容からみて末行であることは明らか——で第2章をいったん書き終えて第3章にはいり，第3章の途中またはその直後に，2ページを書いて第2章につけ加えた（後半2ページがブランクの1全紙をつけ加えた）のである。

---

[37]【本書第2巻補章5所収のMEGA II/4.2付属資料の「典拠文書の記録」(II/4.2, S. 926；本書第2巻416ページ）では「第4紙種」として記録されているものである。】

【挿論】 4著者共同論文での考証について

この【上記のパラグラフで述べた】事実は，1981年に発表された，モスクワのML研マルクス＝エンゲルス部の4人の筆者の共同執筆になる論文，「1863-1867年におけるマルクスの『資本論』執筆の時期区分について」のなかで，第3部第1稿がまず第2章から書かれたという推定の一つの証拠として挙げられている。同論文は次のように書いている。

「マルクスは第3部草稿〔第1稿のこと—引用者〕の仕事を，利潤の平均利潤への転化にあてられた第2章から始めた。このことを示しているのは，第2章のページ番号づけがあとから，おおかた，第1章を書いたのちに行なわれた，という事実である。つまりマルクスは，はじめ第2章草稿の二つ折り全紙に，鉛筆でラテン文字の「a」から「l」までのページ番号をつけておいたのである。」[38]

そして，このなかの「第2章草稿の二つ折り全紙」に注記して，次のように述べている。

「第3部第2章の全体が，第1部の「第6章」と同様に，「1864年」の透かしのある二つ折りの同じ全紙に書かれている。すでに書きあげられていた第2章の諸ページにあとからページ番号をつけるときに，その番号の一部が，反対のページに跡をつけてしまっている。」[39]

この注で言っているのは，第1に，おそらく，第1部「第6章。直接的生産過程の諸結果」のために用いられた紙にも「1864年」という透かしがある[40]，だ

---

[38] В. Выгодский, Л. Миськевич, М. Терновский, А. Чепуренко, *О периодизации работы К. Маркса над《Капиталом》в 1863-1867 гг.*, стр. 104. 邦訳，205-206ページ。「二つ折り全紙〔двойные листы〕」の部分が，上の邦訳では「2枚のボーゲン」となっているが，これでは原文の意味がとれない。続く注のなかで「2枚のボーゲン紙」と訳されているところも同様である。次注，参照。

[39] 同前，同ページ。上の邦訳ではこの箇所は次のようになっている。「第3部第2章全体は，「第6章」と同じすかしの入った2枚のボーゲン紙に書かれている〔Вся II глава III книги написана же двойных листах с водяным《1864》, что и《Глава шестая》I книги〕。第2章のすでに書かれたページの後続のページづけのさいには，〔при последующей нумерации〕，裏ページ〔противоположные страницы〕にまで部分的に数字の痕跡がのこっている。」（前掲邦訳，206ページ）

[40] 『諸結果』に使われた用紙の透かしはMEGA II/4.1, S. 455に記載されているが，それによれば，1863年と1864年という二つの年号が混在している。】

から，第3部第2章は第1部第6章に続けて書かれたのだ，ということであろう。第2には，番号をあとからまとめてつけた証拠に，ページによってはインクが乾かないうちにめくったために，書いたばかりのページ番号が対向ページに移ってしまっている，というのであろう。

　上記論文は，これらの考証に続けて次のような推論を行なっている。

　「興味を呼ぶのは，1861-1863年草稿に含まれている将来の『資本論』第3部の全材料のうちで仕上げの程度が最も少ないのが，まさに，利潤の平均利潤への転化に関する節だということである。それというのも，それが書かれたとき（1862年12月，ノートXVI）には，マルクスはまだ，この問題を競争に関する特殊研究の枠内でもっと詳しく考察するつもりでいたのだからである。1863年1月になって（ノートXVIIIで）ようやく将来の第3部のまさに第2章のもっと詳しいプランが現われたのであった。おそらく，それだからこそ，第3部の執筆に着手したときマルクスは，まだ仕上げられていなかったこの章から始めたのであろう。」[41]

　以上の考証と推論はなかなか興味ぶかいものであり，また第2部第1稿の執筆時期の推定にも絡むので，その当否は十分な検討を必要とするものであるが，ここではさしあたり，次の3点について述べておきたい。

　(1) マルクスがはじめaからlまでの仮番号を第2章の各全紙につけておき，のちに第1章のページに連続する数字でのページ番号を打った，ということは，十分に考えられることである。ただ，そうだとすると，第1章の最後の全紙（151-154ページを含む第35全紙）が第2章のa-lの全紙と同じ紙であることをどう考えるのか，という問題が生じる。既述のように，この最後の全紙のまえまでにマルクスは2種の紙を使っている。したがって，第2章のあと第1章にもどってこの2種の紙を使ったあと，ふたたび1枚だけ，第2章で使ったのと同じ紙を使って第1章の最後を書いた，ということになるが，それはとてもありそうにないことである。この点だけとると，第1章を書いたあと，第1章で使った最後の紙と同じ紙を使って第2章を書いた，と考える方が合理的である

---

41) В. Выгодский, Л. Миськевич, М. Терновский, А. Чепуренко, *О периодизации работы К. Маркса над «Капиталом» в 1863-1867 гг.*, стр. 104. 邦訳，205-206ページ。

ようにも思えるのである。

　しかし，他方，第1章の最後の全紙に書かれているのは，第1章への補遺ないし覚え書とみるべきものであって，しかもそのまえの全紙に3ページの空白を残している。これは，最後の4ページがそのまえの137ページに続いて一気に書き継がれたのではないことを示している。そして，この4ページと第2章とが同じ紙に書かれていることは，この4ページが第2章に着手する直前に，あるいは第2章執筆中のどこかで，あるいは第2章に一応の締めくくりをつけた（つまりa-1の全紙を書いた）直後に書かれたものであることを示唆している。そうであるならば，この1枚の全紙の存在は，さきの4筆者の推論と矛盾するものではなくて，むしろそれを補強することになるかもしれない。あるいは，この全紙には左肩に仮ページがついていないことから，第2章のa-1の仮ページをつけたあとに，つまり第2章を書いたあとにこの全紙を書き，そのあと第1章に移った，とみることもできるかもしれない。さらに，この全紙の直前の第34全紙におけるページ番号の異常な飛び（137, 139, 140, 150――あとの3ページは空白――）も，たんなる誤りなのではなくて，執筆順のこうした転倒に関係がある意識的なものかもしれない。

　(2) さきにみた注のなかでは，「1864年」の透かしのあることが，「第6章。直接的生産過程の諸結果」の直後に第3部第2章が書かれた一つの証拠であるかのように述べられているが，これはまったく意味のないことと言わねばならない。「1864年」の透かしのある紙に書けるのは1864年以降だという意味で，これによって執筆の上限を確定することは可能であるが，この年にこの紙が使われたとみることができないのは言うまでもない。現にこの第3部に使われた紙に年の透かしがはいっているものを拾ってみても，1862年（第110-116, 118, 119, 137, 138, 140, 141全紙），1863年（第29-34, 117, 135全紙），1864年（第35-58, 106-109全紙），の3年間にわたっているのであり，また当の第2章のまえの第1章後半（第29-34全紙）には1863年の透かしのある紙が用いられているのだから，この透かしのみによるなら，第1章後半は第2章後半よりもまえに書かれたのだと言わなければならなくなるであろう。もっとも，「諸結果」に用いられた紙と第3部第2章に用いられた紙とがサイズおよび紙質においてまったく同じものであるとすれば，これは筆者たちの推論を支える最有力

な証拠となるであろうが，上記の注の記述はそういう意味には読めそうにない。

　(3) 同じく上記の注では，対向ページにページ番号のインクが移っている箇所があることをもって，いちどにページ番号が書かれた証拠としている。たしかに，たとえば172ページと173ページ（第40全紙の内側2ページ）では相互のインクが移り合っていること，したがって，この両ページ番号が同時に書かれたものであることを示している。しかしはたして，マルクスはいつでも普通は前ページの本文を書いたのちに次ページのページ番号をつけていたのだ，と確定的に言えるのであろうか。数ページないし対向2ページにまずページづけをしてから本文を書く，あるいはその逆，という場合がなかった，と言えるのであろうか。これはまったくの傍証にしかなりえないであろう。【以上で挿論終わり】

　さて，この第3束については，さらにいくつかのことを述べておこう。

　まず，現行版では「競争による一般的利潤率の均等化。市場価格と市場価値。超過利潤」となっている，第10章の表題についてである。これは草稿では，第2章の3）にあたるが，その表題が，「3）一般的利潤率の均等化のための競争。市場価格と市場価値。超過利潤」となっていること【MEGA II/4.2, S. 248.16-18】はすでに示した。ここでは，「競争による一般的利潤率の均等化」ではなくて，「一般的利潤率の均等化のための競争」となっている点が注目に値いするほか，「市場価格と市場価値」のうちの「市場価格」と「市場価値」とが現行版ではどちらも複数になっているのにたいして，草稿では「市場価格」が複数，「市場価値」が単数となっているという違いがみられる。

　ところで，この3）は草稿178ページの1行目から始まるのであるが，このまえのページの177ページの1行目にも，じつは，3）の表題がいったん書かれたのち，鉛筆で抹消されているのである【MEGA II/4.2, S. 995. Variant zu S. 246.16】。これは，176ページの下方でいったん2）を終えて，177ページから3）にはいるつもりで表題を書いたが，その直後に，2）にもうすこし書き加えることにして，この表題を消し，176ページの下の空いている部分を埋めたうえでさらに177ページを書き，2）を終えた，ということであろう。176ページはMEW版179ページの本文の下から3行目，borniert ist, のところまで，そしてそれ以降第9章の末尾までは草稿177ページに書かれている。ここで注目されるの

は，その表題がこれまた，178ページの表題と微妙に違っていることである。すなわち，ここでは，「3）競争と一般的利潤率への均等化，市場価格と市場価値，超過利潤〔(3) Concurrenz u. Ausgleichung zur allgemeinen Profitrate, Marktpreisse u. Marktwerth, Surplusprofit〕」となっているのである。「競争と一般的利潤率への均等化」の部分では，「競争と」となっていることのほか，「一般的利潤率の均等化」ではなくて「一般的利潤率への均等化」となっていることが目立つ。現行版の「競争による一般的利潤率の均等化」の場合であろうと，178ページの「一般的利潤率の均等化のための競争」の場合であろうと，どちらも，競争が一般的利潤率を均等化する，と読むのが普通であろう。しかし，第10章の本文での叙述から明らかなように，一般的利潤率＝平均利潤率は均等化の結果成立するものであって，均等化されるのは各生産部門の特殊的利潤率である。そこで，この表題のなかの「一般的利潤率の均等化」をどのように読むかが問題となる。これは各資本の個別的利潤率にたいする生産部門一般の利潤率のことで，内容的には各生産部門の特殊的利潤率をさしているのだという解釈もありうる。しかし，マルクスが通常一般的利潤率という言葉で考えていたものが平均利潤率であったことは明らかであったから，肝心の第10章の表題で，通常の使いかたと違う使い方で「一般的利潤率」としている，と考えるのには無理が感じられる。エンゲルスが――不適切に――つけた表題なのではないか，とも考えられる。たしかに，現行版の表題にはエンゲルスの手が加わっているが，しかし，草稿の3）の表題がわかってみると，ここでもやはり「一般的利潤率の均等化」と書かれている。かつて，『マルクス経済学レキシコン』①「競争」の「栞」のなかでこのことを問題にしたことがあった。そのとき私は，ドイツ語の2格でも――日本語でもありうるように――「への」という意味をもちうるのではないか，そして第10章の表題の場合にはそのようにとるほかはないのではないか，と考えたのであった[42]。今度の177ページでの「競争と一般的利潤率への均等化」という異文は，「一般的利潤率の均等化」というのも，じつは「一般的利潤率への均等化」を意味するものであったことをはっきりさせた

---

[42] 「マルクス経済学レキシコンの栞」No. 1，久留間鮫造編『マルクス経済学レキシコン』①「競争」，大月書店，1968年，付録，5-7ページ。

ということができるであろう。このほか，抹消された表題の方では，三つの部分がプンクトではなくてコンマで切られている，という違いがある。

　さて，177ページの表題も178ページの表題も，現行版の表題と同様に，最後が「超過利潤」となっている。利潤率の均等化は，超過利潤をめざす諸資本の競争によって達成されるのであるから，この表題部分も3）の全体にかかわると言ってもよいであろうが，しかし，3）の最後の部分には，「超過利潤〔Surplusprofit〕」という表題が見いだされる【MEGA II/4.2, S. 272.27】。現行版の第10章の最後の二つのパラグラフは横線でその前の部分から区切られているが，草稿ではこの2パラグラフにあたる部分の前（195ページ11行目）に，上の表題がつけられている。全体の表題との関連が考えられるべきであろう。

　なお，既述のように，第2章の末尾には，あとから202a, 202bの両ページが書き加えられている。202aページ【MEGA II/4.2, S. 281.7-282.19】は，現行版の「第12章補遺」の「I. 生産価格の変動を引き起こす諸原因」にあたるが，表題はたんに「生産価格への補遺〔Nachtrag zu d. Productionspreissen〕」となっている。202bページ【MEGA II/4.2, S. 282.20-283.7】には，「この部の第1章から第2章への移行への補遺〔Nachtrag zum Uebergang aus Capit. I in C. II dieses Buches〕」という表題のもとに，次のように書かれている（リュベールはこの部分の前半を，彼の『資本論第2巻資料』の第3部第1章末尾の「補遺」の第1パラグラフに使っている[43]）。

　「次のことはすでに考察ずみである。——1）生産様式の変化とそれによる資本の構成の変化，2）生産様式が不変である場合の，不変資本と可変資本との価値比率の変化，すなわち，それらの相対的な大きさが不変である場合の，不変資本または可変資本の形成にはいる諸商品の価値変動によるその変化，3）生産様式の変化と不変資本および可変資本の諸要素の価値の変化，言い換えれば，両者の〔同時的な〕変化，等々。

　ここで一つの資本の有機的構成の内部での変化として考察されたことは，同じく，異なった生産諸部面の諸資本のあいだの有機的構成の相違として現われる（自己を貫く）ことができる。

---

43) Rubel, *Matériaux*, p. 933.

第1に，一個同一の資本の有機的構成の変化に代わって，異なった諸資本の有機的構成の相違。

　第2に，同一の資本の二つの部分の価値変動による資本の有機的〔構成の〕変化〔に代わって〕，異なった諸部門の諸資本にとっての，充用される機械，原料，等々の価値の相違。このことは，部門が異なっても労賃は等しいことが前提されている可変資本については妥当しない。異なった諸部門における異なった労働日の価値の相違は，ここでの問題には関係がない。金細工師の労働が農業労働者の労働よりも高価であれば，金細工師の剰余〔労働〕時間は，同じ割合で，農夫の労働よりも高い価値をもつのである。」

　第3章については，ここでとくに記すことはない。

4　第4束について

　この束は，76枚の全紙（うち3枚は半切り）を含む，第1稿中の最も部厚い束である。「第4章。商品資本および貨幣資本の商品取扱資本および貨幣取扱資本への，すなわち商人資本への転化〔Viertes Kapitel. Verwandlung von Waarencapital u. Geldcapital in Waarenhandlungscapital u. Geldhandlungscapital od. in kaufmännisches Kapital〕」【MEGA II/4.2, S. 341.1-410.35】，「第5章。利子と企業利得[44]（産業利潤または商業利潤）とへの利潤の分裂。利子生み資本〔Fünftes Kapitel. Spaltung d. Profits in Zins u. Unternehmungsgewinn. (Indust. od. Comm. Profit). D. Zinstragende Capital〕」【MEGA II/4.2, S. 411.1-664.29; 本書本巻第1-4章所収】，「第6章。超過利潤の地代への転化〔Sechstes Kapitel. Verwandlung v. Surplusprofit in Grundrente〕」【MEGA II/4.2, S. 667.1-833.41】，の3章がこの束に含まれている。

　この束は，73枚の完全な全紙のほか，3枚の二分された全紙を含み，計298ページから成っている。しかし，一方では，第99全紙で386-389ページが，第101全紙で399ページが，第122全紙で479ページが，それぞれ飛ばされており，他方では，第69全紙に283aページが，第80全紙（半切り）に325a, 325bペー

---

[44]「企業利得〔Unternehmungsgewinn〕」は，現行版ではエンゲルスによって「企業者利得〔Unternehmergewinn〕」に変えられている。第1稿では，Unternehmergewinnは1箇所もなく，すべてUnternehmungsgewinnとなっている。

ジが，第88全紙（半切り）-第90全紙に352a-352jの10ページが，第106全紙（半切り）に417a, 417bページが，それぞれあり，また第84全紙の4ページ目，340ページと341ページのあいだにページ番号を欠いたページがあり，第130全紙の4ページ目の513ページは重複ページであり，最後の第134全紙の4ページ目がページ番号もつかない白紙となっている。そのため，ページ番号のある最終ページは，528ページ（第134全紙の3ページ目）となっている。半切りとなっているのは，第80, 88, 106全紙の3枚であるが，このうち，第80, 88全紙は，同じ全紙を二分してつくられたものであることが明らかである。中央の線よりやや右よりのところで切ったために，第80全紙は二つ折りよりやや大きく，第88全紙はやや小さくなっており，両者の切り口はぴったり一致する。

　第4章は第59全紙から第69全紙まで，第5章は第70全紙から第102全紙まで，第6章は第103全紙から第134全紙までであるが，このうち，第4章と第5章のすべてと第6章の最初の3枚の全紙（第59-105全紙，243-417ページ）は，まったく同一の紙に書かれている。すなわち，サイズ432×342mmの二つ折り，無罫でやや薄い青色のあまり上質でない薄い紙，透かしははいっていない[45]。第106-109全紙（417a-429ページ）は，サイズ404×323mmの二つ折り，無罫，紫色で，透かしはE TOWGOOD 1864と各半切りに8本の並行線である[46]。第110-113, 115-116, 118-119全紙（430-445, 450-457, 462-469ページ）は，サイズ398×329mmの二つ折り，9.5mm間隔の罫が34本あり，クリーム色で，透かしはJohnsons Improved Extra 1862と図柄である[47]。第114全紙（446-449ページ）は，サイズ398×329mmの二つ折り，9mm間隔の罫が34本あり，クリーム色の上質紙で，透かしはJ WHATMAN 1862と28mm間隔の平行線である[48]。第117全紙（458-461ページ）は，サイズ400×328mmの二つ折り，9mm間隔

---

45) 【本書第2巻補章5所収のMEGA II/4.2付属資料の「典拠文書の記録」（II/4.2, S. 926; 本書第2巻416ページ）では「第5紙種」として記録されているものである。】

46) 【本書第2巻補章5所収のMEGA II/4.2付属資料の「典拠文書の記録」（II/4.2, S. 926; 本書第2巻416-417ページ）では「第6紙種」として記録されているものである。】

47) 【本書第2巻補章5所収のMEGA II/4.2付属資料の「典拠文書の記録」（II/4.2, S. 926; 本書第2巻417ページ）では「第7紙種」として記録されているものである。】

48) 【本書第2巻補章5所収のMEGA II/4.2付属資料の「典拠文書の記録」（II/4.2, S. 926; 本書第2巻417ページ）では「第8紙種」として記録されているものである。】

の罫が34本あり，クリーム色の上質紙で，透かしはP IRJE 1863と26 mm間隔の平行線と図柄である[49]。第120-134全紙（470-528ページ）は，サイズ406×326 mmの二つ折り，無罫でクリーム色，透かしは27.5 mm間隔の平行線である[50]。

さて，この束ではなによりもまず，最初の243ページ【MEGA II/4.2, S. 341.】に書かれた第4章の表題が注目に値いする。といっても，さきに示したその最終の姿ではなく，そこにたどりつくまでのプロセスである。残されている筆跡から，それがある程度まで読み取れるのである。

マルクスは「第4章〔Viertes Kapitel〕」の下に，まずDas Waarenhandlungscapital u. das Geldhandlungscapital. Spaltung von Profit in Zins u. industriellen Profit (Unternehmungsgewinn). Das Zinstragende Capital（商品取扱資本および貨幣取扱資本。利子と産業利潤（企業利得）とへの利潤の分裂。利子生み資本）と書いた。そのあと，これに二つの訂正を加えている。第1に，最初のDasを消してそこにVerwandlung von Waarencapital u. Geldcapital inと書き加え，またdas Geldhandlungscapitalのdasを消してGeldhandlungscapitalのあとにod. in kaufmännisches Kapitalと書き加えた。この修正はすべてインクでなされている。この結果，「商品取扱資本および貨幣取扱資本」が「商品資本および貨幣資本の商品取扱資本および貨幣取扱資本への，すなわち商人資本への転化」に変わった。第2に，鉛筆で，Spaltung von Prfit in Zins u. industriellen Profit (Unternehmungsgewinn). Das Zinstragende Capital.（利子と産業利潤（企業利得）とへの利潤の分裂。利子生み資本），の部分を消した[51]。言うまでもなく，前者が表現上の推敲であるのにたいして，後者は，第4章になにを含めるかというプラン上の重大な変更である。この両者が別の時点で行なわれたらしいことは，前者がインクで，後者が鉛筆でなされていることからわかるが，どちらが先に行なわれたものであるのかは判断できない。後者がインクでなく鉛筆でなされているところから，表題を書きつけたときの修正ではないだろう

---

49)【本書第2巻補章5所収のMEGA II/4.2付属資料の「典拠文書の記録」（II/4.2, S. 926-927；本書第2巻417ページ）では「第9紙種」として記録されているものである。】
50)【本書第2巻補章5所収のMEGA II/4.2付属資料の「典拠文書の記録」（II/4.2, S. 927；本書第2巻417ページ）では「第10紙種」として記録されているものである。】
51)【以上の変更は，MEGA II/4.2, S. 341.2-4への異文に記録されている。Siehe: MEGA II/4.2, S. 1029. Variant zu S. 341.2-4.】

とも考えられるのであるが，しかし，すでにみた第2章中の3）（現行第10章）のための表題の，177ページでの，抹消も鉛筆で行なわれている——これはその場での訂正の可能性が強い——のであって，断定はできない。いずれにせよ，ここで確認できるのは，マルクスが，第3部のこの第4章を書き始めた時点でも，まだ，この章で商業資本と利子生み資本との両者を論じるつもりでいた，ということ，したがって，この両者を二つに分けて商業資本を第4章（現行版第4篇）で，利子生み資本を第5章（現行版第5篇）で取り扱うという構想は，この第4章を書いている途中に確定された，ということである。

【挿論】　第4章と第5章とへの第4章の分割はいつ決められたのか

さきにふれた4人の筆者による共同稿では，第2部の第1稿が，この第4章の執筆の中途で，これを一時中断して書かれたものだとの考証がなされている[52]。そのなかで筆者たちが，一方で，「『資本論』第2部の「第1稿」が書かれたのは，『資本論』第3部の執筆の過程でこの部の第4章が第4章と第5章とに分割されるよりも前であった」と言い[53]，しかも他方で，当の第4章の執筆にはいったのちに第2部第1稿執筆のための中断が生じた，とみている[54]のは，一見矛盾しているようであるが，じつは第4章にはいったときにはまだ「第4章と第5章とへの分割」がなされていなかったわけなのである[55]。

それでは，この変更は第4章のどこを執筆しているときに決定されたのであろうか。もし上記4筆者による，第2部第1稿のための執筆中断箇所の推定が正しいとすれば，第4章を第4章と第5章とに分けることを決めたときの執筆箇所もある程度まで限定できることになる。というのは，第2部第1稿では，その最後まで，まだ，商業資本と利子生み資本の両者を第4章で取り扱うプランを前提していたことが明らかなのであって[56]，第3部の執筆を中断して第2

---

52) В. Выгодский, Л. Миськевич, М. Терновский, А. Чепуренко, *О периодизации работы К. Маркса над 《Капиталом》 в 1863-1867 гг.*, стр. 104-105. 邦訳，206-207ページ。
53) *Там же*, стр. 104. 邦訳，205ページ。
54) *Там же*, стр. 104-105. 邦訳，206-207ページ。
55) 4筆者の共同稿がなぜこの点に触れなかったのか，不可解である。
56) 第2部第1稿のあちこちにみられる第3部の篇別への関説によって，このことは確認できる。とくに，第1稿141ページ（邦訳，275ページ）【MEGA II/4.1, S. 360.29】では，「利子

部第1稿を書き終えたのちに，はじめて第4章を二つの章に分割することが決められたはずだからである。4筆者によれば，その中断箇所は，第3部第1稿の256-275ページのあいだのどこかである。その論拠は，第1に，256ページでは（また243ページでも），マルクスは流通費に関する節として第2部第1章の§3に言及しているが，これは第2部第1稿本文の区分には一致しておらず，その執筆のためにつくられたプランの区分に一致しているのであって，このことは256ページ執筆中には第2部第1稿本文はまだ書かれていなかったことを意味している。他方，第2に，「マルクスは「第1稿」のなかで，金銀のもつ貨幣資本としての機能能力という問題の考察は第3部第4章に属することに触れているが，しかしそのさい，この問題がそもそも『資本論』のなかで解明されるものかどうかについて疑念を表明している。にもかかわらず，この問題は第3部草稿の第4章の275-278ページで分析されている」[57]。だから，第4章の275ページにかかったときには，すでにマルクスはこの問題に決着をつけていたのであって，このことは，第2部第1稿がそれ以前に書かれていたことを意味している。以上が，256-275ページのあいだのどこかで第2部第1稿が書かれたという推定の論拠である。もしこの推定が正しいとすれば，少なくとも，第4章の256ページまでは，マルクスはまだ第4章を二つの章に分割するつもりではなかった，ということになる。

　しかし，この二つの推論のどちらにも疑問がある。

　第1に，第3部第1稿第4章中の243ページと256ページとで流通費に関する節として第2部第1章§3を挙げていること[58]が，第2部第1稿をまだ書いていない証拠になるのかどうかについてである。たしかに，第2部第1稿の本文では，「第1章。資本の流通」は，「1）資本の諸変態」，「2）流通時間」，「3）生産時間」，「4）流通費」，の4節に分けられており[59]，流通費は4）で論じられている。また，同稿の表紙に書かれたプランでは，「3）流通費」となっており[60]，

　　生み資本についての第4章」と明示的に書いている。
57)　*Там же*, стр. 105. 邦訳，207ページ。
58)　【Siehe: MEGA II/4.2, S. 342.3 und 361.40.】
59)　第2部第1稿，1, 41a, 46, 53の各ページ。邦訳，9, 79, 90, 105の各ページ，参照。
　　【MEGA II/4.1, S. 140, 202, 209, 222.】
60)　第2部第1稿，表紙（邦訳，8ページ）【MEGA II/4.1, S. 139.】。なお，邦訳で，草稿ページ

たしかにこのほうが243ページと256ページでの記述に一致している。しかし，4筆者の推論が成り立つためには，このプランが本文にさきだって書かれたこと，そしてそれが本文執筆中に修正されたことが確実でなければならない。この点について4筆者も，また第2部草稿について特別に論じた，4筆者のうちのひとりチェプレーンコ[61]も，それをほとんど自明のこととしているようである。しかし，私の見るところでは，それはそれほど自明のことではない。それどころか，むしろ逆に，私は，表紙のプランの方が本文のあとに——少なくとも第2章執筆後に——書かれたことが確実であると考える。この点についてはすこし立ち入って述べる必要があるだろう。

【第2部第1稿の表紙プランは第1稿本文よりも前に書かれたのか】
　まず，第2部第1稿の本文の第1章および第2章の表題を掲げよう[62]。
　　第2部。資本の流通過程。
　　　第1章。資本の流通。
　　　　1）資本の諸変態。
　　　　2）流通時間。
　　　　3）生産時間。
　　　　4）流通費。
　　　第2章。資本の回転。
　　　　1）流通時間と回転。
　　　　2）固定資本と流動資本。回転循環。再生産過程の連続性。
　　　　3）回転と価値形成。
　　Zweites Buch. Der Circulationsproceß des Capitals.
　　　Erstes Capitel. Der Umlauf des Capitals.

　　の記載を「0」としたのは不適切であった。これは解読文にあったものをそのまま取ったのであったが，やはり，表紙およびその裏，とすべきところであった。
61) А. Ю. Чепуренко, *К Вопросу о датировке I-IV рукописей второй книги "Капитала" К. Маркса*,《Научно сообщения и документы по марксоведению》, ИМЛ при ЦК КПСС, Москва, 1981. стр. 83.
62) 第2部第1稿の各所から。なお，原文は，草稿のフォトコピー（*ЦПА ИМЛ*, ф. 1, оп. 1, ед. xp. 1802）による。

1) Die Metamorphosen des Capitals.
　　　2) Die Circulationszeit.
　　　3) Die Productionszeit.
　　　4) Circulationskosten.
　　Zweites Capitel. Der Umschlag des Capitals.
　　　1) Umlaufszeit u. Umschlag.
　　　2) Fixes u. circulirendes Capital. Umschlagscyclen. Continuität d. Reproductionsprocesses.
　　　3) Umschlag u. Werthbildung.
　次に，同稿表紙のプランを掲げよう[63]。
　第2部。資本の流通過程。
　第1章。資本の流通。
　　　1) 資本の諸変態。貨幣資本，生産資本，商品資本。
　　　2) 生産時間と流通時間。
　　　3) 流通費。
　第2章。資本の回転。
　　　1) 回転の概念。
　　　2) 固定資本と流動資本。回転循環。
　　　3) 回転時間が生産物形成および価値形成ならびに剰余価値の生産に及ぼす影響。
　第3章。
　Zweites Buch. Der Cirkulationsprozeß des Kapitals.
　　Erstes Kapitel. Die Cirkulation des Kapitals.
　　　1) Die Metamorphosen des Kapitals. Geldkapital, Productives Kapital, Waarenkapital.
　　　2) Produktionszeit und Umlaufszeit.

---

63) 原文中の綴りが，本文のなかの表題と各所で異なっているのに注目されたい。Circulations-proceß が Cirkulationsprozeß に，Capital が Kapital に，Capitel が Kapitel に，Circulation が Cirkulation に，Production が Produktion に，circulirendes が cirkulirendes に，それぞれ変わっている。

3）Die Cirkulationskosten.
　Zweites Kapitel. Der Umschlag des Kapitals.
　　　1）Begriff des Umschlags.
　　　2）Fixes Kapital und Cirkulirendes Kapital. Umschlagscyclen.
　　　3）Einfluß d. Umschlagszeit auf Produkt- u. Werthbildung u. Produktion d. Mehrwerths.
　Drittes Kapitel.

　もし，プランが先に，本文があとに書かれたのだとすると，プランのなかの第1章「2）生産時間と流通時間」が，本文で「2）流通時間」と「3）生産時間」とに分けられたことになる。ところが，本文の3）では，いったん「資本の回転」と書いたのち，これを「生産時間」と直しているのである[64]。これはたんなる書き誤りの修正ではない。この3）のなかの49ページの注のなかでマルクスは次のように書いている。

　「第1章のこの第3節の全体にわたって，第2節で流通時間を考察したのと同じやりかたで，生産時間は単純に考察すべきではないか，という問題がある。とにかく第2章が「資本の回転」と題されるのだから，資本の流通のこの特定の形態に関することは，すべて第2章に含め，そして第1章は，やはり「資本の流通」と題されているのだから，ここでは，資本の流通の一般的契機だけを分析すべきではないか？ こうするのがたしかに最善であるように思われる。」[65]

　つまり，マルクスはこの3）のなかで，生産時間固有の問題だけでなく，資本の回転についての一般的規定を与えているのである。マルクスはこれを反省して，回転の概念については，「第2章。資本の回転」の冒頭で論じるように変えることを，ここですでに考えている。そして，第2章の「1）流通時間と回転」の冒頭で，「さて，前章の第3節で先どりして回転の一般的概念について述べたことを，ここにもってくるべきである」，として，第1章の3）の内容の一部をここに移すことを明言している[66]。ところが，表紙プランでは，「第2章。

64）第2部第1稿，46ページ。邦訳，90ページ，参照。【Siehe: MEGA II/4.1, S. 598. Variant zu S. 209.25.】
65）第2部第1稿，49ページ。邦訳，96-97ページ。【MEGA II/4.1, S. 216.27-31.】

資本の回転」の1）が端的に「回転の概念」となっている。こうしたプランをすでにもっていながら，本文で上に見たような試行錯誤をするとは考えにくい。

　それどころか，そもそも第1稿を書き始めたときに「第2章．資本の回転」とするプランがあったことさえ，疑わしいのである。28ページでマルクスは，「この規定の重要性は，資本の回転（本章の§3）のところで明らかになる」[67]，と書いているが，これはさきに述べた，3）の表題の「生産時間」が「資本の回転」を消して書かれたものであることと完全に符合している。第1章3）の表題も第2章の表題もともに「資本の回転」とするプランがあったのだとは考えにくいのではないだろうか。そうだとすると，第2章を「資本の回転」とすることに決めたのが，第1章3）の表題を書いてから，さきに見た注を書くまでのあいだだった，ということになるだろう。そうだとすれば，表紙プランのような明確な構成が，第1稿本文に着手する以前にあったとはとうてい考えられない。逆に言えば，このようなプランのあとに，第1章のなかに，「回転の概念」を与えるような「3）資本の回転」という節を置く変更がなされたとはほとんど考えられない。

　また，第2稿本文ではたんに「資本の諸変態」となっている第1章1）の表題が，表紙プランでは，そのあとにさらに，「貨幣資本，生産資本，商品資本」を加えたものとなっている。これも，本文では省いているのだと簡単に見過ごすことができない箇所である。第1稿の第1章1）を注意して読めばすぐわかるように，マルクスは，まさにこの部分の執筆中にこの三つの形態規定を，そしてとりわけ商品資本のそれを明確にしていくのである。第1稿では，マルクスは，現行版に取られた，のちの諸草稿とは違って，資本の循環形態のなかにその第2として，生産諸要因から出発してふたたび生産諸要因に終わる形態をあげている[68]。これは，この生産諸要因を $G-W$ の W としてとらえて「商品資本」と呼んでいることと無関係ではない。当初から，そのように言うことにマルクスは慎重であったように見えるが，しかし，5ページでは，「商品資本は，W および W' として，過程の前提およびその結果として，前貸および回

---

66) 第2部第1稿，57ページ。邦訳，114ページ。【MEGA II/4.1, S. 231.4-5.】
67) 第2部第1稿，28ページ。邦訳，58ページ。【MEGA II/4.1, S. 181.21-22.】
68) 第2部第1稿，4ページ。邦訳，15ページ。【MEGA II/4.1, S. 145.1-7.】

収として，二重に現われる」[69]，と言い，また6ページでも，「貨幣資本が転化した姿である商品資本Wは，労働過程の実体的な諸要因を表現しており」云々，と書いている[70]。しかし，次第に，生産諸要因の形態にある資本を，生産資本と区別して商品資本と呼ぶことに問題があると考えていったように思われる。そして，29ページにいたって，

「商品資本と貨幣資本とは，本来的な流通部面の内部にある資本を，生産資本としての，つまり本来的な生産部面の内部における資本の存在形態としての自己から区別するところの，資本の二つの形態である。両形態は，ここでやや詳細に規定しておかなければならない」，

と，資本の3形態の明確な区別を述べたのち，まず，「商品資本。W'_G」という表題のもとで，商品資本とは，価値増殖の結果としての剰余価値をはらみ，これから実現されるべき商品形態にある資本であることを詳述している[71]。そして32ページでは，さきの$W\_P\_W'\_G'\_W$という第2の循環形態に疑問符をつけるかのように，I，II，IIIとして，貨幣資本の循環，生産資本の循環，商品資本の循環，の3形態だけを挙げている[72]（ただし，さきの第2形態をまだ捨て去ったわけでないことは，たとえば44ページでこの形態に言及している[73]ことからわかる）。このような第1章1）での記述から見ると，「資本の諸変態」に「貨幣資本，生産資本，商品資本」とつけ加えたのは，まさにこの1）での執筆過程の結果だったことがわかるのである。

　総じて，表紙プランの諸項目の方が練り上げられたものとなっていることを感じさせる。とくに第2章の「3）回転と価値形成」という表題にたいして，プランの「3）回転時間が生産物形成および価値形成ならびに剰余価値の生産に及ぼす影響」という表題は，明らかに，のちの第2稿での表題――「3）回転の相違が資本の価値増殖等々に及ぼす影響」（第2稿本文），「3）流動（可変およ

---

69) 第2部第1稿，5ページ。邦訳，17ページ。【MEGA II/4.1, S. 147.5-7.】
70) 第2部第1稿，6ページ。邦訳，18ページ。【MEGA II/4.1, S. 147.32-33.】
71) 第2部第1稿，29-33ページ。邦訳，59-68ページ。【MEGA II/4.1, S. 182-191.】
72) 第2部第1稿，32ページ。邦訳，66-67ページ。【MEGA II/4.1, S. 190.5-12. なお，用紙の下半部に書かれたこの3形態の部分は，上半部に書かれているテキストと同時にではなく，あとから書き込まれたものである可能性がある。】
73) 第2部第1稿，44ページ。邦訳，88ページ。【MEGA II/4.1, S. 208.19.】

び不変）資本の回転一般に関する諸法則」（同稿表紙プラン）——への過渡をなすものである。

　以上の推論を支えるもう一つの材料がある。それは，第2部第1稿の次に，ある程度までまとまった分量で，第2部の仕上げ稿として書きかけられた第2部第4稿の本文のなかに見られる表題である。節までの区分をそこから拾うと，次のようになっている[74]。

　　第2部。資本の流通過程。
　　　第1章。資本の流通。
　　　　1）資本の諸変態——貨幣資本，生産資本，商品資本。
　　　　2）生産時間と流通時間。
　　　　3）流通費。
　　　第2章。資本の回転。
　　　　1）回転の概念。
　　　　2）固定資本と流動資本。（設備資本と経営資本）。

　Zweites Buch. Der Cirkulationsprozeß des Kapitals.
　　Erstes Kapitel. Der Umlauf des Kapitals.
　　　1）Die Metamorphosen des Kapitals: Geldkapital, Produktives Kapital, Waarenkapital.
　　　2）Produktionszeit und Umlaufszeit.
　　　3）Die Cirkulationskosten.
　　Zweites Kapitel. Der Umschlag des Kapitals.
　　　1）Begriff des Umschlags.
　　　2）Fixes Kapital und Cirkulirendes Kapital.（Anlagekapital u. Betriebskapital.）

　第4稿は，第2章の2）の途中で中断しているが，見られるように，第2章の2）で「回転循環」がなく，その代わりに「（設備資本と経営資本）」とあるほかは，さきの第1稿表紙プランと基本的に一致している。第1章の表題のなかの

---

[74] 第2部第4稿，1, 30, 35, 50, 53ページ。【MEGA II/4.3, S. 286, 325, 332, 353, 357.】ここでの単語の綴りを，前掲の二つの目次のそれと比べられたい。プランのそれが第4稿のそれとまったく一致していることがわかるであろう。

「流通」がプランではDie Cirkulation，ここではDer Umlaufとなっているが，これもじつは，第4稿ではいったんDie Cirkulationと書いたのちにこれをDer Umlaufと訂正しているのであって，外見上第1稿の本文でのDer Umlaufと一致しているように見えるが，むしろその逆なのである．つまり，マルクスは，第1稿本文ではDer Umlaufとしたが，Die Cirkulationの方がよいと考えて，プランで変更し，それにもとづいて第4稿でいったんDie Cirkulationと書いたが，それをまたDer Umlaufに戻したのである[75]．

---

75) じつは，第2部第1稿と第4稿とのあいだには，第2部の冒頭部分の書き出しとして書かれた断稿が一つある．これは明らかに第4稿を書くまえに書かれたもので，IISGに保存されている．【このA47は，MEGA II/4.3で「第2部．資本の流通過程．第1章の冒頭〔Anfang〕」としてはじめて公表された．執筆時期は「1867年10月ごろ」とされている．Siehe: MEGA II/4.3, S. 32-43.】第4稿はこの断稿の清書として書き始められたものである．この断稿は4ページしかなく，したがって，第1章1）の冒頭の部分しか含んでいないが，その表題は次のようになっている【MEGA II/4.3, S. 32.1-6.】．（本稿ではUmlaufもZirkulationも「流通」と訳しておく．）
　　　第2部．資本の流通過程．
　　　第1章．資本の流通．
　　　　1）資本の諸変態．
　　Zweites Buch. Der Cirkulationsprozeß des Kapitals.
　　　Erstes Kapitel. Die Cirkulation des Kapitals.
　　　　1）Die Metamorphosen des Kapitals.
　見られるように，「流通」がUmlaufではなくてCirkulationとなっている．つまり，プランとこの断稿と第4稿の最初の書きつけとの三つは，みなCirkulationとなっていたのである．また，1）の表題がたんに「資本の諸変態」となっているのも目をひく．さきのプランよりもまえにこの断稿が書かれた可能性もあるかもしれない．なお，この断稿については，本章末尾の「付論」でふれるので，参照されたい．
　ここでついでに，このUmlauf→Cirkulation→Umlaufと変わった，第1章の表題がその後どうなったかについて，一言しておこう．
　第4稿に続くのは第2稿であるが，ここでは，まず表紙には，
　　　第2部．資本の流通過程．
　　　第1章．資本の流通〔Cirkulation〕
と書き【MEGA II/11, S. 3.2-5.】，本文では同じく「第1章．資本の流通〔Cirkulation〕」と書いている【MEGA II/11, S. 928. Variant zu S. 7.4.】が，その後に書かれたとみられる表紙プランでは「第1章．資本の循環」となっている【MEGA II/11, S. 3.8.】．さらに，本文表題中の「流通」は，明らかに後年に「循環過程」に訂正されている【MEGA II/11, S. 928. Variant zu S. 7.4.】．これに続くのは，1875年以降に書かれたと推定される第5稿とその前後の諸断稿であるが，ここではすでに，第2部の3篇構成が確立しており，その第1篇は「資本の循環過程」となっていて，これ以降の第6稿の断稿，第7稿でももう変わっていな

ただ，表紙プランが第1稿本文以前のものではないかと思わせる箇所が一つある。それは，このプランでは第2部第3章については，ただ「第3章」という章番号しか書かれていない，という点である。これが4筆者たちに，このプランが本文に先行するものと思わせたのかもしれない。しかし，この点については，二つの可能性を考えることができるであろう。一つは，このプランが第2章の執筆後，しかし第3章のまえに書かれたという可能性である。もう一つは，それが第3章の執筆後に書かれたが，第3章のプランはこの章の末尾にすでに書いた[76]ので，繰り返すことを省いたという可能性である。私は，綴りの違いからみて（注63および74参照），表紙プランが第2部第1稿（さらに第3部第1稿）よりもあとのものであると判断しているが，いずれにしても，表紙プランが書かれたのが第2章の執筆後であることは確かだと考える。

以上のように，第2部第1稿表紙プランが第2部第1稿そのもののあとに，少なくとも第2章のあとに，書かれたものであるとすれば，4筆者が，第2部第1稿本文未着手の証拠として挙げた第3部第1稿第4章中の243，256ページは，むしろ逆に，この時点ではすでに第2部第1稿の第2章までは書き終えられていたことを示していることになる[77]。しかも，もし第2部第1稿と第3部第1稿とが並行して書かれていた，というありそうもない事態を考えなければ，第2部第1稿の全体がすでに書き終えられていたことが示されている，と言ってもよいであろう。

　い【MEGA II/11, S. 556.2, 663.5 und 684.5.】。第2稿とその表紙プランとの先後関係が一つの問題であるが，以上をまとめると，第1章（第1篇）の表題は次のような変遷をたどったことになる。
　　①資本の流通〔Umlauf〕
　　②資本の流通〔Cirkulation〕
　　③資本の流通〔Umlauf〕
　　④資本の流通〔Cirkulation〕
　　⑤資本の循環
　　⑥資本の循環過程

76) 第2部第1稿，150ページ。邦訳，294ページ。【MEGA II/4.1, S. 381.10-22.】
77)【MEGA II/4.1 (1988年) に収められた第2部第1稿への付属資料では，第2部第1稿とそのプランとの執筆時期と両者の関係とを含めて，以上の筆者の考証と完全に一致する記述が行なわれている。Siehe: MEGA II/4.1, S. 560-563.】

第2に，4筆者が，少なくともここではすでに第2部第1稿が書き終えられていた，として挙げている箇所は，もちろん上の243, 256ページよりもあとであるから，これらのページの執筆時点よりまえに第2部第1稿が書き終えられていたことが明らかとなった以上，その当否を論じるまでもないのであるが，しかし，その箇所がはたしてそうした論拠たりえているか，ということについて，一言しておくことにしよう。

　筆者たちが第2部第1稿から引いているのは，第1章のなかで，「貨幣資本」について論じたのち，これに関連してとくに「貨幣資本の独自な二つの形態」について言及している箇所である。その第1の形態として，マルクスは次のものを挙げている。

　「1）一国の商品資本のうちの一部分は，毎年，鉱山を有する諸国の金銀と（あるいは，そうでなければ有利な収益がみこめない場合には，鉱山をもたない諸国の金銀とさえ）交換される。それらは，貨幣材料として，それ自体が資本の，まず第1に貨幣資本の作用能力〔Wirkungsfähigkeit〕をもっている。このことのより詳しい考察は，第3部第4章（そもそもこの問題がこの著作で取り扱われうるとすればだが〔when at all this question can be treated in this work〕）に属する。」[78]

---

78) 第2部第1稿, 38ページ。邦訳, 76ページ【MEGA II/4.1, S. 200.6-12】。なお,「貨幣資本の独自な二つの形態」のうちのもう一つの「形態」は, 次のものである。
　　「2）貨幣資本の存在形態としての有価証券。この点については, 本章の第3節で私が述べたことを見よ。」(第2部第1稿, 39ページ。邦訳, 77ページ【MEGA II/4.1, S. 200. 13-14】。)
　　このなかで「本章の第3節」と言っているのは, 第3節の末尾でマルクスが,「この同じ信用制度の発展こそが, 株式会社等々の形成を通じて」云々, と書いているところ（第1稿, 52ページ。邦訳, 104-105ページ【MEGA II/4.1, S. 222.23-25】）にかかわるのであろう。
　　草稿の39ページは上に引用した2）の部分だけで, あとは空白となっている。のちにここにさらに書き加えるつもりだったのかもしれない。ともあれ,「貨幣資本の独自な二つの形態」はこれで終わり, 草稿40ページからは, 金属貨幣が資本主義的生産のなかで資本の運動に規定されて, あるいは貨幣資本として, あるいはたんなる流通手段として機能する, という問題に論及している。
　　ところで, この部分は, 邦訳でもロシア語訳でも, 草稿40ページだけで終わり, その次にすぐ「第2節. 流通時間」が始まっている。それは41aページで, このあと41, 42ページ, というように進んでいくことになっている。しかしこれは誤りであって, 41ペー

すでにみたように，4筆者は，「この問題は第3部草稿の第4章の275-278ページで分析されている」，と言い，そのあとに「(『資本論』第3巻第19章，参照)」と書いている[79]。現行版の「第19章　貨幣取扱資本」は，たしかに第3部第1稿の275-278ページから取られている。しかしながら，上でマルクスが述べているのは，はたして貨幣取扱資本のことだったのであろうか。そうではなくて，ここで考えられているのは，貨幣材料を生産する資本の生産物がそれ自体として貨幣資本の形態にあり，かかるものとして機能しうる，ということであろう。そのような資本についての論述は，第3部第4章（現行版第4篇）では，「貨幣取扱資本」に関する275-278ページのなかだけでなく，総じてこの章全体のどこにも見いだされない，と言わなければならない。4筆者のこの部分の援用は，なんの証明力ももっていないと言わざるをえない。

さて，第4章の第1ページである243ページで「流通時間」に関する「第2部第1章第3節」に言及していることは，第2部第1稿がすでにこの章にはいる以前に書き終えられていたことを示唆している。その時点の考証はここでの問題から離れすぎるので，立ち入らないことにするが，4筆者のいうように，第3部第2章執筆中にはまだ第2部第1稿は書かれていなかった，という結論は動かしがたいもののように思われる。4筆者はその証拠として，同章中の164ページにある，

　「流通時間が利潤率にどの程度影響するか——この問題はここでは詳細に研究しないでおく（というのは，第2部はまだ書かれていないが，そこでこの問題が特別に考察されるはずだからである）」

という文章を挙げているが[80]，さらにもっとあとの182ページ（MEW版では，190ページ，15行目，„ausbieten."と„Damit"とのあいだにあたる）では，次のように書いているのが注目される。

ジは41aページの前にこなければならない。つまり，41ページは「第2節」ではなくて，「第1節」の末尾，上述の，資本主義的生産における金属貨幣の機能を論じた部分に続いているものなのである。邦訳の誤りは，ロシア語版に従ったために生じたものであるが，ここで訂正しておきたい。

79) В. Выгодский, Л. Миськевич, М. Терновский, А. Чепуренко, *О периодизации работы К. Маркса над «Капиталом» в 1863-1867 гг.*, стр. 105. 邦訳，207ページ。

80) *Там же*, стр. 104. 邦訳，206ページ。

「{市場の概念は，その最も一般的なかたちでは，資本の流通過程についての篇で展開されなければならない。〔D. Begriff d. Markts muß in s. allgemeinsten Zügen entwickelt werden in d. Abschnitt über d. Circulationsproceß des Capitals.〕}」[81]

第2部第1稿の第1章1）のなかの，さきにみた「商品資本。W′―G」という小見出しがつけられた部分の後半では，まさに，市場の概念がきわめて一般的なかたちで論じられている[82]。このことは，第3部第2章の182ページの執筆時点では，まだ第2部第1稿が書かれていなかったことを示している。したがって，いまここで言いうるのは，マルクスは第3部第2章の182ページ以降のどこかで第3部第1稿の執筆を中断して，第2部第1稿を書き，それからふたたび第3部第1稿の仕事にもどったが，それは遅くとも，第3部第4章に着手する以前であった，ということである。

こうして，4筆者による，第2部のための執筆中断の考証は，第3部第4章執筆中のどこでこの章の2分割が決められたかということの推論には役立たないことが明らかとなった。しかし，これとは別に，第4章の分割を決めたであろうと思われる範囲をせばめる材料がないわけではない。まず，同章の260ページには，次のようなメモがある。

「注意。{商人資本〔mercantiles Capital〕の特殊的蓄積は，商品取扱資本以外に貨幣取扱資本をも研究したあとではじめて考察したい。}」[83]

この覚え書きそれ自体では，「商人資本の特殊的蓄積」が貨幣取扱資本の研究のあとでなされることだけしかわからないが，この章の「5）」として，278ページに，次のように書かれている（「5）」はこれですべてである）。

「5）商人資本の貨幣蓄積の特殊的形態は次章ではじめて考察される。」[84]

この5）と上のメモで考えられているものとは同一の事柄と見ることができるのではないだろうか。もしそのように見ることができるならば，次の推定を許すものではないであろうか。すなわち，マルクスははじめこの問題を，第4

---

81) 【Siehe: MEGA II/4.2, S. 255.36-38.】
82) 第2部第1稿，32-33ページ。邦訳，65-68ページ。【MEGA II/4.1, S. 189-191.】
83) 【MEGA II/4.2, S. 368.28-30.】
84) 【Siehe: MEGA II/4.2, S. 394.12-13.】この一文は，現行版の「第20章　商人資本に関する歴史的事実」の冒頭の文章となっている。

章のなかで論じるつもりでメモのように記したが，のちに第4章を第4章と第5章とに分割したのち，もういちど同じことを，ただし今度はその取り扱われるべき場所を「次章」すなわち第5章と明記して記したのだ，ということである。つまり，260ページ執筆中には，まだ分割が決められていなかったという推測を許すように思われるのである。

他方，「4）貨幣取扱資本」のなかの277ページ（MEW版，S.332）では，次のように書いている。

「貸借の機能や信用取引〔Handel in Credit〕が貨幣取扱業のそのほかの諸機能と結びついたとき，貨幣取扱業は完全に発展しているわけである。{といっても，これはすでに貨幣取扱業の発端からあったのであるが。}しかし，これについてはあとではじめて〔論じる〕。というのは，われわれは次章ではじめて利子生み資本を展開するのだからである。」[85]

ここではすでに，利子生み資本を論じる部分が第5章として独立させられることが明記されている。したがって，第4章を二つの章に分割することは，同章の260-277ページのあいだで最終的に確定されたのだと見ることができるであろう。したがってまた，第4章の表題のうち，後半が鉛筆で抹消されたのも，この表題を書いた直後ではなくて，早くても260ページ以降を書いているときであろう，ということになる。【挿論終わり】

以上で，第4章から利子生み資本に関する部分が第5章として分離された時点についての考証を終わり，ふたたび第3部第1稿の第3束の外形をみることにもどろう。

第4章は，全7節に分けられているが，そのうち，5）はさきに見たのが全文であり，6）（278ページ）および7）（279ページ）には表題がつけられていない。1）から4）までの表題は次のとおりである。

「1）商品取扱資本（および商業利潤）〔1）D. Waarenhandlungscapital（u. d. commercielle Profit.〕」[86]（243ページ）【MEGA II/4.2, S. 341.12-13.】

---

85)【Siehe: MEGA II/4.2, S. 391.10-14; 本書第2巻326-327ページ。】
86) この表題のなかほどの開き括弧は，u.のうえに重ねて書かれているように見える。もしそうだとすると，はじめ「1）商品取扱資本と商業利潤」と書き，そのあとでそれを「1）商

「2）商業利潤とその諸特質〔2）Der commercielle Profit u. seine Eigenthümlichkeiten〕」（251ページ）【MEGA II/4.2, S. 354.13-14.】

この項の265, 266ページは，ページ番号があるだけで空白となっている。これは，エンゲルスが，現行版（MEW版，S. 312の注39〔a〕）で，「原稿に2ページの空白があることは，この点をもっと立ち入って展開するつもりだったことを示唆している」と書いているところにあたる。

「3）商人資本の回転。諸価格〔3）Umschlag d. mercant. Capitals. Preisse〕」（268ページ）【MEGA II/4.2, S. 375.24.】

このなかの269ページに，「仮空の需要〔fiktive Nachfrage〕」という語がある（草稿では下線が引かれている）が，これがMEW版『資本論』第3巻のどの版からかaktive Nachfrageと，正反対の意味になりかねない語に変わっていた。草稿では明らかにfiktivとなっているので，MEWの誤植であったことがはっきりした。

「4）貨幣取扱資本〔4）Geldhandlungscapital〕」（275ページ）【MEGA II/4.2, S. 387.12; 本書第2巻313ページ2行。】[87]

次に「第5章。利子と企業利得（産業利潤または商業利潤）への利潤の分裂。利子生み資本」であるが，この部分は既述のように全文を掌握することができたので，別の機会に紹介するつもりであり[88]，ここでは外形的なことだけをごく簡単に書いておこう。

まず，この章ではページ番号を書き変えたページが多いことが目立つ。前章の最後の2ページははじめ，その直前の283aページに続けて283b, 283cと番号がつけられたが，それが284, 285と変えられ，それに続く本章の第1, 2ページは，285, 286ページから286, 287ページに変えられた。300ページは230ページを直したものである（これは誤記を直したのであろう。このインキは前ページの299というページ番号の上に移っている）。361ページは81（または381）を訂正したもの。390-405ページ（この章の最後の部分）では，奇妙な修正が見られる。というのは，この直前（第99全紙の1ページ目）が385ペー

品取扱資本（商業利潤）」と変えた，と読むべきであろう。
87)【この節の内容とエンゲルス版との相違とは，本書第2巻の補章3で紹介する。】
88)【これが，本書の原型となった1982-2002年の諸拙稿である。】

であり、はじめいったんこれに続く番号が386から395ページまで書かれ、1ページ（このページは、390→400→401という訂正を経ている）飛ばして、396, 397, 395, 395b（この4ページは第102全紙をなし、395bページは番号だけであとは白紙である）と番号がつけられていた。ところがどういうわけかこれらの番号のすべてを消し、390-398、（399ページを飛ばして）400-405というページ番号を打ち直しているのである。その結果、385ページのあと、386-389ページの飛びができてしまった。この奇妙なページ番号のつけ換えの理由はわからない。

　第5章は、現行版第21章から第24章まではおおむね第1稿にそっていて、その区分も同一である。1）から4）までの節区分は現行版の各章に対応している（ただし、3）は4）と、4）は5）と誤記されている）が、ただ表題があるのは、「2）利潤の分割。利子率。自然利子率〔2〕Theilung d. Profits. Zinsfuß. d. natural rate of interest〕」、「5）利子生み資本の形態での剰余価値および資本関係一般の外面化〔5〕Veräusserlichung d. Mehrwerths u. d. Capitalverhältnisses überhaupt in d. Form d. Zinstragenden Capitals〕」の二つである。これに続くのは、現行版の「第25章　信用と架空資本」にあたるところであるが、そこには「5）信用。架空資本〔5〕Credit. Fictives Capital.〕」という表題がつけられている。そしてこのあと、なんらの区分番号ももたない小見出しないしそれに準じるものを除くと、317ページから392ページまで、まったく節番号を見いだすことができない。この部分はエンゲルスによって11の章に分けられており、「信用と架空資本」という表題はそのなかの最初の章である第25章だけのものとされている。しかし、私の見るところでは、「5）信用。架空資本」という表題は、そもそも、85ページに及ぶこの大きな部分の全体にかかるものである。393ページからは、第5章の最後の節「6）先ブルジョア的なもの〔6〕Vorbürgerliches〕」が始まる。この節の番号は「6）」であろう。第5章は6節構成となっていると見るべきではないかと思われる。「5）信用。架空資本」の部分については、エンゲルスが第5篇の草稿全体について書いた言葉——「ここにはできあがった草案がないのであり、これから中身を入れるはずだった筋書きさえもなくて、ただ仕上げの書きかけがあるだけであって、この書きかけも一度ならず覚え書きや注意書きや抜き書きの形での材料やの乱雑な堆積に終わっている」[89]——がまったくぴ

ったりと当てはまる。ここには，エンゲルスによって利用されなかった部分（といっても，その多くは引用）がかなりあるのであるが，そのうち最もまとまった部分は，周知のように，「混乱〔D. Confusion〕」と題する10ページである[90]。これは，352a，352bページからなる全紙半切り（これは既述のように325a，325bページをなす半切りの片割れである），352c-352fおよび352g-352jページの2枚の全紙，計2枚半の全紙から成っている。この部分が352ページに続けて書かれたものかどうかは判断できない。というのは，352ページは紙の下までいっぱいに書かれているが，文章は完結しており，しかも，「混乱」は見出しをつけて352aページからまとめて書かれているのであって，このエピソードを含むページにはじめから352a，b…の番号をつけた可能性は排除できないからである。もちろん，あとからここに挿入した可能性もあるが，しかしそれも，次の第6章の12ページ目の417ページまでのあいだであろう。というのは，「混乱」が書かれている全紙はその前後とまったく同じものであり，それは第6章の3番目の全紙まで続いているからである。したがって，この「混乱」は，かりにあとから書かれたとしても，そんなにあとの時期ではないこと，おそらくはこの5）を書いているときにつけられたものであろうことが推定できるのである。この「混乱」の内容は別の機会に詳細に紹介したいと考えている[91]。

「第6章。超過利潤の地代への転化」については，純外形的なことだけ，いくつか書いておく。「a）諸論〔a）Einleitendes〕」の最後にあとからつけられたと見られる417a，417bの2ページの半切り全紙は，その次の「c）絶対地代〔c）Die absolute Grundrente〕」のはじめの3全紙と同じものであり，したがってこの3全紙12ページを書いているときにつけられたことは確かである。470，471ページも，472，473ページも全紙半切りとなっているが，この両者がはじめ1枚の全紙を成していたことも確かである。これは繰り返して開閉をしているうちに折り目から切れてしまったものだと思われる。第122全紙が含むページは，

---

89) MEW 25, Berlin 1964, S. 12.【MEGA II/15, S. 8.】
90) Ebenda, S. 13-14,【MEGA II/15, S. 9.】参照。
91) 【拙稿「「信用制度下の流通手段」および「通貨原理と銀行立法」（『資本論』第3部第33章および第34章）の草稿について──『資本論』第3部第1稿の第5章から──」（『経済志林』第67巻第2号，1999年）。同稿は本書第4巻第11章となった。】

478, 480, 481, 482の4ページであるが，480ページははじめ479と書いたものを汚してしまい，そのうえに480と書き直したものであり，481ページははじめ480と書いたものを481と直したものである。482ページは最初からそのように書かれている。したがってこの全紙について見るかぎり，内側の対向2ページのページ番号は同時に書かれ，4ページ目はそのときとは別の，つまりおそらくはこの4ページ目にはいるときに番号が打たれたと見られる。2枚の半切り全紙となっている495, 496ページの半切りと497, 498ページの半切りとがもと1枚の全紙を成していたことは，両方の汚れがつながることから確実である。513ページは誤って2ページつくられている。これもまた2枚の半切り全紙となっている522, 523ページと524, 525ページとは，透かしがつながることから，もと1枚の全紙を成していたことがわかる。528ページは第134全紙の3ページ目であるが，ページ番号だけであとは空白，次のページはページ番号もない白紙であり，ここで第1稿の第4束は終わる。

5　第5束について

　この束には，「第7章。収入（所得）とその源泉〔Siebentes Kapitel. Revenuen (Einkommen) u. ihre Quellen〕」が書かれている全紙が収められている。

　この束は，12枚の完全な全紙と1枚の全紙半切りとから成っている。後者の半切りは別のところからもってきたものであるが，後述のように，たんなる挿入や追加ではなくて，そのあとのページはこの半切りのあとに続けて使われている。この半切りの表裏2ページには，マルクスがつけたページ番号 (470, 471) がある[92]が，それらは，この半切りが別のところにあったときのもので，第7章のこの位置での前後のページとは無関係である。これを除くと，この第5束にはマルクスが書いたページ番号は一つもない。上の半切り以外のすべての全紙には，エンゲルスがページ番号をつけている。ただし，各全紙の1ページ目および3ページ目だけで，それも三つのページでは欠けている。前第6章の，

---

[92]【MEGA II/4.2の841ページにはこの半切りの470ページのフォトコピー，842ページには471ページのフォトコピーが収められている。MEGAはマルクスによるこのページ番号をそのまま記載している。MEGA II/4.2, S. 840.32 und 844.4.】

書かれている最後のページがマルクスの番号づけで527ページとなっているため——そのあとに528の番号のある白紙と番号のない白紙との2ページがあるにもかかわらず——，エンゲルスは528ページから番号づけを始めている。エンゲルスには，上述の半切りがはいるべき位置がわからなかったらしく（リュベールはその原因を，この半切りがほかのところに移ってしまっていたからだ，としている），この半切りの2ページにはページ番号をつけていない。528以下，530, 532のように，1ページおきに番号をつけて，574まで進んでいるが，途中，534, 538の各ページの番号は書かれていない。その理由は不明である。4ページある完全な全紙で，エンゲルスが番号をつけなかったページには，おそらくかつてモスクワML研のためのフォトコピーを作成するさいに，第三者の手でページがつけられている。それらはすべて，NM529のように，NMという記号とともに書かれている。上の半切りにも，マルクスがつけた470, 471という番号以外にもページ番号がつけられているが，これについては後述する。

　第1枚目の全紙（第135全紙，528-531ページ）は，サイズ401×328.5 mmの二つ折り，8.5 mm間隔の罫が34本あり，クリーム色で，透かしはPirie 1863のほか，25 mm間隔の平行線である。この紙は，第6章のなかの第117全紙（458-461ページ）に酷似しているが，同じものであるとは確認できなかった[93]。

　それに続くのは，IISGでの現在の状態では，さきに述べた半切りの全紙（第136全紙）であるが，これについては後述しよう。

　続く2枚の全紙（第137, 138全紙，532-539ページ）は第110-113全紙（430-445ページ），第115-116全紙（450-457ページ），第118-119全紙（462-469ページ）と同じものである[94]。なお，ここまでが，「1）三位一体的定式」に相当する。

　その次の全紙は，すぐまえの全紙とサイズは同じであり，紙質も酷似しているが，無罫で，透かしは27.5 mm間隔の平行線だけである[95]。

　そのあとふたたび，さきの第137, 138全紙と同じ全紙が2枚続く（第140,

---

93)【本書第2巻補章5所収のMEGA II/4.2付属資料の「典拠文書の記録」（II/4.2, S. 926-927; 本書第2巻417ページ）では「第9紙種」として記録されているものである。】

94)【本書第2巻補章5所収のMEGA II/4.2付属資料の「典拠文書の記録」（II/4.2, S. 926; 本書第2巻417ページ）では「第7紙種」として記録されているものである。】

95)【本書第2巻補章5所収のMEGA II/4.2付属資料の「典拠文書の記録」（II/4.2, S. 927; 本書第2巻418ページ）では「第12紙種」として記録されているものである。】

141全紙，544-551ページ)[96]。

　最後に，第142-147全紙（552-575ページ）は，サイズ408×325 mmの二つ折り，無罫でやや厚口の紙で，透かしは27.5 mm間隔の平行線だけである[97]。

　さて，さきに記したように，この束のなかでエンゲルスがページ番号を打たなかった唯一の半切り全紙は，現在，この束の2枚目になる位置に置かれている。しかし，エンゲルスがこの草稿を使って現行第7篇第48章を編もうとしたとき，この半切り全紙がこの位置に置かれていなかったこと，またしたがって，彼がこの草稿を遺したときにも同様であったことは，ほとんど確実である。エンゲルスは，この半切れの表側（470ページ）を，「第48章　三位一体的定式」の冒頭に，Ⅰという番号を付して配し，続いてその裏側（471ページ）を，Ⅱという番号を付して置き，そのあとに，第6章のなかの445ページから1パラグラフをもってきて，Ⅲという番号を付して配置した。そして最初のⅠという番号に注記して，「以下の三つの断片は第6篇のための原稿のそれぞれ違った場所にあるものである」と書いている。エンゲルスは上の半切りを地代論の草稿のあいだから見つけたのであろう。彼はこの半切りを，第7章用にまとめられていたそれ以外の12枚の全紙のどれにも直接にはつながらない独立の紙片とみなし，しかも，その表裏もまたそれぞれ独立した断片と見て，第7章の12枚の全紙の——また「1）三位一体的定式」について言えば3枚の全紙——のまえに，Ⅰ，Ⅱ，として配したのである。そしてそれに続いて，これも第6章の草稿のなかに断片として見いだされる1パラグラフをⅢとして置き，この三つの断片のあとに横線を1本引いたのち，第7章用としてまとめて置かれていた全紙から，第48章の続き，というよりもそれの本体となる部分を置いたのであった[98]。

　エンゲルスの死後，遺された第3部第1稿のなかで，この半切りがどこにあったのかは確言できないが，しかし，モスクワML研のためのフォトコピーを

---

96)【本書第2巻補章5所収のMEGA II/4.2付属資料の「典拠文書の記録」（II/4.2, S. 926；本書第2巻417ページ）では「第7紙種」として記録されているものである。】

97)【本書第2巻補章5所収のMEGA II/4.2付属資料の「典拠文書の記録」（II/4.2, S. 927；本書第2巻418ページ）では「第13紙種」として記録されているものである。】

98) MEW 25, S. 822-839.【MEGA II/15, S. 789-806.】

作成するときには，この紙片は第1稿の本文とは別のところにあった可能性が大きい。というのは，この半切りの表裏には，このフォトコピー用の番号として，UO41およびUO42という数字が記されているからである。第1稿の本文のその他のページにつけられている整理記号はUOではなくて，NMなのである。

さらに，IISGの旧目録によれば，この半切りは，マルクスによって「第3部に属するもの〔Zu Buch 3 gehöriges〕」と書かれた，小さい草稿を集めたもののなかにはいっている。その全体は次のようになっている[99]。

 A 58（Kleine Manuskripte, vermutlich von Marx zusammengefügt in einer Mappe mit der Aufschrift:）„Zu Buch 3 gehöriges."

  a) „Notes über Malthus." 2 S. Quer 8°. Paginierung: 70b, 70a.【MEGA II/4.3, S. 401-403.】

  b) „Differentialrente." 4 S. fol. Doppelte Paginierung: 1-4, 70a-73a.【MEGA II/4.3, S. 235-243.】

  c) „A. Smith. ‒ Value."
   4 S. fol. Paginierung: 12. (74a.)【MEGA II/4.3, S. 364-381.】
   „Capital ‒ Profit. Grund u. Boden ‒ Rente. Arbeit ‒ Arbeitslohn. Capital ‒ Zins. Privateigenthum. Grundeigenthum ‒ Rente. Lohnarbeit ‒ Arbeitslohn!"
   2 S. fol. Paginierung: 470, 471.

  d) Ausführungen über die Gesetze der Profitrate. 9 S. fol. Paginierung: 77-85.【MEGA II/4.3, S. 57-77.】

  e) „Die allgemeinen Gesetze der Profitrate." 27 S. fol. Paginierung: 1-27.【MEGA II/4.3, S. 78-132.】

  f) „Beiheft A. ― Zins." 2 S. fol. Paginierung: 75. 76.【MEGA II/4.3, S. 399-400 und 381-382.】

このA58のうちのc)の後半2ページが，いま問題にしている半切りにあたる。見出しのうちの，„Capital ‒ Profit. Grund u. Boden ‒ Rente. Arbeit ‒ Arbeits-

---

99)【これらの草稿は，問題の半切りを除いて，すべてMEGA II/4.3に収められている。それぞれの収録ページを付記しておく。】

lohn." は470ページの冒頭から,残りは471ページの冒頭からとったものである。いま,上のa)の „Notes über Malthus." といっしょにして保管されている,„Zu Buch 3 gehöriges" と書かれた表紙を見ると,その書体は後期のもの(1875年以降の草稿に見られるもの)であって,かなりあとでマルクスが自分で整理のためにいろいろのものをこの表紙のもとに集めたらしいことがわかる。ところが,このa)–f)の断片のうち,確認することができたa) d) e)の三つのものでは,フォトコピー作成のための記号はいずれもNOとなっているのである。つまり,フォトコピーをつくるときには,問題の半切りはこれらa) d) e)などとはいっしょのところになかったのである。それはおそらく,旧目録をつくるさいにこのA58のなかに入れられたのであろう(しかし奇妙なことに,この半切り現物に記入されている旧目録整理番号はA58cではなくてA58dとなっている)。

したがって,この半切りが現在の位置に置かれたのは,旧目録が作られたのよりもあとのことだったことがわかる。

さて,この現在の位置は,結論から言うと,やっと正しい位置に置かれたのだ,と評価することができる。かつて,リュベールは彼の『資本論第2巻資料』のなかで,この半切りがエンゲルスの考えたような独立の断片ではなくて,第7章用の全紙の2枚目につながるものだ,という判断を示し[100],第48章(リュベールでは第25章)を独自に編成したが,そのさいにこの半切りが置かれるべき位置として彼が指定したのが,まさに現在IISGでそれが置かれている位置なのである。

ただしこのことは,リュベールの発見によってはじめてこの半切りが正しい位置に置かれた,ということを意味するものではないように思われる。というのは,リュベールはこの紙片に531および531bのページ番号を読んでいるのであって,彼がこの草稿を調査したときには,これらの番号がすでにつけられていたこと,したがってこの紙片が当時すでに現在の位置にあったことが推測できるのである[101]。じっさいこの紙片には,だれかの手によって470ページ

---

100) Rubel, *Matériaux*, p. 1842.
101) なお,すでにみた,第5束につけられた表紙にある記載 „Marx blz. 528-575 + pp. 531a + b" は,この半切りが正しく531ページのあとに挿入されたのちに書かれたものであるわけである。

の方に531a，471ページに531bの番号がつけられている[102]。この番号は，おそらくIISGの旧目録作成以降，リュベールが調査した時点までのあいだに，だれかによってつけられたものであろう。

問題の半切りは，サイズが第7章1枚目の全紙のそれと，つまり328.5×200.5mmとほとんど同じだが，それよりもやや厚い紙で無罫，透かしは26 mm間隔の平行線となっている。この紙は第3部第1稿に用いられたどの紙とも異なるので，紙からは，これとほぼ同じ時期に書かれた箇所を推測することはできない[103]。この半切りが現在の位置にあるべきものだということ，したがってまた，リュベールの考証が正しいということは，次の根拠にもとづいて言うことができるように思う。

第1に，この半切りの裏側，つまり471 (531b) ページの最後が，532ページのはじめに続くことは，ほとんど確実である。現行版で言えば，断片IIの末尾（エンゲルスはここに「ここで原稿は中断している」と書いている）は，じつは，MEW版831ページの上方，エンゲルスの注記（「原稿ではここで1枚の二つ折り全紙がなくなっている」）のあとのところにつながるのである。現行版ではIIの末尾は「2）」で終わっているが，草稿でそのあとにD.がある。したがってこの2ページは，„2) D. Differentialrente ist gebunden an d. relative Fruchtbarkeit d. Ländereien, also an Eigenschaften, die dem Boden als solchem zukommen (od. aus ihm entspringen)."【MEGA II/4.2, S. 845.15-18】という一文でつながるのである。

第2に，532ページから始まる全紙の末尾と次の536ページから始まる全紙

---

[102] リュベールは，1425ページへの注2のなかで，彼の独自の編成を次のように記している。草稿「529-530 ページ (MEW 版，828-831 ページ)；531 ページ (MEW 版，822-824 ページ)；531b ページ (MEW 版，824-825 ページ)；532-539 ページ (MEW 版，831-839 ページ)」(*Matériaux*, p. 1482)。しかし，このなかの最初の「529-530ページ」は「529-531ページ」，次の「531ページ」は「531aページ」とあるべきところである。おそらく彼は，470の番号のあるページの新しいページ番号を531aページではなくてただ531ページとのみ記録してしまったために，本来の531ページ（この半切れのまえの全紙の最後のページ）の存在を見失ってしまい，このような誤りを犯すことになったのであろう。【MEGA II/4.2, S. 929を参照されたい。】

[103] 【本書第2巻補章5所収のMEGA II/4.2付属資料の「典拠文書の記録」(II/4.2, S. 927；本書第2巻417ページ) では「第11紙種」として記録されているものである。】

のはじめとがつながっていることは疑いない。すなわち，MEW版835ページ下から12行目から11行目にかけての „anheimfallen" という語のうち an- が535ページ，heimfallenが536ページに書かれているのである【MEGA II/4.2, S. 849.28】。

第3に，第7章が，したがってまたこの章の「1）三位一体的定式」が，エンゲルスが第1ページとして528ページの番号をつけたページから始まることも疑いえないところである。すなわち，このページには，まず「<u>第7章。収入（所得）とその諸源泉</u>」と書いたのち，その下に，「1）<u>三位一体的定式。4）生産諸関係と分配諸関係。2）生産過程の分析のために。3）競争の外観。5）諸階級</u>」[104]と，この章のプランを記し，次いで，「1）<u>三位一体的定式</u>」と表題をかかげ，そのあとに「（この部の445，446ページ，参照）（その箇所はここに属する。）」と書いている【MEGA II/4.2, S. 831.1-7】。そして次の行から，現行版で三つの断片のあと，横線をおいて始まる叙述が書きはじめられている。したがって，このページで始まる全紙がこの章の最初のものであることは確かである。

第4に，いま述べたように，1）の表題のあとに，445，446ページが第7章の1）に属することがマルクスによって明記されており，エンゲルスはこれにもとづいて445ページから1パラグラフ（現行版の断片Ⅲ）をこのなかに取り入れたのである（ただし，446ページからは採られていない）。このことは，445ページの記述が，528ページから始まる第7章の1）のどこかにつながるものではなくて，独立した断片であることを示している。

以上の4点を総合して言えば，独立の断片である445ページからの1パラグラフを除くと，第7章1）のための材料は，まず，528-531ページの全紙【MEGA II/4.2, S. 834.1-840.31】，そしてそのあとに，ひとつながりの，470（531a），471（531b）の半切り【MEGA II/4.2, S. 840.32-845.15】，532-535の全紙【MEGA II/4.2, S. 845.16-848.23】，536-539の全紙【MEGA II/4.2, S. 848.24-853.25】がくる，というものであるほかはない，ということ，つまり，現在のIISGでの草稿の順序であるほかはない，ということになるのである[105]。

[104) このうちの「4）」は，なにかの上に重ね書きをしたものである。おそらく，はじめ「2）」と書いたのであろう。そのあとの「2）」，「3）」，「5）」の三つの番号は，いずれもまったく訂正の手が加えられていないので，「2）」を「4）」に訂正したのは，「2）生産過程の分析のために」と書くよりもまえにすでに行なわれていたものと推定できる。

そこで，残る問題はふたつ，すなわち第1に，1枚目の全紙の終わりと半切りのはじめがつながっているものかどうか，第2に，半切りの表裏はエンゲルスがⅠとⅡとに分けたように別々の断片か，それとも表から裏につながっているとみるべきものであるか，ということである。これに答えるには，上のように並べられた素材の内容の内的関連の検討によるほかはないが，私は，これらのものをすべてつながっているものとして読むことがまったく可能であると考えている。

なお，独立の断片である445ページからの1節は，リュベールはMEW版839ページの第1パラグラフの前，つまり7行目と8行目のあいだに挿入している[106]が，やはり独立したものとして取り扱うべきであろう[107]。

ここでは第7章については以上でとどめることにする。

6　草稿全体のページ数について

最後に，以上の調査にもとづいて，草稿のページ数をまとめておこう。

表紙は，マルクスによるもので現在残っているのが，4ページの1全紙（ただし二つに切れてしまっている）と2ページの全紙半切りの2枚で，このうちマルクスがなにかを書いているのが3ページである。このほかに，マルクス，エンゲルス以外の第三者が挿入した表紙が，半切り1枚，全紙2枚の計10ページ，それにだれが挿入したのか不明の半切り1枚，2ページがある。

本文は，全部で147枚の全紙（二つに切れていても，当初つながっていたことが明らかなものは1枚の全紙とみなす），うち4ページある完全な全紙が143

---

105)【MEGA II/4.2での「（1）三位一体的定式」では，以上の諸材料がここで述べた順序に置かれている。なお，この部分についての旧拙稿中の記述に大野節夫氏が論稿『『資本論』第3部「三位一体的定式」草稿とリュベール版』（『資本論体系月報』No. 3, 1984年10月）で触れられている。そこでのご指摘によってごく一部を修正したが，大幅な手入れは控えた。】
106) Rubel, *Matériaux*, p. 1439-1440.
107)【MEGA II/4.2はこの1節を，大きめの角括弧でくくって，第6篇の「c）絶対地代」のなかの445ページの記述のあとにすぐ続けている。Siehe: MEGA II/4.2, S. 720.30-722.2. この処理は，マルクスが「（この部の445, 446ページ，参照）（その箇所はここに属する。）」と書いていることと，この部分での叙述の内容が明らかに三位一体的定式にかかわるものであることとを考慮すると，やはり，やや疑問を残すものとなっている。】

枚（572ページ），2ページの半切り全紙が4枚（8ページ），合計580ページである。そのうち半切りの全紙は，第80全紙（325a，325bページ），第88全紙（352a，352bページ），第106全紙（417a，417bページ），第136全紙（531a〔470〕，531b〔471〕ページ），の4枚で，そのうち前半の第80全紙と第88全紙は，1枚の全紙を2分したものである。

上の580ページのうち，まったくなにも書かれていないページが3ページ（202bページと203ページのあいだに2ページ，528ページともう一つの528ページとのあいだに1ページ），ページ番号だけしかないページが8ページ（118，139，140，150，265，266，405，528の各ページ）で，実質的な空白ページは合計11ページである。

ページ番号以外になにかが書かれているページは569ページあるが，このうち1ページ（340ページと341ページのあいだのページ）にはページ番号が欠けている。

したがって，ページ番号（エンゲルスや第三者によるものを含む）のあるページが576ページ，それがないページが4ページである。

他方，数字による通し番号以外の番号（重複番号を含む）をもつページ（a）は21ページ（202a，202b，283a，325a，325b，352a-352j，417a，417b，513，528，531a，531bの各ページ），ページ番号のないページ（b）が4ページ，欠番（c）が20ページ（64，65，87，88，138，141-149，386-389，399，479の各ページ）である。

念のために，以上の数字にもとづいて，草稿の最終ページのページ番号である575と，全紙の総ページ数580との関係を示しておこう。

総ページ数＝最終ページ番号＋a＋b－c

580＝575＋21＋4－20

［付論］　第2部第4稿とその断稿とについて

本章の脚注75に述べたように，第2部第4稿には，それに先行する小さい断稿がある。これはエンゲルスが第2部への序文のなかで触れていないものである。この断稿と他の草稿との関係について，これまでまだ正しい把握がなされ

ていないとみられるので，この機会に簡単に触れておきたい[108]）。

　第2部の草稿について，エンゲルスは彼の序文のなかで，マルクスによって草稿番号がつけられた第1-4稿と，エンゲルスが発見して番号をつけた第5-8稿との八つの草稿を挙げている。第5稿については，「1877年3月末には，第2部の新しい書き上げの基礎として前記の四つの草稿〔第1-4稿のこと―引用者〕から指示や覚え書き〔Hinweise und Notizen〕がつくられ，この書き上げのはじめのところは第5稿（二つ折り版56ページ）になっている」（MEW 25, S. 11.【MEGA II/13, S. 7.】），と書かれており，この文を文字どおり読めば，第5稿以外に「指示や覚え書き」があるはずである[109]）。エンゲルスが第2部用のマルクスの草稿として挙げているのは，上記八つの草稿とこの「指示や覚え書き」だけである。しかし，現在残されている第2部用の草稿には，エンゲルスが言及していないものも含まれている。IISGで第2部用草稿として保存されているもののなかにそれがあるだけでなく，モスクワのML研にも一つか二つそうしたものがある可能性がある（本章の注5を参照されたい）。ここで取り上げる断稿もその一つである。

　IISGの新目録で「第5稿」とされているのは，„A 63-70 Das Kapital, Band II" のうちの次のものである。

　　A 66　Manuskript V: "Der Kreislaufsprocess des Kapitals", 1877, deutsch, englisch, franz, 44 ¼ S.

　ところが，このなかには三つの，区別されるべき草稿が含まれていて，エンゲルスが「第5稿（二つ折り版56ページ）」と書いているのは，その第1のものであり，あとの二つは，明らかに第5稿ではない。奇妙なことに，旧目録ではこの三つは別のものとして取り扱われ，次の記載からわかるように，第5稿が第1のものだけであることが認識されていたのである。

108）『資本論』第2部のための諸草稿の執筆時期などについては，筆者執筆のMEGA II/11「解題」を踏まえて書いた次の拙稿を参照されたい。「『資本論』第2部仕上げのための苦闘の軌跡（上）（中）（下）」，『経済』2009年3・4・5月号。
109）【この同じものをエンゲルスはまた「最後の改訂のための覚え書き」とも呼んでいるが，これは1877年3月末ごろから4月半ばにかけて作成した，以前に書いた草稿のなかの，以後の作業のために必要な諸箇所を指示したもので，筆者が編集にかかわったMEGA II/11（2008年）ではじめて公表された。MEGAのこの巻では「以前の叙述（第1-4稿）のうちの利用すべきテキスト諸箇所」と呼んでいる。Siehe: MEGA II/11, S. 525-536.】

A 45　"Ms. V. Erster Abschnitt: Der Kreislaufsprocess des Kapitals."
　　　56 S. fol., S. 1-56. (von Marx paginiert).
　　　Bemerkung von Engels: "Manuscr. V. (1875 oder später)"
A 46　Bemerkung von Engels: "Zu Ms. V. Erste Anfänge."
　　　"Marx": 19 April (1877).
　　　　Zweites Buch. Der Cirkulationsprocess des Kapitals. 4 S. fol.
A 47　"Zweites Buch. Erstes Kapitel" (Ms. VI. 1)
　　　4 S. fol.

　このうち第2のA46は4ページの短いもので，しかも，前半2ページと後半2ページとがともに第2部第1篇第1章1（ここではすでに第2部は三つの篇に分けられることになっている）の冒頭部分を推敲しているものである[110]。その第1ページには，上の記載にあるように，エンゲルスが「第5稿付属。その書き出し」と書いている。二つの書き出しの表題をみても，これが第5稿の執筆に近い時期に書かれたものであることがわかる。（しかしそのなかの文章は第5稿と直接比較できる部分が少なく，いまのところ，その先後関係を決めることができないでいる[111]。）

　さて，問題は，第3のA47である[112]。この草稿そのものには，マルクスによってもエンゲルスによっても，他のなんらかの草稿との関係や執筆時点を示す記載は与えられていない。これも，4ページの短いもので，第2部の冒頭の書き出しである。しかし，その表題と書体とを見ると，明らかに第5稿とは違う時期のものであることがわかる。その表題を──すでに掲げたが──繰り返

---

[110] 【このA46は，1877年4月19日という日付をもつ，4ページのもので，MEGA II/11で「第1篇。(断稿II)」としてはじめて公表された。Siehe: MEGA II/11, S. 549.】

[111] 【MEGA II/11の編集作業のなかで，第5稿は，1876年秋から1877年3月ごろまでに書かれた，編集者が「原初稿」と呼んでいる第1の層と，1877年4月下旬から7月末にかけて書かれた追補および注という第2の層との，二つの層から成っていることがわかった。A 46すなわち「第1篇。(断稿II)」は，この両層のあいだ（1877年4月19日）に書かれたものである。詳しくは，拙稿「『資本論』第2部仕上げのための苦闘の軌跡（中）」，『経済』2009年4月号，120-121ページ，を参照されたい。】

[112] 【このA 47は，MEGA II/4.3で「第2部。資本の流通過程。第1章の冒頭〔Anfang〕」としてはじめて公表された。執筆時期は「1867年10月ごろ」とされている。Siehe: MEGA II/4.3, S. 32-43.】

すと，次のようになっている。

　　　第2部。資本の流通過程。
　　　　第1章。資本の流通。
　　　　　1）資本の諸変態。
　Zweites Buch. Der Cirkulationsprozeß des Kapitals.
　　Erstes Kapitel. Die Cirkulation des Kapitals.
　　　1）Die Metamorphosen des Kapitals.

　第5稿ではすでに第2部は「篇〔Abschnitt〕」に分けられることになっているのに，ここではまだ「章〔Kapitel〕」となっている。書体も後期の第5-8稿とは明らかに違う前期のものである。そこで他の草稿とくらべてみると，この断稿が第4稿よりもまえに書かれたものであること，そればかりか，第4稿の冒頭4ページはまさにこの断稿の清書稿となっていることがわかった。

　しかし，そうだとすると，これがどうして新目録では，第5稿とされているA66に入れられているのであろうか。また，旧目録には上に示したように「第6稿1〔Ms. VI. 1〕」と記載されているが，これはどういうことなのであろう。そのどちらも誤りであるにしても，その根拠を知りたい。そこで，IISGのランカウ氏に聞いてみた。1980年11月28日のことであった。数時間を置いて得た答は，「目録の分類はchronologischなものではなくて，analogな視点によるものだ，完全なものでもないし，またそれ自体が研究結果であるわけでもなくて，利用者のための便宜にすぎない，それを使って結論を出すのはあなた方だ」，という苦しいもの，そしてなんら説明になっていないものであった。またそのさい，旧目録の記載が本当に„Ms. VI. 1"となっているかどうか見せてほしいと頼むと，「旧目録はすでになくなったものと考えてほしい」と言い，その現物を見せてくれなかった（これはのちに，現物を見る機会ができ，目録に間違いなくそのように記載されていることを確認した）。「旧目録はすでになくなったもの」というのであるが，「マルクス＝エンゲルス遺稿」は，現在もなお旧目録の分類番号によって保存されているようであり，旧目録にたいする彼の態度はすっきりしないものであった。ともあれ，IISGの新旧両目録での取り扱いの理由は，いまのところ，目録作成のさいの研究の不十分さによるもの，とでも言っておくほかはない。

さて，上の断稿が第4稿のまえに書かれたものであることを確認しただけでそれらの解読文もつくらないまま，第1回目のIISG通いを終えたが，1981年の冬，モスクワに滞在したとき，ML研で，いまのところ第2部の仕事を主としてやっているチェプレーンコ氏と話す機会があった。そのさい，IISGで「第5稿」とされているもののなかに第4稿直前のものを見つけたが，と言ったところ，「いや，それは第4稿の清書稿のことではないか」と言う。手もとには表題ぐらいのメモしかなかったが，IISGでは確実に先後関係をつきとめたという気がしていたので，そうではないだろうと反論し，議論になった。結局彼は，ML研内部で彼らが利用しているフォトコピーを持ちだしてきた。そして，「このとおり，断稿は第4稿の清書となっているではないか」と言う。それを見て仰天した。間違いなくチェプレーンコ氏の言うとおりなのであるが，よく見ると，なんと，私の記憶では第4稿であるものが断稿とされており，私の記憶では断稿であるものが第4稿とされているのである。そのことを言うと，「いやそんなはずはない，この第4稿冒頭は次の第5ページにちゃんとつながっているのだから」という反論である。彼の言うことが正しいとすると，IISGでの両方の4ページが誤って入れ替わってしまっていることになる。「もういちどIISGに行くことにしているから，そのときに確かめることにしよう」と言って，この話題を終えたのであった。

その後，ふたたびIISGに通うようになったので，もういちどフォトコピーでよく調べてみた。明らかにモスクワとは逆になっている。そこで，第2部の諸草稿のオリジナルを見せてもらったさいに，この二つの草稿を念入りに調べてみた。結論は，モスクワの方こそ，いつの時点でか，それらが入れ替わってしまっているのだ，ということであった。そのことは，両者に用いられている紙のサイズと質とから確言できるのである。

IISGで第4稿（A43）として保存されている草稿[113]は，406×321 mmの全紙

---

[113] 【この第4稿（A43）は，MEGA II/4.3で「第2部。資本の流通過程（第4稿）」としてはじめて公表された。執筆時期は「1868年春に起筆，中断を経て，おそらく1868年末までに擱筆」とされている。つまり，「1867年10月ごろ」に書かれたとされる「第2部。資本の流通過程。第1章の冒頭〔Anfang〕」（A47）よりも少なくとも数か月たってから書き始められたものなのである。Siehe: MEGA II/4.3, S. 285-363. 同稿の紙種などはMEGA同巻の762-763ページに記載されている。】

を二つ折りにしたフォリオを重ねて，それを同じ大きさの全紙を同じく二つ折りにした表紙でくるんだものである。第1-4ページにあたる第1全紙を含めて，すべて同じサイズ，同じ紙質の紙が使われている。透かしは27 mm間隔の平行線があるだけである。

それにたいして，第5稿の第3のもの（新目録でA66の第3のもの，旧目録でA47）は，421×343 mmの全紙を二つ折りにしたフォリオ1枚である。ひどく変色して，ふちはぼろぼろになりかかっているが，やや青みがかったクリーム色で，透かしは28 mm間隔の平行線である[114]。

両者の用紙がはっきり違うものであることは，現在第4稿の第1全紙となっている全紙がまぎれもなくもともと第4稿の一部であったことを示している。しかも，かつてモスクワML研のためにフォトコピーをつくったさいにつけられたとみられる例の記号は，第4稿では全ページNTであり，断稿の方がNVである。どこからみても，IISGのオリジナルが入れ替わってしまっていると考えることはできない。

こうして，モスクワでの入れ違いという驚くべき事実を確認したのであるが，そのさいまだ気になっていることがあった。というのは，チェプレーンコ氏が，このことについてすでに論文に書いているから読んでくれ，と言っていたことである。それは，モスクワML研でマールィシ氏（マルクス＝エンゲルス著作部部長）から受贈した「マルクス研究学術通報・資料」（Научные сообщения и документы по марксовежению, ИМЛ при ЦК КПСС, Москва, 1981）のなかのチェプレーンコ氏の論文「マルクス『資本論』第2部第1-4稿の執筆時期推定をめぐる問題に寄せて」（А. Ю. Чепуренко, К вопросу о датировке I-IV рукописей второй книги "Капитала" К. Маркса）であったが，気になりながらそのままにして帰国し，先日やっと読むことができた。読んでみて，いまさらながら驚いた。さきの入れ違ってしまった状態のままのフォトコピーにもとづいて執筆時期の考証が行なわれていたからである。

チェプレーンコ氏は，同書の87ページから91ページにかけて，第4稿の執

---

114)【「第2部。資本の流通過程。第1章の冒頭〔Anfang〕」（A47）の紙種などはMEGA II/4.3の544ページに記載されている。】

筆時期の考証を行なっている。それ自体には，このquid pro quoは影響を及ぼしていない。というのは，この二つはほとんど同じ時期に書かれたものであるうえに，第4稿は断稿の清書であって，両者の内容はきわめて近いものだからである。だが，チェプレーンコ氏はそれに続いて，「われわれにはもう一つ，ほぼ同じ時期に書かれた第2部の下書き異稿が遺されている。すなわち「第4稿」の第1章の冒頭の仕上げ稿である」，と言い，その執筆時期の考察に移っている。いうまでもなく，彼がいう「仕上げ稿」の本体は第4稿そのものであって，もし時期の考証が必要であるとすれば，彼が第4稿の一部として扱っている断稿の方であり，それは当然，第4稿の以前のいつか，ということでなければならない。ところが彼は，91ページから94ページにかけての3ページも使っていろいろと考証をしているのである。しかも，その内容を見て，またびっくりした。

　私は，チェプレーンコ氏の論稿を読むまでは，そしてとくに，IISGでオリジナルを見たのちには，モスクワで入れ替わっているのは第4稿の第1全紙と断稿の第1全紙とであって，第4稿にはその表紙がきちんとついているのだと思っていた。ところが，チェプレーンコ氏は，さきに続いて次のように書いているのである。

　「この仕上げ稿のテキストそのものには，間接的にであろうと，その執筆の時点を十分に正確に判定することを許すような材料はまったく存在しない。しかし，この草稿のテキストには，ページ番号のない1枚の紙葉（おそらく表紙）がつけられていて，それにはマルクスがインクで書いた，「15日か，16日か？ トゥッシーの誕生日は？」というメモと，同じく鉛筆での，「チェルヌィシェフスキーは1864年に鉱山行きの刑に処せられた。フレロフスキー」というメモとがある。」

　そこに書かれているメモから，じつはこの紙葉——といっても，おそらくモスクワには，その表側のフォトコピーだけがあるのであろう——は，第4稿の表紙であることがわかるのである[115]。つまり，モスクワでは，第4稿の表紙

---

115)【第4稿の表紙については，MEGA II/4.3の761-762ページが詳述しており，また，281-284ページには表紙の4ページの写真が掲載されている。】

のフォトコピーと，第4稿の1-4ページのフォトコピーとをあわせて，独立の断稿としてしまっているのである。しかも，チェプレーンコ氏はそのことを書いていないのであるが，第4稿のこの表紙には鉛筆で大きくIV）と書いてあり，これが，エンゲルスのいう「マルクスによる〔草稿の〕番号づけ」であることは明らかなのである。

このあと，上のメモとマルクスの二つの手紙との関連を検討して，結局このメモは時期推定には役に立たないことを確認したのち，いくつかの事情にもとづいて，この「仕上げ稿」の執筆時期を「1868年末」と推定しているのであるが，ここではもはやそれに立ち入る必要はあるまい。

以上，第3部の草稿を主題とする本稿に，付論とはいえ，第2部の草稿についてのエピソードを記したのは，本稿で見てきたような草稿の外形的な事柄が草稿の執筆時期の推定にまで大きな影響を及ぼすものであること，それはどうでもよい項末事とは言えないことを，読者諸兄姉に知っていただきたかったからである。もし，モスクワにオリジナルがあったなら，こういうquid pro quo劇はなかったかもしれない。まことに，コピーはやはりどこまでもコピーでしかないのである。

大谷禎之介
<ruby>大谷禎之介<rt>おおたにていのすけ</rt></ruby>

1934年,東京都に生まれる。
1957年,立教大学経済学部卒業,同大学院経済学研究科に進む。
1962年,東洋大学経済学部助手。同専任講師,助教授を経て,
1974年,法政大学経済学部教授。経済学博士(立教大学)。
1992年から,国際マルクス=エンゲルス財団編集委員。
2005年から,法政大学名誉教授。

著訳書
マルクス『資本論草稿集』(全9巻),大月書店(共訳),1978-1994年
マルクス『資本の流通過程』大月書店(共訳),1982年
『ソ連の「社会主義」とは何だったのか』大月書店(共編著),1996年
チャトパディヤイ『ソ連国家資本主義論』大月書店(共訳),1999年
『図解 社会経済学』桜井書店,2001年
『マルクスに拠ってマルクスを編む』大月書店,2003年
『21世紀とマルクス』桜井書店(編著),2007年
MEGA② II/11: Manuskripte zum zweiten Buch des „Kapitals" 1868 bis 1881. Akademie-Verlag (共編),2008年
モスト原著,マルクス改訂『マルクス自身の手による資本論入門』大月書店,2009年
『マルクスのアソシエーション論』桜井書店,2011年
『マルクス抜粋ノートからマルクスを読む』桜井書店(共編著),2013年

マルクスの利子生み資本論(全4巻)
第1巻 利子生み資本
2016年6月10日 初 版

著 者　大谷禎之介
装幀者　加藤昌子
発行者　桜井　香
発行所　株式会社 桜井書店
　　　　東京都文京区本郷1丁目5-17 三洋ビル16
　　　　〒113-0033
　　　　電話 (03)5803-7353
　　　　FAX (03)5803-7356
　　　　http://www.sakurai-shoten.com/

印刷・製本　株式会社 三陽社

© 2016 Teinosuke OTANI

定価はカバー等に表示してあります。
本書の無断複製(コピー)は著作権上
での例外を除き,禁じられています。
落丁本・乱丁本はお取り替えします。

ISBN978-4-905261-29-2 Printed in Japan

大谷禎之介◎著

マルクスのアソシエーション論
未来社会は資本主義のなかに見えている

A5判上製　定価5200円+税

大谷禎之介◎著

図解
社会経済学
資本主義とはどのような社会システムか

A5判上製　定価3000円+税

大谷禎之介・平子友長◎編

マルクス抜粋ノートからマルクスを読む
MEGA第IV部門の編集と所収ノートの研究

A5判上製　定価4700円+税

桜井書店
http://www.sakurai-shoten.com/